自己意識的感情の心理学

有光興記・菊池章夫 編著

Psychology of Self-Conscious Emotions

北大路書房

はじめに

自己意識的感情という言い方は，フィッシャー，タンネイ（編）『自己意識的感情—恥・罪悪感・羞恥・誇りの心理学—』（1995年）の出版以後，かなり一般的になってきたといえる。また最近では，トレイシー，ロビンス，タンネイ（編）『自己意識的感情—理論と調査研究—』（2007年）も出版された。注）

この間わが国では，羞恥の研究を皮切りとして，罪悪感についても研究が行われるようになってきたし，近年では嫉妬や誇りなどにも研究が拡がってきている。しかし，これらの研究は必ずしも自己意識的感情であることに焦点を当ててなされてきたとはいえないし，この点についての実証的研究が集約されることもなかった。

この流れのなかで，編者らは，日本心理学会第68回大会（2004年）から第72回大会（2008年）まで，次のようなワークショップを開催してきた。

・自己意識的感情の問題
・恥と罪悪感を測る—TOSCAをめぐって
・向社会的行動の動機の問題
・自己意識的感情—向社会的・反社会的行動との関係
・自己意識的感情—見逃されている側面

そして，2009年もまた，日本社会心理学会第50回大会でのワークショップとして，

・自己意識的感情研究の射程

を開くことにしている。本書の執筆者の多くは，これらのワークショップで問題提起や指定討論の労をとってくださった方がたである。

本書は，次の3つの部分から構成されている。

Ⅰ部は，自己意識的感情についての理論的な考察を中心としている。この感情の定義や自己との関係，社会・文化による差異から始めて，この研究の流れの紹介や，その病理などがこのセクションの論点である。

Ⅱ部では，この感情の中心的研究である恥や罪悪感，そこから展開されている集合罪悪感・屈辱感・共感的羞恥などが問題とされている。近年の研究動向としては，恥を恥と恥辱に分類するなど，自己意識的感情を細分化して精緻な理論構成をめざす流れがあり，本書でもこの方向でまとめることが試みられている。また，これまで自己意識的感情として取り上げられることの少なかった，対人的負債感・嫉みと嫉妬・誇

りや共感なども検討の対象としている。

Ⅲ部では，パーソナリティ・社会・臨床・発達などの心理学の諸領域で，この感情についてどのような研究がなされているかを紹介するとともに，今後の研究の方向についてのヒントが得られるようにした。それぞれの領域の研究者が，こうした視点からのアプローチを試みている。

（付）として，自己意識的感情についての尺度を紹介した。その際には，外国で開発された尺度の日本語版を含めて，わが国で利用可能な尺度を中心に紹介している。スペースの関係でそのすべてを掲載できたわけではないが，読者の参考になればと考えている。

なお，自己意識的感情というのは self-conscious emotion あるいは affect のことであるが，emotion については情動という訳語が定着している。そのことからすると，自己意識的情動という表現のほうがふさわしい場合があると考えられる。しかしこの研究の現状では，すでに「自己意識的感情」が定着しているので，この２つを区別せずにどちらについても「感情」を用いることにした。これ以外の用語でも，執筆者によって訳語に違いがある場合があるが，それぞれの訳を尊重して，統一することはしなかった。

いずれにしても，本書は自己意識的感情研究についてのわが国での最初の著書である。本書の出版を機会として，この分野の研究がいっそう進むことを期待したい。このいくらか勇敢な試みにご協力いただいた執筆者の方がたにお礼を申したい。また，この企画を採用してくださった北大路書房と担当の木村健さんに，感謝したい。

2009 年夏　　有光興記・菊池章夫

注）

Fischer, K. W., & Tangney, J. P.（Eds.）（1995）. *Self-conscious emotions: The psychology of shame, guilt, embarrassment, and pride.* NY: The Guilford Press.

Tracy, J., Robinson, R. W., & Tangney, J. P.（Eds.）（2007）. *The self-conscious emotions: Theory and research.* NY: The Guilford Press.

目　次

Ⅲ部　自己意識的感情の研究動向

I 部

自己意識的感情の問題

1章
自己と感情
その進化論・文化論

遠藤利彦

1. プロローグ

ヒトはその長い進化の道程において，高次の心の機能を身につけ，そしてやがて，それを自らにも，また自らの心そのものにも向けるようになった。その自己再帰的な意識の働きは，自らの状態やふるまいをモニターし，適切に制御・調整することを可能ならしめ，ヒトの適応性の幅をさらに飛躍的に広げたのだと考え得る。

しかし，ひとたびそれを備えると，それは，私たちの日常のあらゆる場面に遍在するようになり，ただ私たちにメリットをもたらすばかりではなく，時に，本来要らぬはずの自己への苦悶や不安を抱え込ませることにもなったのだといえる。目の前に意中のものがぶら下がってあるならば，直情的にただそれを取りに行けばよいものを，私たちは，それに脇目もふらず周りをかき分けてでも駆け寄ろうとする自分の姿を思い浮かべては，それをきわめて無様でさもしいと思うに違いない。そして，その光景を目にした時の他者の冷ややかな目を想像しては耐え難い苦痛と屈辱を覚え，ちょっとでもそれに気持ちを奪われてしまった自分の卑しさと不甲斐なさを呪うことになるのである。自己意識的感情，それは良くも悪くもヒトを人たらしめている中核的な特質の１つであるということができる。

本書は，そうした利器としても呪縛としても働く，私たちの自己意識的感情について，これまでどのような研究がなされ，何が明らかにされているかを概観するなかから，その本質がいかなるものであるかを考究しようとするものである。しかし，意外なことに，研究の現況として，そもそも自己意識的感情とは具体的に何をどこまで指すのか，それに関して必ずしも統一的な見方があるわけではない。本章では，まず，自己意識的感情なるものがいかなるものを指し示すのかについて，あるいはそれをどう整理して理解すればよいかについて考察を試みることにしよう。そのうえで，自己意識的感情が，生物種としてのヒトにいかなる過程を経て備わり，また，どのような適応上のメリットをもたらした可能性があるのか，その進化的基盤について論考をなすことにしたい。そして，今度は，それとの対比で，自己意識的感情が高度に社会的存在たる私たち人にかかわるところ，すなわち，社会・文化がいかに自己意識的感情の性質や機能にかかわり，また逆にそれがどのように社会・文化およびそのなかでの人の適応を支えている可能性があるのか，その文化的基盤について考えてみることにしよう。

2．自己と他者，そして感情

(1) 自己意識的感情というファジーなカテゴリー

本書は，自己意識的感情研究の現況と課題とを広く読者に解き伝えようと企図されたものである。しかし，自己意識的感情とはそもそも何を指していう術語なのだろうか。実のところ，その意味範疇を明瞭に定めることは容易ではない。

もちろん，至極単純に，その語そのものに答えを求めていくとすれば，それは何らかの形で自己意識（self-consciousness）が絡む感情ということになるのだろう（第1の見方）。もっとも，後にもふれるように，私たちは，日常，頻繁に自分自身についていろいろと思考しており，そしてその思考から発して，喜び，怒り，悲しみ，恐れなどの感情をごく普通に経験することがある。しかしながら，こうした感情は，通常，私たち人間にとって最も基本的な感情（basic emotion）とカテゴライズされることが一般的であり，実際に，それらが自己意識的感情として研究の俎上に載ることはまずない。その意味からすれば，自己意識的感情の中核的要件に，ただ，私たちが再帰的（recursive）に自分自身に意識を向けるということのみを据えて考えることはできそうにない。

次に考え得るのは，自己意識的感情の必須要件に，単なる自己意識（自己に対する再帰的な意識）ということばかりではなく，それに他者あるいは社会全般からの注目や評価といったものを加えてみるということである（第2の見方）。これに従えば，自己意識的感情とは，評価者としての「他者の目」に注意が向き，それを通して自己やそのふるまいなどの質が強く意識された際に生じる感情ということになる。たしかに，この定義案は，自己意識的感情として最も問題にされることの多い恥であったり，罪悪感であったり，誇りであったりをかなりのところ整合的に説明し得るものであり，現に，こうした見方をとる研究者は少なくない。

しかし，本書の目次に目をやれば，妬みや嫉妬あるいは共感といった，通常，自己というよりは他者に意識が向かう感情も，暗に自己意識的感情の一種として取り上げられていることがわかる。前述した第2の定義案では，自身がなした行為などのあくまでも自己に帰属する何らかのものに外からの評価が絡み，それが意識されたときに生じるのが自己意識的感情ということになる。それに対して，妬みや嫉妬あるいは共感といった感情は大概，他者が起こした行為あるいは他者に降りかかった事象に自己が何らかの評価をなした結果，生起してくる感情と考えられ，その意味では，むしろ自己意識的感情とは別種の扱いをしたほうがより自然かつ適切であるようにも思われよう。けれども，こうした感情における他者への意識は，翻って自己へと反転することも多く，たとえば他者のすぐれた特質への妬みが，自分の無能さへの恥として経験されるようなことがあることを度外視してはならないだろう。というよりも，一見，他者に向けられてあるようにみえる感情のなかには，元来，多かれ少なかれ，他者との比較を通した，自己への意識およびそれにともなう感情もまた内包されているとみなして然るべきなのかもしれない（第3の見方）。

このように自己意識的感情をいかなるものととらえ得るかということには，少なくとも以上の3つくらいの見方が成り立ち得るものといえる。すでに述べたように，たしかに，自己再帰的な意識に外からの評価を加えた第2の見方をする研究者は相対的に多いといい得るが，それがとくに自己意識的感情研究の統一的な基準となっているというわけでもない。現に第1の見方や第3の見方をとる研究者も存在しており，欧米圏の類書でも，それらがとくに整理されることなく，この3つのレベルにわたる実に多様な感情が自己意識的感情として一括りにされて論じられているというのが実情なのである。この節では，自己と他者およびその関係性やそれらに絡む意識が，感情の生起にいかにかかわり得るのかということについて多少とも掘り下げて論考し，それを通して，元来ファジーなものとしてある自己意識的感情という意味集合の輪郭を，もう少しばかり明確にする作業を試みることにしたい。

(2) 感情生起の起点としての自己

心理学の祖といわれるジェームズ（James, 1894）は，感情を事象に対する直接的・無媒介的な反応であると考えていた。たとえば，彼は，突如，眼前に現れたクマに対して逃走か闘争かの選択を私たちが咄嗟にとる時に，クマ自体がその選択肢のいずれかをよしとする考え（idea）を私たちに与えるのだとし，あくまでも知覚対象としてのクマが，直接，私たちの生理・行動等の身体状態を規定するという立場をとったことで知られている。しかし，現在，一部の論者（たとえばOhman, 2000; Zajonc, 2004）を除き，こうした考えをとる者は相対的に少なくなってきているといえる。現今の考え方の主流は，アーノルド（Arnold, 1960）に始まる認知的評価理論（cognitive appraisal theory）であり，それは基本的にあらゆる感情が，個体が遭遇した物理的な事象そのものではなく，心理学的な事象（Oatley, 1992），すなわち個体が評価した事象の意味に対する反応として生じることを前提としている。

実のところ，この認知的評価理論は一枚岩的なものではなく，さまざまに分岐して今に至っている（Scherer, 1999）のであるが，たとえば，そのうちの最も代表的な論者であるラザルス（Lazarus, 1991）の理論モデルでは，事象に対する認知的評価のプロセスが，第1次評価（primary appraisal）と第2次評価（secondary appraisal）の2段階からなり，その一連の過程における評価上の差異が，結果的に個人に経験される感情の種類を分けることになると仮定されている。第1次評価のプロセスは，半ば自動的に無意識的に進行する最小限の情報処理のことであり，そこでは，主として，現に接している状況は個体自身の潜在的な目標や利害関心にかかわるものか否か（個人の潜在的目標・利害関心との関連性），かかわるとすればそれは正負いずれの方向でかかわるのか（目標・利害関心との合致），そしてまた，それはより細かいレベルにおいて自分自身にどのような意味を有するのか（自我関与の種類）といったことが評価されるという。それに対して第2次評価のプロセスは，やや意識的でより高次の情報処理をともなう評価プロセスであり，そこではさらに，自分か他者かそれ以外か，いったいだれ（何）に責任や原因があるのか（原因・責任の所在），自分はこの状況に対してどれだけうまく対処できそうか（対処可能性・統制能力の有無や程度），自分はこの先どうなりそうか（将来展望）ということがチェックされることになるらしい。

まずここで確認しておくべきことは，こうした認知的評価理論に依拠するならば，感情の生起は，基本的にすべて自己を起点として生じるということである。そもそも，最初の評価の段階で，事象が個体自らの潜在的な利害関心に何ら絡まないものとチェックされれば，そこには，いかなるものであれ，感情は生起しないことになるのである。さらに，それのみならず，その後に継起するあらゆるレベルの認知的評価が，何らかの形で自己の諸側面にかかわっており，評価された，事象と自己のかかわり方の微妙な差異が，感情経験の違いを生み出すと措定されていることにも注目すべきであろう。つまり，当然といえば当然なのではあるが，感情の生起にしても，生起してくる感情の種類にしても，そもそも自己なくして感情は成り立たないのである。

もちろん，自己の関与と自己意識の関与は同じではない（Tracy & Robins, 2007a）。

確かに，通常の恐れ，悲しみ，怒り，喜びといった，多くの場合，第1次評価プロセスのみで生起してくるような感情にも，生理学的覚醒（arousal）という意味での意識や，（自らの知覚や運動に対する原初的注意としての）自己覚知（self-awareness）という意味での意識の介在は仮定できるだろう。しかしながら，そこには基本的に，自分自身に対して再帰的・反省的に向けられる主観的な意識，すなわち自己意識（self-consciousness）の関与は想定できないものといえる（もっとも，このことは，ラザルスが第1次評価のなかに据えている「自我関与」に関してはかなり微妙なのかもしれず，現にSmith & Lazarus, 1993では，それが第2次評価のなかに配置されている）。不可避的に自己意識が介在してくるようになるのは，原因・責任の所在や対処可能性などに関する，より複雑な認知が絡む第2次評価のプロセスにおいてであるととらえるべきであり，そこでの評価の質が，時にさまざまな自己意識的感情を生じさせることにつながるのだろう。

ちなみに，こうしたことは，脳神経学的知見からも部分的に支持されるところといえる。たとえば，ルドゥー（Ledoux, 1996, 2000）は，感情生起にかかわる脳神経回路が，身体内外の刺激情報が大脳皮質を経由せずに直接，大脳辺縁系に送出される回路（皮質下性の視床－扁桃神経回路）と，刺激情報が大脳皮質を経由して辺縁系に送出される回路（新皮質性の皮質－扁桃神経回路）の2種に大別されることを見出したうえで，前者をラザルスのいう第1次評価にほぼ相当する大ざっぱだが迅速な評価プロセスに，そして後者をラザルスのいう第2次評価にほぼ相当する複雑で抽象的な評価プロセスに対応づけている。とくにこの後者の回路に含まれる前頭前野の諸領域は，近年とみに自己知覚・認識や自己意識との深いかかわりが注目されているところであり（たとえばBeer, 2007; Damasio, 1999），このことからしても，種々の自己意識的感情が第2次評価プロセスに支えられて生じてくることは半ば自明のことともいえるのだろう。

しかし，第2次評価を経て生起してくる感情がすべて自己意識的感情ということではない。さらにいえば，第2次評価プロセスで自己意識が随伴しているからといって，それがそのままに，一般的にいわれるところの，いわゆる自己意識的感情の生起につながるわけでもないようである。先にも述べたように，現今の主要な理論枠においては，自己意識の介在が自己意識的感情の必要条件とはされていても，必ずしも十分条件とはされていないことが，より一般的であるようである。それはなぜなのか，以下ではより詳細に，自己意識の介在と感情生起とのかかわりを探るなかで，そのヒントを見出していくことにしよう。

(3) 自己に対する再帰的な意識と複雑な感情の生起

本章では暗黙裡に自己意識を，いわゆる「内なる目（inner eye）」(Humphrey, 1986)，すなわち個体が自分自身あるいはその内的状態などに対して再帰的に向ける意識として話を進めてきている。しかし，この再帰的な意識とは，具体的にどのようなものを指していうのだろうか。たとえば，近年の自己研究に重要な貢献をなしている理論的枠組みの1つに，ナイサー（Neisser, 1988, 1993, 1994, 1997）の「5種の自己知識（5 kinds of self-knowledge)」論がある。そのなかの2つ，生態学的自己（ecological self）と対人的自己（interpersonal self）は，それぞれ物理的環境と社会的環境の知覚に随伴して生じる自己の感覚を指していい，先にふれた術語でいえば，自己覚知（self-awareness）の次元に相当するものではあっても，自己意識にかかわるものではない。ここでの文脈で，注目すべきなのは，これ以外の3種の自己知識であり，それらは基本的に，主体としての私（I）が私のそれぞれ異なる側面に対して向けた再帰的意識の産物，すなわちと客体しての私（me）として仮定されているものといえる。

その1つは，「時間的に拡張された自己（temporally extended self)」あるいは「記憶され想起される自己（remembered self)」と呼ばれるものであり，今現在における自己の経験を，記憶された過去やこれから訪れるであろう未来とのかかわりで体感し意味づける心の働きにかかわるものである。もう1つは，「私秘的自己（private self)」と呼ばれるものであり，基本的に自分自身の私秘的な心の状態に対して，それを自覚し，意味づける心の働きにかかわるものである。さらにもう1つは，「概念的自己（conceptual self)」と呼ばれるものであり，外見，能力，性格をはじめ，自分自身のさまざまな特質を客体的にとらえ，時にそこに評価を加えながら，意味づける心の働きにかかわるものである。

ナイサー自身は，こうした自己の視点からとくに感情を論じているわけではないのだが，最近，リアリー（Leary, 2007）は，このナイサーの論に拠りながら，自己に絡む種々の感情について興味深い論考を展開している。彼によれば，自己とは，個体が自分自身について意識的に思考することを可能ならしめる心的装置であり，それがヒトという生物種と他の生物種を分ける重要な分岐点の1つになっていると同時に，殊に農業革命以降，急速に，未来を予測・管理し，大きく流動的になった集団に適応する必要に迫られた私たち人間に，固有の複雑な感情経験を数多くもたらしている可能性があるのだという。

たとえば，時間的に拡張された自己によって，私たちは，今という時点あるいは現前の事象に縛られず，過去に経験した事柄やこれから未来に起こるかもしれない事象に，おののいたり悲しんだり怒ったり喜んだりするようになり，またそうした感情経験を通して，予期的に，自己のふるまいを制御し得るようになったといえよう。また，私秘的自己は，感情を含む自身のさまざまな心的状態に対して感情を覚えることや，自身の感情を準拠枠にして他者の感情を推測し，さらにそこから翻って新たな感情を経験するといったことを可能ならしめたと考えられる。さらに，概念的自己は，基本的に社会・文化的な基準や価値体系などと不可分に結びついて自己の特質を概念化することになるため，そこにさまざまな評価や原因帰属およびそれらに起因する複雑な感情経験をもたらし，また，時に自己を集団の一員や一部に位置づける概念化によって，自身には直接関係のない事柄にも代理的に多様な感情を経験させ得るようにもなったといい得るのだろう。

リアリーは，こうしたさまざまな自己の側面に再帰的に意識を向けるなかで経験される感情を，「自己反省的感情（self-reflective emotion）」と総称し，いわゆる自己意識的感情をこの下位に位置づけられるものだと指摘している。彼によれば，この自己反省的感情は感情の種類やカテゴリーによって，きっちりと線引きされるようなものではなく，一般的に基本感情とされるような喜び，怒り，悲しみ，恐れなども，時に自己内省に起因して生じ得る場合があるのだという。たとえば，私たちは意中の人に自分がよく思われていそうなことを想像しては密かな喜びに浸ったり，自分が歯科で親知らずを抜歯される状況やその時に経験するだろう苦痛を思い浮かべてはただならぬ恐れを覚えたりするものである。本来であれば，まさに再帰的な自己意識を前提に生じるという意味において，この自己反省的感情こそが自己意識的感情と読み替えられてもいっこうに差し支えはないはずなのである。しかし，おそらく，それを阻んでいるのは，この基準を，いわゆる「内包」として据えると，その具体的な適用範囲たる，いわゆる「外延」があまりにも広くなってしまい，私たちが通常，自己意識的感情と考えているものとの齟齬がきわめて大きくなってしまうという危険性があるということだろう。リアリーに従えば，そして自己再帰的な意識を至極素直に自己意識ととらえるならば，ほぼすべての感情カテゴリーが時に自己意識的であることになってしまうのである。しかし，その一方で常に自己意識的である一群の感情が存在することも確かである。現在の自己意識的感情研究が基本的に広く前者ではなく，狭く後者をターゲットとして進んでいることを私たちはここで確認しておいてよいのかもしれない。それでは，その常に自己意識的感情であるものとはいったいどのようなものであるのだろうか。以下ではそれについて考えることにしよう。

(4)「他者の目」を通して自己を意識する

常に自己意識的である感情とは，否応なく自己を意識せざるを得なくなる状況から発する感情であると換言し得る。そして，その否応なく自己意識を強いられる状況とは，陰に陽に，「他者の（自分に対する）目」を意識せざるを得ない状況であると考えられる。一般的に自己意識的感情の最も典型的なものとされる恥や罪悪感や誇りなどは，まさに，自己の何らかのふるまいが，実際に他者の目にさらされたり，あるいは一般的な他者たる社会の価値や基準などにふれたりした（と個人が認識した）場合に生起してくるのである。

実際，こうした他者や社会からの注目あるいは評価という視点から，自己意識的感情の生起機序を考える研究者はきわめて多い。たとえば，トレーシーとロビンス（Tracy & Robins, 2004, 2007b）は，認知的評価理論に基づいて，自己意識的感情の生起プロセスに関する理論モデルを構成しているが，彼女らが，その一連のプロセスにおいて，自己再帰的な意識の発動（彼女らのモデルでは自己注目あるいは自己表象の活性化）の次に仮定しているのは，事象が個人のアイデンティティにかかわるか，かかわるとすればいかにかかわるかということの評価（appraisal）である。すなわち，自分が直接的に引き起こした，あるいは何らかの形でかかわった事象が，多かれ少なかれ，他者や社会からの注目や評価（evaluation）にさらされるなかで，自分はどんな存在であるかあるいはどんな存在でありたいかといったことに関する個人の内なる意識が脅かされたり，逆に高められたりした場合に，半ば必然的に，何らかの自己意識的感情が生じてくるというのである。また，そもそも種々の自己意識的感情の機能を，その時々の周囲からの注意や評価などに応じて，自己の社会的行動を調整し，結果的に，集団や関係性のなかでの社会的自己を高く保持すること（Dickerson et al., 2004; Gruenewald et al., 2007）や他者との社会的絆を安定して維持すること（Scheff, 2003）などのなかに見出そうとする向きは少なくない。

もっとも，こうした一連の見方は，他者や集団が，個人やその個人のふるまいに対して，実際に多大な注意を寄せ，特定の評価をなしたという固い「事実」のなかから，自己意識的感情が発生するということを仮定するものではない。むしろ，それは，個人が，他者や社会の目や評価をいかに「認知」するかというところから自己意識的感情が生じ，またその認知に応じてその種類が分岐してくることを仮定するものである（たとえばTracy & Robins, 2007b）。そして，そこには，自らの行為が，単に他者の目や社会的基準などからして，自己の価値の引き上げに通じるのか，あるいは引き下げに通じるのかということの認知のみならず，そうした正負の意味を，私という存在そのものあるいは自己の安定した属性に結びつけて認知する（全体的帰属）か，それとも私がなしたある特定の行為に結びつけて認知する（特異的帰属）かということも含まれる（たとえばTagney, 1999; Tracy & Robins, 2004）。たとえば，ルイス（Lewis, 1992, 2008）によれば，同じく何らかの社会的失態を演じても，その感情的反応は一義的には定まらず，その事態から自分そのものが悪いと認識するか，あくまでも自分のその時のふるまい方がまずかったと認識するかによって，経験される感情が恥か罪悪感かが決まってくるのだという。また，同じく何らかの価値ある達成をなした場合でも，それを自分という存在が本来的に有する偉大さに帰属するような場合には驕り（hubris）が，あくまでもそれに至るまでの努力やその時の一時的な行為の冴えなどに帰属するような場合には誇り（pride）が生起してくるらしい。実のところ，ルイスは，照れあるいは社会的当惑（embarrassment）については，好悪，優劣，善悪といった評価が絡まず，ただ純粋に他者の目にさらされるだけで生起してくる場合があることを想定している。しかし，この場合にも，基本的に，種々の自己意識的感情が，他者の目を通した自己意識の賦活を必須要件とし，顕在的あるいは潜在的な他者からの社会的評価の質およびそれの自己への帰属のあり方によって規定されることを前提視しているといえるだろう。

もちろん，殊に恥と罪悪感の差異については，こうした自己への帰属のあり方ということではなく，個人の行為がだれによって評価されたかによって規定されるのだという，ベネディクト（Benedict, 1946）以来の伝統的な見方があることを忘れてはならないだろう。すなわち，恥は，顕在的であれ潜在的であれ，明らかに他者の存在を前提として，その他者から自分の失態を負に評価されるという事態に起因して生じるのに対し，罪悪感は行為主体たる個人が自身の内的基準に従って，己あるいはその行為を負に評価することから発するというのである（たとえばSmith et al., 2002）。つまり，これに字義通りに従えば「他者の目」を必須要件とはしない自己意識的感情が存在するということになろう。しかしながら，この罪悪感における自己の内的基準というのは，その源をたどれば，現に他者や社会とのかかわりのなかでさまざまに評価された経験や，あるいは社会化の過程で陰に陽に吹き込まれた社会・文化的な価値や常識などに由来していると考えるのがより自然であろう（たとえばTagney & Dearing, 2002）。すなわち，そこにも大なり小なり，他者や社会からの評価，あるいは少なくとも推測された評価が暗黙裡に潜んでいるとみなすべきであり（Leary, 2007），自己意識的感情の中核に「他者の目を」据えて考える見方は，ベネディクト的な発想からしても，十分に首肯できるものといえるかもしれない。

(5) 他者と自己への二重の焦点化

前述したように「他者の目」を自己意識的感情の必須要件に据えてみる考え方は相対的に理解しやすく，多くの研究者がとるものといい得るが，冒頭でもふれたように，実際，自己意識的感情として扱われるもののなかには，本書における妬みや共感のように，必ずしもこの要件にそぐわないものが存在することも事実である。そして，それらの感情は，多くの場合，「他者の目」というよりは，むしろ「他者への目」，すなわち他者がなした行為に対して個人が向ける注目や評価に起因して生じてくるものといえる。そこだけに着目していえば，当然，それはあくまでも「他者意識的感情」とはいい得ても，自己意識的感情とは到底，言い難いことになるわけであるが，時として，これら一群の感情が，自己意識的感情としてカテゴライズされ，考察されることがあるのはなぜなのだろうか。

基本的に，それは，他者の失敗や成功あるいは不幸や幸福が，他者自身の社会的地位の高低のみにかかわるのではなく，しばしば「社会的比較（social comparison）」を通して，それを認知した個人の社会的地位の引き上げや引き下げにも深くかかわり，ひいてはそれが自己意識に強く影響を及ぼし得るからであろう（Niedenthal et al., 2006）。この社会的比較という観点から感情生起のメカニズムを論じている代表的なものに，スミス（2000）の理論モデルがある。彼によれば，他者に何らかの事象が生起した際に，人はその事象の意味を，自身の状態や特性との比較において評価することがしばしばあり，その質に応じて結果的に，上方対比的（upward constrative），上方同化的（upward assimilative），下方対比的（downward constrative），下方同化的（downward assimilative）という4つのカテゴリーのいずれかに該当する感情を経験することになるのだという（ちなみにこのスミスのモデルは，他者のみならず自己に何らかの事象が生起した場合をも包括的に説明するものであるが，ここでは前者のみに記述を限定する）。そして，さらに，その各カテゴリーにおいて，純粋に他者に注意が向かう場合，自己のみにそれが向かう場合，そして他者にも自己にも二重にそれが向かう場合を分け，それぞれで具体的にどのような感情が生起してくるかについて理論化を行っている。

ここでとくに注目しておくべきことは，本来，他者に降りかかったはずの事柄なのに，結果的に自分にも注意が向かうことになる二重焦点化（dual focus）が生じるケースである。たとえば，他者にとってきわめて幸福な事態が生じた際に，それは多くの場合，上方比較の状態（他者の優位・自己の劣位）を生み出すことになるが，そこにおける感情経験には大きく2通りのものが存在する。他者が経験するであろうポジティブな感情に自らもポジティブな感情をもって反応する場合（同化）と，逆にネガティブな感情をもって反応する場合（対比）である。スミスによれば，前者における二重焦点化の典型的な感情は感激（inspiration）であり，後者におけるそれは妬み（envy）ということになる。また，逆に他者にとってきわめて不幸な事態が生じた際に，それは多くの場合，下方比較の状態（自己の優位・他者の劣位）を生み出すことになるが，そこにおける感情経験にも大きく２通りのものが存在する。他者が経験するであろうネガティブな感情に自らもネガティブな感情をもって反応する場合(同化)と，逆にポジティブな感情をもって反応する場合（対比）である。前者における二重焦点化の典型的な感情は共感・同情 (sympathy) であり，後者におけるそれはシャーデンフロイデ（schadenfreude; いい気味という感情）ということになる。

スミスは，たとえば妬みに関していえば，それが純粋に他者に注意が注がれた場合には憤慨（resentment）に，反対に自己のみに注意が向かうと恥になることを仮定している。別の言い方をすれば，妬みは，他者がその行為に対して周囲から高い評価を受け賞賛に与るような場合に，その不当性に憤り他者をなじりたいような気持ちと，自分にそれに見合うだけの力量が備わっていないことを恥ずかしく思う気持ちとの間で揺れ動いたり，あるいはそれらが入り交じったりした感情ともいい得るということである（Smith & Kim, 2007)。また，共感・同情に関していえば，それは，他者が大けがをして流血しているような場合に，純粋に他者焦点的な哀れみ（pity）と，逆に純粋に自己焦点的な「とても気持ち悪くて見たくない」というような個人的な苦痛・恐れ（worry／fear）との間で揺曳したり，あるいはそれらが混合したりした感情として位置づけ得るということである。つまり，妬みにしても，共感・同情にしても，他者の状態を一種の準拠枠として，自己への意識および評価が生じているわけであり，広い意味で，それらを自己意識的感情のなかにくくったとしても，さして的外れではないということになる。

ちなみに，現段階においては感激やシャーデンフロイデという感情それ自体に関する実証的取り組みがきわめて少なく，ましてそれらを自己意識的感情という視点から考究する向きはほとんど皆無に等しいといっても過言ではない。大いに研究が待たれるところである。もっとも，感激そのものではないが，他者のすぐれた能力や特性に対して一貫して賞賛と憧憬の念を寄せる尊敬（respect）に関しては，近年，それをポジティブな自己意識的感情の一種とする見方（Li & Fischer, 2007）が提示されてきており，今後の動向が注目されよう。

3．自己意識的感情の進化的基盤

(1) 心的モジュールとしての感情

ダーウィン（Darwin, 1872）が，ヒトと他の生物種における感情表出の近似性から感情の系統発生的起源を論じて以来，感情に対する進化論的アプローチは，感情研究の大きな1つの柱をなしてきたといって誤りはない。とくに近年，とみに隆盛になりつつある進化心理学は，種々の感情を，私たちの（とくにいまだ狩猟採集民としてあった更新世の）祖先に繰り返しふりかかったさまざまな適応上の難題に迅速に対処すべく，長い進化の過程を経てヒトの脳に備わった心的モジュールであると仮定している（たとえばBuss, 2008）。それは，各種適応に絡む原型的な出来事あるいは意味に特化した超高速の領域固有型計算装置であり，通常は不活性状態にありながら，いったんある特定の手がかりによって活性化されると，先行するあらゆる情報処理活動に強引に割り込み，それを中止させ，そのプログラムの遂行（状況評価・注意の配分・プランニング・行為のガイダンス等）を貫徹させようとする「デーモン・プログラム」のようなものだという（Cosmides & Tooby, 2000）。

実のところ，こうした感情に関する進化論的見方は従来，ダーウィンにならい，とくにその表出において，他生物種との連続性が強く想定され，文化によらずヒトという種に共通普遍に認められる，喜び，悲しみ，怒り，恐れ，驚き，嫌悪などの，いわゆる基本感情を中心に精力的に展開されてきたといえる（たとえばEkman, 1999; Izard, 1991）。一方，自己意識的感情を含む，いわゆる社会的感情は主に文化との密接なかかわりが議論されこそすれ，その進化論的考究は大幅に立ち後れてきたという感は否めない。しかし，現在では，こうした状況は大きく様変わりしつつあり，かつては専ら文化的構成物とされてきた複雑な社会的感情も，その進化論的基盤が積極的に問われるに至っているのである。

通常，基本感情の場合，そこで仮定される機能は，主に感情が発動されたその時その場での生き残りや繁殖上の働きであることが一般的である。それに対し，社会的感情は，現時現空間における機能というものを考えると，むしろその反機能的な側面のほうが顕著に見えてくる場合が少なくない（遠藤, 2005, 2007）。たとえば，私たちは集団のなかで不公平にも自分だけが莫大な利益を得ている状況で，何か他の人たちにすまないといった罪のような感情を覚え，それ以上の利益追求を自らやめてしまうようなことがある。それどころか，そうした利益をもたらしてくれた他者がいたとすれば，その他者に強い感謝という感情をもって，せっかく得た自分の取り分のなかから相応のお返しをしようとしたりする。この場合の罪悪感にしても感謝にしても，短期的な利益追求という視点からみれば，それに歯止めをかけ，むしろ損を背負い込むように動機づける（たとえばFrank, 1988）わけであるから，いずれもきわめて非合理的ということになろう。しかし，現に私たちは日常的に頻繁にこうした感情を経験しているのである。それでは，なぜ，こうした一み，非合理的にみえる感情が私たちヒトにおいて進化してきたといい得るのだろうか。

(2) 社会的調整機構としての感情

近年の進化論的な見方は，ある一群の感情が，今ここでの短期的な利害というよりはむしろ，未来における，あるいは生涯にわたる究極的な適応度における，より長期的な社会的利害に深く関係している可能性を追究するようになってきている（遠藤，2007）。より具体的には，そもそも，個体間の社会的関係や集団構造の長期的な維持・回復等に寄与すべく進化してきた感情があるというのである（Frank, 1988, 2004; Ridley, 1996）。ヒトは高度に社会的であり，関係や集団のなかでの適応が，結果的に生物的適応に通じる確率が際立って高い種といえる（たとえばDunbar, 1996）。進化論者が一様に強調するのは，ヒトという生物種においては，たとえば狩猟採集にしても捕食者への対抗にしても子育てにしても，集団生活が単独生活よりもはるかに多くの利点を有していたということであり（たとえばNesse, 1990; Tooby & Cosmides, 1990），また，それを維持するために必然的に集団成員間における関係性や利害バランスの調整メカニズムが必要になったということである（Cosmides & Tooby, 2000; Tooby & Cosmides, 2008）。

そして，そこに最も密接に絡むものの１つとして互恵性の原理，すなわち相互に何かをもらったりそのお返しをしたり，また助けられたり助けたりするという形で，集団内における協力体制を確立・維持するために必要となる一群のルールがある（たとえばFrank, 1988, 2004）。しかし，この互恵性原理の危うさは，自己犠牲的な行為を個体に強いることであり，個体は，自らの生存や成長のために自己利益を追求しなくてはならない一方で，それに歯止めをかけ，他個体に利益を分与しなくてはならず，そのバランスをどこでとるかが究極の難題となる。さらに互恵性原理が長期的に個体の適応に適うものであるためには，それを脅かし壊す，他者および自己の裏切り行為を注意深くモニターし，検知する必要が生じてくる。コスミデスとトゥービー（Cosmides & Tooby, 2000; Tooby & Cosmides, 2008）によれば，これらの複雑な処理を可能にするものとして，罪悪感，感謝，抑鬱，悲嘆，妬み，義憤，公正感などの社会的感情が進化してきた可能性があるのではないかという。

こうした見方に従えば，たとえば罪悪感は，互恵性のルールを自らが破ったときに経験されるものであり，相手につけ入りまんまと搾取することに自ら不快を感じ，その行為に歯止めをかけるように機能する感情であると考えることができる。また，感謝は，相手側にかかるコストと自分の利益の比を計算に入れたうえで相手からの利他的行動に対してそれに見合ったお返しを必ず行うように動機づける感情であるといえるだろう。さらに，義憤は互恵性に違反した個人を罰し，集団のなかに不公正が蔓延することを未然に防ぐよう働く感情であるといえるのかもしれない（Trivers, 1985）。なお，基本的に妬み（envy）に関しても，集団のなかの利益配分の不当な不均衡を敏感に察知し，それを是正し，互恵的関係を維持する方向に個体を駆り立てる感情であると説明されることが多いのだが，それに関連が深い嫉妬（jealousy）については，やや異なる視点からその進化論的起源が推定されているようである。それは，嫉妬が，主に配偶関係などの異性間の緊密な関係性に（パートナーが第三者の誘惑にさらされるなどの）脅威が生じた際に，個体がそれを迅速に感知し，関係性の崩壊を未然に防ぎ，そして結果的に（配偶関係の維持を通した確実な子孫の出生や成長という）繁殖上のメリットを確保することを容易にすべく，進化してきた可能性があるのではないかということである（たとえばBuss, 2008; Buss & Schmidr, 1993）。

ケルトナーとハイト（Keltner & Haidt, 2001）は，互恵性に加えて，支配－服従（集団内の地位階層の維持）というルールの遵守も，ヒトの集団生活の秩序を高く具現し，そのなかでの個体の社会的適応およびその結果としての生物学的適応を長期的に保障するうえで必要であったとし，それに密接に絡む感情として恥や軽蔑や畏怖などが，進化の過程でヒトに備わってきた可能性を示唆している。いずれにしても，すべてではないにしても，少なくとも一部の感情には，それらが，広く対人関係一般や集団生活における（それぞれが特殊化した）社会的調整機構として進化してきたという側面が大いに想定されるということであろう（遠藤 , 2005, 2007）。

もっとも，ここでの議論は，広く社会的感情と呼ばれるものに関してであり，自己意識的感情に特化したものではなかった。ただ，すでに部分的にふれたように，効率的に社会的関係を調整するためには，他者，そして翻って自己についても，そのふるまいやその背景にある心的状態あるいはそれぞれの集団内での相対的な地位などを適切にモニターしておく必要があり，そこに，多かれ少なかれ，他者への意識や自己への意識が不可分に関与し得ることが考えられる。現に，研究者のなかには，とくに社会的感情と呼ばれるものとの区別立てをせず，前述した互恵性の維持と集団の組織化（地位階層の安定化）にダイレクトにかかわる感情こそが，まさに自己意識的感情であるとして，その進化論的な背景と機能を論じている者もある（たとえばGoetz & Keltner, 2007）。また，この今を超えて，長期的な視点で他者との利害バランスを調整するためには，それこそ先にみた「時間的に拡張された自己」（Neisser, 1994）が重要な役割を果たすということも考えられよう。これに関連して付言しておくならば，ダマシオ（Damasio, 1999）は，生物の長い系統発生の歴史のなかで，「自己」が生体のホメオスタシスを保つ中枢たる非意識的な「原自己」から，今ここでの自らの状態をモニターし意識する「中核自己」へと発展し，さらに過去から未来にかけて縦横無尽に意識を働かせ得る「延長自己」（＝時間的に拡張された自己）へと展開を遂げたことを仮定したうえで，ヒトの，とくに高度にその延長自己に支えられた複雑な自己意識のもとで，種々の社会的感情が経験され，また機能するようになった可能性を論じている。

(3) 身体的表出からみる自己意識的感情の種内普遍性

前述したように，近年，自己意識的感情を含むさまざまな社会的感情に関して，進化論的考究が着実に進んできているわけであるが，その実証的な証左ということになるとまだまだ乏しいというのが実情である。巧みに工夫された実験や調査あるいは進化ゲームという形でのコンピュータ・シミュレーションなどを通して，各種感情の進化論的適応価（たとえばFehr & Fischbacher, 2003）や先行条件としての認知的評価の通文化的普遍性（たとえばScherer, 1997）などがさかんに検討されるようにはなってきているが，それらはどちらかというと間接的なものであり，そもそもヒトという種に共通して特定の自己意識的感情が組み込まれてあるのかどうかということにかかわる直接的証左はきわめて少ないのである。そして，そこには，自己意識的感情には，いわゆる基本感情におけるような顔面表情上の特徴が，必ずしも明確に認められないということが深く影を落としているといえる（Gruenewald et al., 2007; Tracy & Robins, 2007b）。しかし，近年，一部の自己意識的感情については，顔の表情のみならず，身体姿勢やその動きまでを総合してみると，その全体的特徴に，ヒトの種内普遍性が見出されるのではないかということが追究され始めているようである。

そもそもダーウィン（1872）が人の恥に関連した紅潮反応を取り上げていることもあって，恥については，比較的早くから，その表出上の特徴が注目されてきた。なかには，ヒト一般に共通した明確な特徴があり，なおかつそれと近似した表出行動のパターンがヒト以外の霊長類にも認められるとして，喜び，悲しみ，怒り，恐れなどとほぼ同列に，基本感情のリストに組み入れていた研究者もある（たとえばTomkins,

1962, 1963; Izard, 1991）。その具体的な特徴とは，頭をもたげる，前屈みの姿勢をとる，視線を逸らすなどであり，大まかに他者から自分ができるだけ見られないように，また撤退するような姿勢をとるという意味では，かなり文化によらない共通した特徴を備えているといい得るようである。

しかし，より最近の研究は，照れあるいは社会的困惑（embarrassment）を恥から分離して見た場合に，より確実に，文化共通に表出され，また認識されるのは前者であって，必ずしも後者ではない可能性を示している。たとえば，ハイトとケルトナー（Haidt & Keltner, 1999）は，米国人とインド人を対象に表情認識実験を行い，米国人にとって典型的な照れや社会的困惑の表情（視線忌避・顔面下向・微妙な笑み・手で顔を部分的にさわる所作など）がインド人にも同様にそれと認識されたのに対し，米国人にとっては典型的な恥の表情（微笑をともなわず顔と視線をともに下に向ける表情）がインド人では恥以上に悲しみの表出と多く認識されたことを報告している。照れあるいは社会的困惑にともなう表情や所作は，ヒト以外の霊長類における宥和的態度および表出ときわめて近似していることが指摘されており（de Waal, 1996; Keltner & Buswell, 1997），その意味からしても，少なくとも表出という点からみる限り，元来，ヒトに生物学的に根づいているのは純然たる恥というよりは照れや社会的困惑のほうであるといえるのかもしれない。

こうした照れや社会的困惑とともに近年，研究が蓄積されつつあるものに，誇りの表出がある。これは，ダーウィン（1872）が仮定したまさに「対照の原理（principle of antithesis）」に従うがごとく，一般的に，窮屈な姿勢をとり身体サイズを小さく見せようとする照れや社会的困惑あるいは恥などとは逆に，身体や顔を真っ直ぐに立て，腕を上げたり胸を張ったりして少しのけぞるくらいの姿勢をとり，できるだけ身体サイズを大きく見せようとするところに，また時にわずかに微笑を織り交ぜるところなどに顕著な特徴があるといわれている（Tracy & Robins, 2004）。照れや社会的困惑が，近縁種においては劣位個体が優位個体に対して見せる服従・宥和行動に関連するのに対して，誇りは，それとは反対に，優位個体が劣位個体に対して見せる威嚇・誇示行動に関連することが仮定されているのである（Fessler, 2007）。こうした表出は，むろん，欧米圏の成人においてはきわめて正確に誇りと認識されるわけであるが，このことは（対人的な学習経験がまだ浅いと考えられる）4歳の子どもにおいても違いはなく，彼らでもすでに，その表出をただの喜びとは明確に分けて認識し得るようである（Tracy et al., 2005）。また，西アフリカのブルキナファソで無文字文化の生活を送る（異文化との接触が稀少で異文化人からの表出上の学習を相対的に仮定しなくてもよい）人々を対象にした実験でも，こうした表出を正確に誇りと認識できる確率は相当に高く，その認識率は恐れ，怒り，悲しみなどと同等かそれ以上であったことが報告されている（Tracy & Robins, 2006）。こうしたデータは，誇りが，生物としてのヒトに元来，備わってある普遍的な感情の一種であることを，ある程度示唆するものといえるだろう。

ちなみに，罪悪感に関しては，現段階において，顔の表情はもとより，身体姿勢や動きなどについても，典型的な表出が認められないようである（Keltner & Buswell, 1997）。後述もするが，罪悪感に関しては，一部の文化では，それに相当する概念や語彙を欠いていたり，恥ととくに区別されていなかったりすることがあり（たとえば Edelstein & Shaver, 2007），そのヒトという種における普遍性に関しては，さらなる検討が必要であるといえるだろう。もっとも，前述した恥や照れや誇りにしても，かつての基本感情を中心とした表情認識研究（たとえば Ekman, 1973; Izard, 1971）に比すれば，その比較文化的データの数はきわめて微々たるものに過ぎない。表出上の特徴を通して，自己意識的感情の進化論的基盤が解明されることになるのは，まだ当分，先のことになりそうである。

(4) 恥における進化的変移

前述したように，明らかな社会的失態と結びついたような，いわゆる純然たる恥については，特異的な表出が必ずしも明確には認められないようである。しかしながら，それでも，その表出的特徴には部分的に，視線回避や頭部下向など，相対的にその普遍性を支持する証左の多い照れや社会的困惑のそれと，一定の重なりがあることは否めないところである。そうしたことから，ヒトにおける恥が，近縁種における服従・宥和的行動から，徐々に独自の展開をみせたことを想定したとしても，まったくの的外れということにはならないだろう。

現にフェスラー（Fessler, 2007）は，ヒトにおける恥が，進化の過程で，微妙にその役割を変えてきたことを仮定している。彼によれば，ヒトの進化の初期段階において，それは他の霊長類の場合と同様に，身体的強さによって優位性が定まる階層構造のなかでの適応に深く関与していたのだろうという。すなわち，恥の表出を通じて，対人的相互作用のなかで自身が劣位にあることを認め，それを優位個体に伝達することが，優位個体をなだめ，葛藤を回避するうえできわめて重要であり，また，その一方で，恥の屈辱的な意識は，隙あらば優位個体の地位を奪取しようという動機づけを持続的にもたせるうえで重要な働きをなし，それによって劣位個体は生存や繁殖上のメリットを得ていたのだろうというのである。

しかし，進化の深まりは，社会的階層を支配する原理を，徐々に直接的な闘争に打ち勝つための個体自身の身体的強さから，むしろ他個体から受けることになる社会的威信（prestige）に移行させたのだという。すなわち，ヒトが複雑精妙な文化を築くにつれて，文化的に価値づけられた領域において卓越した業績をなした者が，社会的に注目され，さらにそれが評判を呼び，徐々にそこで形成された社会的威信に従って，社会的階層が組織化されるようになったというのである。しかし，そこで1つの問題が生じる。元来，優位個体からの身体的攻撃をかわすという重要な役割を担っていた恥が，もはや身体的強さが高地位に結びつくための原理ではなくなり身体的闘争そのものが減じた状況においては，むしろ反機能的なものに転化する危険性が生まれてきたということである。すなわち，優位個体に対する恥の卑屈な態度や表出は，周囲の者にその劣位個体がまさに劣った存在であることをアピールすることにつながり，よりいっそう，その個体の集団内での評判を落とし，その適応を危うくした可能性が想定されるというのである。

しかし，現実的に，恥はヒトの進化史のなかで淘汰されることはなく，今なお私たちの日常的な経験としてある。フェスラーによれば，それは恥が，社会的階層の原理が身体的強さから社会的威信に移行するなかで，微妙にその機能を変化させた，あるいは拡張させた可能性があるからではないかという。より具体的には，恥が専ら競争（competition）的状況で機能するものから，むしろ協力（cooperation）的状況で多く機能するものに転化したということである。むろん，社会的威信に原理が移行したとはいえ，社会的地位の高低，さらにいえば暗に権威をめぐる闘争が，私たちの社会的適応に少なからず関与していることは否めない。そして，恥が，多かれ少なかれ，今現在も，優位個体の宥和という役割を担っている側面は依然としてあるのだと考えられる（たとえばAbu-Loghod, 1986）。しかしながら，社会的威信は他を圧倒するような卓越した業績あるいは権力闘争のようなものによってのみ得られるものではないことに注意すべきだろう。むしろ，それは文化的な価値や基準の遵守によって得られるところが多く，その価値や基準の中核にあるのは，先にも述べた互恵性や協調性の原理ということになるのである。

自己意識的感情あるいは社会的感情が互恵性と階層秩序の維持に寄与すべく進化してきた可能性があること（たとえばGoetz & Keltner, 2007）は先述した通りだが，進化の順番からすると，先に適応すべき状況として階層秩序の問題があり，それに少し遅れて互恵性の問題がより重要性を帯びてきたと考えるのが自然だろう。ひとたび，互恵性や協力が社会的適応の鍵を握るようになると，人は他者がそれを遵守しているかどうかに注意を向けるようになり，信頼にたるか否かの評価をするようになる。また，自身のふるまいが同様に他者からモニターされ評価されるということにも注意が向かうようになっていくと考えられる。フェスラーは，こうした状況において，恥の機能転用や機能拡張（たとえばKeltner & Haidt, 2001）が生じ，恥はむしろ多くの場合，互恵性や協力を基本原理とする社会的基準への遵守を動機づけ，調整する役割を果たすようになったと仮定するのである。

1つここで注意しておくべきことは，こうした恥においては，もはや，宥和的な恥がそれを表出することで葛藤を回避し，まさにその時点でメリットを得るのとは異なり，それが経験された時点での重要性が相対的に薄らいでいる可能性があるということである。むしろ，それが重要な意味を有するのは，何らかの社会的ルールや基準に違反してしまい現に恥をかく，あるいはかいてしまったなかにおいてではなく，そうして恥をかいた場合の心的苦痛や不名誉な感覚が**事前に予期される**なかでのことなのだろう（ちなみに，ここにも「時間的に拡張された自己」が深く関与しているものと考えられる）。恥の**予期的経験**は，他者あるいは社会への背信を悪とみなし，互恵的な社会的ルールや基準に従うことを強く動機づける強力なインセンティブであり（Fessler, 2007），適切な行動調整を担うものといい得るのである（Elster, 1999; Tangney et al., 2007）。別の見方をすれば，この段階に至って，ヒトの恥は高度に「道徳化（moralize）」（Goetz & Keltner, 2007）されたのだといえるのかもしれない。

4．自己意識的感情の文化的基盤

(1) 進化と文化―その相補的な関係

従来，感情の起源に関しては進化的な見方と文化的な見方が対立的な構図で語られることが一般的であったといえる。前者を代表するのが，ダーウィンの進化思想に由来する，いわゆる基本感情理論（たとえばEkman, 1999; Izard, 1991）であり，後者を代表するのが，もとをたどればボアズ（Boas, F.）の文化相対主義に帰着する，いわゆる構成主義的感情理論（たとえばAverill, 1980; Harre, 1986）であることはよく知られるところである（遠藤, 1996, 2006）。多くの場合，前者は感情の表出と認識に広く認められる文化的共通性の証左をもって各種感情の生得普遍性の正当性を主張し，後者は感情経験や感情概念などの文化特異性の証左をもって各種感情の社会・文化的構成の正当性を主張してきたのだといえる。しかし，進化と文化は，本来，人の心やふるまいに対して相互排他的な関係をなしてあるのではなく，むしろ相補的な関係をなしてあるとみなすべきだろう（Goetz & Keltner, 2007 ）。

自己意識的感情は，その高度に社会性を帯びた複雑な性質から，従来，とくに文化的な見方の恰好の対象とされてきたといえるが，すでにみたように，もはや，その進化的基盤の存在から不当に目を背けておくことはできないだろう。そもそも，長い系統発生の歴史のなかで，自己および自己意識が複雑に進化してきた（たとえば Damasio, 1999; Humphrey, 1986）ということをふまえれば，それに支えられてある自己意識的感情もまた，進化の展開とともに萌芽し高次化してきたと考えるのがむしろ自然なのかもしれない。

また，文化的な見方では，文化，とくに社会規範のあり方が子どもの社会化の実践に深く影響し，そのなかで自己意識的感情を含む各種感情が徐々に獲得されてくるという因果の方向性にばかり着目することが多いといえるが，そもそも感情と文化の間には，その逆の因果の矢印も想定しなくてはならないはずである。すなわち，一部の社会的規範や制度あるいは技術や装置などが，元来，人が有していた種々の感情の傾向に沿うように築かれてきた可能性があるということである（Keltner & Haidt, 2001）。たとえば，婚姻の制度は人の愛情や嫉妬などを，また裁判の仕組みは公正感や懲罰・報復感情などを制度的に体現し強化したものともみなし得るのである。そうした意味からすると，文化は，進化に由来した人の心の本性が作り上げた「プロダクト」であり，そして一度それができあがると，今度は人の心の「プロデューサー」としても作用するようになったと把捉すべきなのかもしれない。感情の文化的差異を示す種々のデータに向き合うと私たちは得てして後者のプロセスだけに着目してしまいがちであるが，時に前者のプロセスにも目をやり，社会・文化のあり方やそのなかでの人の行為の基礎に，そもそも人の感情のいかなる本性が潜んでいるかを考えてみることが必要なのだろう。

さて，このようにいうと，自己意識的感情にしても，結局のところは，その進化的基盤に規定されてあるということを主張しているように思われるかもしれないのだが，それが必ずしもそうではない。むしろここで強調したいのは，進化的に準備されてきた各種の感情は，あくまでも，人に行為傾向（action tendency）（Frijda, 1986）を与えるものでしかないということである。たとえば恐れという感情は，人に大ざっぱに逃げるという行為の傾向だけを与えて，その具体的な逃げ方までを一義的に決定づけるものではなく，むしろその時々の状況に見合った適切な行為の選択を促すと考えられるのである。さらにいえば感情とは本源的に，画一的に反応を規定する反射などとは違い，広く状況的な情報に開かれた柔軟な行動システムであるといい得るのである（遠藤, 1996）。むろん，自己意識的感情も然りであり，それは，人が自らの置かれた状況，そしてそれを背後から支えている社会・文化的基準やルールに応じて，その経験の質や強さ，さらにはその表出やその制御のあり方を，微妙に変え得るものと考えられる。また，そもそも，自己意識的感情が，大概の場合，人との社会的関係性のなかで，また陰に陽にさまざまな「他者の目」にさらされて生じてくるものであることを考えれば，そこでの評価を規定する社会・文化のあり方が，その経験や表出の質を左右することはある意味，自明であるとさえいえるのかもしれない。さらに，人がただ感情的に反応するだけの存在ではなく，それをさまざまに概念化し言語化する存在でもあるということにも目を向ける必要があるだろう。一度，ある感情現象がそれを生じさせた社会的文脈などとともに言語化されるようになると，人はその感情言語を自らの心的状態に貼り付け，そこでまた複雑に自己意識を働かせるなかで，新たに何らかの自己意識的感情を経験するということがあり得るのである（Elster, 1999; Edelstein & Shaver, 2007）。

以下では，こうした一連の社会・文化と自己意識的感情とのかかわりについて，もう少しばかり詳細に検討しておくことにしよう。

(2) 自己意識的感情の文化的バリエーション

感情経験に対する社会・文化的影響の機序に関してはすでに数多くの議論がなされている（たとえば Markus & Kitayama, 1991, 1994; Mesquita, 2001, 2003; Shweder et al., 2008）が，その基本的方向づけにかかわった理論枠の１つにルッツとホワイト（Lutz & White, 1986）の論考がある。彼女らは，社会・文化が感情に影響を及ぼす道筋を以下の４つに分けて考究している。①社会・文化は日常生活上のある問題を強調し，またある問題を軽視する。具体的に何が社会的利益に結びつき，何が結びつかないかといった問題は文化によって大きく食い違う可能性がある。たとえば直接個人的利益にかかわる事象が重視される文化もあれば，それ以上に他者との関係にかかわる事象がより重視される文化もある。②社会・文化は日常生活上の問題をどう解釈するかという基本的枠組みを与える。当然のことながら，このことは先行事象の客観的特質が一様に等しい意味を有するわけではないことを意味する。ある事象が危険かどうか，価値があるかないか，事象が自分にとって脅威であるとしたらそれに対して自分はどれくらい対処可能かなどの個人的な評価・解釈には文化的なバイアスが大きな影響をもたらす可能性がある。③社会・文化によって，公的あるいは暗黙の社会的規範の遵守・違反とそれがどのような結果を招来するかということの連関関係が変わってくる。私たちは，社会化の過程を通じて，自分がどのような行動をとり，また言ったり感じたりした時に，他者がどう反応するのかを学習する。そして結果的に，どんな時に，どういう感情の発現が適当なのかを知るようになる。④社会・文化は，ある問題に対する反応表出（解決策）として何が是とされ，また非とされるかについての基本的枠組みを与える。たとえば，人の死に際して泣いても許されるのか，積極的に泣くべきなのか，泣いてはいけないのか，あるいは自分が侮辱された時に，身体的に返報することが威厳を保つことにつながるのか，言語的な返報にとどめるべきなのかなどの判断は基本的に文化によって大きく左右される。

このルッツらの枠組みは，その後の実証研究に多大な影響力をもったといい得るが，1つ確認しておくべきことは，それが感情そのものの全体的構成にかかわるものでは必ずしもないということである。それは，基本的に，感情の発動にかかわる部分と感情の表出およびその帰結の部分に関してなされた主張であると読み替え得るものである。既述したことにもかかわるが，実のところ今や，一度，抽象的なレベルでのある特定の認知的評価が定まった際には，文化の違いにかかわらずほぼ同様の感情が経験される傾向があるということ，すなわち自己意識的感情も含む各種感情に先行し，それを引き起こす評価のパターンにはかなり通文化的普遍性があることが確認されているのである（たとえば Mesquita, 2001）。自己意識的感情に関していえば，まさに先にも述べたように，経験事象が広く協力や社会的地位にかかわる関心や潜在的ゴールに正負いずれかの意味でふれたと評価された時に，そこでの差異に対応して，ほぼ確実に，恥や誇りなどの特定の自己意識的感情が発動してくるのだという（たとえば Fessler, 1999; Gruenewald et al., 2007）。そして，実際，自己意識的感情における文化的差異は，評価と感情の結びつきという中核的な部分ではなく，むしろその前後の周辺部分で見出されている。すなわち，そうした差異は，具体的にどのような事象や行為に強く反応し，またそれらをどのような評価につなげ得るか，また潜在的に経験された感情をいかに表出し，また制御するか，さらにその経験や表出が個人にどのような適応的帰結をもたらし得るかといったところにおいて，主に認められているのである（遠藤, 1996, 2006）。

たとえば，私たち日本人にも深くかかわる感情論にマーカスと北山（Markus & Kitayama, 1991, 1994）の研究がある。それは，基本的に社会・文化のあり方によって「特定事象への選択的焦点化（event focality）」（Frijda, 1986）が変わり，結果的に経験される感情の頻度やそれが生じる場面などに差異が生じることを仮定し，検討したものであると位置づけ得る。彼女らによれば，米国人は，誇りや怒りといった感情を比較的多く経験しやすいのに対し，日本人はこうした感情の経験が比較的少なく，むしろ恥や罪悪感や尊敬などを米国人よりも多く経験しやすい可能性があるのだという。現在ではその極端な二分法に批判的な見方（たとえば, 髙野, 2008）があることも確かであるが，マーカスらは，米国を含む西欧圏を個人のアイデンティティやその利害などを重視する「相互独立的自己（independent self）」の文化であり，一方，日本を含む東洋圏を個人よりも他者との関係性の確立や維持などを重視する「相互協調的自己（interdependent self）」の文化であると特徴づけている。そして，そのうえで，こうした自己に絡む文化的枠組みの違いによって，前者では個人的な達成や損失（名誉毀損など）に焦点化が多く生じ結果的に誇りや怒りなどが，後者では対人関係のなかでの自らの失態や他者から受けた恩恵などに焦点化が多く生じ結果的に恥や罪悪感や尊敬などが，それぞれ生じやすくなると説明を付している。現に，マーカスらがかかわった研究は，こうしたことを部分的に裏づけるものになっている（Kitayama et al., 2000）。それによれば，日米両国人に，自分にとって「いい気持ち（good feeling）」とはどのようなものかを尋ねたところ，米国人ではその典型的なものが誇りなどの個人的達成に由来するポジティブな感情であったのに対し，日本人のそれは友情や親しみといった対人関係に関連したポジティブな感情であり，また日本人は日常生活において個人的事柄にかかわる感情よりも対人関係にかかわる感情をより多く経験していると報告する傾向が高かったのである。

これに関連していえば，日本人や中国人は種々の自己意識的感情を経験する事象あるいはその範囲において，西欧人と一定のずれを見せるという知見もある。レブラ（Lebra, 1983）によれば，日本人は，自分の非のみならず自分と関係する他者が犯した非に対しても責任を強く感じることが少なくはないという。たとえば（これは現今の日本の状況にはあまりあてはまらなくなってきているのかもしれないが）夫の不義は，一般的に妻の怒りや嫉妬などとの結びつきが強く想定されるわけであるが，日本人の場合，それが時に「夫にそうさせてしまった」妻の側の非としてとらえられるようなことがあり，結果的に妻が罪悪感にさいなまれるといったことも少なからず生じ得るのだという。中国人に関しても，米国人に比して，たとえばきょうだいが不正を働いたような場合にそれに恥を経験する比率がきわめて高く，逆に自分の子どもが成功を収めたりすると今度は時に自分の成功以上に，それに誇りを経験するような傾向が強いということが明らかにされている（Stipek, 1998）。もっとも，こうした傾向については，高野（2008）の批判にもあるように，「東洋」対「西欧」という見方は必ずしも妥当ではなく，たとえばスペイン人なども近親者の失態や成功に相対的に強く恥や誇りの感情を経験するというような報告もある（Fischer et al., 1999）。おそらく単純に洋の東西ということではなく，それぞれ個別の文化によって，どんな事象のどこまでを，自分の責任として引き受けるか（agency／responsibility），公正・正当とみなすか（fairness／regitimacy），社会的基準や道徳的規範に合致していると判断するか（norm compatibility／morality）といったところに（Scherer, 1997），あるいはそのうちのとくにどの次元に重きを置き，またそれらをいかに組み合わせるかといったところに（Mesquita & Frijda, 1992），広範なばらつきが存在すると仮定してしかるべきなのだろう。

自己意識的感情の表出については，先述したように，とくに照れ・社会的困惑や誇りなどについてはかなり文化によらない普遍的な表出パターンがあることが想定されてきている（Goetz & Keltner, 2007）わけであるが，その一方でかなり文化的に儀式化された表出があることも報告されている。たとえば，インド（の少なくとも一部）では，両肩をすくめ舌を噛むような表出が，照れあるいは社会的困惑の意味を担っているが，米国人などは一般的にそれを照れや困惑と認識できないという（Haidt & Keltner, 1999）。また，試合などで勝利した者が，誇らしげに自らの片胸を軽く数回たたくという光景は今や日本人にとってもなじみ深いものといえるが，それも本来は文化的に構成され広く伝播してきたものといえるのかもしれない。表出に関してもう１つ考えておかなくてはならないことは，仮に同じような表出のパターンを備えてはいても，そのこととそれを現実的にどれだけ対外的に表すかということは基本的に別次元であるということである。そして，そこにも多分に文化的差異は生じる可能性があるといえる。たとえば，誇りは自身の経験としては常にポジティブでも，周囲の他者からすれば必ずしもそうではなく逆にネガティブな意味を有する場合もあるわけであるが，中国人は，（近親者の社会的成功についてはその限りではないらしいが）自分自身の個人的達成に関連した誇りの感情はあまり価値のないものとみなし，相対的にその表出を抑える傾向があるのだという（Stipek, 1998）。

(3) 自己意識的感情の価値づけにみる文化的差異と感情的社会化

(2)では主に人がどのような事象に強く反応し，さらにそれを種々の自己意識的感情に結びつけ得るか，また，いかにそうした感情を表出するかといったところに文化的差異が生じ得る可能性について記したわけであるが，社会・文化は，各種自己意識的感情の価値づけや機能にも少なからず違いをもたらすようである。たとえば米国社会では，恥の経験はきわめてネガティブな意味を有しており，子どものしつけからリーダーと部下との相互作用に至るまで，そこでの，恥の感情を利した働きかけや他者を辱めるような行為は，きわめて不適切なものとされるのだという（Goetz & Keltner, 2007）。そして，恥の感情経験の蓄積が種々の社会的不適応あるいは抑うつや解離などの精神病理に少なからず関連するという指摘も少なくはない（たとえば Tangney, 1999; Stuewig & Tangney, 2007）。しかし，他文化圏ではこの限りではなく，恥の経験がむしろ相対的にポジティブで社会的に望ましいとみなされる場合も少なくはないようである。たとえば，中国では，恥の感覚を有することはきわめて精神的に健康なものであり，個人が自身の不品行や過誤を認めて恥じ入り，そのようすを他者に対して表出することは望ましく，時に道徳的で高潔なふるまいとみなされることも少なくはないらしい（Li et al., 2004）。日本でもほぼ同様かもしれないが，いわゆる恥知らず（shameless）の人間は，ひどく恥じ入っている（shamed）人間よりも，むしろ大いに恥ずべきである（shameful）と考えられるような風潮があり，恥の表出はその個人が社会的規範や集団的価値に従っていることの証として重んじられるのだという（Goetz & Keltner, 2007）。一方，誇りの感情に関しては，これとは対照的なことがいえるようであり，米豪中台の 4 か国を対象とした，ある比較文化的研究（Eid & Diener, 2001）は，米国や豪州では誇りが社会的に受容されやすく望ましい感情とみなされているのに対して，中国や台湾では，それをあまり重要ではない感情，あるいはむしろネガティブな感情とみる傾向が強いことを見出している。

また，自己意識的感情は，それを経験した際に，その後，どのような行動を動機づけるかという点においても，文化の影響を相対的に強く受けるようである。たとえば恥と誇りの感情を直接的に操作したものではないが，課題成績の出来不出来の認知が，その後の課題への取り組みにどう影響するかを検討した日加の比較研究（Heine et al., 1999）は，カナダ人では先行する課題に成功したと思い込まされたときに次なる課題への持続的取り組みが増すのに対して，日本人では逆に先行する課題で失敗したと思い込まされたときのほうが，次なる課題への取り組みがより持続する傾向があることを明らかにしている。これは，暗に，内発的動機づけに結びつく感情がカナダ人では成功体験に結びついた誇りであるのに対して，日本人では失敗体験に結びついた恥であることを示唆しているようで興味深い。また，相対的に個人主義的傾向が強いとされるオランダ人と集団主義的傾向が強いとされるフィリピン人における，両方とも販売員を対象とした研究（Bagozzi et al., 2003）は，顧客から恥をかかされる状況を示したシナリオに対して，両国人ともほぼ同様の強度と質で恥の感情を経験するとしながら，行動的な反応に関しては顕著に異なる回答を示したことを報告している。すなわちオランダ人の販売員が，客との会話から身を引こうとするなどの自己防衛的行動に走り，仕事のうえにおいて生産性の低い帰結に終わる傾向があったのに対して，フィリピン人の販売員は，礼儀を尽くして客との関係性改善に努め，仕事に対してより努力を傾注しようとする傾向があったのである。つまり，後者では恥が社会的調和の改善という，より建設的な機能を担っていることがうかがえたということである。

こうした自己意識的感情の価値づけや行動的帰結にみられる文化的差異は，自己意識的感情を利した子どもの社会化の実践にも深くかかわっていると考えられる（Cole

& Tan, 2007)。相対的に集団主義的傾向を強く有する文化では，恥はすでにみてきたように相対的にポジティブなものとみなされ，それが生じた他者との関係性やそのなかでの個人の自己評価にあまりネガティブな影響をもたらさない傾向があるのだという（Wallbott & Scherer, 1995)。また，殊に中国や日本のように，多かれ少なかれ底流に儒教的文化を有するところでは，恥の経験は，自己の内面に注意を向けさせ自己吟味を促すことで，結果的に自己変化をもたらすことに通じるらしい（Li et al., 2004)。このように，恥が，全的な自己否定にはつながらず，しかし適度な重みを有し，個人に自己内省や自己批判の目をもたせ得るように機能する文化的状況においては，それが，子どもの社会性や道徳性発達のための強力な社会化のツールとなり得るということがあるのだろう（Lewis, 1992)。現に，中国では，親がさまざまな場面で意図して子どもに恥の感覚を周到に植え付け教え込もうとする風潮があるのだという（Fung, 1999)（おそらく日本でも程度の差こそあれ，それは基本的に変わりがないものといえよう)。その1つの傍証として，中国人の子どもでは，2歳までに実にその7割までもが恥に関連する何らかの言葉を獲得するという知見が得られている（Shaver et al., 1992）ことには瞠目しておいてしかるべきであろう。ちなみに，米国人の子どもにおいては，3歳までにようやく約10%の子どもが恥にかかわる語彙を獲得するに過ぎないのだという（Ridgeway et al., 1985)。

もっとも，恥を利した社会化の実践は儒教的な文化のみにあてはまることではなく，相対的に他者との調和的関係性を重んじる文化的風土ではかなり一般的に認められるものといえるのかもしれない。たとえば，ルッツ（Lutz, 1988）はミクロネシアのイファルク（Ifaluk）族における感情の社会化について，次のような興味深い事例を提示している。ルッツは，イファルクの5歳の少女がおどけながら楽しそうに踊っているところを見て思わずほほえんでしまったときに，隣にいたイファルクの女性に，その少女が“ker”という自己中心的な喜びに浸っているため，ほほえむようなことはしないでくれとたしなめられたという。その女性によれば，ほほえみという行為を受けることによって，その行為が“song”の対象にならないと少女が思い込んでしまっては困るというのである。“song”とは，社会的に是認されない失態や不品行に対して限定的に向けられる感情であり，イファルクの社会ではきわめて重要な意味を有しているらしい。また，イファルクには“song”を向けられた場合のあるべき反応として“metagu”という一種の悪事を恥じるような感情が存在しており，それがとくに小さい子どもに対して注意深く教え込まれる風潮があるのだという。おそらく，この“metagu”は広く恥に関連する感情といっても過言ではなく，それが子どもへの社会的規範や文化的価値の伝達とその内在化に重要な役割を果たしていることは，中国，そして日本などと同様に，ほぼ確かなことといえるのではないだろうか。

(4) 言葉と感情

文化と感情とのかかわりにおいて，もう1つ絶対的に忘れてはならない視点は，感情にかかわる言葉や概念と感情の経験とがいかなる連関関係を有しているかということである（たとえば Wierzbicka, 1999）。潜在的に人がどのような感情を経験し，それをいかに表出するかということと，それをいかに表象し，また概念化するか，そしてどんな言葉として表すかということとは，基本的に別次元のことといえる。しかし，そもそも，ある社会・文化のなかで高度に重要性を負わされた感情経験がより精細な感情概念や感情語として成り立っているという可能性は当然あろうし，また，ひとたびある一群の感情語が成り立ち，かつ文化成員に共有されるようになると，今度はそれが，感情経験にも不可避的に一定の影響を及ぼし得るものと考えられる（Parkinson et al., 2005）。とくに，こうした感情にかかわる文化的表象や言語，さらにいえばそれを包括するものとしての感情のエスノセオリーを主たる分析対象とする立場に社会的構成主義があり，その論者は，私たちの感情に絡む主観的経験が，常に文化特異なそのエスノセオリーに支えられていることを強調する（たとえば Shweder, 2004）。

そもそも，感情にかかわる語彙の大きさには，きわめて広範な文化差があることが知られている。英語圏では何らかの形で感情にかかわる言葉が590語ほどあるとされる（Johnson-Laird & Oatley, 1989）に対し，マレーシアのチェオゥン（Chewong）族ではそれが7～8語程度しかないらしい（Parkinson et al., 2005; Russell, 1991）。また，タヒチ人においては，悲しみや罪悪感に相当する語彙がなく，それらを疲労や身体的苦痛などと区別しないということがあったり（Levy, 1984），あるアフリカの部族では，怒りと悲しみそれぞれに対応する語がなく，それらを1つの言葉で表すということがあったり（Leff, 1973）することが知られている。もっとも，このようにある感情語や感情概念が欠けていることは，本来それらに相当するはずの潜在的な感情経験や反応そのものが欠けているということを必ずしも意味するものではないのかもしれない。たとえば，ハイトとケルトナー（1999）は，インドのオリヤー語圏においては，恥（shame）と照れ・社会的困惑（embarrassment）を同じく“lajya”という1語で表現するが，そこの人々が，英語圏におけるような恥と照れとを経験的に弁別できないわけではないことを明らかにしている。また，欠けているのではなく，たとえば日本語における「甘え」やドイツ語における「シャーデンフロイデ」のように他の言語圏にはない感情語を有している文化圏の人が，際立って特異な感情そのものを有しているというわけでもないのだろう。そうした感情経験の質は，強いて問われれば，他の言語圏の人にも，ある程度，了解可能なものであることがむしろ一般的であるようである（たとえばEvans, 2001）。

しかし，このような感情語に現れる違いは，それぞれの文化において，とくにどのような感情が重要視されていたり軽視されていたり，また是とされたり非とされたりしているのかを，ある程度，映し出しているということも確かであろう。シェーバーら（1987, 1992）は，こうした問題に対して個別の感情語ということではなく，プロトタイプ理論に依拠しつつ，それぞれの文化圏の感情語全体における意味論的ネットワークを探ることを通して，アプローチしてきている。具体的にはクラスター分析などの多変量解析の手法を駆使して，感情語間の意味的近似性や異質性を割り出し，それぞれの言語において感情語がどのような概念的階層構造をなしているかを明らかにしているのである。この一連の知見においてとくに着目すべきは，恥にかかわる感情語の位置づけにみられる文化的差異であろう。それによれば，英語圏とイタリア語圏では，恥が照れ・社会的困惑や罪悪感とともに同一クラスターをなして，悲しみという基礎カテゴリーのあくまでも下位に位置づけられたのに対し，中国語圏では，恥が悲しみ，恐れ，怒り，喜び，愛情と並び，基礎カテゴリーに位置づけられたのだという。

エデルシュタインとシェーバー（2007）が総括しているところによれば，同様の研究は他の文化圏についても及んでおり，たとえば，日本では中国と同様に，恥が基礎カテゴリーとして主要な感情概念のグループをなしていること（Kobayashi et al., 2003），オランダやインドネシアあるいは先にみたイファルクでは恥が悲しみではなく，むしろ恐れの下位に位置づけられること（オランダについては恥が悲しみの下位に位置するという知みもある）などが，明らかにされているようである。ちなみに，照れ・社会的困惑は恥のグループに包摂されることが一般的であるが，罪悪感についてはやや微妙であり，その概念自体がきわめてあいまいで実質的に恥とほとんど差がないような文化もあれば，たとえばインドネシアのように恥とは明確に異なるグループに位置づけられるような文化もあるという。また，誇りについては基本的に喜びなどのポジティブな感情の下位に位置づけられるが，比較的多くの言語に驕慢にあたる言葉は存在しており，それは怒りなどのカテゴリーの下位に含まれることが一般的であるらしい。

こうした感情語およびその意味論的ネットワークに関する研究が示唆するのは，それぞれの社会・文化によって固有に，認知の精度がきわめて高い（hypercognized）感情と，逆に認知の精度が非常に低い（hypocognized）感情とが存在するということであろう（Levy, 1984）。すなわち，相対的に重要性の認識が高く，状況や強度などの差異に応じて細かく分化した形で認識され，またそれに結びついて多くの語彙に分岐してあるような感情と，相対的に重要性の認識が低く，語られること自体が非常に稀少でかつ大ざっぱにしか扱われない少語彙の感情とが存在しているということである。先にも述べたように，中国や日本においては，恥が，喜び，悲しみ，怒り，恐れなどと並ぶ主要なカテゴリーをなしているわけであるが，それはまさに中国や日本において恥がきわめて認知の精度の高い感情になっていることを物語っており，中国などではその下位にさらに（罪悪感を含む）自己焦点化型の恥グループと，（照れ・社会的困惑を含む）他者焦点型の恥グループがあることなども明らかにされているようである（Li et al., 2004）。

むろん，先にもふれたように語彙を欠き認知の精度が低いことが，他の文化にはある感情そのものが不在であることを意味するわけではない。しかし，こうした感情概念やその構造上の差異は，たとえある同一事象に遭遇し，潜在的にほぼ同様の身体生理的な感情反応を有していたとしても，それをどう主観的に意識し解釈するかというところに大なり小なり差異をもたらす可能性は否めないだろう。感情にともなう意識体験が純粋に生理的状態の反映ではなく，それにさまざまな状況や自らの状態についての解釈が混入したものである（Izard, 1997）とすれば，当然，それは少なからず感情に関する文化特異的な知識（言葉や概念等）によって左右されるということになるからである。殊に，私たち人は，それこそ自己再帰的な意識を身につけたことによって，自分が覚えた感情に関して，そこに言語的ラベルを持ち込み自覚的に認識し，さらにそこに社会的是非の判断を持ち込むなどして，メタ的に別種の感情を覚えるようなこともある（Elster, 1999）。たとえば人の成功に対する妬みは，それをひとたび自覚すると，妬む自分に対する嫌悪に転じ，逆にそこで恥を感じたりするようなこともあるのである。私たちには，自分の内なる感情経験に，社会・文化が付与するさまざまな概念的なラベルを貼り付けながら，時々刻々とそれを自ら変質させているようなところもあるのだろう。

5．エピローグ

1章では，自己意識的感情が何たるか，その意味範疇を定め，さらにその進化的基盤と文化的基盤がいかなるものかを探ってきた。繰り返しになるが，感情に対する進化的な見方と文化的な見方はけっして相対するものではない。本来，相補的な関係をなして，感情現象の全体像を整合的に説明すべきものとしてある。しかし，その統合的な作業が遅々としてうまくは進んでいないということも事実なのかもしれない。

それは1つには，通文化的普遍性を証すにしても文化特異性を証すにしても，本来，体系的で確かな比較文化的研究のデータの蓄積が必要となるはずであるが，それが現段階ではいまだきわめて乏しい状況にあるからに他ならない。また，そうした比較文化的研究のほとんどが，英語圏の理論的枠組みや暗黙知に従ってなされていることが，1つのネックとなっていることもしばしば指摘されるところである（たとえばWierzbicka, 1999; Wong & Tsai, 2007）。確かに，元来，英語圏から発した「個人主義」対「集団主義」という2分法的な見方はわかりやすく魅力的ではあるが，実のところ，それぞれの文化に固有（それぞれの文化なり）の個人主義や集団主義が存在するということもまた否めないところなのだろう。たとえば集団主義の代表格とされる中国には，一般的にいわれるところの個人主義とは別種の儒教由来の個別性や自律性の尊重という側面が色濃くあり，それが中国人の自己意識的感情のあり方に強く影響を及ぼしているところもあるらしい（Li & Fischer, 2007）。安易に特定の文化を準拠枠とするのではなく，まずはそれぞれの文化的枠組みのなかにおいて種々の感情の性質や機能を見極め，そのうえで文化間比較を試みるという作業が，単に文化特異性のみならず通文化的普遍性を明らかにするうえでも不可欠なのだろう（Wierzbicka, 1999）。

もう1点指摘しておくべきことは，進化的な見方，文化的な見方，それぞれが焦点を当てるところにそもそも大きな違いがありながら，それがあまり自覚されないまま，独立並行的に研究が進められているということである。実のところ，進化的な見方は，第三者的な立場をとっていわば外側から感情という現象を冷ややかに眺めようとするものである。それに対し文化的な見方は，感情の経験主体たる人のいわば内側からそこで生じていることを暴き出そうとするものである。かなり客観的に測定できる表情や生理的反応などに主たる焦点を当てる前者と，あくまでも主観的な意識体験や情感（あるいはそれを表現する言葉やその背景にある概念等）に焦点を当てる後者では，感情における普遍的基礎や社会・文化およびそこでの学習というものの役割に対するとらえ方が違っても何ら不思議ではないのである。だとすれば，そもそもまったく異なる土俵に立ちながら，それぞれの論拠の正当性のみを主張し，やれ進化的要因が重要だとか，やれ文化的要因が重要だとか言い続けることは明らかに不毛であろう。逆にそれぞれの守備範囲の違いを相互に明確に自覚してこそ，両者が歩み寄り，有意味な統合作業ができるというものだろう。

とくに自己意識的感情については，文化論的分析が先行し，進化論的分析がようやくこれに少し追いついてきた観があるが，それだからこそなおさらに，これまでの感情研究の反省に鑑み，両者の実りある統合的作業が今後，着実に進展していくことを切に願わずにはいられない。

【引用文献】

Abu-Loghod, L. (1986). *Veiled sentiments.* Berkeley and Los Angels: University of California Press.

Arnold, M. B. (1960). *Emotion and personality, Vol. 1, Psychological aspects.* New York: Columbia University Press.

Averill, J. K. (1980). A constructivist view of emotion. In R. Plutchik & H. Kellerman (Eds.), *Emotion: Theory, research, and experience.* Vol. 1. New York: Academic Press. pp. 305-339.

Bagozzi, R. P., Verbecke, W., & Gavino, J. C. Jr. (2003). Culture moderates the self-regulation of shame and its effect on performance: The case of salespersons in the Netherlands and the Philippines. *Journal of Applied Psychology,* **88,** 219-233.

Beer, J. S.(2007). Neural systems for self-conscious emotions and their underlying appraisals. In J. L. Tracy, R. W. Robins, J. P. Tangney (Eds.), *The self-conscious emotions: Theory and research.* New York: Guilford Press. pp. 53-67.

Benedict, R. (1946). *The chrysanthemum and sword.* Boston: Houghton Mifflin.

Buss, D. M. (2008). *Evolutionary psychology: The new science of mind.* New York: Pearson Education.

Buss, D. M., & Schmidr, D. P. (1993). Sexual strategy theory: An evolutionary perspective on mating. *Psychological Review,* **100,** 204-232.

Cole, P. M., & Tan, P. Z. (2007). Emotion socialization from a cultural perspective. In J. E. Grusec & P. D. Hastings (Eds.), *Handbook of socialization: Theory and research.* New York: Guilford Press. pp. 516-542.

Cosmides, L., & Tooby, J. (2000). Evolutionary psychology and the emotions. In M. Lewis & J. M. Haviland-Jones (Eds.), *Handbook of emotions.* New York: Guilford. pp.91-115.

Damasio, A. R. (1999). *The feeling of what happens: Body and emotion in the making of consciousness.* New York: Harcourt Brace.

Darwin, C. (1872). *The expression of the emotions in man and animals.* Chicago: University of Chicago Press. (浜中浜太郎（訳）　1931　人及び動物の表情について　岩波書店)

De Waal, F. B. M. (1996). *Good natured.* Cambridge, MA: Harvard University Press.

Dickerson, S. S., Gruenewald, T. L., & Kemeny, M. E. (2004). When the social self is threatened: Shame, physiology, and health. *Journal of Personality,* **72,** 1191-1216.

Dunbar, R. I. M. (1996). *Grooming, gossip, and the evolution of language.* Cambridge, MA: Harvard University Press.

Edelstein, R. S., & Shaver, P. R. (2007). A cross-cultural examination of lexical studies of self-conscious emotions. In J. L. Tracy, R. W. Robins & J. P. Tangney (Eds.), *The self-conscious emotions: Theory and research.* New York: Guilford Press. pp. 194-208.

Eid, M., & Diener, E. (2001). Norms for experiencing emotions in different cultures: Inter and intranational differences. *Journal of Personality and Social Psychology,* **81,** 869-885.

Ekman, P. (1973). *Darwin and facial expression: A century of research in review.* New York: Academic Press.

Ekman, P. (1999). Basic emotions. In T. Dalgleish & T. Power (Eds.), *The handbook of cognition and emotion.* New York: Wiley. pp.45-60.

Elster, J. (1999). *Strong feelings: Emotion, addiction, and human behavior.* Massachusetts: The MIT Press.

遠藤利彦（1996）．喜怒哀楽の起源―情動の進化論・文化論―　岩波書店

遠藤利彦（2005）．感情に潜む知られざる機能とは　科学，**75,** 700-706.

遠藤利彦（2006）．感情　海保博之・楠見　孝（監修）　心理学総合事典　朝倉書店　pp. 304-334.

遠藤利彦（2007）．感情の機能を探る　藤田和生（編）　感情科学の展望　京都大学学術出版会　pp. 304-334.

Evans, D. (2001). *Emotion: The science of sentiment.* New York: Oxford University Press. (遠藤利彦（訳） 2005 感情（一冊でわかる） 岩波書店)
Fehr, E., & Fischbacher, U. (2003). The nature of human altruism. *Nature,* **425,** 785-791.
Fessler, D. M. T. (1999). Toward an understanding of the universality of second order emotions. In A. L. Hilton (Ed.), *Biocultural approaches to the emotions.* New York: Cambridge University Press. pp. 75-116.
Fessler, D. M. T. (2007). From appeasement to conformity: evolutionary and cultural perspectives on shame, competition, and cooperation. In J. L. Tracy, R. W. Robins & J. P. Tangney (Eds.), *The self-conscious emotions: Theory and research.* New York: Guilford Press. pp. 174-193.
Fischer, A. H., Manstead, A. S. R., & Mosquera, P. M. R. (1999). The role of honour-related vs. individualistic values in conceptualizing pride, shame, and anger: Spanish and Dutch cultural prototypes. *Cognition and Emotion,* **13,** 149-179.
Frank, R. H. (1988). *Passions within reason.* New York: Norton. (山岸俊男（監訳） 1995 オデッセウスの鎖―適応プログラムとしての感情― サイエンス社)
Frank, R. H. (2004). Introducing moral emotions into models of rational choice. In A. Manstead, N. Frijda & A. Fischer (Eds.), *Feelings and emotions: The Amsterdam symposium.* New York: Cambridge University Press. pp.422-440.
Frijda, N. H. (1986). *The emoitons.* New York: Cambridge University Press.
Fung, H. (1999). Becoming a moral child: The socialization of shame in Chinese children. *Ethos,* **27,** 180-209.
Goetz, J. L., & Keltner, D. (2007). Shifting meanings of self-conscious emotions across cultures. In J. L. Tracy, R. W. Robins & J. P. Tangney (Eds.), *The self-conscious emotions: Theory and research.* New York: Guilford Press. pp. 153-173.
Gruenewald, T. L., Dickerson, S. S., & Kemeny, M. T. (2007). A social function for self-conscious emotions: The social preservation theory. In J. L. Tracy, R. W. Robins & J. P. Tangney (Eds.), *The self-conscious emotions: Theory and research.* New York: Guilford Press. pp. 68-87.
Haidt, J., & Keltner, D. (1999). Culture and facial expression: Open-ended methods find more expression and a gradient recognition. *Cognition and Emotion,* **13,** 225-266.
Harre, R. (1986). *The social construction of emotions.* Oxford: Basil Blackwell.
Heine, S. J., Lehman, D. R., Markus, H. R., & Kitayama, S. (1999). Is there universal need for positive self-regard? *Psychological review,* **106,** 766-794.
Humphrey, N. (1986). *Inner eye.* London: Farber & Farber.
Izard, C. E. (1971). *The face of emtion.* New York: Appleton-Century-Crofts.
Izard, C. E. (1991). *The psychology of emotions.* New York: Plenum Press.
Izard, C. E. (1997). Emotions and facial expressions: A perspective from Differential Emotions Theory. In J. A. Russell & J. M. Fernández-Dols (Eds.), *The psychology of facial expression.* Cambridge: Cambridge University Press. pp. 57-77.
James, W. (1894). The physical basis of emotion. *Psychological Review,* **1,** 516-529.
Johnson-Laird, P. N., & Oatley, K. (1989). The language of emotions: An analysis of a semantic field. *Cognition and Emotion,* **3,** 81-123.
Keltner, D., & Buswell, B. N. (1997). Embarrassment: Its distinct from and appeasement functions. *Psychological Bulletin,* **122,** 250-270.
Keltner, D., & Haidt, J. (1999). Social functions of emotions at four levels of analysis. *Cognition and Emotion,* **13,** 505-521.
Keltner, D., & Haidt, J. (2001). Social functions of emotions. In J. Mayne & G. A. Bonanno (Eds.), *Emotions: current issues and future directions.* New York: Guilford. pp. 192-213.
Kitayama, S., Markus, H. M., & Kurokawa, M. (2000). Culture, emotion, and well-being: Good feelings in Japan and the United States. *Cognition and Emotion,* **14,** 93-124.
Kobayashi, F., Schallert, D. L., & Ogren, H. A. (2003). Japanese and American folk vocabularies for emotions. *Journal of Social Psychology,* **143,** 451-478.
Lazarus, R. S. (1991). *Emotion and Adaptation.* Oxford: Oxford University Press.
Leary, M. R. (2007). How the self became involved in affective experience: Three sources of self-

reflective emotions. In J. L. Tracy, R. W. Robins & J. P. Tangney (Eds.), *The self-conscious emotions: Theory and research.* New York: Guilford Press. pp. 38-52.

Lebra, T. S. (1983). Shame and guilt: A psychocultural view of the Japanese self. *Ethos,* **11**, 192-209.

Ledoux, J. E. (1996). *The emotional brain.* New York: Simon and Schuster.

Ledoux, J. E. (2000). Emotion circuits in the brain. *Annual Reviews in Neuroscience,* **23**, 155-184.

Leff, J. P. (1973). Culture and the differentiation of emotional states. *British Journal of Psychiatry,* **123**, 299-309.

Levy, R. I. (1984). Emotion, knowing, and culture. In R. Shweder & R. LeVine (Eds.), *Culture theory: Essays on mind, self, and emotion.* Cambridge: Cambridge University Press. pp.214-237.

Lewis, M. (1992). *Shame: The exposed self.* New York: Free Press.

Lewis, M.(2008). Self-conscious emotions: Embarrassment, pride, shame, and guilt. In M. Lewis, J. M. Haviland-Jones & L. F. Barrett (Eds.), *Handbook of emotions.* New York: Guilford Press. pp. 742-756.

Li, J., & Fischer, K. W. (2007). Respect as a positive self-conscious emotion in European and Chinese. In J. L. Tracy, R. W. Robins & J. P. Tangney (Eds.), *The self-conscious emotions: Theory and research.* New York: Guilford Press. pp. 224-242.

Li, J., Wang, L., & Fischer, K. W. (2004). The organization of Chinese shame concepts. *Cognition and Emotion,* **18**, 767-797.

Lutz, C. (1988). *Unnatural emotions: Everyday sentiments on a Micronesian atoll and their challenge to Western Theory.* Cambridge: Cambridge University Press.

Lutz, C., & White, G. (1986). The anthropology of emotions. *Annual Review of Anthropology,* **15**, 405-436.

Markus, H. R., & Kitayama, S. (1991). Culture and the self: Implications for cognition, emotion, and motivation. *Psychological Review,* **98**, 224-253.

Markus, H. R., & Kitayama, S. (1994). The cultural construction of self and emotion: Implications for social behavior. In S. Kitayama & H. R. Markus (Eds.), *Emotion and culture: Empirical studies of mutual influence.* Washington, DC: American Psychological Association. pp.89-130.

Mesquita, B. (2001). Culture and emotion: Different approaches to the question. In T. J. Mayne & G. A. Bonanno (Eds.), *Emotions: Current issues and future directions.* New York: Guilford. pp.214-250.

Mesquita, B. (2003). Emotions as dynamic cultural phenomena. In R. J. Davidson, K. R. Scherer & H. H. Goldsmith (Eds.), *Handbook of affective sciences.* Oxford: Oxford University Press. pp. 871-890.

Mesquita, B., & Frijda, N. H. (1992). Cultural variations in emotions: A review. *Psychological Bulletin,* **112**, 179-204.

Neisser, U. (1988). Five kinds of self knowledge. *Philosophical Psychology,* **1**, 3559.

Neisser, U. (1993). The self perceived. In U. Neisser (Ed.), *The perceived self: Ecological and interpersonal sources of selfknowledge.* Cambridge: Cambridge University Press. pp. 321.

Neisser, U. (1994). Self-narrative: True and false. In U. Neisser & R. Fivush (Eds.), *The remembering self: Construction and accuracy in the selfnarrative.* Cambridge: Cambridge University Press. p. 118.

Neisser, U. (1997). Self and self concept. In U. Neisser & D. A. Jopling (Eds.), *The conceptual self in context: Culture, experience, self-understanding.* Cambridge: Cambridge University Press. pp. 3-12.

Nesse,R. M. (1990). Evolutionary explanations of emotions. *Human Nature,* **1**, 261-283.

Niedenthal, P. M., Krauth-Gruber, S., & Francois, R. (2006). *Psychology of emotion: Interpersonal, experiential, and cognitive approach.* New York: Psychology Press.

Oatley, K. (1992). *Best laid schemes: The psychology of emotions.* Cambridge: Cambridge University Press.

Ohman, A. (2000). Fear and anxiety: Evolutionary, cognitive, and clinical perspectives. In M.

Lewis & J. M. Haviland (Eds.), *Handbook of emotions.* 2d ed. New York: Guilford. pp. 3-12.
Parkinson, B., Fischer, A. H., & Manstead, A. S. R. (2005). *Emotion in social relations.* New York: Psychology Press.
Ridgeway, D., Waters, E., & Kuczaj, S. A. (1985). Acquisition of emotion-descriptive language: Receptive and productive vocabulary norms for ages 18 months to 6 years. *Developmental Psychology,* **21**, 901-908.
Ridley, M. (1996). *The origins of virture.* Oxford: Felicity Bryan. (岸　由二(監修) 古川奈々子(訳) 2000　徳の起源　翔泳社)
Russell, J. A. (1991). Culture and categorization of emotions. *Psychological Bulletin,* **110**, 426-450.
Scheff, T. J. (2003). Shame in self and society. *Symboric Interaction,* **26**, 239-262.
Scherer, K. R. (1997). The role of culture in emotion-antecedent appraisal. *Journal of Personality and Social Psychology,* **73**, 902-922.
Scherer, K. R. (1999). Appraisal theories. In T. Dalgleish & M. Power (Eds.), *Handbook of cognition vs emotion.* Chichester: Wiley. pp. 637-663.
Shaver, P. W., Schwartz, J., Kirson, D., & O'Connor, C. (1987). Emotion knowledge: Further exploration of a prototype approach. *Journal of Personality and Social Psychology,* **52**, 1061-1086.
Shaver, P. W., Wu, S., & Schwartz, J. (1992). Cross-cultural similarities and differences in emotion and its representation: A prototype approach. In M. S. Clark (Ed.), *Review of personality and social psychology: vol. 13. Emotion.* Newbury Park, CA: Sage. pp. 175-212.
Shweder, R. A. (2004). Deconstructing the emotions for the sake of comparative research. In A. S. R. Manstead, N. Frijda & A. Fischer (Eds.), *Feeling and emotions: The Amsterdam symposium.* Cambridge: Cambridge University Press. pp. 81-97.
Shweder, R. A., Haidt, J., Horton, R., & Joseph, C. (2008). The cultural psychology of emotions: Ancient and renewed. In M. Lewis, J. M. Haviland-Jones & L. F. Barrett (Eds.), *Handbook of emotions.* New York: Guilford Press. pp. 409-427.
Smith, R. H. (2000). Assimilative and Contrastive Emotional Reactions to Upward and Downward Social Comparison. In J. M. Suls & M. A. Wheeler (Eds.), *Handbook of social comparison: Theory and research.* New York: Kluwer Academic/ Plenum Publishers. pp. 173-200.
Smith, R. H., & Kim, S. H. (2007). Comprehending envy. *Psychological Bulletin,* **133**, 46-64.
Smith, C. A., & Lazarus, R. S. (1993). Appraisal components, core relational themes, and the emotions. *Cognition and Emotion,* **7**, 233-269.
Smith, R. H., Webster, J. M., Parrott, W. G., & Eyre, H. L. (2002). The role of public exposure in moral and nonmoral shame and guilt. *Journal of Personality and Social Psychology,* **83**, 138-159.
Stipek, D. (1998). Difference between Americans and Chinese in the circumstances evoking pride, shame, and guilt. *Journal of Cross-Cultural Psychology,* **29**, 616-630.
Stuewig, J., & Tangney, J. P. (2007). Shame and guilt in antisocial and risky behaviors. In J. L. Tracy, R. W. Robins & J. P. Tangney (Eds.), *The self-conscious emotions: Theory and research.* New York: Guilford Press. pp. 371-388.
髙野陽太郎 (2008). 「集団主義」という錯覚―日本人論の思い違いとその由来―　新曜社
Tangney, J. P. (1999). The self-conscious emotions: Shame, guilt, embarrassment, and pride. In T. Dalgleish & M. Power (Eds.), *Handbook of cognition and emotion.* New York: John Wiley and Sons. pp. 541-568.
Tangney, J. P., & Dearing, R. L. (2002). *Shame and guilt.* New York: Guilford.
Tangney, J. P., Stuewig, J., & Mashek, D. J. (2007). What's moral about the self-conscious emotions? In J. L. Tracy, R. W. Robins & J. P. Tangney (Eds.), *The self-conscious emotions: Theory and research.* New York: Guilford Press. pp. 21-37.
Tomkins, S. S. (1962). *Affect/ imagery/ consciousness: Vol. 1. The positive affects.* New York: Springer.
Tomkins, S. S. (1963). *Affect/ imagery/ consciousness: Vol. 2. The negative affects.* New York: Springer.
Tooby, J., & Cosmides, L. (1990). The past explains the present: Emotional adaptations and the

structure of anscestral environments. *Ethology and Sociobiology,* **11**, 375-424.

Tooby, J., & Cosmides, L. (2008). The evolutionary psychology of the emotions and their relationships to internal regulatory variables. In M. Lewis, J. M. Haviland-Jones & L. F. Barrett (Eds.), *Handbook of emotions.* New York: Guilford Press. pp. 114-137.

Tracy, J. L., & Robins, R. W. (2004). Show your pride: Evidence for a discrete emotion expression. *Psychological Science,* **15**, 194-197.

Tracy, J. L., & Robins, R. W. (2006). Appraisal antecedents of shame and guilt: Support for a theoretical model. *Personality and Social Psychology Bulletin,* **32**, 1339-1351.

Tracy, J. L., & Robins, R. W. (2007a). Self-conscious emotions: Where self and emotion meet. In C. Sedikides & S. J. Spencer (Eds.), *The self.* New York: Psychology Press. pp. 187-209.

Tracy, J. L., & Robins, R. W. (2007b). The self in self-conscious emotions: A cognitive appraisal approach. In J. L. Tracy, R. W. Robins & J. P. Tangney (Eds.), *The self-conscious emotions: Theory and research.* New York: Guilford Press. pp. 3-20.

Tracy, J. L., Robins, R. W., & Lagattuta, K. H. (2005). Can children recognize pride? *Emotion,* **5**, 251-257.

Trivers, R. L. (1985). *Social evolution.* Menlo Park: Benjamin Cummings. (中嶋康裕・福井康雄（訳） 1991　生物の社会進化　産業図書)

Wallbott, H. G., & Scherer, K. R. (1995). Cultural determinants in experiencing shame and guilt. In J. P. Tangney & K. W. Fischer (Eds.), *Self-conscious emotions: The Psychology of shame, guilt, embarrassment, and pride.* New York: Guilford Press. pp. 465-487.

Wierzbicka, A. (1999). *Emotions across languages and cultures: diversity and universals.* Cambridge: Cambridge University Press.

Wong, Y., & Tsai, J. (2007). Cultural models of shame and guilt. In J. L. Tracy, R. W. Robins & J. P. Tangney (Eds.), *The self-conscious emotions: Theory and research.* New York: Guilford Press. pp. 209-223.

Zajonc, R. B. (2004). Exposure effects: An unmediated phenomenon. In A. S. R. Manstead, N. Frijda & A. Fischer (Eds.), *Feeling and emotions: The Amsterdam symposium.* Cambridge: Cambridge University Press. pp.194-203.

2章

自己意識的感情の理論

永房典之

1. 自己意識的感情

私たちは人生において多くの他者に出会い，さまざまな経験をする。そして，私たちが自己の人生を語る際には，単なる事実の羅列ではなくその出来事が自分自身にとってどのくらい価値があり，どのような意味をもつのか，感情をこめて語る。

感情そのものは，個々のヒトという個体の生命維持に役立っていると考えられるが，なかでも自己にかかわる感情は，とくに個人の社会的適応に重要な役割を果たしている。

私たちは，自己の欲求が満たされないときには悲しみを感じ，自己の欲求が何者かに妨げられたときには怒りを感じることがある。他方で，自己の欲求が満たされたときには喜びを感じる。前者の感情は自己にとってネガティブ（negative）な感情であり，後者はポジティブ（positive）な感情と考えられる。また，これらは，周囲に他者が存在しなくても生じるといえる。たとえば，私たちは単にお腹が減っている，自分のやりたいことがうまくいかないときに，怒りや悲しみの感情が生じることがある。

他方で，他者の存在や他者が見る自己の姿を意識するからこそ感じる感情がある。たとえば，私たちは，悲しんでいる他者がいたら，その他者の気持ちを想像して共感したり，同情したりする。あるいは，自分の失敗を他者に見られたときには恥を感じるし，他者を傷つけて申し訳ないと思うときには罪悪感を感じる。さらに，見知らぬ他者の前でどうふるまっていいかわからないときに困惑を感じることもあるし，仕事や学業，スポーツなど自分のパフォーマンスがうまくいったとき，他者からほめられたり表彰されたりしたときには誇りを感じる。このような共感（empathy），恥（shame），罪悪感（guilt），困惑（embarrassment），誇り（pride）といった感情は，感情のなかでもとくに自己意識的感情（self-conscious emotions）と呼ばれる。

2．自己意識的感情の研究枠組み

代表的な自己意識的感情の１つである恥は，古代ギリシア時代の哲学者テオプラストス（Theophrastus B.C. 372-288）の著した『人さまざま』にも描かれている。「恥知らずとは，これを定義すれば，いやしい利得のために，人の思惑をものともせぬことである」（Theophrastus／森，1982）。これは感情研究というよりもいわばパーソナリティ研究といえるが，テオプラストスが人間心理の考察がみられる『霊魂論』を著したアリストテレス（Aristoteles B.C. 384-322）の愛弟子とされることからも，自己意識的感情の先駆的研究としてたいへん興味深いものである。

近代以降の代表的な恥に関する記述としては，進化論を唱えたダーウィン（Darwin, 1872）が，ヒトという種に内在する固有のものとして恥の表出がみられると指摘している。

その後，心理学において感情は，主に表情の分類による研究が行われてきた（Ekman, 1973）。イザード（Izard, 1977）は怒りや悲しみとともに人間の基本的感情として恥をあげ，乳幼児を対象に実験的研究を行い，表情をコード化して感情の分類を行っている。このように，恥は，喜怒哀楽と同様に表情で確認できる感情の１つとして扱われ，とくに顕著な特徴のある個別の感情として取り上げられることが少なかった。しかしながら，その後の感情研究において恥は，罪悪感とともに「自己意識的感情」として注目されるようになった。

心理学における自己意識的感情の研究は，恥や罪悪感といった感情がとくに自己意識的感情として呼称されるようになる以前と以後に大別できる。すなわち，感情のなかでも，恥や罪悪感，誇り，困惑といった感情が自己評価をともなう自己意識的で評価的感情であると提唱した発達心理学者のルイス（Lewis, M., 1995），感情のなかでも恥や罪悪感，困惑，誇りがとくに対人関係（interpersonal relationships）とかかわりが深い感情であると体系的に自己意識的感情をまとめた臨床心理学者のタンネイ（Tangney, 1995）の研究が契機であると考えられる。

また，自己意識的感情の研究分野は，恥，罪悪感を個々に扱った研究を含めれば，精神医学，文化人類学や社会学などたいへんに幅広いが，心理学における研究には３つのアプローチがみられる。第１に自己意識的感情の病理に関する研究，第２に自己意識的感情と社会文化の研究，第３に自己意識的感情と自己の発達における研究である。また，なぜ恥や罪悪感などの自己意識的感情を経験するのかについての理論的背景には，認知的要因や自己などに着目した「先行条件（antecedents）」と文化的背景や社会的機能などの「帰結（consequence）」という2つの方向性がみられる（有光，2007）。これは，人間が刺激をどのように認知することで恥や罪悪感を感じるのか，あるいは恥や罪悪感の生起という反応が人間にどのような結果をもたらすのかを探る研究ともいえる。このように恥や罪悪感といった自己意識的感情の研究は，他の心理学的研究と同様に，刺激－反応，認知や行動が理論的要素として重要となっている。

(1) 自己意識的感情と精神病理

恥や罪悪感といった個々の自己意識的感情は，歴史的には伝統的な研究分野である精神分析学で取り上げられている。たとえば，罪悪感は精神分析学の創始者フロイト（Freud, 1923／1961）のエディプスコンプレックス理論にみられる。

また，フロイトの後継者とされる精神分析学者のエリクソンもライフサイクル論における幼児期の発達課題として恥や罪悪感を取り上げている。エリクソン（Erikson, 1963）は，自我の発達を8段階に分け，各発達段階における心理的危機の葛藤を解決するなかで，発達課題を克服していくという理論を展開している。エリクソンによれば，幼児期前期（1～3歳）の発達課題には「自律性 vs 恥・疑惑」があり，排泄訓練などを通じたこの幼児期の発達課題が達成できないときには，自我の発達で順応できている場合の自律に対して「恥」の特徴が顕著になるという。エリクソンは，この恥の特徴として，突然セルフコントロールを失う感じであると指摘している。そして，幼児期後期（3～6歳）の発達課題が「積極性 vs 罪悪感」であり，自我の心理的危機の葛藤が未解決の場合には，目的と方向，自分の活動を開始する能力に好ましくない結果として影響がみられるとされる。

そして，精神分析学者のピアースとシンガー（Piers & Singer, 1971）は，恥と罪悪感が両者ともに超自我(super ego)の機能から生じると提唱している。また，ピアースとシンガーは，恥は自我理想（ego ideal）を含み，自我理想の期待への個人的失敗から生じ，他方で罪悪感は良心（conscience）を含み，超自我から強制された規則の違反から生じると指摘している。

そのほか，精神医学者のルイス（Lewis, H. B., 1971）は，神経症患者の臨床経験をもとに恥や罪悪感の理論化を行っている。ルイスは，恥が全体的な自己のネガティブな評価を含み，他方で，罪悪感は特定の行動のネガティブな評価を含んでいるという点で異なるとして，恥と罪悪感の区別を試みている。また，ルイスは，臨床的な事例研究に基づき，恥と怒り（または屈辱による興奮状態）の間の力動に着目し，セラピールームにおいて，クライエントの恥の感情が，しばしば，怒りや敵意の表現に先立つことを指摘している。恥とは自己卑下の状態であり，自己意識や自己イメージについて考えることが関係していると説明している（Lewis, H. B., 1971）。

その他の精神病理として，アランら（Allan et al., 1994）は，恥の特性（trait）の高さは，抑うつ，不安，摂食障害の症状，臨床的な社会病理や低自尊心を含む多くの精神的症状全体との関連がみられると報告している。

日本では，精神医学者の内沼（1983）が，臨床経験に基づき，日本人に多いとされる対人恐怖や間の意識の恐さなどからくる「羞恥」について論じている。同じく対人恐怖の研究では，アメリカでの豊富な臨床経験から理論化を行った岡野（1998）が，誇大な自己である自己愛（narcissism）の傷つきの敏感さとしての恥に着目し，恥のチェックリストを作成している。

自己意識的感情にかかわる現代の精神病理には，恥では回避性人格障害，社交不安障害との関連がみられる（DSM-Ⅳ; American Psychiatric Association, 1994）。そして，罪悪感と精神病理の関連を示すものには，「大うつ病」（DSM-Ⅳ）の症状がある。そのほかの自己意識的感情では，嫉妬（jealously）と妬み（envy）が「妄想性障害」（DSM-Ⅳ）の初期症状としてあげられ，さらに慢性的な「自己愛性人格障害」の診断基準症状の１つとされている。

精神病理の患者ではなく，健常者を対象にした精神的健康に関する研究ではあるが，有光（2001）は，日本人大学生の恥傾向の高さと不安や抑うつといった精神的症状との関係を質問紙調査によって確認している。これは欧米の研究（Tangney, 1995）でも同様の結果が得られている。

このように自己意識的感情は精神病理からの研究アプローチでは，恥に関していえば，まず超自我の問題があり，とくに自我理想からの逸脱，自己（self）のコントロール不全，自己愛という過大もしくは誇大な自己が傷ついた結果または傷つくことを予期したことによって生じる感情であると考えられる。その背景としては，精神医学者のH. B.ルイス（1971）が指摘するように，恥には自己のネガティブな評価が含まれている点が重要であるといえる。

(2) 自己意識的感情と社会・文化

自己意識的感情がどのような社会文化的文脈のなかで生じ，どんな社会・文化的な特徴として現れるのかについては多くの研究がみられる。研究分野としては，文化人類学や社会学，とくに心理学では状況やパーソナリティを重視した社会心理学からの知見が豊富である。たとえば，自己意識的感情である恥や罪悪感は自己や状況の認知的評価によって生じること（Lewis, H. B., 1971; Lewis. M., 1995; Tangney, 1995），恥や罪悪感には社会的適応機能がある（Tangney, 1995, 2003）などが提唱されている。そのほか，状況の問題として，恥の発生状況が公的（public）な状況であるのか，あるいは私的（private）な状況であるのかの区別が議論されている（Smith et al., 2002)。

①文化人類学・社会学における自己意識的感情

文化人類学では，『菊と刀』を著したベネディクト（Benedict, 1946）が，道徳律や倫理（moral）において，日本は周囲の他者から笑われないようにする他律的な恥の文化（culture of shame）であり，他方で欧米人は，自ら内省することによる自律的な罪の文化（culture of guilt）と指摘している。これは日本人が，「恥」という世評を意識するといった外面的な強制力によって善行を行うのに対し，欧米人は，内面的な「罪」の自覚に基づいて善行を行うというように文化の型（パターン）が異なると提唱し，その違いを明確にしている。

そのベネディクトの論を受けて，国内では，価値研究で著名な社会学者の作田(1967)が，ベネディクトのいう恥は，他者からの否定的評価のみを対象とした「公恥」という一面的なものであり，それ以外に欧米の罪悪感にあたる理想的自己に照らした「私恥」といった恥もあるのではないかと反論を行っている。また，社会風俗史に詳しい社会心理学者の井上（1977）も，社会心理史的な見解として，恥には作田のいうような公恥と私恥，そしてそれらを結びつけるものとして羞恥をあげている。このように，日本における恥には，外面的な部分にかかわる「公恥」と，欧米文化での罪にあたる内面的な部分にかかわる「私恥」というものがある，すなわち恥のなかにも罪悪感的な部分があるという見解がみられる。このような恥や罪の説明にみられるように，異文化比較としての自己意識的感情の考察には，国内外において異なる見解がみられる。

②公的（pubic）－私的（private）の問題

心理学的な研究における自己意識的感情の理論では，ベネディクト（1946）の恥の文化－罪の文化，作田（1967）の公恥－私恥の理論につながる知見として，「公（pubric）－私（private)」の区別に関する研究がみられる。たとえば，ベネディクトの他者に笑われないようにする他者の目を意識した恥と自己の内的な良心に照らして罪悪感を感じるという区別は，いわば「公－私の逸脱（transgression)」による区別を行っているといえる。これは，ある状況が恥を導き，一方で他の状況が罪悪感を導くという考え方につながる。すなわち，恥が罪悪感よりも公的な露出やいくつかの欠点の非難または逸脱から生じるより「公的な」感情であり，他方で罪悪感は自分で生み出した良心の呵責から生じる，より「私的」な経験として区別できると考えられる。

そして，ゲームとシェーラー（Gehm & Scherer, 1988）は，恥は通常，自分の弱さや失敗の「公的な露呈（public exposure）」に依存し，罪悪感は社会規範の違反や不道徳な行いといった秘密にしたい何かであると説明している。

しかしながら，タンネイ（2003）は，実証的研究の見地からこのような恥と罪悪感における公的－私的の区別は支持できないと指摘している。子どもと大人を対象に，記述された個人的な恥と罪悪感を引き出す出来事の社会的文脈に関する体系的な分析を行った結果，恥と罪悪感が，他者の面前で同様に経験されがちであり，恥経験は，罪悪感と同じくらい共通していた（Tangney, 2003）。

その一方で，スミスら（Smith et al., 2002）の実験的研究では，恥が，罪悪感よりも，道徳状況や無能力（incompetence）状況において，より公的な露出（exposure）によって生じる感情であったと報告している。このように，現在のところ，恥や罪悪感の研究における公－私の問題については一貫した知見は得られておらず，さらなる議論が必要である。

③社会生活の適応機能と不適応機能

自己意識的感情である恥や罪悪感は，怒り（anger）や恐れ（fear）のような「基礎的感情（basic emotion）」に比べて対人的影響が大きい感情であることから，「社会的感情（social emotion）」とも呼ばれる（Parkinson et al., 2005）。

自己意識的感情の研究は，社会生活への適応機能や対人機能の観点からのいくつかの研究がみられる（Tangney, 1991, 1995, 2003; Tangey & Dearing, 2002）。

バレット（Barrett, 1995）は，恥と罪悪感といったいくつかの社会的感情について社会的制御機能（social regulatory function）などの観点から分類を試みている（表２－１）。

社会的感情の分類の多くは，恥と罪悪感を明確に区別する研究である。タンネイ（1991）は，恥は，罪悪感や共感とともに，反社会的な行動を抑制する「道徳的感情（moral affect）」と呼べるが，厳密には，恥と罪悪感は等しい道徳的感情ではないと主張している。また，バウマイスター（Baumeister et al., 1994）は，罪悪感はいつも人々をポジティブな方向に動機づけるが，他方で恥は，簡単に消えてなくなるような道徳的感情であると説明している。

タンネイは，恥と罪悪感は，社会生活での適応機能も大きく異なると主張し（Tangney, 1995），自己意識的感情の機能（function）の研究として，恥と罪悪感それぞれの行動傾向と社会的適応の観点から区別を行っている（Tangney, 2003）。恥は，姿を消す，逃げたい，隠れたいという願望をしばしば導き，価値のなさや力のなさの感覚といった，縮む，小さくなるといった感覚が主として同時に生じる激しい痛みのある感情である（表２－２）。その一方で，罪悪感は，恥とは対照的に，非難の

表２－１　社会的感情の特徴（Barrett, 1995）

（感情）群	行動制御の機能	社会的制御機能	内的制御機能	自己に関しての評価	他者に関しての評価	行動傾向	注意の焦点	母音パターン	生理的反応
恥（Shame）	評価因から自分自身を遠ざける。“露呈”を減らす。	従順／恭順を伝える。“小さい”または不適切な自己を伝える。	基準や基準の重要性を明らかにする。対象としての自己の認識の獲得を補助する。覚醒を減少させる。	“私は悪い”（自己愛は傷ついていると認識する）。	“誰かが私を悪いと思っている。みんなが私を見ている”。	身を引く。他者を回避する。自己を隠す。	対象としての自己。	“狭い”。やや緩い。細い声。	低い心拍数。赤面。
罪（Guilt）	損害を修復する。	適切な行動の自覚を伝える。悔恨／善意を伝える。	基準や基準の重要性を明らかにする。代理としての自己の認識の獲得を補助する。	“私は何か自分の基準に反することをした”。	“誰かが私の行為によって傷つけられている”。	外側へ移動する。修復させる傾向がある。他者に話す。または自分自身を罰する。	悪事。自分の行為の結果。代理または経験者としての自己。	“狭い”。緊張。やや大きな声。	高い心拍数。皮膚コンダクタンス。
妬み（Envy）	所有物を守るまたは手に入れる。または愛する何かに近づく。	他者に気にかけている人や物事を知らせる。他者が自分の所有するものを手に入れることを防ぐ。	気にかける／重んじるものを明らかにする。	“私はその対象を手に入れることができない”。	“誰かが私がほしいものをもっている”。	身を引き，外側へ移動する。回避傾向／ほしい対象・人・属性を有する人を傷つける。	所有物。所有者。	“狭い”。やや緩い。細い声。	不整呼吸。少し上昇した心拍数。
誇り（Pride）	評価者からの距離を減らす。	他者にあるものが基準に達したことを示す。優勢／優越を示す。	基準や基準の重要性を明らかにする。対象や代理としての自己の認識の獲得を補助する。	“私はよい”。	“だれか／みんなが私はよいと思っている（または思うだろう）”。	外側に移動する。他者に示す／話す傾向がある。	代理・対象としての自己。	“広い”。やや緊張。大きな声。	顔面紅潮。高い心拍数。

表２－２　恥と罪悪感の異なる特徴（Tangney, 1995）

	恥	罪悪感
評価の対象	全体的自己	特定の行動
苦痛の程度	相対的に強い	相対的に弱い
現象的経験	無価値感，無力感	緊張，自責，後悔
自己の操作	観察する自己と観察される自己の分離	自己は統合された状態
自己への影響	全体的な価値低下による自己評価の減損	全体的な価値低下をともなわない
他者への関心	他者による評価への関心	他者への影響に対する関心
反事実的過程	自己の一側面の心理的取り消し（undoing）	行動の一側面の心理的取り消し
動機的側面	逃避への欲求	告白・謝罪・償いへの欲求

対象が「特定」の行動であり，「全体的」自己でないために，主としてより少ない痛みであり，罪（違反）に焦点化する。その結果，罪悪感を感じている人々は，緊張の感情や悔恨，「悪いことをした」と後悔し，逸脱への絶え間ない焦点や没頭をしばしば報告し，繰り返しそれを考えたり，自分が行った害をいくらかもとどおりにしたいと願ったりする。このように罪悪感には，回避や防衛を動機づけるという以上に，告白，謝罪，状況固定への試みといった修復的行動を動機づけるという適応機能があるとされる。

タンネイ（2003）は，それまでの一連の実証的な研究結果から，恥と罪悪感は同じ道徳的感情ではなく，ネガティブな事態を引き起こす恥とは対照的に，罪悪感には社会生活における適応機能があるということを「恥 vs 罪悪感」という５つの視点からまとめている。タンネイ（2003）は，罪悪感の適応的な機能とは対照的に，恥には５つの不適応的な機能があり，隠された恥の犠牲（cost）がみられると指摘している。罪悪感の適応機能と恥の不適応機能とは，第１に「隠れる vs 改める」，第２に「他者志向的共感」，第３に「怒りと攻撃」，第４に「精神的症状」，第５に「逸脱の制止と社会的に望ましくない行動」である。

第１の「隠れる vs 改める」とは，私たちが失敗や逸脱の場面に直面したときの行動の相違である。恥は，主として否定する，隠す，恥を生み出した状況から逃げるといった行動を導く。他方で，罪悪感は，主として告白，謝罪，取り消しなどの対人的な修復行動を導く。

第２の「他者志向的共感」とは，共感が，他者志向的か自己志向的かということである。個人差を示す特性（trait）の罪悪感傾向が高い人は他者志向的である共感性が高く，他者の視点取得や共感的な関心の度合いと相関がある。他方で，恥傾向の高い人は，罪悪感とは対照的に，他者志向的である共感性が低く，自己志向的である個人的苦痛反応傾向との相関関係がみられる。

第3の「怒りと攻撃」とは，生起した恥や罪悪感の感情が怒りや攻撃に結びつきやすいか否かということである。恥傾向は，怒り・敵意と強い関連があり，悪意のある態度や，直接的な身体的，言語的，象徴的な攻撃や間接的攻撃（たとえば，相手の何か重要なものを傷つける，相手の背後で陰口をいう），心に抱く攻撃（思弁的で表現されない怒り）と，児童から青年まで一貫して相関がみられる。他方で，罪悪感傾向は，怒り処理（anger management）と関連がみられ，偏相関分析を用いた「恥のない」罪悪感の傾向は，怒り処理の前向きな態度と正の相関関係にあり，直接的・間接的な攻撃とは負の相関関係にある。

第4の「精神的症状」とは，生起した恥や罪悪感の精神病理との関連の有無である。恥特性が高い者とは対照的に，罪悪感特性が高い傾向にある児童・青年・成人は，精神的症状としての抑うつ，不安，低自尊心などの深刻な危険状態との関連がみられない。

第5の「逸脱の制止と社会的に望ましくない行動」とは，恥や罪悪感が社会的逸脱行動の制止と関連があるかどうかというものである。縦断研究の結果，児童期に道徳的感情の帰属スタイルで恥への傾向が高かった者は，そうでない同級生に比べ，青年期に犯罪のような社会的な問題行動を行いがちだった。恥とは対照的に罪悪感の傾向が高かった者は，そうでない同級生に比べ，青年期に重大な問題行動を行う者が少なかった。

このように，タンネイ（2003）の5つの視点からの恥と罪悪感に関する社会生活での適応機能の研究にみられるように，恥と罪悪感はその働きが大きく異なるようである。タンネイとディアリング（Tangney & Dearing, 2002）によれば，罪悪感のような道徳的感情（moral emotion）は，道徳的行動（moral behavior）を導くが，恥は非道徳的行為（immoral action）を抑制することはほとんどなく，代わりに，痛みをともなう恥の感情が，薬物乱用や自殺といった自己破滅的行動（self-destructive behaviors）を促進させるとの指摘があり，今後も恥や罪悪感に関する道徳面や精神病理面での適応機能についての研究が望まれる。

恥に関していえば，タンネイの一連の研究は，社会生活での適応的な機能をもつ罪悪感との対比を強調した隠された犠牲（cost）いわば暗い側面（dark side）ばかりに注目し，恥の適応的な機能の知見に乏しい。また，これらの傾向が日本でもすべてあてはまるかどうかはまだ不明で，恥傾向の高さと精神的症状の相関関係については，有光（2001）が日本の青年を対象に確認しているが，逸脱の制止や社会的に望ましくない行動については，罪悪感に比べて日本での恥の適応機能の研究は乏しい。犯罪学者のブレイスウェイト（Braithwaite, 1989）は日本の低犯罪発生率と恥を結びつけていることからも，恥の高さが社会的に望ましくない行動に結びつくというタンネイの結果が，日本でもそのままあてはまるかどうかはまだ議論が必要である。また，社会的逸脱の制止について永房（2004b）は，日本の中高生の恥意識の高さが犯罪行為や虞犯行為の抑制的態度につながっていることを確認している。また，永房（2002）は，日本国内だけでなくアメリカやトルコといった3か国の中高生を対象にした恥意識の国際比較研究を行い，3か国すべてにおいて恥意識が道徳意識と正の相関関係にあり，また3か国のなかでも恥意識と道徳意識との相関関係は日本が最も高かったと報告している。また，恥には行動抑制機能がみられることから，恥意識における犯罪・非行の抑制モデルが提唱されている（永房，2008）。そして，日本では，恥意識と罪悪感との間に高い相関関係があることが示されている（永房，2003）。

欧米でいう自己意識的感情の「shame」は，わが国でも内的経験を言語化した場合，「恥」としてとらえることができるとしても，他方で，その「恥」という感情は，わが国においては「羞恥心」（菅原，1998），「恥」（樋口，2000）などの用語のもとに，適用範囲が広いことが知られている。つまり，欧米のshame研究を参照する，追試するなどの場合には，その対象が，同様のshameなのかどうかの確認が必要であり，たとえば恥が怒り（anger）に結びつきやすいならば，「shame」は「恥」というよりも「屈辱感（humiliation）」のニュアンスに近いと考えられる（薊, 2008）。この恥（またはshame）の同定の問題については，研究対象者の言語報告で多様な「恥」感情がみられた場合に，脳神経レベルではどのような活性化にあるのか，さらなる実証的知見を積み重ねていくことで徐々に明らかになる可能性がある。今後は，欧米の自己意識的感情の研究知見を参考にし，さらに日本国内において恥や罪悪感と呼べる自己意識的感情はどのようなものか，その特徴，個別および共通機能，そして，恥や罪悪感が日本という社会文化での適応と不適応に及ぼす影響について検証していく必要があろう。

(3) 自己意識的感情と自己の発達

人間である私たちにとって，食欲などの生理的欲求を満たすことは生命の維持に不可欠である。そのため，生まれたばかりの新生児でも，自分の食欲が満たされないことから悲しみに似たような苦痛の表情を表出し，大きな声で泣き叫ぶ行為を通じて自分が空腹であり不快な状態にあることを他者に伝達しようとする。これは，自分自身の生命維持にとってネガティブという不快な感情が生じている状態にあることを示している。他方で，新生児は，この食欲が満たされると機嫌がよくなり，いわばポジティブである快の感情状態を見せるようになる。

また乳児は，空腹でもなく，排泄にも問題がないとき，泣いたりすることがある。

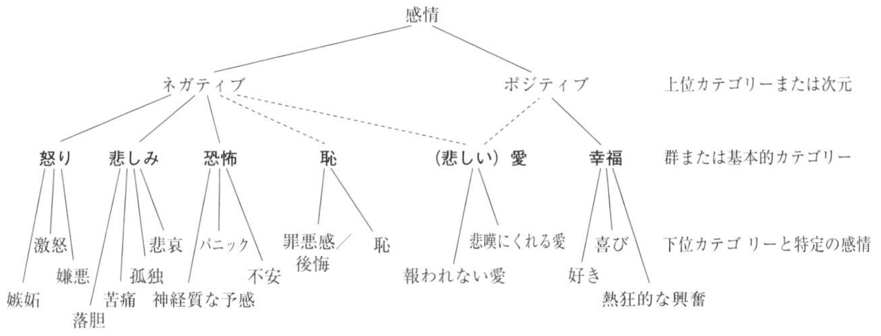

図2−1　感情の基本的カテゴリー（Fischer & Tangney, 1995）

乳児は，自分の生命維持のサポートに大きな役割を果たすと思われる母親が近くにいないことから寂しいような表情で不快感を示す。しかし，母親がすぐに近寄って乳児をあやすことで，乳児は寂しさを解消するための親和欲求が満たされ，微笑を表出するようになる。微笑自体は，新生児でも筋肉の収縮による自然発生的な微笑がみられるが，母親が来てくれてうれしいという社会的微笑による喜びだと解釈すれば，自分自身の生命維持への不安を解消するという意味でポジティブな感情と呼べよう。

これらのように，感情（emotions）の発達は，まず生理的基盤である神経系統の興奮状態があり，「快（positive）」か「不快（negative）」かのカテゴリーに分かれる。さらに図２－１にみられるように，快系統の感情は「幸福（happiness）」，不快系統の感情は，「怒り（anger）」「悲しみ（sadness）」「恐怖（fear）」，そして自己意識的感情である「恥」「罪悪感」「嫉妬」などの感情に多様化していくと考えられる（Fischer & Tangney, 1995）。

①一次的感情と二次的感情

恥，罪悪感，嫉妬などの自己意識的感情は，自己と他者との関係のなかで発達し，自己が対象として注意（attention）の焦点になり得る段階になってから生じる感情であるといえる。

発達心理学者のM. ルイス（1995）は，感情（emotion）のなかでも恥，罪悪感，困惑，誇りといった感情が「自己意識的感情」であると主張している。

ルイス（1995）は，喜び，悲しみ，恐れ，嫌悪，興味，怒りなどは「一次的感情」と呼べる単純な日常の感情であるのに対し，共感や同情，恥，羨望，罪悪感，誇り，後悔などはより複雑な感情である「二次的感情」であると位置づけている。さらに，二次的感情は，内省を必要とした自己意識的かつ「評価的感情」であると提唱してい

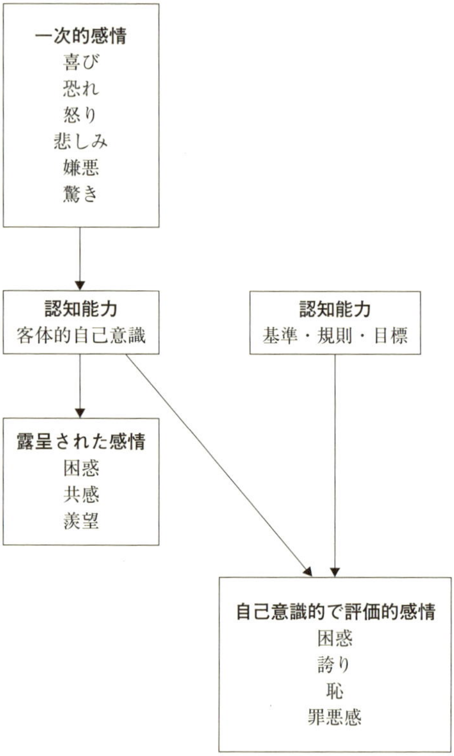

図2−2　自己意識的感情の発達モデル（Lewis, M., 1995）

る（図２－２）。ルイスによれば，この二次的感情である自己意識的感情は，「客体的認知能力（客体的自己知覚）」に加えて「認知能力（基準，規則，目標）」を獲得することで発現すると提唱している。

このような客体的自己知覚に関してルイスら（Lewis, M. et al., 1989）は，18か月前後の乳幼児を対象に自己知覚の実験を行い，鏡に映っている人物が自分とわかる子どもは，赤面や照れ笑いといった恥ずかしい表情を示しやすいことを指摘している。ルイス（1995）によれば，このような鏡像認知ができるようになる年齢は，生後18か月から24か月だとされる。鏡像認知ができ，自己意識が芽生えていると思われる行動が観察されるようになる頃には，乳幼児は他者の前で，顔を赤らめる，視線をそむける，うつむくなどして，恥ずかしいという感情を示す表情や身振りがみられるようになる。

自己意識的感情の生起に必要だとされる自己知覚や評価に関して，発達心理学者のアイゼンバーグ（Eisenberg, 2000）も，恥や罪悪感，困惑や誇りなどが，自己の理解と評価が重要な位置を占めている自己意識的感情であると述べている。そして，感情心理学者のイザード（1977）は，恥を「自己意識的自己知覚，あるいは自己注意が高まった状態，すなわち意識が自己に関することで埋められており，自分が無力あるいは不十分だと考えている，自己の何らかの側面を知覚している状態」と定義している。このように人間が発達していくなかで，自己意識的感情を獲得するには，客体的自己知覚や基準・規則・目標などを認知できる能力が必要であるといえる。

②帰属と認知的評価

自己の認知能力が発達した人間は，恥，罪悪感などのようなさまざまな種類の自己意識的感情をどのように区別するのであろうか。

自己意識的感情は，ある状況に対する認知的評価（appraisal）によって区別できる。精神医学者であるH. B.ルイス（1971）は，事象に対する「全体－部分の帰属（attribution）」によって恥と罪悪感を区別している。ルイスは，自らの臨床経験から，恥と罪悪感が公的－私的状況といった違いではなく，同じ状況でも，対象が「自己」または「行動」で異なり，さらに「全体」または「部分」で異なることによって区別できると主張している。ルイスによれば，恥は「全体的」な自己のネガティブな評価を含んでおり，罪悪感は「特定」の行動のネガティブな評価を含んでいると，認知的評価による違いを明確にしている。つまり，その対象への評価として「部分」に帰属するか，それとも「全体」に帰属するかで恥か罪悪感かが異なってくるというのである。

この認知的評価に基づく「帰属」による恥と罪悪感の区別は，タンネイ（1995, 2003）も支持している。そのほか，発達心理学者のM.ルイス（1995）も「全体－部分」の帰属，「成功－失敗」の評価という２つの軸で自己意識的感情を分けることができると主張している（図２－３）。ルイス（1995）によると，対象の評価が失敗で全体的に帰属される場合は「恥」の感情が生じ，失敗の評価で個別的な帰属なら「罪悪感」の感情が生じる。他方で，対象の評価が成功で全体的に帰属される場合は「驕り（思

A. 基準と規則
B. 評価

成功	失敗	C. 自己への帰属
驕り	恥	全体的
誇り	罪	個別的

図2−3　自己意識的感情の帰属モデル（Lewis, M., 1995）

い上がり)」の感情が生じ，成功の評価で個別的に帰属されるなら「誇り」が生じると，認知的帰属理論の立場から自己意識的感情の分類を説明している。

③自己の認知的評価と自己関連感情

自己意識的感情のような自己とかかわりの深い感情とされる恥や罪悪感をタンネイ（2003）は，「自己関連感情（Self-Relevant Emotions)」とも呼んでいる。すべての人間の感情は，広い意味では，「自己関連」であるととらえ，それらの感情は，何らかの自己に関連する出来事が起こったとき，あるいは起ころうとするときに生じるとしている（Tangney, 2003)。また，タンネイは，人間の感情には，その個人にとっての評価的過程が影響しており，私たちに起こった出来事が，ポジティブまたはネガティブな意味をもつと判断したときにそのような自己意識的感情を経験すると指摘している。そして，タンネイはその感情経験の過程，厳密にいえば，特定の感情的反応は，個人にとってのポジティブあるいはネガティブな出来事を示唆する一次的評価と二次的評価（たとえば，出来事に対処する能力）の両方から形成されていると主張している。このように，タンネイは，すべての感情は，何らかのかたちで，自分自身と関連した出来事から生じるとみなしているものの，恥や罪悪感のような自己関連感情に焦点化していえば，直接的に自己反映や自己評価を必然的に含む感情であるととらえている。

恥や罪悪感は，主として，自分自身のネガティブな帰属やネガティブな行動から生じ，私たちは，自分自身を恥じたり，行動に罪の意識を感じたり，しくじって困惑を感じたりする（Tangney, 2003)。また，自分の行動だけでなく，親密な他者や同一視しているだれか（たとえば，家族，友人，自己と親密に結びついた同僚など）の行動によっても恥を感じる。この理由として，タンネイ（2003）は，その他者が自己定義の部分であるために恥を感じると主張している。

そして，タンネイ（2002）は，恥や罪悪感などの自己意識的感情は自己評価に焦点化するという共通性があることから，「完全主義（perfectionism)」との関係にも言及している。自己志向的（self-oriented）な完全主義者は，１つの可能性として，自身が要求する完全主義の領域でより選択的であることから主として自己評価をともなう感情の経験傾向とは関係がみられないと指摘している。それとは対照的に，社会的に規定された（socially prescribed）完全主義者は，人に応じ，成功しなければならないという基準のタイプで選択の余地がないので，自己評価をともなう感情を感じるのではないかととらえている（Tangney, 2002)。

これまでみてきたように，自己意識的感情の発達として顔を赤らめるなどの恥といった自己意識的感情を表出できるようになるには，鏡映的自己の認知能力，さらに自己の基準（規則，規範，目標など）を参照し評価する認知能力が必要であるといえる。そして，自己評価をともなう感情の経験頻度には個人差があるだろうが，その自己意識的感情を生じさせる「自己評価の基準」は，発達の過程で学習するものだと考えられる。

3．自己意識的感情研究の今後

自己意識的研究は，研究手法としては，今後はますますfMRIやPETなどを用いた脳画像に基づく神経科学あるいは脳科学的研究がさかんになると思われる。自己意識的感情である恥は，学問の古典であるギリシアに始まる哲学者の著作にもみられる。そして自己意識的感情は，主観的言語報告で終わらずに，近代の科学に始まる客観的事実を確認する手法，すなわち，現代ならばfMRIやPETなどの機器を用いてその感情の実体を可視的に証明できる研究が今後の大きな流れになるだろう。たとえば，リツォラティら（Rizzolatti et al., 2001）は，他者の動作の観察時に活動する脳内の神経細胞が自分の動作時にも反応を示したことから，その神経細胞をミラーニューロンと名づけ，サルを対象にした研究に取り組んでいる。国内でも，サルを対象とした自己と他者の区別にかかわる身体感覚の脳内の研究がみられる（Ishida et al., in press)。そして，人間を対象にした自己意識的感情にかかわる脳内の研究では，モルら（Moll et al., 2005）が道徳的認知（human moral cognition）の神経科学的基盤を検証する研究として，北米人やアフリカ人を対象に，罪悪感や困惑などの自己意識的感情が生起した際の脳の活性部位をfMRIで確認することを試みている。

このように自己意識的感情にかかわる神経科学あるいは脳科学的な実証的研究はすでに始まっているが，「反応（結果)」や状態としての自己意識的感情を脳などの生理指標の研究で検証する一方，どんな「刺激（他者の言葉や自己の行為など)」がどのように認知（状況や関係性などの社会的認知）された結果として自己意識的感情が生じるかについては，人として共通するものは何かを特定する研究や，あるいは自己や他者を評価する規範が異なるだろう社会・文化を考慮した研究も求められる。つまり，これからも多様な社会・文化での価値規範の研究が自己意識的感情の解明には必要である。また，非意識下（あるいは無意識下）で自己意識的感情が確認できるのかどうかなどの研究もおもしろいといえる。いずれにせよ，確かな自己意識的感情の同定が急務であるが，自己意識的感情の研究は今後もさらなる発展を遂げるであろう。

【引用文献】

Allan, S., Gilbert, P., & Goss, K. (1994). An exploration of shame measures Ⅱ: Psychopathology. *Personality and Individual Differences,* **17,** 719-722.

American Psychiatric Association (1994). *Diagnostic and statistical manual of mental disorders.* 4th ed. Washington, DC: Author.（高橋三郎・大野 裕・染矢俊幸（訳）1995 DSM-Ⅳ精神疾患の分類と診断の手引き　医学書院）

安藤清志（2002）．罪悪感と社会的行動（Ⅰ）罪悪感による行動のコントロール　東洋大学社会学研究所年報，**34,** 23-39.

有光興記（2001）．罪悪感・羞恥心と精神的健康の関係　健康心理学研究，**14,** 24-31.

有光興記（2007）．罪悪感と羞恥心　鈴木直人（編）感情心理学　朝倉書店　pp. 172-193.

薊　理津子（2008）．大学生における屈辱感が喚起される状況　聖心女子大学大学院論集，**32,** 115-129.

Barrett, K. C. (1995). A functionalist: Approach to shame and guilt. In J. P. Tangney & K. W. Fischer (Eds.), *Self-conscious emotions: Shame, guilt, embarrassment, and pride.* New York: Guilford Press. pp. 25-63.

Baumeister, R. F., Stillwell, A. M., & Heatherron, T. F. (1994). Guilt: An interpersonal approach. *Psychological Bulletin,* **115,** 243-267.

Benedict, R. (1946). *The Chrysanthemum and the sword: Patterns of Japanese culture.* Boston: Houghton Mifflin.（長谷川松治（訳）1967　菊と刀　講談社）

Braithwaite, J. (1989). *Crime, shame and reintegration.* New York: Cambridge University Press.

Darwin, C. (1969). *The expression of the emotions in the man and animals.* Chicago: University of Illinois Press. (Original work published 1872)

Eisenberg, N. (2000). Emotion, regulation, and moral development. *Annual Review of Psychology,* **51,** 665-697.

Ekman, P. (1973). *Emotion in the human faces.* Cambridge, MA: Cambridge University Press.

Erikson, E. H. (1963). *Childhood and Society.* 2nd ed. New York: Norton.（仁科弥生（訳）1977　幼児期と社会Ⅰ・Ⅱ　みすず書房）

Fischer, K. W., & Tangney, J. P. (1995). Self-consciousness emotions and the affect revolution: Framework and overview. In J. P. Tangney & K. W. Fischer (Eds.), *Self-conscious emotions: Shame, guilt, embarrassment, and pride.* New York: Guilford Press. pp. 3-22.

Freud, S. (1961). The ego and the id. In J. Strachery (Ed. and Trans.) *Standard edition of the complete psychological works of Sigmund Freud.* vol. 19. London: Hogarth Press. pp.3-66. (Original work published 1923)

Gehm, T. L., & Scherer, K. R. (1988). Relating situation evaluation to emotion differentiation: Nonmetric analysis of cross-cultural questionnaire dates. In K. R. Scherer (Ed.), *Facets of emotion: Recent research.* Hillsdale, NJ: Erlbaum. pp. 61-77.

樋口匡貴（2000）．恥の構造に関する研究　社会心理学研究，**16,** 103-113.

井上忠司（1977）．「世間体」の構造―社会心理史の歩み―　NHKブックス

Ishida, H., Nakajima, K., Inase, M., & Murata, A. (in press). Shared mapping of own and others' bodies in visuo-tactile bimodal area of the monkey parietal cortex. *Journal of Cognitive Neuroscience,* 2009 Jan 13.

Izard, C. E. (1977). *Human emotions.* New York: Plenum Press.（荘厳舜哉（監訳）1996　感情心理学　ナカニシヤ出版）

Lewis, H. B. (1971). *Shame and guilt in neurosis.* New York: International Universities Press.

Lewis, M. (1995). *Shame: The exposed self.* New York: Free Press.（高橋恵子（監訳）1997　恥の心理学―傷つく自己―　ミネルヴァ書房）

Lewis, M., Sullivan, M. W., Stanger, C., & Weiss, M. (1989). Self development and self conscious emotions. *Child Development,* **60,** 146-156.

Moll, J., Zahn, R., Oliveria-Souza, R., Krueger, F., & Grafman, J. (2005). The neural basis of human moral cognition. *Nature Reviews Neuroscience,* **6,** 799-809.

永房典之（2002）．恥意識構造の国際比較　日本社会心理学会第43回大会発表論文集，314-315.

永房典之（2003）．日本人大学生の恥意識に関する研究―道徳意識・罪悪感・自尊心・シャイネスとの関係―　東洋大学大学院社会学研究科紀要，**39**，105-120.
永房典之（2004a）．非行抑制機能としての恥意識に関する研究　社会安全，**52**，24-43．社会安全研究財団
永房典之（2004b）．恥意識尺度（Shame-Consciousness Scale）作成の試み　東洋大学大学院社会学研究科紀要，**40**，42-47.
永房典之（2008）．なぜ人は心にブレーキをかけるのか？　永房典之（編著）なぜ人は他者が気になるのか？―人間関係の心理―　金子書房　pp. 16-29.
岡野憲一郎（1998）．恥と自己愛の精神分析―対人恐怖から差別論まで―　岩崎学術出版社
Parkinson, B., Fischer, A. H., & Manstead, A. S. R（2005）. *Emotion in social reations: Cultural, group, and interpersonal processes.* New York: Psychology Press.
Piers, G., & Singer, M. B.（1971）. *Shame and guilt.* New York: Norton.
Rizzolatti, G., Foggassi, L., & Gallese, V.（2001）. Neurophysiological mechanisms underlying the understanding and imitation of action. *Nature Reviews Neuroscience,* **2**, 661-670.
Smith, R. H., Webster, J. M., Parrott, W. G., & Eyre, H. L.（2002）. The role of public exposure in moral and nonmoral shame and guilt. *Journal of Personality and Social Psychology,* **83**, 138-159.
菅原健介（1998）．人はなぜ恥ずかしがるのか―羞恥と自己イメージの社会心理学―　サイエンス社
Tangney, J. P.（1991）. Moral Affect: The good, the bad, and the ugly. *Journal of Personality and Social Psychology,* **61**, 598-607.
Tangney, J. P.（1994）. The mixed legacy of the superego: Adaptive and maladaptive aspects of shame and guilt. In J. M. Masling & R. F. Bornstein（Eds.）, *Empirical perspectives on object relations theory.* Washington, DC: American Psychological Association. pp. 1-28.
Tangney, J. P.（1995）. Shame and guilt in interpersonal relationships. In J. P. Tangney & K. W. Fischer（Eds.）, *Self-conscious emotions: Shame, guilt, embarrassment, and pride.* New York: Guilford Press. pp. 114-139.
Tangney, J. P.（2002）. Perfectionism and the self-conscious emotions: Shame, guilt, embarrassment, and pride. In G. L. Flett & P. L. Hewitt（Eds.）, *Perfectionism: Theory, research, and treatment.* Washington, DC: American Psychological Association. pp. 199-215.
Tangney, J. P.（2003）. Self-relevant emotions. In M.R. Leary & J. P. Tangney（Eds.）, *Handbook of self and identity.* New York: Guilford Press. pp. 384-400.
Tangey, J. P., & Dearing, R. L.（2002）. *Shame and guilt.* New York: Guilford Press.
Theophrastus　森　進一（訳）（1982）．人さまざま　岩波書店
内沼幸雄（1983）．羞恥の構造　紀伊国屋書店

3章

自己意識的感情の病理

有光興記

自己意識的感情と精神病理との関連は，さまざまな理論や実証的研究から指摘されている。とくに，恥と罪悪感と精神病理の関連は，20 世紀初頭からフロイトの精神分析理論などにより論じられている。近年では，認知行動療法（cognitive behavior therapy: CBT）や脳科学研究がさかんになり，精神症状との関連だけでなく病理の発現，維持に関する実証的研究の成果が積み上げられている。この章では，理論的な観点と実証的な研究をともに紹介し，自己意識的感情と精神病理の関係について述べていきたい。

1．精神疾患の診断基準における自己意識的感情の扱い

精神疾患の診断基準である DSM- Ⅳ-TR（American Psychiatric Association, 2000）では，罪悪感と恥は，気分障害，不安障害，人格障害の特徴としてあげられている（表 3 － 1）。嫉妬と妬みに関しては，統合失調症と人格障害の一部に記述されているのみである。

気分障害のなかでも，大うつ病エピソードのメランコリー型うつ病の基準に罪悪感

表 3 － 1　精神疾患の診断基準における自己意識的感情

	統合失調症	気分障害	不安障害	人格障害
罪悪感		大うつ病（メランコリー型）	PTSD	
恥			SAD, PTSD	回避性人格障害
嫉妬	妄想型			（自己愛性人格障害）
妬み				自己愛性人格障害

に関する記述がある。「ほとんど毎日の無価値感，または過剰であるか不適切な罪責感（妄想的であることもある。単に自分をとがめたり，病気になったことに対する罪の意識ではない)」として，過剰な罪悪感から，抑うつになることが指摘されている。また，社交不安障害（social anxiety disorder: SAD）には，恥に関する記述がある。診断基準として，「よく知らない人たちの前で他人の注視を浴びるかもしれない社会的状況または行為をするという状況の1つまたはそれ以上に対する持続的な恐怖。その人は，自分が恥をかかされたり，恥ずかしい思いをしたりするような形で行動（または不安症状を呈したり）することを恐れる」と指摘されている。人格障害の1つである回避性人格障害においても，同様の特徴が言及されている。罪悪感や恥は心的外傷後ストレス障害（posttraumatic stress disorder: PTSD）においても言及されている。罪悪感については，PTSDの患者は，他の人が生き残れなかったにもかかわらず自分は生き残ったことについて，苦痛をともなう罪悪感を経験するとされている。恥は，PTSDに関連する症状として，感情調整の障害，自己破壊的および衝動的行動，解離症状，無力感，絶望などとともにあげられている。

SADと似た病理として，対人恐怖症がある。対人恐怖症は，赤面恐怖，自己臭恐怖，醜形恐怖として，1930年代からわが国において存在が指摘されている（内沼, 1997)。対人恐怖症は，自分の劣った部分が他者を不快にさせるかもしれないという他害の恐れに焦点がある。DSM-Ⅳ-TRには，対人恐怖の診断基準はないが，SADと異なる特徴をもつため，診断基準案が作成されている。中村ら（2003）によれば,「自己の態度，行為，あるいは身体的特徴が，社会的対人的状況において不適切に感じられ，そのため対人的状況で，恥，困惑，不安，恐怖，おびえ，緊張など，持続的な感情反応を呈し，強い苦痛を感じ，他者との良好な関係を維持できない（受け入れられない，軽蔑される，避けられる）と感じ，悩む」ことが対人恐怖症の1つの特徴であり，恥に強く関連した精神疾患であることがわかる。また，重症対人恐怖症として，自分の欠点が他者の気分を害していることを妄想的に信じるという妄想型が言及されており,「他者の気分を害して申し訳ない」という特徴をもつことから，対人恐怖症は罪悪感とも関連すると考えられる。

嫉妬は，統合失調症の妄想型において「妄想は，典型的には被害的，あるいは誇大的，あるいはその両方であるが，他の主題（たとえば，嫉妬，宗教，または身体化）の妄想もあり得る」と言及され，妄想性障害の病型の1つでもある。また，自己愛性人格障害の診断基準でも，「しばしば他人に嫉妬する，または他人が自分に嫉妬していると思い込む」と嫉妬が言及されている。ただし，この箇所の嫉妬は原文では「envy」であり自己愛性人格障害は妬みと関係しているととらえるべきかもしれない。

診断基準ではふれられていないが，恥や罪悪感は，理論的には強迫性障害（obsessive compulsive disorder：OCD），自己愛性人格障害，摂食障害など他の疾患とも関連が指摘されている。この点については，次節で扱うことにする。

2．自己意識的感情と精神病理に関する理論

(1) 精神分析理論

フロイト（Freud, 1923）によれば，罪悪感は，幼児がもつ母親に対する性的欲求が起源である。幼児は，母親と結婚することを望み，父親に対して嫉妬の念をいだき，攻撃的になる。しかし，自己の道徳的観念である超自我が，罪悪感を感じさせ，その衝動にストップをかける。幼児は，親から罰を受けたり，愛情を失うことを恐れ，権威または超自我の要求に従うようになる。

また，クライン（Klein, 1948）は，成熟した罪悪感と罰への恐怖に基づく罪悪感という分類を行った。幼児は，親に対する愛情と憎しみという相容れない感情に苦しみ，重要な対象である親に怒りを投影し，親から虐げられている（罰せられる）と考えるようになる。罰への恐怖による罪悪感は，自己が未成熟であると生じやすく，抑うつにつながる。一方，成熟した罪悪感とは，対象からの愛情を信じなかったことへの後悔から関係を修復しようとする罪悪感であると述べている。

フロイトやクラインは，罪悪感が精神病理の原因となると考えていたが，ルイス（Lewis, 1971）は，罪悪感と恥を区別し，恥が抑うつにつながることを指摘した。人を傷つける行為をした後に，自分の行動に原因があったと考えると，罪悪感を経験する。一方，自分のパーソナリティや能力に原因があると考えると，恥を経験する。パーソナリティや能力は，さまざまな場面に影響を与える全般的で安定した原因である。人を傷つけたときに，仮にパーソナリティに原因があると考えると，他の場面でも「人を傷つけるようなパーソナリティ」をもっていることになる。こうしたプロセスで，全体的自己（global self）が傷つき，対人場面での自信を失い，抑うつ状態に陥る。一方，自分の行動に原因帰属をして罪悪感を経験した場合には，全体的自己は傷つかず，行動を修正する，補償行動をするなどの対処が可能になり，自己評価が維持される。そのため，罪悪感は抑うつの原因ではなく，全体的自己を傷つける恥が原因であるとされている。

カーンバーグ（Kernberg, 1975）は，誇大化した自己と恥の関連について述べ，自

己愛性人格障害患者における攻撃性が恥の経験の隠蔽によるものと論じた。カーンバーグによれば，自己愛性人格障害には，親の養育態度が寄与する。幼児期に親から罰ばかり受ける冷たい態度をとられたり，虐待的な養育を受けると，対人関係の信頼関係が構築しにくくなる。そうした養育を受けた子どもは，大人になっても人から信頼されないという考えや劣等感が根底にあり，それを解消するために，だれからも賞賛されるような肯定的な自己像を維持しようと努力する。そのため失敗して恥を経験すると，非常に強い苦痛を経験するため，恥の経験を認めることができず，恥を抑制し，「自分は偉い」という思い上がり（hubris）へと変化させる。また，自己愛性人格障害の特徴には，誇大な自己があるが，この特徴をもった人は，より恥を抑制しやすい（Bosson & Prewitt-Frelino, 2007）。誇大自己は，親から「あなたは特別である」と育てられている場合にもちやすく，いわば過大評価（甘やかし）による誇大妄想である。そのため，恥を抑制し，人を利用したり（exploitative），特権意識（entitlement）を抱くという自己愛傾向が促進される。

エリクソン（Erikson, 1959）は，自我統合に関する心理社会的発達理論のなかで，恥と罪悪感についてふれている。エリクソンは，年齢に応じた心理社会的課題があり，各課題を達成できないとネガティブな感情を経験したり，精神病理に陥ると考えている。幼児期前期の課題として，排泄がある。うまく排泄ができないと，両親に対して恥ずかしいという感覚を覚え，劣等感に苦しむことになる。自己統制ができないという感覚から，青年期に入っても自我同一性が確立せず，拡散状態になりやすい（Lutwak et al., 1998）。幼児期後期になると，自分で計画を立てて，友だちと遊ぶといったように，子どもは両親から離れて自発的に行動の計画を立て，目的を達成することが求められるようになる。そのとき，親から教えられたルールを破ってしまったり，危険な行動を行ったりすると，罪悪感を経験する。社会的規範や道徳規範が身につかないと，慢性的に罪悪感に苦しむことになる。また，青年期の課題である自我同一性を達成した人は，罪悪感を経験したときに，自己が確立しているため，その失敗によって自信を失うことがなく，行動を修正したり，補償行動をして責任をとろうとする（Lutwak et al., 1998）。

恥や罪悪感と精神病理との関連については，日本文化の特異性が指摘されている。ベネディクト（Benedict, 1946）が，日本人の恥は，北米の恥（shame）と異なると論じたが，その反論として，さまざまな考えが提出された。土居（1971）によれば，日本人の「甘え」は肯定的な側面をもつ。日本人は対人協調的であり，人に甘えることにより，お互いの信頼関係を確認することがある。甘えられないと，嫉妬し，ひがむ，すねるという病理に陥るという。また，内沼（1997）は，対人恐怖症における羞恥，恥辱，罪の推移を説明している。他者との会話場面などにおいて，「間」が空くと困惑することがある。困惑して赤面すると，羞恥心を経験する。対人場面において，赤面を何度も経験すると赤面することが怖くなり，不適応感や自己懐疑の念などの無力感，受け身性の意識である恥辱の経験をする。恥辱は自己を脅かす経験であるため，「自分はさらしものにされている」などという被害者意識をもつことになる。そして，恥辱の経験の原因である他者に対する攻撃性をもつに至るが，そこから加害者意識が芽生える。結果的に，他者への攻撃性から，罪の意識を経験する。攻撃性を隠そうとして，後ろめたさを経験し，自分は犯罪者である，存在自体が罪であるなどと考え，視線を避けるようになる。

(2) 認知行動理論

恥と罪悪感については，認知行動療法（CBT）においても，理論化されている。CBT は，感情に関する認知と行動から理論化されたパス・モデルをもとに介入を行うのが特徴である。精神疾患ごとにパス・モデルが作成されるのが一般的であり，恥と罪悪感については，SAD，OCD，PTSD のモデルにおいて言及されている。

社交不安障害（SAD）については，自己注目と安全行動を加味したクラークとウェルズ（Clark & Wells, 1995）のモデルが存在する。「自分はダメな人間である」「すべての人から好かれなければならない」という固定観念（スキーマという）をもっている人は，対人状況において自分が何かしなければならいときに，「失敗して，嫌われる」「嫌われたらおしまいだ」などという考えが頭に浮かびやすい（これを自動思考という）。自動思考が頭に浮かぶと，不安症状が高まるが，さらに，人から見た自分の姿に注目がいく（観察者視点の自己注目）。その姿は，「奇妙である，異常に震えている」など，ネガティブなものであると想像されており，目をそらす，できるだけ自分の話をしないなど，何らかの安全確保行動をとって最悪の結果を避けようとする。しかし，実際には安全確保行動は，不安をより増強させるため，不安症状が悪化するという結果となる。このモデルは，恥の経験のなかでも，会話する前や会話中などのプロセスについて説明している。とくに，自分の姿が奇妙に思われているという自己注目や回避行動に問題があると考えられており，介入では自己注目や安全確保行動を止めることや，自分の姿が思ったほど変に見えないことをビデオ録画から知るといった手続きが行われる。

強迫性障害（OCD）の認知行動モデル（Salkovskis, 1985）では，出来事に対して自分の責任を過剰に評価し，他人から批判されるのを恐れ，自分を責めた結果，抑うつ感情が起こり，その中和反応として強迫行為または強迫儀式が行われると考えられ

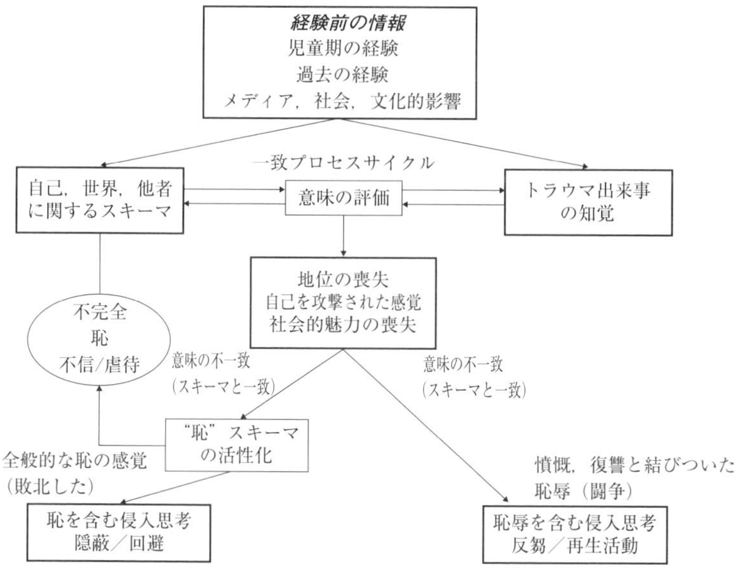

図3−1　恥に基づくPTSDの臨床的概念化（Lee et al., 2001より作成）

ている。「もしかしたら，ドアの鍵を閉め忘れたかもしれない」という考え（侵入思考）が浮かんだとき，「どんなことがあっても，責任をとらなければならない」というスキーマをもっている人は，自分を責め，罪悪感を感じ，「自分はドアもきちんと閉められないダメな人間だ」と考え，強迫行為に至ると考えられている。

リーら（Lee et al., 2001）による心的外傷後ストレス障害（PTSD）の認知行動モデルでは，恥と罪悪感が中心的に取り上げられている（図３－１）。トラウマ経験を知覚すると，過去の経験に基づくスキーマに基づいて，その意味の評価が行われる（一致プロセスサイクル）。そして，トラウマ経験によって，自分の地位が失われる，自分が攻撃されたという感覚，自分の魅力が失われたと評価される。この出来事の意味づけが，自分のもっていたスキーマと一致していた場合（例：自分には魅力がないと思っていた場合）には，全般的な恥を経験し，隠蔽や回避が起こる。そして，スキーマと一致した経験をしたことから，スキーマが確証されて，恥による回避が強化される。一方，トラウマ出来事の意味の評価がスキーマと一致していなかった場合は，恥辱の経験となり，繰り返し出来事について考え，他者への復讐などの攻撃行動が喚起される。このモデルでは，トラウマ出来事による恥の経験をスキーマとの一致，不一致によって回避につながる恥と復讐につながる恥辱とに分類している点が特徴である。

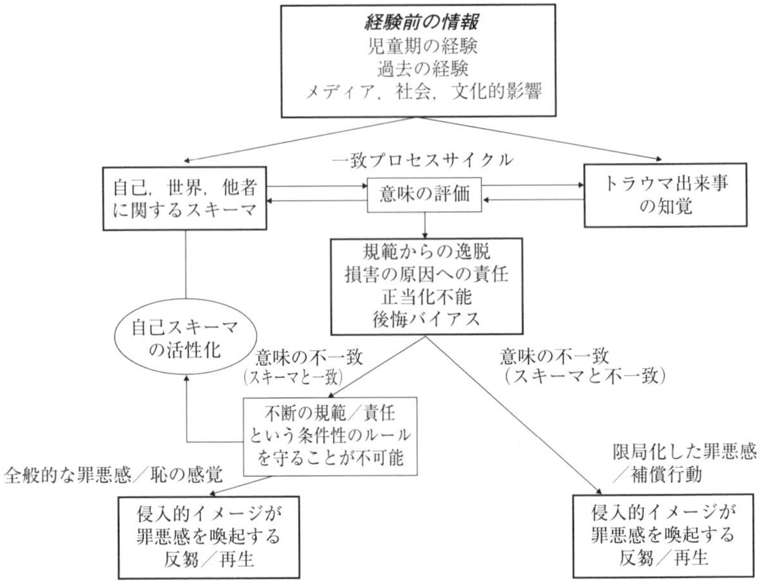

図3－2　罪悪感に基づくPTSDの臨床的概念化（Lee et al., 2001より作成）

罪悪感については，トラウマの経験を，社会的規範から逸脱している，受けた損害が自分のせいである，正当化できないなどと評価したときに経験される（図３－２）。恥と同様に，トラウマ出来事の意味づけの後，経験がスキーマと一致しているか評価される。「自分の行動にはすべて責任を負うべきである」といったスキーマをもっていた場合は，トラウマ出来事について責任を負えなかったときに，自分自身が犯した罪について何度も繰り返し考え（反芻し），恥を経験する。もし，「責任を負える行動もあれば，コントロールできない行動もある」というスキーマをもっていれば，その経験に限定して罪悪感を経験し，補償行動を行うことになる。この理論では，スキーマの一致と不一致から，トラウマ出来事に対して，罪悪感と恥をともに慢性的に経験するパターンと，罪悪感をある経験に限定して補償行動を喚起するパターンを説明している点が特徴的である。図３－１のリーら（Lee et al., 2001）のモデルからは，PTSDにおける罪悪感と恥は，スキーマを変容することで，回避，復讐，反芻といった症状を低減できることが予測される。

ギルバートとプロクター（Gilbert & Proctor, 2006）は，恥による自己批判（self-criticism）が抑うつにつながることを示し，自己批判でなく自分に対する思いやり

```
┌──────────────┐      ┌──────────────┐      ┌──────────────┐
│背景          │      │安全方略      │      │意図しない結果│
│批判的,虐待的,│      │脅威に集中して│      │自分に価値がな│
│否定的な他者  │─────▶│,非言語的コミ │─────▶│いと感じ,他者 │
│              │      │ュニケーション│      │にコントロール│
│鍵となる恐怖/ │      │に敏感になる  │      │されていると感│
│記憶          │      │              │      │じる          │
│傷つき,拒絶, │      │自己を抑制し,│      │特定の情動を恐│
│無力感親の怒り│      │服従し,怒りの │      │れる          │
│に関する特定の│      │表現を避ける  │      │自己の感覚を失│
│記憶と情景    │      │他者が望むよう│      │う            │
│              │      │な存在になろう│      │メタ認知,反芻 │
│              │      │とする        │      │              │
└──────────────┘      └──────────────┘      └──────┬───────┘
                              │                      │
      背景と安全方略のための思い                     ▼
      やりの気持ちを開発する         ┌──────────────┐
                                      │自分を攻撃し,恥│
          自分の心を理解する;        │の記憶にアクセ│
          「自分の失敗ではない」      │スする        │
                                      │他者から隠れる│
          多面的な自己を思いやりを    └──────┬───────┘
          もって受け入れ,統合する           │
                                              ▼
          思いやりのあるイメージ,    ┌──────────────┐
          フォーカス(例:注意,行動) │混乱し,落ち込み│
          と経験の再構成              │,怒り,解離し,│
                                      │脆弱な状態になる│
                                      └──────────────┘
```

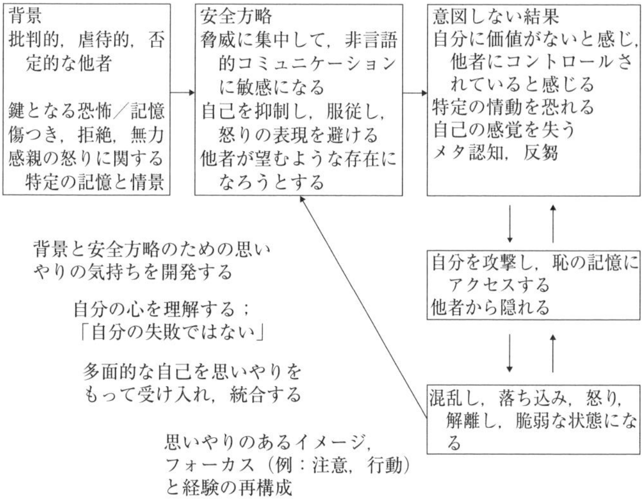

図3−3 恥と自己批判に対する脅威／安全方略の形成と思いやりに焦点を当てた介入方法
(Gilbert & Proctor, 2006より作成)

(self-compassion) をもつことが重要であると論じている。ギルバートらは，恥の経験による自己批判には，親からの批判的・虐待的な養育，トラウマ出来事といった背景要因があり，そこから脅威刺激に注意を払い，他者に対して服従し，自己表現を抑制するといった安全方略をとるようになるとしている（図3−3）。自己抑制という安全方略の結果，他者にコントロールされ，自分に価値がないと感じ，自分を攻撃し，恥の記憶を思い出し，他者を回避するようになる。そして，気分の落ち込み（うつ状態）や怒り，解離症状を経験し，さまざまな心理的問題に脆弱な状態になり，さらに安全方略を行うようになると考えられている。このモデルでは，前にみたSADの認知行動モデル（Clark & Wells, 1995）の安全行動の考えに加えて，自己批判とその背景要因である過去のトラウマ出来事を重視している点が特徴的である。自己批判は，親から批判的に育てられたことによる高い基準や責任感による。恥による自己批判を低減するためには，失敗が許されること，完璧でなくとも他者から許容されることを知る必要がある。CBTでは，失敗が許されなくても，考えているような最悪の結果が起こらないことを，「もし，本当にそうだったとすれば，どうだろう」と考えていくといった思考を用いて，論理的に考えていくことが多い。従来の認知療法の技法に加えて，ギルバートとアイロンズ（Gilbert & Irons, 2005）は，「悪いことをして，厳しく育てられた，ダメな自分」という批判的な自己イメージを，思いやりのイメー

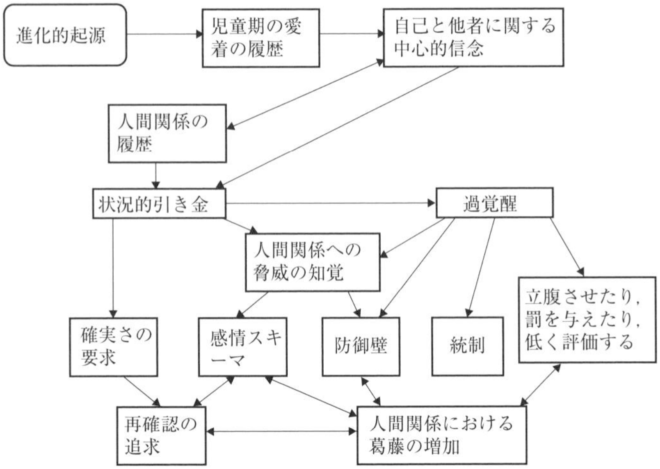

図3－4　嫉妬の概念モデル（Leahy & Tirch, 2008）

ジ（compassionate imagery）に変容させることが重要であると述べている。他者に同情するように自分に対して同情し，自分が悪いわけではなく，「父親がまちがっていて，自分が失敗したわけではない」と考え，もしそう考えたとしても見捨てられることはなく，脅えることなく生活が送れることを確認する。また，神経生理学的な脳のシステムをポジティブなものに変換することが重要であり，思いやりを感じさせるものを自由にイメージするというワークも提唱されている。このワークは，暖かい感じを得て，否定的感情に対して逆制止を行うことを目的としている。

嫉妬については，感情スキーマを中心とした認知行動モデルが提唱されている（図3－4, Leahy & Tirch, 2008)。嫉妬は，進化心理学的には種の保存のために必要とされる感情であり，ライバルの存在を察知して，対策をとるという機能がある。しかし，児童期において親との愛着が不安定であると，「自分は愛されていない」というネガティブな対人関係のスキーマをもつようになる。こうしたスキーマをもった人は，親しい人が他者と親しくしているといった状況に敏感であり，中立的な出来事も脅威だと誤って解釈する傾向にある。たとえば，「彼女は彼のことが気に入っている」と心を読んだり，「彼が本を読んでいるのは，私に魅力を感じていないからだ」と自分に関連づけて解釈したり，「彼女は自分から離れていく」と予言したり，「彼はいつもそうする」と過剰な一般化をしたりする。そして，嫉妬することが最悪の結果を避ける方法であると考え，自分が愛されているという確証を得ようとしたり，防御策をとったり，嫉妬をコントロールしようとしたり，逆に相手を立腹させたり，けなすことで気を引いたりという行動を起こす。その一方で，嫉妬をコントロールできないことに苦しむ。自分が経験している感情の強さは脅威が現実であるというスキーマをもっていると，嫉妬感情がコントロールできず，危険で，「悪い兆し」であると思うようになる。さらに，相手のあいまいな態度は耐えられないというスキーマも嫉妬を悪化させる。

以上のような感情スキーマが喚起されると，再確認を何度もしたり，けんかなどのトラブルが増加したりする。自己と他者に関する中心的信念と感情スキーマの問題である。

3．自己意識的感情と精神病理に関する実証的研究

(1) 精神疾患の症状との関連

罪悪感や恥と精神病理との関連は，さまざまな研究によって示されている。大学生を対象とした罪悪感特性，恥特性と精神病理の相関関係に関する調査研究の結果を表3－2と表3－3に示した。最も多くの研究が行われているのが，対人場面で失敗したときなど，自己意識的感情を経験するシナリオを読み，そのときの行動傾向を回答する自己意識的感情検査（Test Of Self-Conscious Affect: TOSCA; Tangney et al., 1989）を使用したものである。TOSCA は，罪悪感を行動に焦点を当てた感情であると定義しており，補償行動を行う傾向としてとらえている。そのため，TOSCA で測定された罪悪感特性は，ほとんどの精神病理反応（Brief Symptom Checklist で測定されている）と有意な相関が認められないか，または負の相関を示した。また，罪悪感特性と恥特性は，中程度の正の相関（r=.40 ～ 60）を示すため，一方を制御変数とした偏相関を求めることが多い。偏相関係数の結果においても，罪悪感特性はうつ傾向などの精神病理反応と負の相関を示す。TOSCA を参考に作成された日本語版のシナリオ型の尺度である菊池･有光−自己意識的感情尺度（Kikuchi-Arimitsu-Jikoishikiteki Kanjyou Scale: KA-JiKoKan; 菊池・有光，2006）では，TOSCA と同様に，攻撃性と罪悪感特性とは負の相関を示すことがわかっている。状況罪悪感尺度（Situational Guilt Scale: SGS; Klass, 1987），罪悪感喚起状況尺度（Situational Guilt Inventory: SGI; 有光，2002）は，罪悪感喚起状況に対する罪悪感の感じやすさを，良心次元質問紙（Dimension of Conscious Questionnaire: DCQ; Johnsonet al., 1987）は罪悪感喚

表 3－2　さまざまな尺度によって測定された罪悪感と精神病理反応の相関関係 [a,b]

尺度名	著者		うつ傾向	不安	身体化障害	強迫性障害	精神病質	妄想観念	敵意と怒り	恐怖症	対人感受性	摂食障害	自己愛	PTSD	対人不安
PFQ 2 -guilt	Harder et al.（1992）	単相関	＋	＋	＋	＋	＋	＋	＋	＋	＋		○		＋
	Harder et al.（1992）	偏相関	○	＋	＋	○	＋	○	＋	○	＋		○		○
GI-trait	O’Connor & Berry（1999）	単相関	＋	＋	＋	＋	＋	＋	＋	＋	＋				
	O’Connor & Berry（1999）	偏相関	＋	＋	＋	＋	＋	＋	＋	＋	＋				
TOSCA-guilt	Gramzow & Tangney（1992）, Leskela et al.（2002）, Sanftner et al.（1995）, Tangney & Dearing（2002）[c], Pineles et al.（2006）	単相関	○	○	○	○	○	○	○	○	○	－	○	○	＋
	Gramzow & Tangney（1992）, Leskela et al.（2002）, Sanftner et al.（1995）, Tangney & Dearing（2002）[c], Pineles et al.（2006）	偏相関	－	○	○	－	－	－	－	○	－	－	○	○	－
	O’Connor & Berry（1999）[d]	偏相関	－	－	－	－	－	－	－	－	－				
IGQ-survivor	O’Connor & Berry（1999）[d]	単相関	＋	＋	＋	＋	＋	＋	＋	＋	＋				
	O’Connor & Berry（1999）[d]	偏相関	＋	＋	＋	＋	＋	＋	＋	＋	＋				
SGS-total	Klass（1987）	単相関	＋												
	該当研究なし	偏相関													
DCQ-total	Gilbert et al.（1994）	単相関	○						－						○
	該当研究なし	偏相関													
SGI	有光（2001, 2002）	単相関	＋	＋					－				○		＋
	有光（2001,2006a;Arimitsu,2002）	偏相関	○	○					－				○		
KA-JiKoKan	菊池・有光（2006）	単相関							－						
	菊池・有光（2006）	偏相関							－						

注）
a）○は無相関，＋は正の相関，－は負の相関を示す。空白は，当該尺度では測定されていないことを示す。
b）偏相関は，恥特性を制御変数として算出されたものである。
c）サンプルによって若干結果が異なる。1 つでも有意な相関が認められた場合でも，その結果を表示した。
d）下位因子によって若干結果が異なる。ここでは，生存者因子の結果を表示した。

起状況に対する不快感の強さを測定する尺度である。それぞれの尺度で測定された罪悪感特性は，TOSCA と同様に，精神病理とは無相関かもしくは負の相関を示した。一方，「罪深い人間である」「人生において，多くの過ちを犯してきた」などパーソナリティの特徴にあてはまるかどうかを測定する個人的感情質問紙（Personal Feeling

表 3－3　さまざまな尺度によって測定された恥と精神病理反応の相関関係 [a,b]

尺度名	著者		うつ傾向	不安	身体化障害	強迫性障害	精神病質	妄想観念	敵意と怒り	恐怖症	対人感受性	摂食障害	自己愛	PTSD	対人不安
PFQ2-shame	Harder et al.（1992）	単相関	+	+	+	+	+	+	○	+	+		○		+
	Tangney et al.（1992）	偏相関	+	○	○	+	+	○	+	+	+				+
TOSCA-shame	Gramzow & Tangney（1992），Leskela et al.（2002），Sanftner et al.（1995），Tangney & Dearing（2002）[c]，Pineles et al.（2006）	単相関	+	+	+	+	+	+	+	+	+	+	−	+	+
	Gramzow & Tangney（1992），Leskela et al.（2002），Sanftner et al.（1995），Tangney & Dearing（2002）[c]，Pineles et al.（2006）	偏相関	+	+	+	+	+	+	+	+	+	+	−	+	+
	O'Connor & Berry（1999）[d]	偏相関	○	+	+	+	+	+	+	+	+				
OAS-total	Allan et al.（1994），Goss & Berry.（1994）	単相関	+	+					+						
	該当研究なし	偏相関													
DCQ-total	Gilbert et al.（1994）	単相関	+						+						+
	該当研究なし	偏相関													
SSQ	有光（2001, 2002）	単相関	+	+					+				−		
	有光（2001, 2006a, Arimitsu, 2002）	偏相関	+	+					+				−		
KA-JiKoKan	菊池・有光（2006）	単相関							−						
	菊池・有光（2006）	偏相関							−						

注）
a）○は無相関，＋は正の相関，－は負の相関を示す。空白は，当該尺度では測定されていないことを示す。
b）偏相関は，罪悪感特性を制御変数として算出されたものである。
c）サンプルによって若干結果が異なる。4つでも有意な相関が認められた場合でも，その結果を表示した。
d）下位因子によって若干結果が異なる。ここでは，生存者因子の結果を表示した。

Questionnaire-2: PFQ-2; Harder et al., 1992）や罪悪感目録（Guilt Inventory: GI; Kugler & Jones, 1992），対人的罪悪感質問紙（Interpersonal Guilt Questionnaire-67: IGQ-67; O'Connor & Berry, 1997）で測定された罪悪感特性は，ほとんどの精神病理反応と正の相関が認められた。表3－2では，IGQは生存者罪悪感のみの結果を示したが，他の3因子（全能罪悪感，分離罪悪感，自己嫌悪）も同様の結果であった。

尺度を用いた研究以外では，摂食障害症状が摂食と運動への罪悪感の影響を受けること（Bybee et al., 1996）や，PTSD症状がトラウマ出来事への罪悪感の影響を受けること（Street et al., 2005），被害妄想的罪悪感が抑うつや境界性人格障害症状に影響を与えること（Hasui et al., 2008）が明らかにされている。行為障害など直接精神病理と結びつけられていないが，17歳時の非行を15歳時に測定した罪悪感が予測する（非行を減少させる効果）ことを示す知見も存在する（Stuewig & McCloskey, 2005）。同様に，アルコールとドラッグの問題については，恥傾向がこれらへの依存性を増大させるが，罪悪感特性は逆にそれを減少させること（Dearing et al., 2005）がわかっている。

表3－3には，恥の指標ごとに精神病理との相関関係について示した。表3－3から，TOSCAやPFQ-2で測定された恥特性は，うつ傾向，不安などさまざまな精神病理と正の相関を示すことがわかる。ただし，自己愛傾向は，恥傾向とは負の相関を示すことが多い。これは，2節で述べたとおり，自己愛傾向の強い人は，恥の経験を隠蔽しようとするためである。この傾向は，恥を感じさせる人としての他者尺度（Other as shamer scale: OAS; Goss et al., 1994）やDSQ, SSQでも同様である。しかし，KA-JiKoKanの恥傾向は，攻撃性とは負の相関を示している。わが国では，恥が迷惑行動を抑制する（菅原ら , 2006），犯罪行動を抑制する（永房ら, 2005）という知見もあることから，恥の適応的機能を示す1つの知見であると考えられる。しかし，恥の喚起状況に対する恥ずかしさを測定する状況別羞恥感情尺度（Situational Shyness Questionnaire: SSQ; 成田ら, 1990）と攻撃性は正の相関を示しており，この関連性については今後の検討課題であるといえる。人格形容詞を用いた自己意識的感情特性尺度と精神的健康との関連を調査した研究（有光 , 2005）でも，「やましい」などとの項目で測定された罪悪感特性は，うつ傾向，不安傾向などの精神的不健康の指標と正の相関を示した。

恥と精神病理の関連については，罪悪感と比較して，さらに多くの検討が行われている。拒食症，過食症，不安障害，うつ病の女性患者の恥と社交不安の程度を比較した研究から，拒食症，過食症の患者の恥，社交不安の程度が他の群より高いことが示されている（Grabhorn et al., 2006）。この結果は，摂食障害において，恥が症状の形成に重要な要因であることを示している。臨床群における知見も多く，抑うつの診断基準を満たす大学生は，人間関係におけるジレンマに対して恥を多く経験する傾向にあること（Thompson & Berenbaum, 2006），女性の拒食症患者において恥が拒食症の症状に関連すること（Skårderud, 2007），女性の境界性人格障害患者においても，恥と罪悪感両方（TOSCA-3）が，自己効力感や抑うつに関連すること（Rüsch et al., 2007）も明らかにされている。これらの結果は，大学生だけでなく，臨床群でも恥と精神病理の関係が存在していることを示している。

重要な観点として，精神障害に対する恥と罪悪感という問題も存在する。たとえば，統合失調症の患者の3人に1人は社会不安障害の診断基準も満たすことが知られているが，この現象は精神障害への恥と罪悪感によるものと考えられている。実際に統合失調症患者71名を対象にした調査（Miller & Mason, 2005）では，患者は統合失調症になったことに対して，恥と罪悪感に苦しみ，強い無価値感を経験することが報告されている。恥や罪悪感は，抑うつにつながる要因であり，統合失調症から抑うつに至る2次疾患のプロセスを示す結果といえる。79名の統合失調症の患者に対して調査した結果，社会不安障害の基準を満たした23名の患者は，精神病への恥意識が強く，社会的地位を失う恐れを強く感じていた（Birchwood et al., 2007）。この結果から，自分の精神疾患が顕在化するというスティグマ（不名誉，恥辱）から社会不安に至るという考えが提唱されている。診断されたことによる恥と罪悪感の苦痛を弱めることができれば，治療においても，さらなる精神疾患の予防においても，有意義であり，今後の検討が待たれる分野である。

嫉妬や妬みと精神病理との関係は，実証的研究が遅れている領域である。対人的な三者関係における嫉妬は，ライバルに対する攻撃につながる要因であることが，さまざまな調査研究から明らかにされている。とくに，恋人関係，夫婦関係での暴力（domestic violence）には，浮気の疑いなどに起因する嫉妬が関連することが指摘されている（Bookwala et al., 1992; Culotta & Goldstein, 2008; Parker et al., 2005; Puente & Cohen, 2003）。妬みについては，自分が重要だと考えている領域（例:成績）においてすぐれた人に対して妬みを感じると，いじめなどの攻撃を行うことで対処することが示されている（9章を参照）。このように，嫉妬と妬みは，ライバルに対する攻撃という問題行動につながることがわかっている。

(2) 認知要因との関連

さまざまな認知的要因が，罪悪感と恥と精神病理との関係に影響することが指摘されている。大学生を対象にした調査（Valentiner & Smith, 2008）では，TOSCAによって恥特性を測定し，強迫性障害の強迫行為との関連を検討している。その結果，恥特性は，強迫行為に対して，強迫観念，思考と行為の混同（thought action fusion）との交互作用をもつことが明らかにされた。この結果は，認知的要因が強迫行為への恥特性の影響力を増加させることを示している。また，否定的な考えを何度も考える傾向である反芻（rumination）は，抑うつに影響する要因であるが，恥特性によって高められることがわかっている（Orth et al., 2006）。調査の結果，恥特性が反芻と抑うつを高め，反芻が抑うつを高めるという結果が得られている。この研究では，罪悪感特性と反芻，抑うつの関係も検討されたが，直接効果，間接効果ともに認められなかった。認知的要因は精神病理を発生させる要因として注目されているが，今後恥，罪悪感などの自己意識的感情という変数を加えて検討することで，精神病理の発生メカニズムがさらに明確になり，介入プロセスも精緻化されるものと考えられる。

(3) その他の要因

恥から精神病理に陥る要因として，対処方略に関する研究が行われている。恥の対処としては，外在的対処（他者攻撃，回避）と適応的対処（認める，謝罪など）が存在する。外在的対処を行いやすく，適応的対処をあまり行わない人は，反社会性精神病理（対人操作，自己中心性，衝動性）が高くなることが明らかにされている（Campbell & Elison, 2005）。この結果は，他者への責任転嫁は，攻撃性を高め，対人的な適応が悪くなることを示している。

対処の他にも，恥から精神病理につながる要因として，過去の虐待経験（Andrews et al., 2000; Gilbert et al., 2003），罰への感受性（Guimón et al., 2007）など，親など近親者からの罰の影響が指摘されている。親からの罰や甘やかしという養育態度は，継続的に自己評価に影響を及ぼすため，非意識的，自動的という特徴をもつ潜在的自尊心の高低を決定する。自己愛の高い人は，自分で意識することのできる顕在的自尊心と誇大な潜在的自尊心のギャップから，恥や思い上がりを経験しやすいことがわかっている。ボッソンとプリウィット・フレイリノ（Bosson & Prewitt-Freilino, 2007）は，潜在的自尊心と，顕在的自尊心という２種類の自尊心と恥，自己愛の関係を検討している。調査の結果，高い潜在的な自尊心をもつ人は，恥と思い上がりを経験しやすいこと，低い潜在的自尊心と高い顕在的自尊心をもつ人が，自我拡大的自己愛傾向が高く，高い潜在的自尊心と低い顕在的自尊心をもつ人が特権意識，他者利用などの自己愛傾向が高いことが明らかにされた。この結果は，２節で述べたカーンバーグ（1975）の考えを支持するものであった。

4．今後の展望

本章では，精神分析理論と認知行動理論を中心に，自己意識的感情と精神病理の関係について概観した。感情は適応的機能をもつが，機能的であった行動が不適応となることがある。たとえば，恥は自己評価の低下を知らせる警告信号ととらえることができるが慢性的に恥を経験するようになると，自己評価の低下から抑うつという精神病理に陥ってしまう。本章で紹介したさまざまな実証的研究は，養育の履歴や経験の意味づけ方が自己意識的感情の経験から病理的反応を生じさせることを示していた。

自己意識的感情と精神病理に関する研究を概観したところ，恥や罪悪感については，実証的研究が多く存在し，モデルも複数提唱されていた。しかし，嫉妬や妬みと精神病理との関係については，パーソナリティ障害の症状，いじめやドメスティック・バイオレンスなど，さまざまな問題行動との関連が予測されるにもかかわらず，実証的研究が少ないため，今後増やしていく必要がある。また，すべての自己意識的感情を通じて認知的要因が重要視されているが，罪悪感，恥など各感情に特異的な要因については，まだ検討されていない。それぞれの感情ごとに検討しなければならない病理に関連する要因には，行動表出の側面があるだろう。恥の表出として視線回避や赤面があるが，視線回避は安全確保行動として病理的症状を悪化させることが明らかにされている。しかし，赤面については，赤面を相手に見せたほうが印象がよくなるというポジティブな効果が認められており（有光，2006b），治療上は赤面を低減させる必要はないといえる。罪悪感や嫉妬，妬みについては，対処行動の研究がほとんど存在しない。そうした行動表出のなかで病理的なものと機能的なものの分類を進めていくと，病理への予防的な知見が生み出されると考えられる。行動表出の機能については，研究が進んでおらず，今後検討を重ねる必要があるだろう。

本章では扱わなかったが，脳科学研究から自己意識的感情の神経心理学的メカニズムが明らかになりつつある。たとえば，眼窩前頭皮質を損傷した患者は，社会的感情を経験したり，制御することに問題があることや，心の理論の理解と社会的感情の経験が前頭葉前部皮質と関連していること（Beer et al., 2003）がわかっている。こうした知見は，自己の制御と内省能力が，社会的感情とかかわっていることを神経伝達物質の面でも確証したものである。これまで提唱されてきた理論を神経心理学的メカニズムで裏づけしていくことも，今後の課題といえる。

本章で多くの研究を概観してわかったように，自己意識的感情と病理との関連を調べたわが国の研究は限られている。さまざまな理論でも述べられているように，恥や罪悪感は文化により異なる機能をもつ可能性がある。自己意識的感情と精神疾患との関連についても文化的背景が影響している可能性があるため，この点についての研究を進めていく必要がある。北米と比べて，日本は相互協調的な自己が強いことが特徴とされる。精神病理は対人関係に起因するものが多く，さまざまな精神病理において，こうした文化の違いとそれをめぐっての自己意識的感情の影響があると考えられる。

【引用文献】

Allan, S., Gilbert, P., & Goss, K.（1994）. An exploration of shame measures- Ⅱ : psychopathology. *Personality and Individual Differences*, **17**, 719-722.

American Psychiatric Association（2000）. *Quick reference to the diagnostic criteria form DSM-Ⅳ-TR*. Washington, DC: APA.（高橋三郎・大野 裕・染矢俊幸（訳）2002　DSM- Ⅳ -TR 精神疾患の診断・統計マニュアル　医学書院）

Andrews, B., Brewin, C. R., Rose, S., & Kirk, M.（2000）. Predicting PTSD symptoms in victims of violent crime: The role of shame, anger, and childhood abuse. *Journal of Abnormal Psychology*, **109**, 69-73.

有光興記（2001）. 罪悪感，恥と精神的健康の関係　健康心理学研究 , **14**, 24-31.

有光興記（2002）. 日本人青年の罪悪感喚起状況の構造　心理学研究 , **73**,148-156.

Arimitsu, K.（2002）. Guilt, shame, embarrassment, anger, and the self. Poster presented at the International Congress of Applied Psychology Conference, Singapore.

有光興記（2005）. 罪悪感，恥と精神的健康，認知の歪みの関係　第 5 回日本認知療法学会プログラム抄録集 , 117.

有光興記（2006a）. 罪悪感，羞恥心と自己愛の関係　日本感情心理学会第 14 回大会発表論文集 , 18.

有光興記（2006b）. 罪悪感，恥の喚起状況における赤面の自己救済効果　日本心理学会第 70 回大会発表論文集 , 1009.

Beer, J. S., Heerey, E. H., Keltner, D., Scabini, D., & Knight, R. T.（2003）. The regulatory function of self-conscious emotion: Insights from patients with orbitofrontal damage. *Journal of Personality and Social Psychology*, **85**, 594-604.

Benedict, R.（1946）. *The chrysanthemum and the sword*. Boston: Houghton Miffin.（長谷川松治（訳）1972　定訳　菊と刀―日本文化の型―　社会思想社）

Birchwood, M., Trower, P., Brunet, K., Gilbert, P., Iqbal, Z., & Jackson, C.（2007）. Social anxiety and the shame of psychosis: A study in first episode psychosis. *Behaviour Research and Therapy*, **45**, 1025-1037.

Bookwala, J., Frieze, I. H., Smith, C., & Ryan, K.（1992）. Predictors of dating violence: A multivariate analysis. *Violence and Victims*, **7**, 297-311.

Bosson, J. K., & Prewitt-Freilino, J. L.（2007）. Overvalued and ashamed: Considering the roles of self-esteem and self-conscious emotions in covert narcissism. In J. L. Tracy, R. W. Robins & J. P. Tangney（Eds.）, *The self-conscious emotions: Theory and research*. New York: Guilford Press. pp. 407-425.

Bybee, J., Zigler, E., Berliner, D., & Merisca, R.（1996）. Guilt, guilt-evoking events, depression, and eating disorders. *Current Psychology: Developmental, Learning, Personality, Social*, **15**, 113-127.

Campbell, J. S., & Elison, J.（2005）. Shame coping styles and psychopathic personality traits. *Journal of Personality Assessment*, **84**, 96-104.

Clark, D. M., & Wells, A.（1995）. A cognitive model of social phobia. In R. Heimberg, M. Liebowitz, D. A. Hope & F. R. Schneier（Eds.）, *Social phobia: Diagnosis, assessment and treatment*. New York: Guilford Press. pp. 69-93.

Culotta, C. M., & Goldstein, S. E.（2008）. Adolescents' aggressive and prosocial behavior: associations with jealousy and social anxiety. *The Journal of genetic psychology*, **169**, 21-33.

Dearing, R. L., Stuewig, J., & Tangney, J. P.（2005）. On the importance of distinguishing shame from guilt: Relations to problematic alcohol and drug use. *Addictive Behaviors*, **30**, 1392-1404.

土居健郎（1971）.「甘え」の構造　弘文堂

Erikson, E. H.（Ed.）（1959）. Identity and the life cycle. *Psychological Issues Monograph*, I（Whole No.1）.

Freud, S.（1923）. *The id and the ego*. New York: W. W. Norton.（道籏泰三（訳）2007　フロイト全集 18　自我とエス　岩波書店）

Gilbert, P., Cheung, M. S-P., Grandfield, T., Campey, F., & Irons, C.（2003）. Recall of threat and submissiveness in childhood: Development of a new scale and its relationship with depression, social comparison and shame. *Clinical Psychology and Psychotherapy*, **10**, 108-115.

Gilbert, P., & Irons, C. (2005). Focused therapies and compassionate mind training for shame and self-attacking. In P. Gilbert (Ed.), *Compassion: Conceptualizations, research, and use in psychotherapy*. London: Routledge. pp. 263-325.
Gilbert, P., Pehl, J., & Allan, S. (1994). The phenomenology of shame and guilt: An empirical investigation. *British Journal of Medical Psychology*, **67**, 23-36.
Gilbert, P., & Proctor, S. (2006). Compassionate mind training for people with high shame and self-criticism: Overview and pilot study of a group therapy approach. *Clinical Psychology and Psychotherapy*, **13**, 353-379.
Goss, K., Gilbert, P., & Allan, S. (1994). An exploration of shame measures- I : The Other As Shamer scale. *Personality and Individual Differences*, **17**, 713-717.
Grabhorn, R., Stenner, H., Stangier, U., & Kaufhold, J. (2006). Social anxiety in anorexia and bulimia nervosa: The mediating role of shame. *Clinical Psychology and Psychotherapy*, **13**, 12-19.
Gramzow, R., & Tangney, J. P. (1992). Proneness to shame and the narcissistic personality. *Personality and Social Psychology Bulletin*, **18**, 369-376.
Guimón, J., Hayas, C. L., Guillén, V., Boyra, A., & González-Pinto, A. (2007). Shame, sensitivity to punishment and psychiatric disorders. *European Journal of Psychiatry*, **21**, 124-133.
Harder, D. W., Cutler, L., & Rockart, L. (1992). Assessment of shame and guilt and their relationships to psychopathology. *Journal of Personality Assessment*, **59**, 584-604.
Hasui, C., Igarashi, H., Nagata, T., & Kitamura, T. (2008). Guilt and its multidimensionality: Empirical approaches using Klein's view. *American Journal of Psychotherapy*, **62**, 117-141.
Johnson, R. C., Danko, G. P., Huang, Y. H., Park. J. Y., Johnson, S. B., & Nagoshi, C. T. (1987). Guilt, shame, and adjustment in three cultures. *Personality and Individual Differences*, **8**, 357-364.
Kernberg, O. F. (1975). *Borderline conditions and pathological narcissism*. New York: Jason Aronson.
菊池章夫・有光興記 (2006). 新しい自己意識的感情尺度の開発　パーソナリティ研究 , **14**, 137-148.
Klass, E. T. (1987). Situational approach to assessment of guilt: Development and validation of a self-report measure. *Journal of Psychopathology and Behavioral Assessment*, **9**, 35-48.
Klein, M. (1948). A contribution to the theory of anxiety and guilt. *International Journal of Psychoanalysis*, **29**, 114-123.
Kugler, K., & Jones, W. H. (1992). A contribution to conceptualizing and assessing guilt. *Journal of Personality and Social Psychology*, **62**, 318-327.
Leahy, R. L., & Tirch, D. D. (2008). Cognitive behavioral therapy for jealousy. *International Journal of Cognitive Therapy*, **1**, 18-32.
Lee, D., Scragg, P., & Turner, S. (2001). The role of shame and guilt in traumatic events: A clinical model of shame-based and guilt-based PTSD. *British Journal of Medical Psychology*, **74**, 451-466.
Leskela, J., Dieperink, M., & Thuras, P. (2002). Shame and posttraumatic stress disorder. *Journal of Traumatic Stress*, **15**, 223-226.
Lewis, H. B. (1971). *Shame and guilt in neurosis*. Madison, CT: International Universities Press.
Lutwak, N., Ferrari, J., & Cheek, J. M. (1998). Shame, guilt, and identity in men and women: the role of identity orientation and processing style in moral affects. *Personality & Individual Differences*, **25**, 1027-1036.
Miller, R., & Mason, S. E. (2005). Shame and guilt in first episode schizophrenia. *Journal of Contemporary Psychotherapy*, **35**, 211-221.
永房典之・中里至正・堀内勝夫・松井　洋・中村　真・鈴木公啓 (2005). 子供の恥感情は非行を抑制するか　日本パーソナリティ心理学会第 14 回大会発表論文集, 103-104.
中村　敬・久保田幹子・塩路理恵子 (2003). 社会恐怖と対人恐怖症の比較―森田療法の関連から―　精神科治療学 , **18**, 271-278.
成田健一・寺崎正治・新浜邦夫 (1990). 羞恥感情を引き起こす状況の構造　人文論究（関西学院大学文学部紀要), **40**, 73-92.
Niler, E. R., & Beck, S. J. (1989). The relationship among guilt, dysphoria, anxiety and obsessions in a normal population. *Behaviour Research and Therapy*, **27**, 213-220.

O' Connor, L. E., & Berry, J. W. (1997). Interpersonal guilt, shame and psychological problems. *Journal of Social and Clinical Psychology*, **18**, 181-203.

Orth, U., Matthias, B., & Burkhardt, S. (2006). Self-conscious emotions and depression: Rumination explains why shame but not guilt is maladaptive. *Personality and Social Psychology Bulletin*, **32**, 1608-1619.

Parker, J. G., Low, C. M., Walker, A. R., & Gamm, B. K. (2005). Friendship jealousy in young adolescents: Individual differences and links to sex, self-esteem, aggression, and social adjustment. *Developmental Psychology*, **41**, 235-250.

Pineles, S. L., Street, A. E., & Koenen, K. C. (2006). The differential relationships of shame-proneness and guilt-proneness to psychological and somatization symptoms. *Journal of Social and Clinical Psychology*, **25**, 688-704.

Puente, S., & Cohen, D. (2003). Jealousy and the meaning (or nonmeaning) of violence. *Personality and Social Psychology Bulletin*, **29**, 449-460.

Quiles, Z. N., & Bybee, J. (1997). Chronic and predispositional guilt: Relations to mental health, prosocial behavior, and religiosity. *Journal of Personality Assessment*, **69**, 104-126.

Rüsch, N., Corrigan, P.W., Bohus, M., Jacob, G. A., Brueck, R., & Lieb, K. (2007). Measuring shame and guilt by self-report questionnaires: A validation study. *Psychiatry Research*, **150**, 313-325.

Salkovskis, P. M. (1985). Obssesional-compulsive problems: A Cognitive-behavioural analysis. *Behaviour Research and Therapy*, **23**, 571-583.

Sanftner, J. L., Barlow, D. H., Marschall, D. M., & Tangney, J. P. (1995). The relation of shame and guilt to eating disorder symptomatology. *Journal of Social and Clinical Psychology*, **14**, 315-332.

Skårderud, F. (2007). Shame and pride in anorexia nervosa: A qualitative descriptive study. *European Eating Disorders Review*, **15**, 81-97.

Street, A. E., Gibson, L. E., & Holohan, D. R. (2005). Impact of childhood traumatic events, trauma-related guilt, and avoidant coping strategies on PTSD symptoms in female survivors of domestic violence. *Journal of Traumatic Stress*, **18**, 245-252.

Stuewig, J., & McCloskey, L. A. (2005). The relation of child maltreatment to shame and guilt among adolescents: Psychological routes to depression and delinquency. *Child Maltreatment*, **10**, 324-336.

菅原健介・永房典之・佐々木　淳・藤澤　文・薊　理津子　(2006). 青少年の迷惑行為と羞恥心―公共場面における５つの行動基準との関連―　聖心女子大学論叢，**107**，57-77.

Tangney, J. P., & Dearing, R. L. (2002). *Shame and guilt*. New York: Guilford. Press.

Tangney, J. P., Wagner, P., & Gramzow, R. (1989). *The Test of Self-Conscious Affect* (*TOSCA*). Fairfax, VA: George Mason University.

Tangney, J. P., Wagner, P. E., & Gramzow, R. (1992). Proneness to shame, proneness to guilt, and psychopathology. *Journal of Abnormal Psychology*, **103**, 469-478.

Thompson, R. J., & Berenbaum, H. (2006). Shame reactions to everyday dilemmas are associated with depressive disorder. *Cognitive Therapy and Research*, **30**, 415-425.

内沼幸雄 (1997). 対人恐怖の心理　講談社

Valentiner, D. P., & Smith, S. A. (2008). Believing that intrusive thoughts can be immoral moderates the relationship between obsessions and compulsions for shame-prone individuals. *Cognitive Therapy and Research*, **32**, 714-720.

II 部

自己意識的感情の側面

4章

罪悪感

稲葉小由紀

「罪悪感を感じることができるのはすばらしいことであり，幸せなことである」というと，さまざまなご批判をいただくことになるだろう。これは，罪悪感喚起後に結果として現れる部分だけをみるのではなく，発達的視点を含めたときに生じた考えであり，筆者はこのような考えを基礎に研究を続けている。この章では，日本における罪悪感研究を取り上げ，発達的な部分を重視しながら，現在，明らかにされている日本人の感じる罪悪感の様相について筆者自身の研究を中心に，紹介したいと思う。そして章の最後に，冒頭の言葉にうなずいていただけることができれば幸いである。

1．罪悪感の発達的変化

(1) 幼少期の罪悪感

先行研究から，罪悪感を喚起するときに影響を及ぼす要因として，共感性や役割取得能力が関係していることは指摘されている。とくに発達初期の子どもを対象にした罪悪感研究では，罪悪感を感じるために必要なスキルとしてこれらの要因の影響が重要になるとされている。

石川と内山（2001a）では，5歳児を対象に罪悪感と共感性・役割取得能力の関係を面接調査しており，罪悪感の程度を測る指標として「どれくらい謝りたい気持ちになるのか」を両手の幅を用いて3段階で尋ねている。そして，被害対象者（謝るべき相手）を父親と友達に限定した「対人場面」と，社会的なルール違反を題材にした「規則場面」について共感性と役割取得能力の影響を測っている。場面と共感性と役割取得能力に性差はなかったが，「対人場面」では共感性，「規則場面」では役割取得能力と関係があることが明らかになった。対人的な場面では共感性の高い幼児は低い幼児よりも罪悪感が高く，ルール違反の場面でも役割取得能力が高い幼児の罪悪感が高いことがわかった。また，謝りたい対象についても調査しており，被害対象者が明確な「対人場面」において，被害者が父親の場面では93.5%が親，被害者が友達の場面では88.8%が友達と答えている。しかし，少数ではあるが「みんなに謝りたい」や対象が友達のときに「親に謝りたい」といった回答がみられた。被害者の選択においても役割取得能力以外の要因が存在するのかもしれない。「規則場面」ではこの状況がより顕著に現れていた。規則場面は被害者が限定されない場面である。たとえば，「赤信号を渡った」ときの謝る対象については25.8%が親，18.0%が信号機，16.9%が車を運転している人，11.2%がお巡りさんになっていた。「廊下を走った」ときの謝る対象については，71.3%が幼稚園の先生，13.8%が友達，6.3%がみんなと回答していた。被害者が限定されない場面では被害者選びも多岐にわたっている。論文中の考察でも指摘していたが，ルール違反の場面での謝りたい対象の特徴として，普段から注意されている人物，もしくは「○○に怒られるよ」というしつけによって被害対象者が決定している可能性がある。この時期の子どもの罪悪感を適切に喚起させるには，大人の言葉による誘導が子どもの罪悪感の形成に大きな影響を与えていると考えられる貴重なデータである。

ホフマン（Hoffman, 2000）は親（教育者）のしつけ方について論じており，その１つとして，誘導的方法を提案している。このしつけ方法は子どもを犠牲者の苦痛に注目させて，明確にその状況を認識し，共感させることによって共感的苦痛を引き起こすというやり方である。このようなやり方によって共感をもとにした罪悪感を育むことができるという。ここで述べられている罪悪感は「不当に他人を傷つけることについて，自分自身を強く軽蔑する感情」（Hoffman, 2000／2001）とされており，けっして楽しい体験ではないが，このような経験が将来的に罪悪感を適切に感じるためには必要だといえるだろう。また，石川と内山（2001b）は，児童期の子どもを対象とした同様の質問紙調査においても，罪悪感に共感性・役割取得能力が幼児期と同じように影響していることを明らかにしている。

ホフマン（2000）はしつけ方法のほかにも，罪悪感を喚起させる状況についてさまざまなタイプの罪悪感があることを指摘している（表４－１）。この10種類の罪悪感から稲葉と浅川（2002）では，「違背」と「無為の傍観者」の２種類の罪悪感を選んで，幼児期（４歳～６歳）の子どもを対象に面接調査を行っている。このときの罪悪感の測定方法は２つの罪悪感状況（表４－２）について紙芝居形式で物語を読み聞かせ，「そのとき，主人公が自分だったらどんな気持ちになるか」を尋ね，その回答

表４－１　さまざまな罪悪感の定義（Hoffman, 2000）

①無為の傍観者の罪悪感
　見る側が犠牲者の苦痛を起きるがままにしておいたり，自分が何もしないためにそれが続くのを放置したりする場合に起こる，自己非難的な原因帰属による罪悪感。
②違背の罪悪感
　他者の苦痛の原因が自分にあると認知したときに起こる罪悪感。
③生存の罪悪感
　自分たちは傷つかず他人のショッキングな死やケガを経験して感じる罪悪感。
④関係の罪悪感
　親密な対人関係に固有のことで，特定の行為から生じるというよりも，相手との関係から出てくる罪悪感。
⑤責任の罪悪感
　他者に責任をもつようになると感じることが多くなる罪悪感。
⑥相対的に有利な立場についての罪悪感。
　不当な扱いをされた人々に共感的な感情をもち，罪悪感へと形を変えていくもの。
⑦豊かさについての罪悪感
　自分たちの恵まれた生活と他人の豊かでない生活との違いに気づいたとき，社会の恵まれない人々への共感的苦痛を変化させることによる罪悪感。
⑧連想による罪悪感
　豊かさの罪悪感でのさらに高次の段階のもの。
⑨達成の罪悪感
　他人の自尊心を低下させると考えて罪悪感を感じてしまうもの。
⑩道徳的違反に関する罪悪感
　一般的な道徳的規範に背いたときに起こる罪悪感。

表４－２　罪悪感喚起場面の例話（稲葉・浅川, 2002）

【例話１】
　あなたは友達と一緒に滑り台で遊んでいました。その時，あなたはふざけて友達を押してしまいました。すると，友達は地面に落ちて，けがをしてしまいました。
　質問１　地面に落とされた友達はどのような気持ちになったでしょうか。
　質問２　友達を押してしまったあなたはどのような気持ちになるでしょうか。
　別のとき，あなたは友達（前回とは異なる）と一緒に滑り台で遊んでいました。２人はふざけながら遊んでいました。
　質問３　あなたはその時どうしたと思いますか。

【例話２】
　あなたは友達と公園に行く途中，泣いている友達の弟（妹）を見つけました。あなたはその子を助けようと思ったのですが，友達はほっておこうと言ったのでそのまま公園に行ってしまいました。
　次の日，泣いていた友達の弟（妹）が知らない人に連れて行かれたことをあなたは知りました。
　質問１－①　知らない人に連れて行かれた子は，どのような気持ちでいると思いますか。
　　　１－②　知らない人に連れて行かれた子のお家の人はどんな気持ちでいると思いますか。
　質問２　助けなかったあなたはどのような気持ちになったでしょうか。
　数日後，あなたが友達と公園へ行く途中，泣いている（知らない子）を見つけました。友達はほっておこうと言いました。
　質問３　その時，あなたはどうしたと思いますか。

と理由づけから罪悪感の有無を判断するものであった。その結果では，罪悪感の有無に性差はなかったが年齢差がみられた。「違背の罪悪感」状況では4歳児において罪悪感を感じていない子どもが有意に多く，5歳児，6歳児では人数の偏りはみられなかった。「無為の傍観者の罪悪感」状況では違背状況と同様に4歳児で罪悪感を感じていない子どもが有意に多く，5歳児では感じている子どもが有意に多かったが，6歳児では人数の偏りがみられなかった。この2つの状況での罪悪感喚起に発達的な差が生じていることから次のことがいえるだろう。1つは，罪悪感という1つの感情ではあるが，年齢（や他の要因）によって感じることができる種類のものもあれば，感じられない種類のものもある。責任の所在が明確な場合と不明確な場合といった状況の単純さの差が被害者の選択を容易にしているのかもしれない。もう1つは，単純な状況ほど早期の年齢で人数の偏りがみられなくなったことから，さまざまな状況において，ダイレクトに罪悪感を感じる年齢（時期）が存在する可能性がある。どの種類の罪悪感をどの発達時期にダイレクトに感じるのかを明らかにできれば，最も効果的に罪悪感を教育することが可能になるのではないだろうか。

付け加えると，この調査では社会的役割取得能力も測定していた。しかし，罪悪感との関係はみられなかった。石川と内山（2001a）の課題と比較すると罪悪感喚起状況の人間関係が複雑であることから，より高度な社会的認知能力が関係していることが示唆される。

また，稲葉（2003）では，児童期を対象に稲葉と浅川（2002）と同様の調査を行い，幼児期と同様の結果が得られている。

(2) 青年期の罪悪感

青年期になると，それぞれの要因の発達差が明確に生じてくることもあり，青年期以前に比べると結果は明確なものになっている。

石川と内山（2002）では，中学・高校・大学1年生を対象に罪悪感と共感性・役割取得の関係を調査しており，児童期以前にはみられなかった性差が出現していた。また，「対人場面」では中学生・高校生に比べて大学生が罪悪感を強く感じており，「規則場面」では高校生・大学生よりも中学生が罪悪感を強く感じていた。場面と共感性・役割取得能力の関係については児童期以前と同じ結果であり，人間関係が含まれるものとルール違反のような状況では，罪悪感喚起に影響を及ぼす要因が異なっていることが明らかになっている。

稲葉（2004a）では，中学1年生を対象に，ホフマン（1984）が提唱した罪悪感9種類を参考に作成した22項目とインタビュー調査から得た「普段感じる一般的な道徳的規範の違反についての罪悪感」1種類（3項目），計10種類（表4－1参照）を用いて4件法で回答を得た。

最も罪悪感を感じているのは，「自分の失敗の責任を友達がとってくれたとき」であり，次いで「自分のせいでクラスのみんなに迷惑をかけたとき」「自分のしたことで友達を傷つけたと思ったとき」「自分のしたことで母親を悲しませてしまったとき」であった。一方，罪悪感をあまり感じないのは，「一緒に習い事を始めた子よりも上手にできたとき」であり，次いで，「勉強を教えてもらった子よりもテストで良い点をとったとき」「貧しい国の人が安い賃金で一生懸命働いているのに，自分が恵まれた環境にいるということを実感したとき」「毎日の食べ物に困っている人がいるのを知っていて，自分は食べ物を残してしまったとき」であった。この25項目について因子分析した結果，4因子が抽出され，第1因子は「他者（友達・家族・動物）との関係や規範の違反についての罪悪感」，第2因子は「他者の感情を推測したことから喚起される罪悪感」，第3因子は「共感が困難な状況に対する罪悪感」，第4因子は，「自分が他者より優位な立場に立ってしまったことについての罪悪感」であったが，第4因子については，他の因子に比べると罪悪感を感じないような内容であった。この調査においても児童期以前にはみられなかった性差が出現していた。25項目のうち15項目で女子の得点が高く，女子のほうが罪悪感を強く感じていることがわかった。

発達時期によって感じる罪悪感が異なることが考えられるため，同じ種類の罪悪感項目（中学生版を大学生にあてはまるように表現を変えている項目もある）について大学生に調査を行った（稲葉，2004b）。その結果，大学生が最も罪悪感を感じていた項目は「約束を守らなかったとき」であった。次いで，「自分の行為で友達を傷つけたと思ったとき」「自分の行為で家族を傷つけたと思ったとき」において罪悪感を強く感じていた。一方，罪悪感をあまり感じない項目は「自分の行為が仲の良い友達の行為よりも，評判が良かったとき」「貧しい国で飢えている人がいるのに，自分が食事を残したとき」「イラクなどの人は戦争でつらい思いをしているのに，今，自分たちはつらい思いをしなくてすんでいると気づいたとき」であった。性差については15項目で女子の得点が高かった。また，因子分析を行った結果，3因子が抽出され，第1因子は「身近な他人に対する罪悪感」，第2因子は「遠い他人に対する罪悪感」，第3因子は「家族に対する罪悪感」と命名することができた。中学生の因子分析結果とは異なる様相であり，発達とともに罪悪感を感じる対象が明確になってきている印象を受ける。こうした発達的変化を明らかにするためには，成人期以降の罪悪感の様相を調査する必要がある。

有光（2002）では，大学生を対象に大学生自身に罪悪感を感じる場面を思い起こさせて，罪悪感喚起状況尺度を作成している。因子分析の結果，他傷，他者配慮不足，利己的行動，他者への負い目の4因子が抽出されており，具体的な項目で構成されている。大学生が普段感じている罪悪感状況を知るには貴重なデータである。

(3) 成人期以降の罪悪感

成人期になると認知的側面としての情動の理解と共感の発達にともなって，大人にだけみられる種類のメタ認知をもとにした共感を行うようになる（Bretherton et al., 1986）という。そこで，稲葉（2004c）では，中学生・大学生と同様にホフマン（2000）が提唱した表4－1の罪悪感を用いて成人期にあわせた項目を作成し，40歳から83歳の成人を対象に調査を行った。

成人期以降の者が罪悪感を最も強く感じている項目は，「自分の子どもが犯罪を犯してしまったとき」であり，次いで，「約束を守らなかったとき」「自分の失敗の責任を友人がとってくれたとき」「自分のせいで家族に迷惑をかけたとき」「間違ったことを他人に教えてしまったとき」であった。また，罪悪感を最も感じない項目は「自分の行為が仲の良い友人の行為よりも評判が良かったとき」であり，次いで「アフガニスタンなどの人は戦争でつらい思いをしているのに，自分達はつらい思いをしなくてすんでいると気づいたとき」「貧しい国の人が安い賃金で一生懸命働いているのに，自分は恵まれた環境にいることを実感したとき」「貧しい国で飢えている人がいるのに，自分が食事を残したとき」「戦争などで毎日を自由に楽しめない人がいるのに自分は平和な国で生活していることに気づいたとき」であった。

この25項目について因子分析を行った結果，罪悪感の側面については，3つの因子を抽出できた。各因子は，「身近な他人に対する罪悪感」「遠い他人に対する罪悪感」「家族に対する罪悪感」といった，相手との心理的距離の違いによって区別されていることがわかった。とくに，「身近な他人に対する罪悪感」では女性の得点が高く，「身近な他人」への責任と配慮に性差のあることが要因として考えられる。また，戦争などの共感が困難な状況が含まれた「遠い他人に対する罪悪感」では，年齢が高い人のほうがそれを強く感じていた。遠い他人に対しての年齢差の要因についても調査する必要があるだろう。

中学生・大学生・成人期以降の因子分析結果では，中学生と大学生の間で様相が異なっていた。このことから，この時期から罪悪感の感じ方には，相手との心理的距離が強い影響を与えるようになることが考えられる。

(4) 3 つの発達時期でのまとめ

これまで中学生，大学生，成人期以降を対象に行った面接調査や質問紙調査について述べてきた。

(1) の「幼少期の罪悪感」で述べたように，罪悪感にはそれをダイレクトに感じる時期が存在する可能性がある。そこで，稲葉（2005b）では，3 つの発達時期の調査で用いた質問項目のうち，15 項目について，項目の得点を横断研究的に検討した。分散分析の結果，年齢による罪悪感の感じ方に特徴がみられた。①加齢とともに感じる罪悪感（中学生＜大学生＜成人）には，「道徳的規範の違反に関する罪悪感」「達成の罪悪感」「責任の罪悪感」「豊かさについての罪悪感」が含まれていた。また，②大学生が最も強く感じる罪悪感（中学生＜大学生＞成人）は「関係の罪悪感」であった。③大学生があまり感じない罪悪感（中学生＞大学生＜成人）は，「相対的に有利な立場についての罪悪感」「違背の罪悪感」であった。このことからも，発達時期によって罪悪感の感じ方に違いがあることが明らかになった。そして，発達とともに罪悪感を感じる対象が「友人」「家族」「他人」という 3 つに分かれていくことも明らかになった。

2．非行における罪悪感の役割

(1) 非行少年と一般少年の罪悪感

罪悪感については，犯罪・非行との関連を考えることが多い。とくに少年非行については，罪悪感を感じることが非行の抑止力となるようにという期待がある。これまでのさまざまな研究においても罪悪感が犯罪の抑止力になる可能性については述べられている。しかし，実際に罪を犯した非行少年は増え続けている。罪悪感を研究している立場としては何とか，研究結果を役立てたいと思うのである。そこで，将来的に，非行少年を更生する現場で研究結果が役立つことを願って，実際に非行を犯した少年を対象に行った調査を紹介する。

非行を犯す少年については，一般的には人に対する思いやりが欠けている，罪悪感が希薄であるなど，画一的な見方がされている場合が多いが，本当に非行少年の罪悪感は希薄なのだろうか。稲葉（2007）では，一般高校生と非行少年についての罪悪感の比較調査を行った。罪悪感項目 39 項目（13 場面×友人・他人・家族の 3 対象）の

表4－3　非行少年と一般高校生における罪悪感（平均値・標準偏差および t 検定結果）（稲葉，2007）

項　目	非行少年・高校生	平均値	標準偏差	
自分のせいで他人に迷惑をかけてしまったとき	非	4.7	1.17	***
	高	5.1	1.02	
他人に恥をかかせてしまったとき	非	4.0	1.41	***
	高	4.7	1.12	
やってはいけないことをしている友人を注意できなかったとき	非	4.8	1.17	***
	高	4.2	1.30	
他人のプライドを傷つけたと思ったとき	非	3.8	1.46	**
	高	4.3	1.27	
間違ったことを他人に教えてしまったとき	非	4.1	1.44	**
	高	4.6	1.20	
忙しい他人に頼みごとをしてしまったとき	非	4.0	1.23	***
	高	4.5	1.16	

注）　**p<. 05，***p<. 01

うち，非行少年と一般高校生に差があった項目は6項目であった（表4－3）。そのうちの1項目「やってはいけないことをしている友人を注意できなかったとき」では，非行少年のほうが罪悪感を強く感じていた。非行を経験して得た罪悪感とも考えられる。また，各被害者に対する罪悪感を感じる程度については，被害対象別にみると，他人のときに一般高校生は罪悪感を強く感じるが，友人と家族では差がみられなかった。この結果から，非行少年と一般少年において罪悪感を感じる程度に大きな違いはないことがわかる。そして，非行少年は一般少年に比べて「他人」に対してあまり罪悪感を感じないともいえる。しかし，非行少年は「他人」のとらえ方が一般少年と異なっていることも考えられ，青年期前期特有のギャングエイジの特徴が反映されている可能性がある。この点は今後，確認していく必要がある。

一般少年と非行少年の罪悪感の感じ方の違いに大きな差はないとしても，実際には罪を犯している少年とそうでない少年が存在する。稲葉と新堂（2006）では，非行歴と罪悪感を感じる程度について検討したが，非行歴における罪悪感得点の差異について，統計的に有意な差がみられていない。罪悪感を強く感じる少年とあまり感じない少年について，何が異なるのかを非行少年を対象に発達的視点を考慮した家庭環境から探る必要がある。

(2) 罪悪感の感じ方に影響を及ぼす親子関係

新堂と稲葉（2006）では，稲葉と新堂（2006）の調査協力者の非行少年から，罪悪感平均得点が3.49以下（低群）と5.50以上（高群）の少年を選択し，非行前歴・非行の種類・両親の有無・父母の年齢・父母の職業・生活程度・父母の養育態度・少年の父母に対する態度や心情・家族の問題や特徴について，罪悪感を感じる程度に影響を及ぼしている家庭的要因の詳細をみている。その結果，罪悪感低群に分類された少年たちには次のような特徴があった。親の養育態度については，「放任」と「一貫性なし」とみなされるものがあり，父母が少年に十分にかかわらなかったり，葛藤を抱えたまま接しており，愛着の形成がうまくいっていないことが推測される。この群の少年の態度や心情については，「無関心」「拒否」「畏怖」という状態にあり，父母に対するネガティブな感情を抱いていることがわかる。また，家族の特徴においては，「父親の暴力」「両親の離婚」「同胞の病気」といった，自らの力のみでは克服し難い環境面の負因が多く存在している。すべての少年が自傷・他害的な行動をとっており，調査においても不安定な心情を示していた。

罪悪感高群に分類された少年たちには次のような特徴がみられた。親の養育態度については，「放任」「普通」「過剰期待」「厳格」「過保護」に分類され，親が相応の教育的関心を有しており，少年に対するかかわりや期待が強く，時にはそれが高じて極端な養育態度へと結びついている印象を受ける。また，少年の心情については，「親和」「両価」に分類され，家庭内に葛藤やストレス状況がある場合でも，多かれ少なかれ父母への関心や思慕の念を抱いている。しかし，時には親への反発心から発散的な行動に出たり，逆に親の期待にこたえたいとの思いから不適切な行為に及んだりする傾向がみられた。

以上のことから，罪悪感をあまり感じない少年群の家族関係には「父母の養育態度に放任傾向があり，父の暴力や両親の離婚といった出来事が出現している。父母と少年の関係が希薄で，少年は父母に対し拒否，畏怖または無関心といった陰性の感情を抱いている」という特徴があり，少年は規範意識の乏しさや不安定な心情を背景として，自傷・他害行為に及んでいるものと考えられる。

一方，罪悪感を強く感じる少年群の家族関係には，父母が少年に教育的関心をもっており，時にはそれが厳格や過剰期待といった極端な養育態度につながっている。家庭内に葛藤やストレスがあったとしても，少年は父母に良好感情を有している傾向がみられ，少年は親の期待にこたえようと，または逆に反発して，発散的もしくは不適切な行動から非行に至っていることが見て取れる。非行を犯した少年でも，罪悪感を強く感じることができることもわかったが，罪悪感を感じる程度には家庭での要因も強く影響を及ぼしていることが明らかになった。

(3) 非行少年の罪悪感と周辺要因

罪悪感を感じるには，共感性や社会的役割取得能力や高度な社会的認知能力などの要因が複雑に絡み合っていることがわかってきた。非行少年は一般的に，対人関係をうまく築けず，他者への共感性が低いと指摘される。しかし，非行少年の罪悪感が一般の少年と大きな違いがないことがわかってきた。そこで，罪悪感に影響を及ぼすと考えられる共感性と，対人関係を円滑に行うための社会的スキルについて，罪悪感との関係を調査した（稲葉・新堂，2007）。

本調査で用いた共感性尺度は登張（2003）のもので，今回の共感性得点の平均値は，登張の調査した高校生の平均得点よりも得点が高く，同年代の青年と比較しても非行少年の共感性は高かった。共感性の下位因子と罪悪感3群〔罪悪感の平均得点（M=4.82，SD=.79，範囲＝2.64－5.92）を全体の平均値±1/2 σで3つ（低群12名・中群18名・高群20名）に分けたもの〕について分散分析を行った（表4－4）。その結果，共感的関心，気持ちの想像に有意な差がみられた。登張（2003）の共感的関心因子は「他者の状況や感情体験に対して，自分も同じように感じ，他者指向の暖かい気持ちをもつ」という内容で構成されており，気持ちの想像因子は「相手はどういう気持ちでいるのだろうかと想像する」という内容で構成されている。罪悪感を感じる程度が強い少年は，この2つの下位因子についての得点が高いことから，非行を犯した少年でも，罪悪感を強く感じる少年は他者への思いやりをもっており，他者の立

表4－4　罪悪感群における共感性（平均値・標準偏差および分析結果）（稲葉・新堂，2007）

下位因子	群	平均値	標準偏差	
共感的関心	低群	3.2	.199	低＜中*，低＜高*
	中群	3.9	.163	
	高群	4.2	.163	
個人的苦痛	低群	3.2	.251	
	中群	3.4	.205	
	高群	3.2	.205	
ファンタジー	低群	3.0	.362	
	中群	3.7	.295	
	高群	4.2	.295	
気持ちの想像	低群	3.4	.250	低＜高*
	中群	3.8	.204	
	高群	4.2	.204	

注）　*p<. 05

場に立って状況を認知していることがわかった。

また，社会的スキルを測定するKiSS-18（菊池，1988）の平均値も，菊池の調査した大学生の平均値に比べて高かった。また，全体的に罪悪感高群の社会的スキルは他の2群に比べて得点が高く，罪悪感を強く感じる人は社会的スキルが高かった。また，社会的スキルの6つの下位領域と罪悪感3群について1要因の分散分析を行った（表4－5）。その結果，高度のスキルとコントロールスキル，そして，ストレス処理スキルに有意な差がみられた。罪悪感を強く感じる非行少年は，「人に助けを求めたり，指示を与えたり，謝ったりするスキル」や「他人を助けたり，和解したり，自分をコントロールする攻撃に代わるスキル」，そして，「難しい会話に応じたり，失敗を処理したり，非難を処理したりするストレス処理のスキル」が高いことがわかった。

本研究の調査対象者は，重大な非行には至らず，要保護性の低い，在宅送致された（身柄拘束を受けず，社会生活を続けている）少年が主である。現代の非行少年の大多数を占める非行性の比較的進んでいない少年が，一般少年よりも社会的スキルが高く，共感性が高いという結果はこれまでの画一的な見方とは異なっている。これらの

表4－5　罪悪感群における社会的スキル（平均値・標準偏差および分析結果）（稲葉・新堂，2007）

下位領域	群	平均値	標準偏差	
初歩的スキル	低群	9.8	1.003	
	中群	7.8	.868	
	高群	10.6	.777	
高度スキル	低群	9.4	.746	
	中群	9.8	.646	低＜高*，中＜高*
	高群	11.8	.578	
感情処理スキル	低群	9.2	.781	
	中群	8.8	.676	
	高群	10.7	.605	
コントロールスキル	低群	8.4	.718	
	中群	8.9	.622	低＜高*，中＜高*
	高群	11.3	.556	
ストレス処理スキル	低群	8.9	.633	
	中群	8.9	.548	中＜高*
	高群	10.9	.490	
計画スキル	低群	9.5	.694	
	中群	9.6	.601	
	高群	11.5	.537	

注）　$^{*}p<.05$

結果からは，非行性の程度によって，社会的スキルや共感性に違いがあることが示唆できることから，一般少年に対しても同様の調査を行い，両者の違いを明確にしていく必要があるだろう。

3．罪悪感の生理的変化

人はなぜ，罪悪感というけっして「楽」でない感情を感じるのだろうか。罪悪感を感じることで償いや許しを求める行動を刺激し（Williams & Bybee, 1994），向社会的行動が促進されるという報告がある（Chapman et al., 1987）。そして，罪悪感は人間関係を円滑にするための要因の１つ（有光，2001）であるともされている。では，罪悪感を感じたとき，私たちの脳内ではどのようなことが起こっているのか，すなわち，どのような生理的変化が起きているのだろうか。ホフマン（2000）は「人は他人を援助すると気分がよくなるという経験を学習している」と述べている。この気分がよくなるという感覚について，大学生22名を対象に調査をしたのが稲葉（2005a）である。この調査では，罪悪感を感じることを１つのストレスととらえ，罪悪感喚起ストレスが人を援助する（補償行動を行う）ことでどのように変化するのかという一連の過程をみたものである。ストレス指標としては唾液中のCgA（クロモグラニンA）という蛋白物質の分泌量を測定している。罪悪感喚起の状況設定は，稲葉（2005b）で使用した項目で，80%以上の人が罪悪感を感じている項目のうち，他者への被害が身体面と精神面に及ぶような状況である「自分のせいで友人にケガをさせてしまったとき」「自分の言ったことが友人を傷つけたと思ったとき」の２項目を選択した（表４－６）。唾液は，平常時（実験前），補償行動前，補償行動後（実験途中）の３時点で採取している。罪悪感については，「非常に感じる」「かなり感じる」「やや感じる」「やや感じない」「あまり感じない」「全く感じない」の６段階で回答を求めた。その結果，３時点におけるCgAの変化パターンは，大きく４つのパターンに分けることができた（図４－１）。

１つ目は罪悪感喚起状況から補償行動前にかけてのCgA濃度が最も高く，補償行動後はCgA濃度が下がる「山型」。２つ目は罪悪感喚起状況から補償行動前にかけてのCgA濃度が最も低く，補償行動後はCgA濃度が上昇する「V型」。３つ目は平常時のCgA濃度が最も高く，実験が進むにつれてCgA濃度が下がる「下降型」。４つ目は平常時，罪悪感喚起状況とCgA濃度が上昇し，補償行動後においてもCgA濃度が高くなっている「上昇型」であった。この４つに分類された型には，罪悪感喚

表４－６　罪悪感喚起場面の例話

【場面Ⅰ】あなたは友達３人（自分・B・C）で買い物に来ています。地下街に下りようとして，階段を下りていたとき，Bとの会話に夢中なあなたは，Cと体がぶつかってしまいました。Cは，階段で転び，ケガをしてしまいました。

Q１－１：あなたはそのとき転んだCに対してどのくらい悪いことをしたと思いましたか？
Q１－２：どうしてそのように悪いと思ったのですか？
Cは病院に行くと言って帰り，それ以後，連絡はとれません。
Q２－１：このような状況になったら，あなたはどんな気持ちになりますか？
（補償行動前：唾液採取）
Q２－２：そのとき，あなたはどのような行動をとりますか。（対処方法）
Q３－１：あなたは数日後，友達に出会いました。その友達に出会ったあなたはどのような行動をとりますか。（ここでの行動はQ３－２の下線部になる。例えば，謝ると答えた場合）
Q３－２：謝ることができたあなたはどんな気持ちになりますか。
（補償行動後：唾液採取）

【場面Ⅱ】あなたはいつものように，食堂でAとご飯を食べていました。
Aは食べるのが遅いので，あなたは「今日は早く食べてね」と言いました。
Aが不機嫌になったのに気づいたあなたは，Aは食べるのが遅いことを気にしていたことを思い出しました。あなたはAを傷つけてしまいました。

Q１－１：そのときあなたはAに対してどれくらい悪いことをしたと思いましたか？
Q１－２：どうしてそのように悪いと思ったのですか？
Aはすぐに席を立って，帰ってしまい，電話もつながらない状態になりました。
Q２－１：このような状況になったら，あなたはどんな気持ちになりますか？
（補償行動前：唾液採取）
Q２－２：そのとき，あなたはどのような行動をとりますか。
Q３－１：あなたは数日後，友達に出会いました。その友達に出会ったあなたはどのような行動をとりますか。（ここでの行動はQ３－２の下線部になる。例えば，謝ると答えた場合）
Q３－２：謝ることができたあなたはどんな気持ちになりますか。
（補償行動後：唾液採取）

起時の理由づけにおいて特徴がみられた。

「山型」の人は罪悪感を感じるべきところで感じており，補償行動によってストレスを減少させているようである。対処方法においても，自らが能動的に働きかけ，相手との関係を維持しようとしている。このような被害者への働きかけによって人間関係はポジティブな方向に向いていくことが推測される。

「Ｖ型」の人は罪悪感を感じるべきところで他の型に比べてあまり罪悪感を感じておらず，補償行動を行ってもストレスの変化は少なかった。対処行動を積極的に行っていないにもかかわらず，達成感や安堵感を表現し，自己解決しているようである。

「下降型」の人は罪悪感を感じるべきときに感じており，補償行動も行い，後のストレスも減少している。対処方法では被害者に積極的な働きかけをせず，周囲の友達を利用する傾向があった。

「上昇型」の人は，罪悪感を感じるべきときに感じている。補償行動は考えるにと

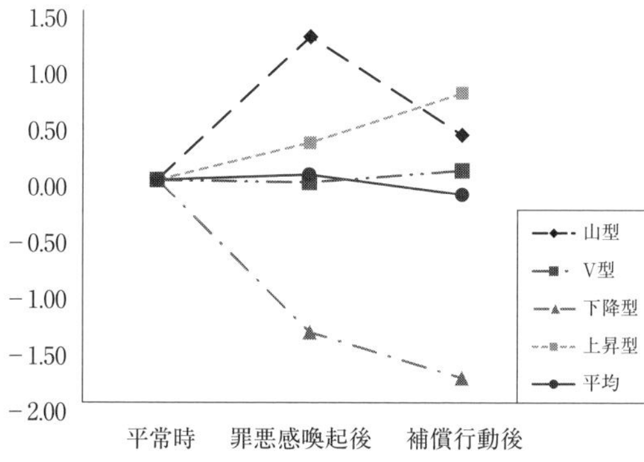

図4−1　CgAの反応パターン

どまり，ストレスは増加していた。対処方法については場面で違いがみられており，身体的被害場面では被害者に直接対処するのではなく，消極的な対処方法をとっていた。一方で，精神的被害場面では被害者に積極的に働きかけていた。

このように，罪悪感を感じることで生理的に異なる様相がみられるとともに，人間関係にも多様な結果を生じさせていることがわかった。この研究結果についてはまだまだ検証が必要であるが，罪悪感を感じる人間についてのおもしろさやすばらしさを，わずかながらでも，伝えることができたデータだったのではないだろうか。

罪悪感を感じるには，発達の過程で認知能力や社会的なスキル，そして，ポジティブな親子関係が影響していることがわかってきた。また，罪悪感を感じてから，それをどのように処理しているのかについても，方向性が見えてきた。今後は，さまざまな教育（矯正）現場で役立つような罪悪感の様相を明らかにしていかなければならないし，それに役立つような調査を行っていきたいと思う。これからも，罪悪感は「すばらしい！」と思いながら研究していきたい。なお，ここでは自分の研究を中心にまとめたが，罪悪感研究については有光（2007）や久崎（2002）のようなレビュー論文があるので，参照されたい。

【引用文献】

有光興記（2001）．罪悪感，恥と精神的健康との関連　健康心理学研究，**14**, 2, 24-31.
有光興記（2002）．日本人青年の罪悪感喚起状況の構造　心理学研究，**73**（2）, 148-156.
有光興記（2007）．罪悪感と羞恥心　鈴木直人（編）　感情心理学　朝倉書店　pp. 172-183.
Bretherton, I., Fritz, J., Zahn-Waxler, C., & Ridgeway, D.（1986）.　Learning to talk about emotions: A functionalist perspective. *Child Development,* **57**, 529-548.

Chapman, M., Zahn-Waxler, C., Cooperman, G., & Innotti, R. (1987). Empathy and responsibility in the motivation of children's helping. *Developmental psychology,* **23,** 140-145.

久埼孝治（2002）．恥および罪悪感とは何か―その定義，機能，発達とは―　九州大学心理学研究，**3,** 69-76.

Hoffman, M. L.(1984). Empathy, it' s limitations, and it' s role in a comprehensive moral theory. In J. Gewirtz & W. Kurines (Eds.), *Morality, moral development, and moral behavior.* New York: John Wiley. pp. 283-302.

Hoffman, M. L. (2000). *Empathy and moral development: Implications for caring and justice.* Cambridge: Cambridge University Press.（菊池章夫・二宮克美（訳）2001　共感と道徳性の発達心理学―思いやりと正義とのかかわりで―　川島書店

稲葉小由紀（2003）．児童における罪悪感の発達　発達心理学会第14回大会発表論文集，p. 31.

稲葉小由紀（2004a）．中学生における罪悪感の様相　日本発達心理学会第15回大会発表論文集，p. 41.

稲葉小由紀（2004b）．大学生における罪悪感の様相　日本パーソナリティ心理学会第13回大会発表論文集，pp. 150-151.

稲葉小由紀（2004c）．成人期以降における罪悪感の様相　愛知学院大学情報社会政策研究，**6,** 95-105.

稲葉小由紀（2005a）．モノアミン系の加齢的変化とうつ病の解明・予防に関する研究　平成17年度長寿科学総合研究推進事業研究報告集　pp. 303-308.

稲葉小由紀（2005b）．青年期以降における罪悪感の様相　日本発達心理学会第16回大会発表論文集，p. 450.

稲葉小由紀（2007）．青年期中期における罪悪感の様相―非行少年と一般少年の比較―　日本発達心理学会第18回大会発表論文集，p. 657.

稲葉小由紀・浅川潔司（2002）．罪悪感の発達心理学的研究　教育心理学会第44回大会発表論文集，p. 20.

稲葉小由紀・新堂研一（2006）．非行少年における罪悪感の様相（1）　日本心理学会第70回大会発表論文集，p. 438.

稲葉小由紀・新堂研一（2007）．非行少年における罪悪感の様相（3）―社会的スキルと共感性の影響について―　日本心理学会第71回大会発表論文集，p. 403.

石川隆行・内山伊知郎（2001a）．5歳児の罪悪感に共感性と役割取得能力が及ぼす影響について　教育心理学研究，**49,** 60-68.

石川隆行・内山伊知郎（2001b）．児童期中期の罪悪感と共感性および役割取得能力の関連　行動科学，**40**(1), 1-8.

石川隆行・内山伊知郎（2002）．青年期の罪悪感と共感性および役割取得能力の関連　発達心理学研究，**13**(1), 12-19.

菊池章夫（1988）．また／思いやりを科学する―向社会的行動の心理スキル―　川島書店

新堂研一・稲葉小由紀（2006）．非行少年における罪悪感の様相（2）少年の家庭環境から　日本心理学会第70回発表論文集，p. 439.

登張真稲（2003）．青年期の共感性の発達―多次元的視点による検討―　発達心理学研究，**14**(2), 136-148.

Williams, C., & Bybee, J. (1994). What do children feel guilt about?：Developmental and gender differences. *Developmental Psychology,* **30,** 617-623.

5章

集合罪悪感

本間道子

1. あと1つの罪悪感

(1) 社会的集団の成員としての罪悪感―集合罪悪感

われわれは，自国民あるいは同じ民族といった共同体を共にする人々の行為が過去に（現在進行でも），他の共同体に何らかの損害や痛手を被らせ，その結果として，自国に利益をもたらしてしまった場合，そして実際，自分は直接その行為にかかわらなくても，自責の念や申し訳なさを感じることがある。たとえば，わが国の第二次大戦中の従軍慰安婦問題では，現在では多くの人々にとっては直接の関与はない。しかしいまなお，われわれに沈殿した重石となって自国民の行為に対して罪責感を抱いていて（野田，1998），むしろそれを抱くことが共同体の尊厳であるといえる。そしてその程度の差こそあれ，何らかの償いをすることに前向きである。なぜ人は自分が直接かかわっていないにもかかわらず，自分たちの共同体が起こした，しかも過去に生じた他の共同体への不正・痛手に対して，このような嫌悪すべきネガティブな感情・情動を抱くのだろうか。そしてこの嫌悪の情動とはどのようなものであろうか。

共同体のような集合体をベースとして，そこに所属するひとりとして，その関係性に焦点を当てたこのようなネガティブな情動的感情関係の存在は，これまでも指摘されてきた。たとえば人種としての白人罪悪感（white guilt）は白人種が黒人に対しての不公正な行為として抱く罪責感，申し訳なさとして検討されてきた（Smith & Miller, 1999; Leach et al., 2006）。このような個人自体の行為ではなく，民族，国家，集団などに属することで，その集合体との関係において生じる，罪の意識を集合罪悪感（collective guilt）として検討したのは，ドージェ，ブランスコームら（Doosje et al., 1998; Branscombe et al., 2002, 2004）の一連の研究によってである。これまで罪悪感としてとらえてきた個人的罪悪感が自己内で完結した感情であるのに対して，この新たな罪悪感はこれまでの罪悪感とは異なる心的過程を経るとした。

(2) 集合罪悪感とは

ドージェやブランスコームたちは集合罪悪感を所属集団の成員として，過去にその集団（ingroup：自らが所属する集団＝内集団）による利益のための行為が結果的に，外集団（outgroup）すなわち対応する集団成員の損害・痛手となることに対して抱く苦痛・嫌悪の感情としてとらえた。そしてこの感情は自己意識的感情（self conscious emotion）であるとした。この場合の集団とは必ずしも相互依存関係にある集団ばかりでなく，社会的カテゴリーによる分類で，カテゴリーでくくられた集合体も含まれる。たとえば，性としてのカテゴリー，人種カテゴリー，職業カテゴリーといった集合体にまで広げている。本章で用いる集団は社会集団（social group）としての集団である。

彼らはこの概念を自己カテゴリー化理論（Turner et al., 1987）に基づいて次のように説明した。

①特定のカテゴリーに所属するメンバーとして集団レベルによる情動。
②当面の集団を内集団（ingroup）とみなし，集団目標の共有。
③内集団と自己はかかわりをもち，自己のアイデンティティ形成の一部となる（集団同一化）。
④自己は望ましい者としてとらえる（自己高揚動機）から，内集団の行為も自己にとって望ましいものである。
⑤しかし，その行為結果は外集団にとっては不当な行為と認識した場合，
⑥その集団関係の情動的反応は苦痛で，ネガティブ感情となり，
⑦その苦痛は集団罪悪感に導かれる。

このように集合罪悪感は，自らの集団所属とその集団の不公正な行為，その行為が与えた外集団との関係から生じる感情である。最も重要なことは，その集団と行為の自覚的認識であり，そのために個人の罪悪感の自覚よりも，より心理的経験である（Branscombe et al., 2004）

当初，集合罪悪感の生起を想定した現象としては，同じ集団を構成するメンバー（自国民）が過去に犯した戦争犯罪に対するものであった（Doosje et al., 1998）。この場合，社会集団は国家であり，自国の利益が国家の犯罪として特定の外集団（敵国）に対し不利益・損害をもたらした外集団への感情である。つまり特定の外集団の不利

益・損害が内集団の利益をもたらした結果としての感情である。彼らは実験的検証と，オランダ人がインドネシア人に対して犯した戦争犯罪でこれを検証した。その後，植民地支配によって支配した内集団成員が抱く支配された外集団への集合罪悪感，先住民への集合罪悪感などさまざまな社会集団間の集合罪悪感が検証されてきている。

(3)　個人罪悪感との関連

ブランスコーム（Branscmbe et al., 2004）はこれまで，集団を背景とした感情・情動は欧米文化の自律的自己，個人内に行為の基準をおいた社会にはなじまないとして，このような視点は積極的には検討されてこなかったと述べている。しかし文化的基準が個人のアイデンティティにかかわるなら，集団をベースとした情動的反応も当然想定されるだろう（Branscombe et al., 2004, pp. 229-330）。

これまで罪悪感は，個人内の価値基準に則った多くは個人のパーソナリティ，特性などの個人特性として問題とされてきた。とくに犯罪の抑止力としては，不正行為・逸脱行為に対する罪悪感が取り上げられた。個人的罪悪感は自己意識の情動としては，自己をルール・社会的基準から逸脱した者として経験した情動である。あるいはいかにふるまうべきかと実際の行為の不一致があったとき生じるとされる（Tangney & Fischer, 1995）。

しかしドージェら（1998）によれば，個人的罪悪感は自己の行為に対して自己内にある人道的・倫理的な価値との不一致の結果として生じるもので，一方，集団レベルの罪悪感は過去の集団メンバーの行為に対して生じるものとして区別できるとした。また，新たに集合罪悪感を尺度化し，個人的罪悪感尺度との弁別的妥当性を検討したところ（Branscombs et al., 2004），その差異は明瞭で，個人の行為に対する罪悪感と集団のメンバーとしての罪悪感は独立の関係であった。

(4)　集合羞恥心との関係

所属する社会集団の行為による成員の嫌悪すべきあるいは否定的情動は，他にも，怒り，恐れなどあるが，とくに密接に関連するものとして集合羞恥心（collective shame）がある。しかしながら，これは集合罪悪感とは心的過程が異なる。リッケルら（Lickel et al., 2004）は集合羞恥心と集合罪悪感の心的過程の違いは，内集団の行為の結果の統制可能性とした。つまり集合罪悪感は不正行為に対してそれが統制できる（しかし実際はしなかった）として，行為の原因を自覚的に反映させるからこそ「良心の呵責」の自責が生じる。しかし恥，羞恥心ではそれはなく，自己の傾性（disposition）として生じた否定的結果とみなす。彼らは集合羞恥心は自己イメージ低下の恐れとして認識するという。そこから集合罪悪感では，外集団への働きかけと集団間関係の視点は強まるが，集合羞恥心ではそれは希薄である。さらに集合罪悪感は外集団に対しての働きかけ（関係の修復，償い）として新たな集団関係を構築するが，集合羞恥心ではむしろ，外集団との距離を置くとする。さらに集合罪悪感は自らの集団の行為は不正・不公正の行為であるが，羞恥心は必ずしもこれだけではなく，評価次元，能力次元に拡がる広範囲な内集団の行為である。ブラウン（Brown et al., 2008）はアルゼンチンの先住民への集合罪悪感と集合羞恥心を検討し，償いという外集団に対する償い・修復は羞恥心の高まりよりも，集合罪悪感が強くなったときに，具体的行動として促されることを明らかにした。つまり行動レベルとしての積極的行為は集合罪悪感において生じ，集合羞恥心は必ずしも行動がともなわない。

2．集合罪悪感のプロセス

集合罪悪感の特徴は，必ずしも自分自身の行為ではないことである。所属する社会集団が過去あるいは現在，不当なあるいは不公正な行為をとったことで他の社会集団に何らかの損害・痛手を与えたことを自覚したことによって生じた情動である。このような苦痛の情動はいかなる条件のもとで生じるのだろうか，そしてそれはどのような反応（態度・行動）として現れるのだろうか。ブランスコームら（Branscombe et al., 2004; Wohl et al., 2006）はこれまでの実証研究から，図５－１のような集合罪悪感のプロセスを提唱した。

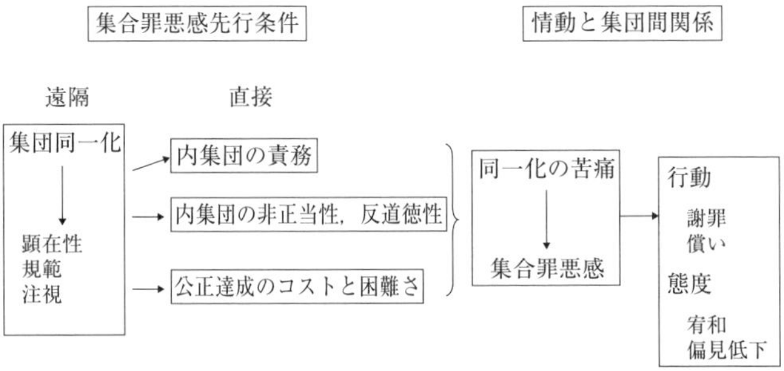

図５−１　集合罪悪感プロセス：集合罪悪感の先行条件と情報的・集団間関係の結果（Branscombe, 2004）

(1) 遠隔的条件―集団同一化

まず，集合罪悪感の先行条件として，遠隔要因と直接要因に分類した。ここでは，遠隔とは前提となる要因であり，所属の社会集団成員のあり方を，直接とは集合的罪悪感の生起に直接かかわる要因である。

遠隔要因としては集団同一化（group identification）である。これまで多くの研究の関心は，所属する集団との心的つながりがこの集合罪悪感にいかなる影響があるかという点から検討してきた。そこでは所属している集団の心的関係性を表象する概念である社会的アイデンティティの認識，つまり集団への同一化の問題として取り上げられてきた。この概念の背景には社会的アイデンティティ理論と，そこから派生した自己カテゴリー化理論がある。これらの理論の中核的概念が社会的アイデンティティである。この概念はタジフェルら（Tajfel & Turner, 1986）によれば，「所属するメンバーとして，その集団の価値・情緒的重要性をメンバーシップの知識として取り入れ，自己概念の一部とすること」であり，同一化はそのコミットへの過程である。自らの所属する集団をかかわりの深い内集団として位置づけ，その成員として存続し，そこでの価値を自己の一部とみなすとするなら，内集団の行為は望ましいものとしてとらえようとするだろう。多くの研究では，集団にとって何らかの脅威を与える情報に対しては同一化の有り様が強く反映されることが示されている（たとえば，Ellemers et al., 1999）。

自己カテゴリー化説のように，この集団同一化では，内集団と外集団の弁別性が高まり，カテゴリーによる差異が顕在化する必要がある。また集団がもつ価値基準，規範は集団同一性に方向性を与え，それらは内面化され，基準に沿った同一化を形成する手がかりを与える。さらに不当な行為が所属する社会集団によって生じたものとして把握することで，行為と社会集団の関係を認識することが必要である。

(2) 直接的条件

①所属集団の行為の自覚と責務

所属する集団の行為が道理から外れた，あるいは不当な行為であることで，関係のない他の集団に損害を与え，不公正な扱いをしたのは自らの集団であると自覚し，それに対しての責務を負うことである。ポーウェルら（Powell et al., 2005）は，白人と黒人の間で，白人内集団の行為が黒人の外集団に不利益を与えたという外集団に焦点を合わせた認識よりも，内集団の不当な行為の事実，あるいは不公正によって利益を得たという自らの集団への認識に焦点を当てたほうがより，集合罪悪感は高まると報告している。さらには相手集団に対し何らかの態度変容となって示されること，たとえば偏見的態度が低下したことを集団間の感情から明らかにしている。

②行為の不当性・非道徳性の認識

内集団の行為が事実として，外集団に損害・痛手を与えたとしても，その事実を認識するのは苦しく，しばしば内集団成員はそれを正当化しようとする。内集団はまちがったことはせず，そのような事実は認め難いからである。しかし自分たちの集団行為が不当であり，公正さを欠いたことが原因で外集団に損害を与え，それが自らの行為の利益・有利さを導いたとする自らの不当性，非道徳性を認識することが強まれば，集合罪悪感は受容され，また高められる。

③公平性へのコストと困難さ

罪悪感は基本的には道徳的行為に対する情動で，公正感についての関心の反映である。内集団の不正行為で相手集団に何らかの痛手を与えたことの認識を抱く場合，その痛手，損害の大きさの認識が強まれば，集合罪悪感は強くなる。さらにそれを修復することの困難さがともなったり，過去の事象であっても現在までそれが継続していれば，その感情は強くなる。マックガーティ（McGarty & Bliuc, 2004）はオーストラリアの先住民に対する長年の不当な扱いはいまでも続き，修復されないままになっていることの知覚が集合罪悪感と最も強く関連していたという。そしてそれが補償や償いの具体的行動に結びついていた。しかし一方では，コストがあまりにも大きくその補償は困難であると，むしろ集合罪悪感は生じないとする知見（Wohl et al., 2006）もあり，そのコストの大きさをどのように認識するかで異なる。

(3) 反応レベル

このような直接の要因の自覚の認識が高まれば，集団同一化は苦痛にさいなまれ，嫌悪的情動になり，それが集合罪悪感を生起させる。そのような罪悪感は態度や行動の反応レベルでは，改めて相手集団との関係の再構築を志向し，具体的行動としては自らの集団の行為の謝罪・あるいは補償となる。また集団間態度の変容をもたらし，相手集団への偏見の低下，また和解・調整などで肯定的あるいは好意的集団間関係を作り出す。

3．集合罪悪感の展開

集合罪悪感は基本的には道理に反するあるいは公正性に反する行動に対しての情動

で，この情動は内集団の成員にとっては望ましさに欠ける部分の反映である。一方，集団へのコミットでは，集団同一化は自己の一部であるから，自己を望ましいものと動機づける（自己高揚動機）ので，集団を望ましいものと認識するようになる。つまり，集団同一化では集団成員からの集団の情動を強く意識し，それが罪悪感のようにネガティブな情動の場合，それは苦痛であり，できるものなら回避したい性格のものである。それは内集団へのコミットと不正に対してのネガティブ感情の間のジレンマである。ロッカ（Rocca et al., 2006）にいわせれば，これは集合罪悪感の基本的なパラドックスである。

(1) 集団同一化の程度

内集団のカテゴリー化の認識の強さ，集団への同一化の強さが集合罪悪感と密接な関係にあることは，これまでの説明からも明らかである。しかしそれがどの程度であるかでは議論が分かれる。

ブランスコーム（2004）では，集団同一化の高い成員は集団の行為を自分の行為のように強いかかわりで認識するだろう。そのことでその行為の経過に注目し，その結末（望ましくない外集団への影響）を受け入れ，罪悪感が高まると仮定した。ヴァンヴォら（Van Vugt & Hart, 2004）でも集合罪悪感の高さと集団同一化の高さは密接に関連しているとした。

一方，ドージェら（1998）では，高い同一化の成員では，集団を脅かすような集団の過去の歴史を受け入れず，何らかの防衛が働き，その結果，集合罪悪感は軽減すると仮定した。その防衛とは，集団成員の変動性（variability）である（Doosje et al., 1995）。これを大きくしたり（国民にもいろいろな人がいる），特定の成員にそれを帰すること（自分はしないけど，あの成員ならするだろう）で，内集団の行為を正当化し，その結果として集合罪悪感を低下させた。それに対して相対的に集団同一化の低い成員はそのような防衛は不必要なので，直接過去のネガティブな事象を受け入れた結果，集合罪悪感は高まった。またドージェら（2004）では，集団同一化の低い成員では，高い成員と比べ，相対的に集団の行為に対して内集団の事柄に注意を向けず，注意は外集団へ向くので，外集団との関係に注目しやすい。その結果，集合罪悪感が高まるのではないかと説明した。

このように矛盾した結果に対して，ロッカら（2006）は，集団同一化，とくに国家の同一化では，同一化のかかわり方によって異なるのではないかとし，国家の同一化として，栄光的同一化と愛着的同一化の２つを仮定した。前者は国家がすぐれていて，誉れ高いものとしての認識つまり集団奉仕動機（group serving motivation）をともなった同一化である。後者は国家を情愛の対象としてみなすことである。彼らによれば，前者では，自らの国家が不正を犯したことは，国家の否定的な側面であり，高揚的な対象として受け入れ難い。一方，愛着的同一化は不正行為をそのような視点からはみない。そこで栄光的同一化の場合，集合罪悪感との間に，行為の責任遺棄の認知（exonerating cognition）が働き，それが集合罪悪感を低下させることを明らかにした。

(2) 内集団行為の正当化

自らの集団の行為の非道徳性，不当性はたとえ事実であってもそれを認めることは苦痛である。この心的苦痛を少しでもやわらげるために，その行為の正当性（まちがっていなかった）を求めることである。もしそれが可能なら，外集団への損害・痛手はそれによって軽減され，集合罪悪感も低下させることができるであろう。ここにはいくつかの戦略が働くとされる。まず相手の損害・痛手を低く見積もることである。たとえば，その痛手・損害の厳しさの認識では，より厳しいあるいは残酷な事例と比較して，自分たちの行為の残酷さを低減させる。あるいは集団の不正行為に対しても何らかの理由を見つけ出して，それは「やむを得ないことであった」とする。その原因を内的要因が原因ではなく，外的要因に帰属させることで，自らの集団が生じさせた行為を偶然のものとしたり，意図的でないなどとしてやわらげる（Doosje & Branscombe, 2003）。あるいは外集団にその原因を転嫁し正当性を確保することもある。第二次世界大戦のアメリカによる広島・長崎の原爆投下は，アメリカ人のなかには，戦争の早期終結をもたらし，アメリカの被害を最小限にとどめたとして，その行為は有効であったとの認識は今でも根強い。

4．集合罪悪感の拡張

(1) 組織の不正行為による集合罪悪感

これまで，集合罪悪感で扱われた社会集団は民族間，国家間，あるいは社会的カテゴリーによる集団間で生じたものであった。とくに国家間では過去の事象（戦争，植民地支配）のように，内集団の優位性あるいは利益のために，外集団に不利益・不公正をもたらしたことで生じた集合罪悪感であった。このような社会集団関係では，不利益を被る外集団が特定化されて，その集団間の情動関係は明白である。しかし，外集団が特定化されなくても内集団の行為の結果が外部（社会）に不利益をもたらすなら，それを生じさせた内集団の行為に対して嫌悪の情動反応すなわち集合罪悪感をもたらすのではないかと考えられる。それは具体的には企業組織の不正あるいは不祥事といわれる行為である。一般に企業組織の不正・不祥事行為は職務犯罪と組織体犯罪に分類される。ここでの注目は組織体犯罪行為である。組織ぐるみ犯罪，組織性犯罪などと呼ばれるものである。今日も，この企業の不正行為は後を絶たない。たとえば，薬害問題で，フィブリノゲン剤製品では，その企業の社員はその薬が汚染されている可能性の認識がありながら，それを販売し，C型肝炎の集団感染を引き起こし，人々（社会）に心身ともに多大な損害を与えたことは記憶に新しい。直接かかわったのは所属する社員の一部だろう。しかし多くの社員はこの事実をどのように受け止めたであろうか。もし所属集団の一員として集合罪悪感を感じていたなら，おそらくその後の対応はもっと違ったものになったのではなかろうか。

①組織性逸脱行為の定義

組織体犯罪を集合罪悪感からとらえるにあたって，これまでの知見・定義（Brief et al., 2001; Coleman, 1985; 平岡, 1999; 宝月, 1988, 2004; 井上, 1988）などを手がかりに，また事例研究（風間・小山田，2007）などをもとにして，企業組織としての犯罪を組織性逸脱行為とし，以下のように定義した。「組織性逸脱行為は集合効果を目的として，集団内メンバーにより感知され，違反の実行者を含む複数の直接的・間接的関与者によって生じる一般社会からみて逸脱行為であり，それは当該集団以外の人々になんらかの悪影響をもたらす集団・組織上の行為である」（本間，2007）。また名称として逸脱行為としたのは，組織の不正な行為は単に法を犯した行為だけではなく，道義的に，あるいは倫理的に外れた行為を含む広い概念としたからである。

②特徴

1つ目の特徴としては，メンバーシップ性である。この不正行為に初めてメスを入れたのはサザーランド（Sutherland, 1949）であるが，彼はいみじくもこの特徴として，家庭人，地域社会としての市民，友人としては道徳的にまったく問題のない人間が組織のなか（つまりメンバーシップ性）で起こす反社会的行為とした。まさしくこの逸脱行為は個人的要因より，集団との関係性の強い行為である。

2つ目は外集団の認識の強調で，外集団はこれまでの事象では戦争の相手国，植民地，先住民など特定の他集団であったが，ここでは明確ではない。しかし内集団の外の社会が外集団に該当し，それは具体的には消費者，ユーザー，納税者，あるいは不特定の多数者である。内集団の不当なやり方で，集団目標達成（組織利益）の結果，その行為が外集団の不利益をもたらすことの認識である。

そして3つ目は多様な成員のかかわりである。これまで逸脱行為は特定の個人である実際の行為者に注目してきたが，実際そこには多様な成員がかかわっている。不正は知っているが見て見ぬふりの傍観者，指令だけで実行は別の成員，行為が不正につながるとは知らず結果的に不正行為になった，など直接・間接に多様なかかわり方がある。直接・間接にかかわる成員であっても，その程度には違いはあるものの，そこで生じるプロセスは同じものとみなした。

③個人罪悪感から集合罪悪感へ

これまでも組織の不正行為への苦痛の感情として個人の罪悪感が取り上げられ，この感情の強さがこのような不正行為の抑止力となると予測されてきた（たとえばTangney & Fischer, 1995; 新田, 2001)。しかしながら，その心理的プロセスは十分に解明されていない。その理由は個人の不正行為に対する罪悪感とは異なるメカニズムと考えられるからである。成員一人ひとりの価値観，倫理観，法遵守（コンプライアンス）が影響を及ぼすことは言うに及ばない。最近の多くの企業のコンプライアンスの規程なども，結局は社員一人ひとりの倫理性を向上させることで逸脱行為を防げるとしていることからもうなずける。

しかし，それではなぜ人はそれまでの個人行動ではけっして犯さなかった違反行動，逸脱行為を組織内では行うことになったのだろうか。ここに組織としての特有の感情が作用するのではないかと考え，組織の一員としてかかわること（集団レベル，すなわちメンバーシップ性）で生じるそのようなネガティブな心的作用として集合罪悪感の存在を仮定した。またこれまでも罪悪感に関しては，個人的特性とは異なる視点からアプローチした新田（2001）による罪悪感がある。この罪悪感を「共生的罪悪感」としており，彼によれば，日本人の特徴として，自我が共生する身近な集団として所属する組織集団にも共通した擬似家族的共生自我を構成している。この共同体的自我が罪悪感を低下させているとしている。しかしこのような組織性逸脱行為はわが国独特の現象ではないし，またこの罪悪感と所属集団との関連性は明確ではない。

(2) 組織性逸脱行為と集合罪悪感の研究

この組織性逸脱行為は特定の集団・組織に所属することで，集合罪悪感が生じるのか。そして，逸脱行為が誘発された場合，組織の成員がその行為に対して集合罪悪感を抱いたなら，その行為は抑制され，また阻止され，行為は未然に防げるだろう。また行為が生じても，その結果の行為に対しての集合罪悪感が高まれば，次回，同じような行為は抑止されるだろう。また，組織に付随する要因がより強く逸脱行為を誘引すれば，集合罪悪感は低下し，その逸脱行為は促進されるだろう。そしてこの場合，組織内のいかなる要因（組織要因）がその抑止力として作用するだろうか。筆者たちはこのような仮説のもと，実際の事例をもとに調査を行った（本間，2007）。調査では集合罪悪感，集団同一化，そして組織要因の概念に従った項目で構成された。対象者は，組織性逸脱行為を経験したある企業組織の従業員全員である。

①集合罪悪感

集合罪悪感の測定にあたっては新たな尺度を構成するために，これまでの尺度を参考にした（小山田 , 2006; Branscombe et al., 2004）。項目は逸脱行為の認識，情動状態，会社の成員としての責任，社会への謝罪，償いなどの項目で構成した。

それに加えて，集合同一化の程度を問題にした。これは所属した集団に対して抱く自社内のメンバー認識で，組織の一員との認識を高め，会社との関係性を重要視し，組織の価値・意向を自己のなかに取り入れ自己の一部とすることである。今回は組織へのコミットが強く，集団同一化が高いなら，脅威に対して組織の存続・評価の懸念を強くし，その結果，罪悪感は高まると予測した。ここではドージェら（Doosje et al., 1998）の社会的アイデンティティ尺度（心的結合，集団へのコミット）に，「誇り」「恥じない」を加え，会社への同一化の程度を測定した。

②組織性逸脱行為を規定する組織要因

これまで，組織性逸脱行為の組織要因として，事例研究，調査研究などから多様な要因の知見が提起されてきた。それらをまとめ以下の組織要因にまとめた。

a）役割認識：役割認識とは組織内で地位・役割に基づいた職務への責務認識の強さである。企業組織は社員一人ひとりにそれぞれの職務役割を与え，それを忠実に遂行することを求める。会社組織に入ったとき，そこでのルール，規則あるいは仕事を忠実に実行することが望ましい組織人だとして教育される。このような役割の認識を強くもてば，その職務として望まれる行動を忠実に達成することを自らに強いるであろう。

b）外集団認識の低下：外集団として被害を受ける対象者を特定化できないことは被害者・犠牲者の痛み，苦しみも認識されにくく，また共感も低下するであろう。内集団の利益が外集団の損失につながった認識が低ければ，その結果として違法行為の抑止力は低下すると予測される。

c）情報交換の低下：組織内の情報交換がスムーズでなく，いわゆる風通しのよい関係がとれずコミュニケーションが十分に行われていないとの認識である。

d）仕事の位置づけの不明瞭：目下の課せられた業務・職務が細分化され，組織の全体のなかで自分の仕事の位置づけがあいまいであるか，またその見通しがもてない場合，職務上の仕事が実際にどれほどの不正に導くかの視点は低下するであろう。

e）仕事の排他性：仕事の細分化により他部署の仕事がわからない。またそれぞれの役割，専門性が相互交換を困難にし，関係者以外の関与を避けることになる。

f）公正観の低下：成員は規範，ルールを受け入れ，その集団にコミットし社員として社会化される。もしそのような企業文化のなかに不正を容認する規範，法遵守に対してルーズな態度があるなら，それが社会化の過程で常態化しそれを是正するのは難しいであろう。このような一般社会の規範・ルールと一致しない，社内にだけ通じるルール・様式の常態化・規範化は，組織内で違反行動に気づかない結果を生み，あるいは気づいても社内ルールを優先することで，結果的に違反行動に導かれやすい。

g）内集団志向：組織の掲げた目標は社員全員の目標であり，組織の意思である。成員として組織目標に到達する行為は当の組織や他の成員から賞賛され，また支持されるであろう。組織，とくに営利を掲げた企業にとっては，成果として利益を上げ，損失を最小限にすることは最優先の組織目標である。この目標を社員として受け入れまたそのやり方に信頼を置くなら，積極的にその方向をめざすであろう。

③対象者と事例

以上のような仮説に基づいて，中堅の建設会社（従業員 270 名）の請負工事現場における道路測量ミスの隠蔽工作と虚偽の報告という不正行為を事例として，この会社の従業員全員を対象とした。不正行為は，調査時点の１年前に生じ，実際の不正の実行者は少数であった。作業過程で道路測量の際，誤った測定を行い，そのミスに気づかないで工事を進めてしまった。工事完成１か月前にその測量ミスに気づいたが，測量ミスを隠蔽し，その後外部からの告発でそれが公になり，責任官庁から結果的に処罰（６か月の発注入札停止）を受けた。新聞記事によれば，当事者はミスに気づいた段階では，すでに工期は迫り，これを通常の手続きで処理すれば，納期は遅れ，自社および関係者に多大な迷惑・損害を及ぼすことから，報告書に虚偽の報告をしたとのことであった。問題を起こしたのは会社のごく一部の社員で，他の多くの社員はまったく感知せず，社内報で初めて知った。しかし対外的には社員一個人の違反としてではなく，会社の違反とされた。

(3) 組織性逸脱行為とその結果

①組織性逸脱行為における集合罪悪感の関係と下位構造

集合罪悪感の構造を明らかにした結果を表５－１に示した。集合罪悪感尺度からその下位構造をみたところ，第１因子は「会社の不正に対して迷惑をかけたり，損失をもたらしたことに気がとがめる」の負荷量が高く，「社会への謝罪・申し訳なさ」とした。第２因子では「会社の利益を考えての不正行為だったから会社の一人として同罪である」が高く，「集団の責務･償い」，第３因子は「行為に対する罪責感」で「二

表５－１　集合罪悪感項目の平均値

集合罪悪感／個人罪悪感項目（設問Ⅲ）	平均	*SD*
＜第１因子「社会への申し訳なさ」＞		
3　会社の行為に対して，たとえ直接関与していなくても，罪悪感を持つだろう。	5.50	1.25
6　会社の不正行為に対して，社会に申し訳なく思う。	5.51	1.30
9　同じ会社に所属する社員として，社会に及ぼした影響について申し訳なく思う。	5.40	1.29
10　会社の不正が社会に対して迷惑をかけたり，損失をもたらしたことに気がとがめる。	5.36	1.21
＜第２因子「共有した責務償い」＞		
11　不正行為は会社の利益を考えてのことであろうから，その会社に所属する以上，自分も同罪であろう。	4.17	1.46
12　不正行為に気がつかなかった，あるいは見逃した私たちにも責任を感じる。	4.18	1.49
13　会社の不正が社会に及ぼした影響に対して，私たちは何らかの償いをすべきだと思う。	4.53	1.36
16　会社の不正について，自分がしたことのように家族や周りの人たちに謝るだろう。	4.09	1.40
＜第３因子「不正行為への後悔」＞		
4　不正行為は２度とすべきでない。	6.63	0.81
15　私は不正に及ばざるをえない状況におかれたとしても，不正行為に関与することを拒否する。	4.81	1.52
18　いかなる理由があったとしても，その行為が不正に及ぶものであれば，それは犯罪行為であると思う。	5.52	1.29
19　不正によって会社が利益を得たことで，社会に損失をもたらしたことに申し訳なく思う。	5.55	1.16
＜個人罪悪感＞		
8　会社における不正行為に加担していないのなら，関係ないと思う。（個人罪悪感）	3.08	1.54
5　不正行為に私は関与していないので，この行為に対して責任をとる必要はない。（個人罪悪感）	3.99	1.69
14　不正行為は，実際にその行為に及んだ当事者たちが罰せられるべきだ。（個人罪悪感）	3.96	1.50

度とすべきではない」で，「不正行為の戒め」とそれぞれ命名した。この結果は従来（小山田，2006）とほぼ同じ構造を示し，集合罪悪感として一般性の高い構造となった。

ブランスコームら（2004）が白人と黒人間の集合罪悪感で明らかにした下位概念として，割り当て（相手集団からの不当行為の認識），受容（罪責，申し訳なさ），説明（責務・責任）が示されている。本結果と対応させて考えると，受容として内集団の行為を認め，それに対する申し訳なさ，そして説明としてその行為の原因を内集団として責任を負うという２つの下位概念は同じであり，不正行為の事象を超え，そこに一貫したものがあるといえるだろう。

②個人罪悪感との関連

個人罪悪感と集合罪悪感の関連で相関は $r = -.32$ で逆相関となった。つまり集団成員として感じる罪悪感と個人的罪悪感は直接には関係はむしろ逆であった。このような結果となったのは，今回の質問内容が具体的不祥事に対する反応を求めており，責任の所在に関して，独立した個人としてではなく，集合体の１人として認識したことによる差異と思われる。つまり，個人の立場ではなく社員の１人としての反応を求めたので，このような結果であったと思われる。しかし先行研究（Doosje et al., 1998）でも集合罪悪感とは独立の関係にあり，これらの結果を合わせると個人レベルと集合体レベルでは罪悪感のメカニズムは異なることが予測される。

③組織要因との関連

次に，今回の仮説であった集合罪悪感を従属変数として，組織性要因を説明変数とした重回帰分析の結果をパス図にしたものを提示した（図５－２）。ここでは，３つ

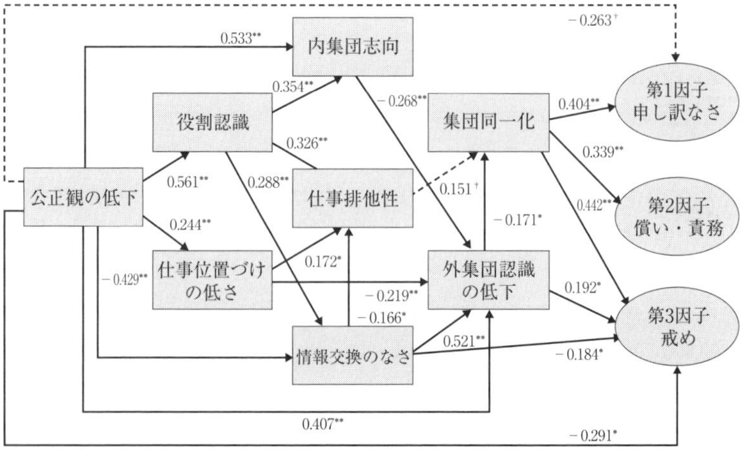

注）*P<.05, **P<.01

図５−２　集合罪悪感を規定する組織要因

の下位の集合罪悪感がどのような組織要因を規定するかをみるものである。結果では，まず集団同一化が最も強くまたプラスの関係で規定していた。つまり，会社へのコミット，同一化が高いほど，集合罪悪感は高くなることを示した。集団同一化は集合罪悪感とは必ずしも直接的な関連にないことはこれまでも指摘されてきた（Doosje et al., 1998; Van Vugt & Hart, 2004）。しかし今回は集団同一化が集合罪悪感を強く規定した。そしてそれは，「外集団の認識の低下」と逆の相関関係にある。つまり，集団同一化の高さは外集団の認識が高くさせるということである。下位概念のなかでは，「戒め」は組織要因と直接かかわった。まず「公正観の低下」において最も強く規定した。逆の関係で，公正観の低下は集合罪悪感を低めるものであった。また「情報交換の低下」も直接規定した。「情報交換の低下」は集団罪悪感を低下させた。これは部署間のコミュニケーションがない場合，閉鎖的になり内外の情報に疎くなり低下したと考えられる。しかし，「外集団認識の低下」ではそれを低く認識したほうがより罪悪感が高まるという仮説とは逆の結果であった。推察されるのが，この戒めの罪悪感が内集団方向に向けられた感情かもしれないということである。不祥事の後悔・戒めというネガティブな感情が組織の外に向けられたのではなく，組織内の成員に向けられた感情状態なのかもしれない。

組織性要因では，「公正観の低下」が最も影響ある組織性要因となった。これは組織内の規範意識が不正を容認しやすいものである場合，あるいは不正が常態化している場合などにおいては集合罪悪感が低下しやすいことを示すと解釈した。組織間の関係ではこの公正観が他の要因と密接な関連をもっていた。これまでも組織性逸脱行為として，不正の常態化をその規定因とみなした知見は多い（たとえば，Victor & Cullen, 1988）。このように組織内での規範はそれが一般社会の基準からみて適切であるか否かより，集団内で規範化され社員に受容されているかで，その行為は是認されるのかもしれない。だから日常場面ではあまりその不正に気づかず，事が生じてはじめて認識させられるのだろう。今回の不当行為の原因として最も高かったのは「情報交換の低下」であった。

今回はその他の組織性要因は有意な規定因にはならなかった。その理由としては，今回取り上げた事例は全社的にみれば，ごく一部の部署の問題であり，関係者以外の一般社員に強いインパクトにはならなかったのではないかと考えられ，そこでこの事例についての事実，あるいはその原因が十分承知されなかったのではないかと思われる（小山田ら，2006）。今回一般的世間的なインパクトからいえば，それほど世間を騒がせたものではなく，メディアで取り上げられたのも数日の間であった。

以上の結果をまとめると，集合罪悪感はまず「集団同一化」と強い関連性があり，集団とどのようなかかわりにあるかが，当該の不正行為をどのようにとらえるかの示唆を与えた。とくにこれまでの集合罪悪感の対象と異なるのは，集団の存続を脅かすということでは，これまでにない大きなインパクトを与える集団であったことである。集団同一化の影響が大きかった理由がここにあると思われる。そこから，集合罪悪感は集団自体の行為をメンバーシップ性としてとらえる場合，強い規定因となるだろう。また今回，直接に集合罪悪感に結びついた組織要因は，「公正観の低下」と「情報交換の低さ」であった。このことは集団内独自の規範・ルールに従い，それがたとえ不正であってもその組織に従うことで，先に示した，集合罪悪感のプロセスの内部の非正当性・反道徳性を換起する要因が集合罪悪感となった。このことは，集合罪悪感の生起のプロセスを支持するものである。今後，多くの事例，あるいは実験的検証から集合罪悪感の検討と，多様な罪悪感の自覚的情動反応の心理的機制の検討が待たれる。

【引用文献】

Branscombe, N. R (2004). A social psychological process perspective on collective guilt. In N. R. Branscombe & B. Doosje (Eds.), *Collective guilt: International perspectives.* UK: Cambridge University Press. pp. 320-334.

Branscombe, N. R., Doosje, B., & McGarty, C. (2002). Antecedents and Consequences of Collective Guilt. In D. M. Mackie & E. R. Smith (Eds.), *From prejudice to intergroup emotions: differentiated reactions to social group.* New York: Psychology Press. pp. 49-66.

Branscombe, N. R., & Doosje, B. (2004). International perspectives on the experience of collective guilt. In N. R. Branscombe & B. Doosje (Eds.), *Collective guilt: International perspectives.* Cambridge: Cambridge University Press. pp. 3-15.

Branscombe, N. R., Slugoski, B., & Kappen, D. M. (2004). The measure of collective guilt. In N. R. Branscombe & B. Doosje (Eds.), *Collective guilt: International perspectives.* Cambridge: Cambridge University Press. pp. 16-34.

Brief, A. P., Buttram, R. T., & Dukerich, J. M. (2001). Collective corruption in the corporate world: toward a process model. In M. E. Turner (Ed.), *Groups at work: Theory and research.* New York: LEA. pp. 471-499.

Brown, R., Gonzalez, R., Zagefka, H., & Manzi, J. (2008). Nuestra Culpa: Collective guilt and shame as predictors of reparation for historical wrongdoing. *Journal of Personality and Social Psychology,* **94,** 75-90.

Coleman, J. W. (1985). *The criminal elite.* New York: St Martin's Press.

Doosje, B., & Branscombe, N. R. (2003). Attribution for the negative historical actions for a group. *European Journal of Social Psychology,* **33,** 235-248.

Doosje, B., Branscombe, N. R., Spears, R., & Manstead, S. R. (1998). Guilty by association: When one's group has a negative history. *Journal of Personality and Social Psychology,* **75,** 872-886.

Doosje, B., Branscombe, N. R., Spear, R., & Manstead, A. (2004). Consequences of national ingroup identification for responses to immoral historical events. In N. R. Branscombe & B. Doosje (Eds.), *Collective guilt: International perspectives.* Cambridge: Cambridge University Press. pp. 95-111.

Doosje, B., Ellemers, N., & Spears, R. (1995). Perceived intra-group variability as a function of group status and identification. *Journal of Experimental Social Psychology,* **31,** 410-436.

Ellemers, N., Kortekaas, P., & Ouwerkerk, J. W. (1999). Self-categorizaton, commitment, to the group and group self-esteem as related but distinct aspect of social identity. *European Journal of Social Psychology,* **29**, 371-389.

平岡義和（1999）. 企業犯罪とその制御　宝月　誠（編）講座社会学 10　逸脱　東京大学出版会 pp.121-151.

本間道子（編著）（2007）. 組織性逸脱行為過程―社会心理学的視点から―　多賀出版

宝月　誠（1988）. 組織体逸脱の研究に向けて　犯罪社会学研究, **13**, 12-18.

宝月　誠（2004）. 逸脱とコントロールの社会学―社会病理学を超えて―　有斐閣

井上眞理子（1988）. アメリカにおける組織体犯罪研究　犯罪社会学研究, **13**, 80-99.

風間文明・小山田恵美（2007）. 事例研究　本間道子（編著）組織性逸脱行為過程―社会心理学的視点から―　多賀出版　pp. 37-68.

Leach, C. W., Iyer, A., & Pedersen, A. (2006). Anger and guilt about ingroup advantage explain the willingness for political action. *Personality and Social Psychology Bulletin,* **32**, 1232-1245.

Lickel, B., Schmader, T., & Barquissau, M. (2004). The evocation of moral emotions inintergroup contexts. In N. R. Branscombe & B. Doosje (Eds.), *Collective guilt: International perspectives.* Cambridge: Cambridge University Press. pp. 35-55.

McGarty, C. & Bliuc, A. (2004). Rifining the meaning of the "collective" in collective guilt. In N. R. Branscombe & B. Doosje (Eds.), *Collective guilt: International perspectives.* Cambridge: Cambridge University Press. pp. 112-130.

新田健一（2001）. 組織とエリートたちの犯罪　朝日新聞社

野田正彰（1998）. 戦争と罪責　岩波書店

小山田恵美（2006）. 組織性逸脱行為の発生メカニズム―集合罪悪感による検討―　日本女子大学人間社会研究科紀要, **12**, 173-193.

小山田恵美・本間道子・風間文明（2006）. 重大性認識の低下による組織性逸脱行為の発生　日本社会心理学会 47 回大会発表論文集, 442-443.

Powell, A. A., Branscombs, N. R., & Schimitt, M. T. (2005). Inequality as ingroup privilege or outgroup disadvantage: The impact of group focus on collective guilt and interracial attitudes. *Personality and Social Psychology Bulletin,* **31**, 508-521.

Rocca, S., Klar, Y., & Liviatan, I. (2006). The paradox of group-based guilt: A modes of mational identification, conflict vehemence, and reactions to the ingroup's moral violations. *Journal of Personality and Social Psychology,* **92**, 698-711.

Sutherland, E. H.(1949). *White collar crime.* New York: The Dryden Press（平野竜一・井口浩二（訳）1955　ホワイトカラーの犯罪　岩波書店）

Swim, J. K., & Miller, D. L. (1999). White guilt: Its antecedents and consequences for attitudes toward affirmative action. *Personality and Social Psychology Bulletin,* **25**, 500-514.

Tajfel H., & Turner, J. C. (1986). The social identity theory of intergroup conflict. In S. Worchel & W. G. Austin (Eds.), *Psychology of intergroup relations.* Chicago, IL: Nelson-Hall. pp. 7-24.

Tangney, J. P., & Fischer, K. W. (1995). Shame and guilt in interpersonal relationships. In J. P. Tangney & K. W. Fischer (Eds.), *Self-conscious emotion: Shame, guilt, embarrassment, and pride.* New York: Guilford Press. pp. 114-139.

Tuner, J. C., Hogg, M. A., Oakes, P. J., Reicher, S. D., & Wetherell, M. S. (1987). *Recovering the social group: A self-categorization theory.* Oxford: Blackwell.

Van Vugt, M., & Hart, C. M. (2004). Social identity as social glue: The origins of group loyalty. *Journal of Personality and Social Psychology,* **86**, 585-598.

Victor, B., & Cullen, J. B. (1988). The organizational bases of ethical work climates. *Administrative Science Quarterly,* **33**, 101-112.

Wohl, M. A., Branscombe, N. R., & Klar, Y. (2006). Collective guilt: Emotional reactions when one's group has done wrong or been wronged. *European Review of Social Psychology,* **17**, 1-37.

6章

対人的負債感

一言英文

「ここへ来た時第一番に氷水(こおりみず)をおごったのは山嵐(やまあらし)だ。そんな裏表のあるやつから，氷水でもおごってもらっちゃ，おれの顔にかかわる。おれはたった一杯しか飲まなかったから一銭五(いっせんご)厘(りん)しか払わしちゃいない。しかし一銭だろうが五厘だろうが，詐欺師(さぎし)の恩になっては，死ぬまで心持ちがよくない。（中略）あした学校へ行ったら，一銭五厘返しておこう。」

「その三円は五年たったきょうまでまだ返さない。返せないんじゃない，返さないんだ。清(きよ)は今に返すだろうなどと，かりそめにもおれの懐中をあてにはしていない。おれも今に返そうなどと他人がましい義理立てはしないつもりだ。…（中略）…返さないのは清を踏みつけるのじゃない。清をおれの片破(かたわ)れと思うからだ。」

夏目漱石『坊ちゃん』より

援助は，普遍的な行動の１つであり（Warneken & Tomasello, 2006），進化の過程で人間が営む集団生活に不可欠の社会行動であった（Yamamoto & Tanaka, 2006）。ところが，対人的援助では状況や個人特性などの影響で生じるべきときに援助が生じないこともあり（Latane & Darley, 1970），社会心理学では主に援助の提供について研究されてきた（Eisenberg, 2000）。本章では，援助の受け手の感情であり，返報を動機づける対人的負債感（菊池・有光，2006）について論じる。

対人的負債感，または「心理的負債（indebtedness）」は，援助を受けた者が，援助してくれた他者に対して感じる「お返しをしなければならない」という返報への義務感である（Greenberg, 1980）。その特徴は，返報への義務感や返報のための手がかりへの注目などの認知的な側面と（Greenberg & Bar-Tal, 1976），返報していない状態に対する苦痛や落ち着かない状態などの感情的な側面がある（Greenberg & Shapiro, 1971; Gross & Latane, 1974）。冒頭の引用は『坊ちゃん』の主人公が，友人

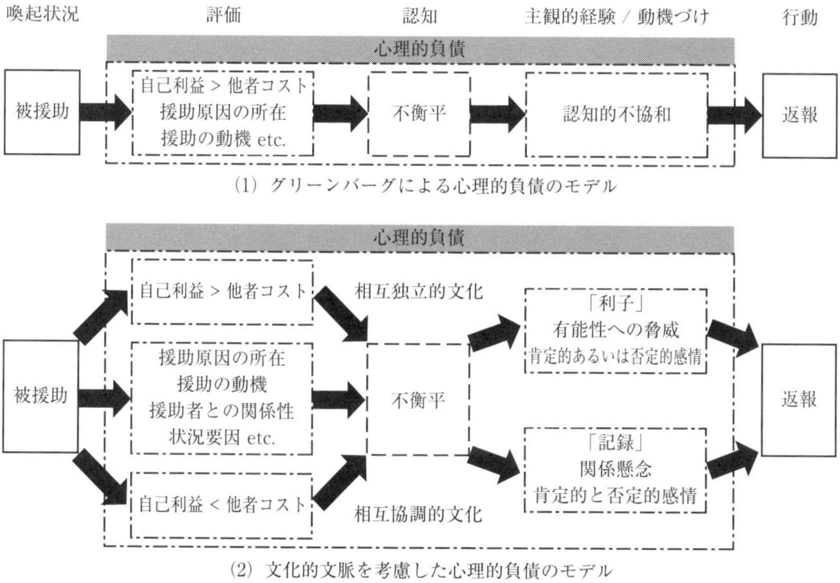

図6－1　(1) グリーンバーグによる心理的負債のモデル (Greenberg, 1980) と, (2) 筆者が提唱する文化的文脈を考慮した心理的負債のモデル

注）図では，客観的に観察できる要因を実線の四角で，内的な過程を破線の四角で表している。

の山嵐や下女の清の援助に対して心理的負債を感じている場面であるが，このように援助者に対して心の中に負っているものを返すべきと感じることが心理的負債である。

心理的負債は，グリーンバーグ（1980）によって「互恵規範（reciprocity norm)」の感情への拡張として提唱された（図6－1）。互恵規範とは，助けてくれた人は助けるべきであり，助けてくれた人を傷つけてはいけない，という人間社会に普遍的に存在すると仮定される道徳的規則である（Gouldner, 1960)。心理的負債は援助に対する被援助者の反応を説明するために研究され始めた経緯がある（Gergen, 1974)。本章ではまず簡単にこの歴史的な流れを追い，類似概念との区別をつけつつ，初期の研究をまとめる。次に，これまで行われた心理的負債の主な研究を，国内外を含めてまとめる。最終的に本章では，筆者らによる最近の研究を紹介し，心理的負債が社会的感情の文化的基盤を如実に表す例であることを，自己のあり方が異なる文化圏を比較した研究を紹介して示す。具体的には，自己の内的な肯定的特性を追求し，互いに独立した人間のあり方を社会的に共有する文化圏における心理的負債は，自己の利益の評価を重視し，自己の有能性への脅威から感情の肯定性を明確化しつつ，自律的に返報を動機づける内的な感情過程であると主張する。一方，自他間の関係調和を追求し，協調した人間のあり方を社会的に共有する文化圏における心理的負債は，援助者が支払った労力の評価をより重視し（Lebra, 1976），関係懸念を生じて両価的な感情を感じつつ，他律的に返報を動機づけられる内的な感情過程であると主張する。そして，文化的文脈を考慮に入れない従来の心理的負債のモデル（Greenberg, 1980）よりも，文化的文脈を考慮したモデルがより多様な文化の心理的負債を説明できると主張する（図6－1参照）。

1．援助に対する反応の説明

一般的に被援助者は援助者に肯定的な反応をすると考えられる。しかし，1960年代にアメリカの海外援助政策に対する被援助国の否定的な反応を受け，援助に対する被援助者の反応が説明されるようになった。有力な説明は，援助者と被援助者を利益の交換関係とみた衡平理論（equity theory）による説明であった。ホーマンズ（Homans, 1961）の分配の不公平（distributive injustice）を発展させた衡平理論は，人は交換関係にある者の衡平関係を保つ動機づけをもつととらえる（Adams, 1963）。これは援助の場合，被援助者が認知した援助者の投入（input）と結果（outcome）の割合が，被援助者の認知する被援助者自身の投入と結果の割合と均衡を保つよう交換関係が成立するととらえることになる。

衡平関係が崩れた場合は認知的不協和に類似した緊張や苦痛が生じ，衡平関係を取り戻すための認知的な試みや行動が生じる。たとえば，課題に見合わない報酬が与えられたとき，研究対象者は課題の困難度を高く評価して報酬に見合う課題であったと考える（Gergen et al., 1974）。他者から得ている利益が，自分が他者に提供している報酬より多いと認知している場合は「負債」を感じ，自分が提供しているものに見合った報酬がその他者から得られていないと認知している場合は「負担」を感じる（福岡, 1999; Hatfield & Sprecher, 1983）。返報の機会を与えてくれる援助者は返報の機会を与えない援助者より好まれ（相川, 1984; Greenberg & Shapiro, 1971; Gergen et al., 1975），利益を与えてくれた他者は好ましく感じて返報する（Gross & Latane, 1974; Greenberg & Saxe, 1975）。これらの研究は，人が交換関係において衡平な状態を求めるために認知的，感情的，行動的な反応を起こすことを示している。

心理的負債は，被援助によって生じた不衡平関係の回復を動機づける感情である（Greenberg, 1980）。しかし，衡平の回復に第三者が代わってはならず，援助者，あるいは援助者の所属集団に返報しなければ気が済まないという点と（Castro, 1974），被援助者の利益を高める援助事態で生じる感情であるために被援助者が利益を減らして衡平を回復することが難しく，返報によってのみ衡平が回復する点で心理的負債は特別である（Greenberg & Westcott, 1983）。フィッシャーら（Fischer et at., 1983）は，衡平理論と心理的負債によって援助に対する反応を説明する意義を認めながらも，被援助には感謝など肯定的な反応がともなう場合があり，不衡平であるはずの大きな援助が求められる場合もあることを指摘し，援助に対する反応の説明には心理的負債のみでは不十分とした。

衡平理論の他には，被援助者が援助者に援助を受けることで自由を奪われるために苦痛を感じるとするリアクタンス理論（Brehm, 1966; Gross et al., 1979）や，被援助者が援助の原因をどのような状況要因に帰属するかによって援助に対する反応が異なるとする原因帰属理論による説明が行われた（Greenberg & Frisch, 1972）。フィッシャーら（1983）は，援助に対する反応の肯定性を説明するため「自尊心への脅威モデル（threat to self-esteem model）」を提唱した。このモデルは，援助に対する肯定的反応（たとえば感謝，援助者に対する肯定的な評価）と否定的反応（たとえば拒否，援助者に対する否定的な評価）を左右するのは自己評価に対する援助の意味づけであり，自己の評価を減じさせるような援助に対しては否定的な，そうでない援助に対しては肯定的な反応が生じると説明するモデルである。たとえば，自立に価値を置いている人が他者に援助を受けたとき，しばしば援助者に対する当人の反応は否定的なものになる。課題を達成できなかったことが，自立を重視する自尊心にとって脅威となるためである。

フィッシャーら（1983）は，援助を受ける状況は，被援助者に，自分は援助されなければならないほど劣った依存的な人間であるという自覚をもたらす可能性があり，社会化の過程で培われた自立への価値観に反する可能性があり，仮に援助が成功しない場合には問題が継続し，搾取された感覚をもたらし，援助を要請した自分の判断を疑わせる可能性があるために自己評価への脅威と多分に背中合わせの状況であると考えた。ナドラーとオルトマン（Nadler & Altman, 1978）はイスラエルの学生を対象にこのモデルの妥当性を検討し，自分の課題達成能力についての偽のフィードバックにより一時的に自己評価を操作して高めた群は，操作がない群に比べて，援助を受けた後で気分や自己評価が悪くなることを示した。また，ナドラーとフィッシャー（Nadler & Fischer, 1976）は，アメリカの大学生を対象とした株式投資を模したゲームにおいて，特性的な自尊心が高い学生は自分と態度が似ている援助者からの援助に対して否定的な感情を感じることを示した。すなわち，有能性や独自性に関する自己評価に対して，援助や，似ている他者からの援助は反証として脅威になってしまうため，援助に対して否定的な反応を示した。

自尊心の脅威モデルが援助に対する反応を説明しているのに対し，心理的負債は援助場面を構成する諸変数から被援助者が体験する内的な感情状態と返報への動機づけを説明している点で異なる（Greenberg & Westcott, 1983）。現に，心理的負債は肯定的とも否定的ともいえる感情である（Greenberg, 1980）。ゆえに自尊心への脅威モデルと心理的負債は，並行して被援助者の行動の説明に用いることができよう。

2．心理的負債の説明要因

心理的負債は援助場面を構成する諸変数によって説明されるが，そのなかでも重要なものは援助者と被援助者の報酬とコスト，援助者の行為についての原因の所在，援助者の動機，比較した他者による手がかりであるといわれている（Greenberg, 1980）。援助者の報酬は，援助することで援助者が手に入れたと被援助者が評価した利益である。援助者のコストは，援助するために援助者が払ったと被援助者が評価した損失である。被援助者の報酬は，自分が援助されたことによって得たと被援助者が評価した利益である。被援助者のコストは，自分が援助されたことによって費やしたと被援助者が評価した損失である。被援助者のコストに対する被援助者の報酬を「自己利益」，援助者の報酬に対する援助者のコストを「他者コスト」と呼ぶと，心理的負債の大きさは自己利益と他者コストにそれぞれの重要性によって相対的な比重を大きくしたうえで合計した値（心理的負債 = Ｖ１×自己利益＋Ｖ２×他者コスト）によって決まるとモデル化された。心理的負債を説明するうえで自己利益と他者コストの説明力が最も大きいことから，このモデルは，Ｖ１がＶ２より大きいという命題と併せて「心理的負債の方程式（indebtedness equation）」と呼ばれた（Greenberg et al., 1971; Greenberg & Saxe, 1975; Greenberg & Westcott, 1983）。すなわち，心理的負債の方程式は，他者コストが大きいと評価するよりも，自己利益が大きいと評価するほど心理的負債が強く感じられると説明するモデルである（図６－１の上参照）。

援助者の行為についての原因の所在とは，援助者の援助行動が，被援助者が要請して生じたのか，援助者自身が自発的に援助を申し出たのか，という援助行為の開始に関する評価である。他者コストが大きいような援助では，被援助者が要請した場合に心理的負債が強い（相川，1988a）。たとえば，友人との共同発表を明日に控え，大学の近くに住む友人にお願いして泊めてもらったのに共同発表がうまくいかなかったような場合である。反対に，自己利益が大きいような援助では，援助者から申し出た場合に心理的負債が強い（相川，1988a）。たとえば，怪我をしたとき誰かが率先して応急処置をしてくれたような場合である。援助者の動機とは，被援助者による援助者の援助動機の評価である。たとえば，何の利益もなく純粋に愛他的な動機から援助してくれた援助者に対して心理的負債が強い（Greenberg & Frisch, 1972; 西川，1986）。比較他者からの手がかりとは，被援助状況の解釈があいまいなときの心理的負債の大きさの判断基準に関する要因で，被援助者は周囲の他者や目撃者の反応と比較して心理的負債の大きさを判断する部分があるということである。

これらの他に状況要因や援助者との関係性に関して研究が行われている。相川（1989）や野崎と石井（2004）は，心理的負債が大きくなる被援助状況には，被援助者が「緊急事態」におかれているような状況や，援助者が「貴重な資源を提供」してくれる状況があることを明らかにしている。これらの状況は，前者が自己の利益が大きくなりやすい状況，後者が他者のコストが大きくなりやすい状況であると考えれば，心理的負債の方程式に沿う結果であるといえよう。

日常では身近な人から援助を受けることが多い（Greenberg, 1980）。身近な関係ほど援助されて当然と考え，謝意を伝えず，援助が拒否されると憤りを感じる（Bar-Tal et al., 1977）。一方で，赤の他人に比べて親友に対する心理的負債は大きいとされる（相川，1988a）。相川（1988b）は，援助者のコストが小さい援助では，他人よりも親友で他者コストが心理的負債を説明するのに対し，援助者のコストが大きい援助では，相手がだれであっても他者コストがより心理的負債を説明することを示した。日常の援助体験を想起させた相川（Aikawa, 1990）は，日本人学生と社会人では，年下の援助者を例外に，他者コストがより心理的負債を説明することを明らかにした。

文脈的な要因が心理的負債の多寡に媒介することを示すこれらの研究は，同時に，心理的負債の方程式にある疑問を投げかけている。すなわち，自己利益が他者コストよりも心理的負債を決定する（V１>V２），という命題がわが国で行われた研究では確認されにくいのである（相川，1988a; Aikawa, 1990）。内藤ら（Naito et al., 2005）はシナリオ提示法を用い，援助に対する感情を日本とタイで比較した。その結果，日本のみならずタイでも，心理的負債は他者のコストとより関連していた。この理由を心理的負債の方程式の誤りであると考えることもできるが，文化的文脈の違いを考慮に入れる価値もあるだろう。たとえばフィッシャーら（1983）は，自尊心への脅威モデルが前提とする自己評価に対する文化的文脈の影響を認めている。そもそも援助状況が自己評価に対する脅威となりやすいのは，近代西欧文化では自立に対して強い価値が置かれており，本質的に自己の有能性を疑わせる可能性を秘めた援助は，受けることで自立を中核に置いた自己観を傷つけやすいためである。同様の論議はバーコヴィッツ（Berkovitz, 1983）にもみられ，自己概念の守り方，高め方は文化に依存することを指摘している。

自己の肯定的な特性を確認することを重視する自己観をもつ文化と，所属集団内の他者との協調を重視する自己観をもつ文化では，自他の衡平関係を保つために文化的に優先される評価が異なるのではないだろうか。すなわち，欧米文化では自己利益，日本文化では他者コストをそれぞれ優先した心理的負債を感じているのではないだろうか。文化は，生態学的環境や政治体制だけでなく，歴史を超えて人間の心理に価値観，信念，規範，行動パターンを水路づけ（Berry et al., 2002），それらに社会的に共有された意味づけを付与する広義の文脈である（Kitayama et al., 1995）。人間の社会的適応は常に文化的文脈との兼ね合いであり（Keltner & Haidt, 1999），感情は環境に対する適応のための評価である（Lazarus, 1991）。すなわち，感情の評価は文化的文脈に依存する（Kitayama et al., 2007; Mesquita et al., 1997）。このことをふまえれば，自他の損得を相互交換的に評価して感じる心理的負債には，文化的文脈を考慮に入れた検討が不可欠であろう。

3．心理的負債と文化的な自他のあり方との関係

一言ら（2008）の研究では，心理的負債の方程式をアメリカ人学生と日本人学生の間で比較し，心理的負債の文化的基盤を検討した。アメリカと日本を比較した理由は，前者が自己の内的な肯定的特性を重視し，互いにそれを認め合う相互に独立した自己のあり方を奨励する文化であるのに対し，後者が自他の関係調和を重視し，互いにそれを維持し合う相互に協調した自己のあり方を奨励する文化であるためである（東，1994; Kitayama & Markus, 2000）。日米の学生は，視点の自己中心性において個人レベルで測定可能な程度に異なっており（Noguchi, 2007），アメリカ人学生が自己視点で物事をとらえる傾向があるのに比べ，日本人学生は他者視点で物事をとらえる傾向がある。

自己利益（V１）が他者コスト（V２）より強く心理的負債を決定すると結論したグリーンバーグら（1971）やグリーンバーグとザックス（1975）の研究対象者はアメリカ人大学生であり，援助が自尊心への脅威となることを示したナドラーとフィッシャー（1976）の研究対象者もアメリカ人大学生，ナドラーとオルトマン（1978）の研究対象者はイスラエル人学生である。50か国以上の価値観を比較したホフステッ

ドによると，アメリカ（ホフステッドの個人主義指標91点）やイスラエル（54点）は個人主義の得点が高い国である（Hofstede, 2001; Schwartz & Sagiv, 1995）。一方，他者コストがより強く心理的負債を決定する要因であると結論した相川（1988a; Aikawa, 1990），内藤ら（2005）の研究では，研究対象者は日本人学生や日本人社会人，タイ人学生であり，日本（46点）やタイ（20点）は個人主義指標の得点が低い集団主義の国である（Hofstede, 2001）。すなわち，散発的にさまざまな文化で行われた過去の研究は，価値観の違いに系統的な文化差が存在する。自己のあり方は価値観と密接なかかわりがあるとされ（Hofstede, 2001; Kitayama et al., 2007; Triandis, 2004），自己のあり方が独立的な文化と協調的な文化を比較するためには，個人主義の度合いが異なる文化を比較する必要がある。

一言ら（2008）は参加者に被援助体験を尋ね，その時を思い出して自己利益や他者コスト，感じた心理的負債がどれほどであったか量的に評価させた。参加者は88名の日本人学生（兵庫県，大阪府，宮城県在住の男性25名，女性63名，平均年齢20.83歳）と151名のアメリカ人学生（ミシガン州，ネブラスカ州，フロリダ州在住の男性47名，女性104名，平均年齢19.46歳）であった。心理的負債の他に，援助者の行為の原因の所在や援助者の動機も尋ねた。また，被援助体験の記述から援助者や，援助の種類の違いも分類し，各参加者のデータとした。参加者ごとに家族，友人，見知らぬ他人のそれぞれから援助された場合について尋ね，関係性の違いも検討した。ただし，シナリオ提示法のように厳密に状況を操作していないため（相川，1988a），要因間の交互作用は考慮に入れなかった。また，援助に対する反応として援助者に対する印象や，被援助時の自分の感情について心理的負債以外で肯定的なものと否定的なものをどの程度感じたかについても尋ねた。

心理的負債を被説明変数，自己利益と他者コスト，援助者の行為の原因の所在，援助者の動機，援助者と援助の種類を説明変数に投入した重回帰分析を行った。分析の結果，アメリカでは友人や見知らぬ人からの援助で自己利益が，日本ではすべての関係性で他者コストがより大きな説明力を示した。すなわち，心理的負債は自己利益と他者コストによって強く規定されるが，アメリカ人学生は自己利益が多いと評価するほど，日本人学生は他者コストが多いと評価するほど心理的負債を強く感じていた。心理的負債の方程式は自他利益の評価の文化的文脈に依存していると考えられる（Mesquita & Karasawa, 2004）。

4．心理的負債にともなう感情と文化的な脅威

一言ら（2008）では，援助を受けたときに生じた感情の肯定性と否定性の間に文化差が確認された。援助されて「うれしさ」「感謝」を感じた強度を平均して肯定的感情とし，「すまなさ」「恥ずかしさ」「悲しさ」「後悔」を感じた強度を平均して否定的感情として肯定的感情と否定的感情の間の相関係数を日米で算出したところ，アメリカでは負であったのに対し，日本では正であった。すなわち，アメリカでは援助された後の肯定的感情は否定的感情と両立しなかったが，日本では「うれしいけれど，恥ずかしい」というように肯定的感情と否定的感情が両立した。この結果は，援助に対する反応が肯定か否定のいずれかになると予測する自尊心への脅威モデルでは，日本人の被援助体験を説明しきれないことを示している。もちろん日本でも援助されて否定的な感情は生じるので（相川，1989），自尊心への脅威モデルが日本でまったく使えないというわけではなく，文化間比較より明らかになった肯定性と否定性が背反の関係にない被援助体験も説明できるようモデルに拡張が必要だということである。

日本，中国，インド，アジア系アメリカ人など，東アジアに由来する文化圏の対象者では感情の肯定性と否定性が明確に区別されていないことを示す研究がある（Kitayama et al., 2000）。これらの研究の多くは，感情の肯定性の不明確を弁証法的思考の伝統によるものとし（Ji et al., 2001），中庸を理想とする思考形態が感情を両価的なものにしていると説明している（ただし，その他の要因の可能性についてScollon et al., 2005を参照）。一方で，近年「関係懸念」の影響を指摘する研究もある。テイラーら（Taylor et al., 2004）は，アジア系アメリカ人がヨーロッパ系アメリカ人に比べて援助を要請しない傾向が関係懸念によって説明されることを見出した。関係懸念（relationship concerns）とは，他者に迷惑をかけることになるかもしれない，自分の面子が失われるかもしれない，所属集団を騒がせるかもしれないといった対人関係の調和の悪化に対する心配のことである。わが国でも援助の要請を抑制する要因に「援助者への遠慮」があげられているが（島田・高木，1994），これも関係懸念の一種であると考えられる。つまり，日本人の被援助時の感情には，「助けてもらって自分はうれしいものの，援助者に迷惑をかけることで援助者との関係の調和が悪化しては心配だ」という感情の肯定性と否定性の両立があるのではないだろうか。

他者コストが「援助者にかけた迷惑」を考えたものとすると（Aikawa, 1990），以上の考えが正しければ，他者コストが援助後の感情の肯定性と否定性の相関を説明す

るはずである。この観点から一言ら（2008）のデータの再分析を行った結果，友人や見知らぬ他人からの援助に対する感情の肯定性と否定性の相関関係が他者のコストによって媒介されることがわかった（友人からの援助：Sobel test: $z = 2.15, p < .05$; 見知らぬ他人からの援助：$z = 1.47, p < .1$）。日本人が援助を受けた後に「うれしいけれど，恥ずかしい」と感じるのは，関係懸念が背後にある可能性がある。

援助の意味は社会的に構成され（Gergen & Gergen, 1983），協調的な自己のあり方を奨励する文化で共有される援助の意味には，関係懸念という関係関与の次元（Kitayama et al., 1995）における意味合いが強いのではないだろうか。

5．心理的負債と文化的な認知的不協和

協調的な自己のあり方を奨励する文化の被援助経験が関係懸念をともないやすいならば，日本文化における心理的負債は，他者との関係に注目し，推測した「他者」の心持ちに対して返報を義務づけられている感情だと考えられる。一方，自己の有能性への脅威が生じやすい独立的な自己のあり方を奨励する文化の心理的負債は，自己の利益になることをしてもらい，返さないことには「自分」の心持ちがよくない感情だと考えられる。心理的負債は不衡平状態に対して生じた認知的不協和により援助者への返報を動機づける感情でもある（図6－1の上参照）。近年，認知的不協和は相互独立的文化では独立的な自己評価に対して強く，相互協調的な文化では関係的な自己評価に対して強く生じることが示されているため（Kitayama et al., 2004），返報の動機の文化差についても検討する余地があろう。

協調的な文化の返報が他者（援助者）との関係調和を保つために行われるならば，返報が他者に他律的に義務づけられたような状態では，とくに返報への動機づけが高まることが予想される。義務の不履行は面子を失うことにつながり，面子を失うことは関係から疎外される可能性を秘めているためである（Tsai, 1996）。援助者が申し出た援助では，援助の行為の原因は他者に帰属されやすく，それゆえ返報が他律的に義務づけられやすいと考えられる。一方，独立的な文化で返報することは自己（被援助者）の有能性を守る目的がある。そのため，援助の行為の原因が自己に帰属されやすく，それゆえ自己の有能性を脅威にさらしやすい要請による援助（Broll et al., 1974; Fischer et al., 1983）の場合は，返報していない状態が肯定的な自己評価に対する自律的な気がかりを生じ，とくに返報への動機づけが高まることが予想される。そこで筆者は返報の動機に関するこの仮説を検討するため比較文化実験を行った。

実験では，援助を受けた当日の心理的負債と，数日後回顧した同じ出来事に対する心理的負債の差を心理的負債の「認知的バイアス」と定義し，返報の動機を暗黙に測定する指標とした。心理的負債が援助者に返報できていない不衡平関係における認知的不協和（Greenberg & Shapiro, 1971）であり，返報に成功すれば軽減する感情（相川・吉森，1995; Gergen et al., 1975）ならば，返報ができていなければ，すなわち認知的不協和の状態が続いていれば，返報への動機づけが高いために心理的負債を高く見積もる認知的バイアスが生じるはずである（Gergen et al., 1974; Greenberg, 1980）。感情体験の回顧報告は高度な記憶再生課題であり，回顧する感情について暗黙のうちに活性化している信念が評価に組み込まれる（Robinson & Clore, 2002）。したがって，通常は変化がないはずの回顧した心理的負債が当日のそれよりも強ければ（Bar-Tal & Greenberg, 1974），その増加分は未返報による認知的不協和によって活性化した心理的負債の分，すなわち返報の動機の反映であると考えられる。

この実験は日本人大学生 30 名（兵庫県と大阪府在住の男性 10 名，女性 20 名，平均年齢 21.67 歳）と，アメリカと同程度に個人主義であり（ホフステッドの個人主義指標 90 点），比較文化研究が積まれている（Kashima et al., 2003; Kashima & Hardie, 1994）オーストラリアの大学生 43 名（ヴィクトリア州在住の男性 12 名，女性 31 名，平均年齢 23.76 歳）を対象に，14 日間インターネット上で一日の被援助経験を繰り返し報告させて行った。2 週間の最後に，研究対象者は報告した被援助状況のなかで「最も心に残っている援助」について当日を回顧して答えた。従属変数は回顧による心理的負債の変化量であり，独立変数は国籍(2)，最後の調査時までの返報の有無(2)，援助者の行為の原因の所在(2)の 3 要因とし，共変量に群との交互作用が認められなかった援助者との親密さ，報告に欠損のあった日数，自己利益，他者コストを投入して共分散分析を行った。援助者の行為の原因の所在が明確でない日本人 6 名とオーストラリア人 8 名は分析から除外した。

分析の結果，国籍×返報の有無×援助者の行為の原因の所在の 3 要因交互作用が有意であった（$F(1, 47) = 5.94, p < .05$）。下位検定の結果，オーストラリアでは自分の要請した援助に対して未返報であれば認知的バイアスが正に増加していたのに対し（$p < .05$），日本では援助者が申し出た援助に対して返報済みであれば心理的負債の認知的バイアスが負に増加する傾向があった（$p < .1$）。すなわち，オーストラリアでは要請した援助に対する未返報状態は仮説のとおり回顧した心理的負債をより強く見積もらせたが，日本では申し出による援助に対する未返報状態が予想に反し認知的バイアスを生じさせず，むしろ返報済みである場合に心理的負債が弱く見積もられる傾向があった（図 6 − 2）。

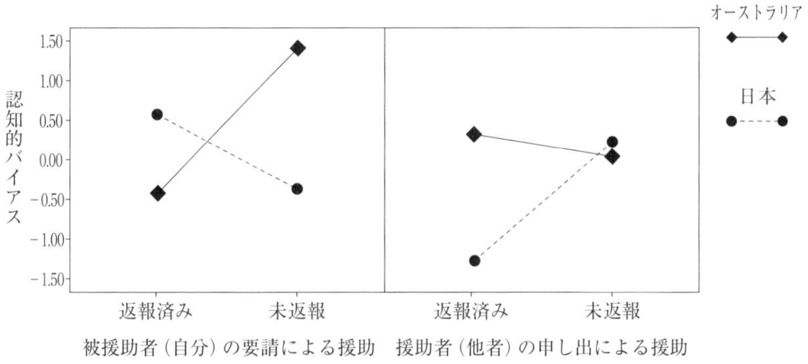

図6−2　心理的負債の認知的バイアスに対する国籍，返報，援助者の行為の原因の所在の交互作用

注）心理的負債の評定は全7段階で行われた。図縦軸の＋は回顧した心理的負債が当日より強く見積もられていたことを，0.00は当日と同じ値が回顧されたことを，−は弱く見積もられていたことを表す。

この結果は，独立的な自己のあり方を奨励する文化における返報の動機は，要請することにより文字通り返報するまで「利子」がついていくような個人内の苦痛を取り払う動機であるのに対し（Brehm, 1966; Gergen et al., 1975; Greenberg & Shapiro, 1971; Greenberg, 1980），協調的な自己のあり方を奨励する文化における返報の動機は，援助の原因がどちらにあるにせよ被援助時に負ったものを数日後まで覚えている帳簿の「記録」のようなものであり，増えることはないが背負い続け，援助者に返報した後は荷を下ろすようにさっそく過小評価してしまうような関係依存的な動機である可能性を示しているのではないだろうか。かつてベネディクト（Benedict, 1946）は『菊と刀』で本章冒頭の『坊ちゃん』のくだりを引用し，日本人の民族的性格を「些細な事柄についてのこのような神経の過敏さ，このような傷つきやすさ」（p.134）を美徳とする文化であると指摘したが，山嵐に対する死ぬまでの一銭五厘，清に対する五年前の三円にとまどう坊ちゃんの関係律こそ，日本文化の心理的負債の特徴ではないだろうか。坊ちゃんが身近に感じていた清には返報を行わず，嫌っていた山嵐には明日にでも返報しようとしていた点を考慮すると，相互協調的文化において未返報状態であることは，受けた援助に対する変わらぬ心理的負債を負い続けられるという意味において，あえて返報しないことが身近な対人関係を継続する手段になるのかもしれない。この点について，坊ちゃんの主人公のように身近な相手に対する返報のあり方と，そうでない相手に対する返報のあり方とで，関係性（Lebra, 1976; Muramoto, 2003），甘え（土居，1971），面子（Tsai, 1996）などの文化的要因を考慮した検討が待たれる。

6．心理的負債と義理固さ

集団主義的な社会では，人は生まれたときからメンバーどうしの結びつきの強い内集団に統合され，忠誠を誓う限り内集団から生涯にわたって保護される（Hofstede, 2001）。相互協調的文化とされる日本文化では，自己概念の拠り所は身近な他者との関係の調和にあり，そのために必要な認知的，感情的，行動的特徴が内面化される（Kitayama et al., 2007）。関係の調和を維持するためには，個人は集団の規範に準拠しなければならない。すなわち，集団内の他者が自分に期待する行動をとり（東, 1994），自らの面子を維持する必要がある（Tsai, 1996）。面子は，所属集団内の他者の評価に拠り所があるため，個人では完全には統制できない他律性をもつ（Hamamura & Heine, 2008）。そのため，個人は社会的評価を落とす危険をはらむ行動は慎み，規範からの逸脱を回避する必要がある。結果的に集団主義文化では義務的な自己を遵守する行動が求められる（Elliot et al., 2001; Lee et al., 2000）。関係性の維持に機能する心理的負債は，集団主義文化における中心的な関心事（focal concern; Mesquita et al., 1997）ではないだろうか。

規範を遵守する行動的特徴として「役割を守る」行動が重視される。東（1994）は，日本の教育には没我的に役割を志向させる働きがあると考えた。自分の所属する集団内の他者の期待にこたえ，規範を守ることで自らの社会的立場を維持し，与えられた役割を受動的かつ勤勉に遂行しようとする傾向をもった子が日本で「よい子」と呼ばれる。北山（1998）は上記のような特徴を「義理」と呼んだが，好意の返報（源，1996）を促すという意味において，役割を守ることは内集団の成員に対する義理固さに近い概念であるといえよう。内集団の成員の期待にこたえることは，内集団の規範を遵守することにつながる（Tsai, 1996）。一言と松見（Hitokoto & Tanaka-Matsumi, 2007）は，この東（1994）の「受動的勤勉性」の概念と北山（1998）の役割志向性に関する理論的考察を参考に「役割遂行尺度」を作成した。日本人大学生はアメリカ人大学生よりも状況に依存して自己評価が異なることがわかっているため（Kanagawa et al., 2001），役割遂行尺度は内集団状況に限定した自己を測定する（表6－1参照）。日本人大学生（$N = 230$）に対する調査で，役割遂行尺度はある程度の内的整合性と（$\alpha = .81$），2週間の再検査信頼性（$r = .84, p < .001$），相互協調的自己観尺度（高田，2000）と正の相関が確認されている（$r = .48, p < .001$）。

表 6－1　役割遂行尺度

項目[a]	項目合計相関[b]
・身近な人の期待に応えたい	.49
・身近な人から与えられた役割はできるだけ完璧にこなしたい	.57
・後輩が困っていたら助けたいと思う方だ	.42
・身近な人の期待を裏切らないためにも努力する	.55
・身近な目上の人との関係を重視する	.42
・まわりの人には「しっかりもの」と思われたい	.43
・身近な人から任されたことは必ず果たさなければならないと思う	.43
・身近な集団でのタテやヨコの関係を重視する方だ	.41
・まわりの人たちの間で決められた規則は守る方だ	.41
・身近な人に与えられた役割は，その内容にあまり意味が無くてもやり遂げる	.38
・まわりの人に対する義理を重視する方だ	.43

a）尺度の教示は「あなたが普段，一日の中でもっとも長い時間を一緒に過ごす集団の中でのあなたについてお答え下さい」であり，評定は「1：まったく当てはまらない，2：あまり当てはまらない，3：どちらでもない，4：やや当てはまる，5：とてもよく当てはまる」の双極の5段階ライカート・スケールであった。
b）$N = 230$名の日本人大学生による当該項目以外の項目の合計との相関（r）。

相川と吉森（1995）が作成した心理的負債感尺度は，心理的負債に対する感じやすさの個人特性を測定する18項目からなる心理尺度である。この尺度では，心理的負債の感じやすさ，心理的負債への耐性，心理的負債の低減欲求という3側面から一次元の尺度を構成し，安定した信頼性と妥当性が報告されている（相川・吉森, 1995）。これまでの論議のとおり心理的負債が協調的な文化の規範の準拠にかかわる感情なのであれば，所属集団内の他者の期待にこたえようとする者ほど心理的負債を感じやすいはずである。すなわち，心理的負債感尺度と役割遂行尺度は正の相関関係にあると考えられる。285名の日本人大学生（兵庫県，大阪府，京都府在住の男性106名，女性179名，平均年齢19.26歳）に心理的負債感尺度（$\alpha = .81$）と役割遂行尺度（$\alpha = .84$）に回答させたところ，仮説のとおり$r = .51$（$p < .001$）という正の相関関係が確認された。心理的負債には協調的な文化による文化的基盤が存在する可能性が示唆されよう。

7．心理的負債と感謝

心理的負債と関連の深い感情に「感謝（gratitude)」がある（Emmons, 2008）。感謝も，コストを払う他者の意図的な利益提供に対する感情である（Tesser et al.,

1968)。ただし，感謝は善意と評価した他者の利益提供に対する否定的反応のない純粋に肯定的な感情体験であり（McCullough et al., 2002），自分が受けるに値しないと評価する利益，日常の小さな喜び，神や自然，宇宙から受けたと評価した利益に対しても生じ（Watkins et al., 2003），返報以外の向社会的行動にも結びつく点で心理的負債とは異なる（Lyubomirsky, 2008)。心理的負債と異なり，感謝は援助者が返報を期待しないほど高まることがわかっており（Watkins et al., 2006），この意味で心理的負債は，より特定の人に対する返報に束縛された感情（たとえば，あの人に，お返しをしなければならない気持ち）であることがわかる。感謝は，多くの文化で自己の利益により説明される普遍性が高いと考えられるが（Naito et al., 2005; Kan et al., 2009），他者からの利益提供が直接個人の幸福に結びつくか否かには自己のあり方による文化差があるかもしれない（Uchida et al., 2008)。また，信念の文化差を考慮すると，社会的冷笑主義（social cynicism）の得点が高い国（たとえば「親切な人はいじめられる」と信じている人が多い国）では（Leung et al., 2002），他者の善意の判断に一定の文化的制約があるかもしれない。

8．まとめ

本章では，自己意識的感情である心理的負債について，その初期の研究から最近の研究までを概観し，この感情に文化的な文脈を考慮した理解が不可欠であることを示した（図６－１の（2)，図６－２参照)。援助者に対する返報を義務づける心理的負債は，自己と他者それぞれに関する損得の評価が必要であるという点において，自他のあり方に関する文化的文脈と不可分の社会的感情である。援助と，それにともなう返報は普遍的な社会行動であり，どのような文化の人間でも社会生活を営む以上「お返しをしなければならない」とは感じる。同時に，おのおのの文化が歴史的に培ってきた自己と対人関係のあり方によって心理的負債の拠り所となる評価や返報への動機づけには文化的多様性が存在する（Kitayama et al., 2006; Mesquita & Karasawa, 2004)。

これまでの自己意識的感情の研究は，個人主義文化で行われたものが多い（Tracy et al., 2007)。心理学の研究の大半が北米で行われたものであることを考慮すると（Triandis, 2004），集団主義文化の立場からとらえた感情研究がさらに必要である。たとえば，中国では「恥」を教育に不可欠の感情と考える（Wong & Tsai, 2007)。「恥」をかくことは個人主義文化では自己評価への脅威に他ならないという意味をもつが，集団主義文化においては関係性を修繕する契機となる（Bagozzi et al., 2003）。すなわち，文化的文脈の違いは自己意識的感情の社会的な意味づけや機能を左右する可能性がある。

北米文化における自己は思考，行動，動機づけの中心であると信じられてきた（Uchida et al., 2004）。この個人主義文化における自己のあり方をふまえれば，これまでの社会的感情の研究が自己意識を中心に展開されてきたことも理解できる。自己に向けられた意識を基盤とする感情に個人主義的な世界観が反映されているとするならば，日本文化の心理的負債が示すように，他者の思惑を忖度し（辻，1993），他者に向けられた意識である他者意識（other consciousness）を基盤とした感情を研究する必要があるだろう（Kitayama et al., 1995）。北山ら（1995）は，肯定性次元と活動性次元に加え，感情の次元に「関係関与の次元」の存在を指摘している。この次元における感情経験の文化差は，近年個人内で主観的ウェル・ビーイングを予測することも明らかになっており（Kitayama et al., 2006），他者や，他者との間柄に意識を向けた自己で生じる感情（たとえば義理，人情，恩，負い目，親しみ，気がね，ふれあい）について研究する意義は十分にあると考えられる（ゴードン・菊池, 1981; Kitayama et al., 2000; Noguchi, 2007; 吉田ら，1966）。このような社会的感情の研究は，東アジアの心理学者から北米生まれの心理学に提言できる未開拓の研究領域であろう（Azuma & Imada, 1994）。

【引用文献】

Adams, J. S. (1963). Toward and understanding of inequality. *Journal of Abnormal and Social Psychology,* **67,** 422-436.

相川　充（1984）. 援助者に対する被援助者の評価に及ぼす返報の効果　心理学研究，**55,** 1, 8-14.

相川　充（1988a）. 援助に対する被援助者の認知的反応に関する研究―心理的負債の決定因に関する分析―　宮崎大学教育学部紀要社会科学，**63,** 37-48.

相川　充（1988b）. 心理的負債に対する被援助利益の重みと援助コストの重みの比較　心理学研究，**58,** 366-372.

相川　充（1989）. 心理的負債の大きさによる被援助事態の分類　宮崎大学教育学部紀要社会科学，**66,** 1-11.

Aikawa, A. (1990). Determinants of the magnitude of indebtedness in Japan: A comparison of relative weight of the recipient's benefits and the donor's costs. *The Journal of Psychology,* **124,** 523-534.

相川　充・吉森　護（1995）. 心理的負債感尺度作成の試み　社会心理学研究，**11,** 63-72.

東　洋（1994）. 日本人のしつけと教育　東京大学出版会

Azuma, H., & Imada, H. (1994). Origins and development of psychology in Japan: The interaction between Western science and the Japanese cultural heritage. *International Journal of Psychology,* **29,** 707-715.

Bagozzi, R. P., Verbeke, W., & Gavino Jr. J. C. (2003). Culture moderates the self-regulation of shame and its effects on performance: The case of salespersons in the Netherlands and the Philippines. *Journal of Applied Psychology,* **88** (2), 219-233.

Bar-Tal, D., Bar-Zohar, Y., Greenberg, M. S., & Hermon, M.（1977）. Reciprocity behavior in the relationship between donor and recipient and between harm-doer and victim. *Sociometry,* **40**（3）, 293-298.

Bar-Tal, D., & Greenberg, M. S.（1974）. Effect of passage of time on reactions to help and harm. *Psychological Reports,* **34**, 617-618.

Benedict, R.（1946）. *Chrysanthemum and the sword.* Boston: Houghton Mifflin Company.（長谷川松治（訳）1972　菊と刀─日本文化の型─　講談社）

Berry, J. W., Pootinga, Y. H., Segall, M. H., & Dasen, P. R.（2002）. *Cross-cultural psychology: research and applications. 2nd ed.* Cambridge: Cambridge University Press.

Berkovitz, L.（1983）. Some thoughts about research on reactions to help. In J. D. Fischer, A. Nadler & B. M. DePaulo（Eds.）, *New directions in helping, 1.* New York: Academic Press. pp.335-350.

Brehm, J. W.（1966）. *A theory of psychological reactance.* New York: Academic Press.

Broll, L., Gross, A., & Piliavin, I.（1974）. Effects of offered and requested help on help seeking and reactions to being helped. *Journal of Applied Social Psychology,* **4**（3）, 244-258.

Castro, M. A. C.（1974）. Reactions to receiving aid as a function of cost to donor and opportunity to aid. *Journal of Applied Social Psychology,* **4**（3）, 194-209.

土居健郎（1971）. 「甘え」の構造　弘文堂

Eisenberg, N.（2000）. Empathy and sympathy. In M. Lewis & J. M. Haviland-Jones （Eds.）, *Handbook of emotions.* 2nd ed. New York: Guilford Press. pp. 677-692.

Elliot, A., Chirkov, V. I., Kim, Y., & Sheldon, K. M.（2001）. A cross-cultural analysis of avoidance（related to approach）personal goals. *Psychological Science,* **12**（6）, 505-510.

Emmons, R. （2008）. Gratitude, subjective well-being, and the brain. In M. Eid & R. J. Larsen（Eds.）, *The science of subjective well-being.* New York: Guilford Press. pp. 469-489.

Fischer, J. D., Nadler, A., & Whitcher-Alagna, S.（1983）. Four conceptualizations of reactions to aid. In J. D. Fischer, A. Nadler & B. M. DePaulo（Eds.）, *New directions in helping, 1.* New York: Academic Press. pp. 51-84.

福岡欣治（1999）. 友人関係におけるソーシャル・サポートの入手－提供の互恵性と感情状態─知覚されたサポートと実際のサポート授受の観点から─　静岡県立大学短期大学部研究紀要, **13**, 57-70.

Gergen, K. J. （1974）. Toward a psychology of receiving help. *Journal of Applied Social Psychology,* **4**, 187-193.

Gergen, K. J., Ellsworth, P., Maslach, C., & Seipel, M.（1975）. Obligation, donor resources, and reactions to aid in three cultures. *Journal of Personality and Social Psychology,* **31**（3）, 390-400.

Gergen, K. J., & Gergen, M. M.（1983）. The social construction of helping relationships. In J. D. Fischer, A. Nadler & B. M. DePaulo （Eds.）, *New directions in helping, 1.* New York: Academic Press. pp. 143-163.

Gergen, K. J., Morse, S. J., & Bode, K. A.（1974）. Overpaid or overworked? Cognitive and behavioral reactions to inequitable rewards. *Journal of Applied Social Psychology,* **4**（3）, 259-274.

ゴードン, L. V. ・菊池章夫（1981）. 増補版　価値の比較社会心理学　川島書店

Gouldner, A. W.（1960）. The norm of reciprocity: A preliminary statement. *American Sociological Review,* **25**（2）, 161-178.

Greenberg, M. S.（1980）. A theory of indebtedness. In K. J. Gergen, M. S. Greenberg & R. H. Willis（Eds.）, *Social exchange: Advances in theory and research.* New York: Plenum Press. pp. 3-26.

Greenberg, M. S., & Bar-Tal, D.（1976）. Indebtedness as a motive for acquisition of "helpful" information. *Representative Research in Social Psychology,* **7**, 19-27.

Greenberg, M. S., Block, M. W., & Silverman, M. A.（1971）. Determinants of helping behavior: Person's rewards versus other's costs. *Journal of Personality,* **39**, 79-93.

Greenberg, M. S., & Frisch, D. M.（1972）. Effect of intentionality on willingness to reciprocate a favor. *Journal of Experimental Social Psychology,* **8**, 99-111.

Greenberg, M. S., & Saxe, L. (1975). Importance of locus of help initiation and type of outcome as determinants of reactions to another's help attempt. *Social Behavior and Personality,* **3,** 101-110.
Greenberg, M. S., & Shapiro, S. P. (1971). Indebtedness: An adverse aspect of asking for and receiving help. *Sociometry,* **34** (2), 290-301.
Greenberg, M. S., & Westcott, D. R. (1983). Indebtedness as a mediator of reactions to aid. In J. D. Fischer, A. Nadler & B. M. DePaulo (Eds.), *New directions in helping, 1.* New York: Academic Press. pp.85-112.
Gross, A. E., & Latane, J. (1974). Receiving help, reciprocation, and interpersonal attraction. *Journal of Applied Social Psychology,* **4,** 210-223.
Gross, A. E., Wallston, B. S., & Piliavin, I. M. (1979). Reactance, attribution, equity, and the help recipient. *Journal of Applied Social Psychology,* **9,** 297-313.
Hamamura, T., & Heine, S. J. (2008). The role of self-criticism in self-improvement and face maintenance among Japanese. In. E. C. Chang (Ed.), *Self-criticism and self-enhancement: Theory, research, and clinical implications.* Washington, DC: American Psychological Association. pp.105-122.
Hatfield, E., & Sprecher, S. (1983). Equity theory and recipient reactions to aid. In J. D. Fischer, A. Nadler & B. M. DePaulo (Eds.), *New directions in helping, 1.* New York: Academic Press. pp. 113-141.
一言英文・新谷　優・松見淳子 (2008). 自己の利益と他者のコスト―心理的負債の日米間比較― 感情心理学研究, **16,** 1-22.
Hitokoto, H., & Tanaka-Matsumi, J. (2007). Construction of the Japanese self-improvement motivation scale. Poster presentation in the International Congress of Asia's Educational Miracle. 28-29 Oct 2007, Incheon, Korea.
Hofstede, G. (2001). *Culture's consequences.* 2nd ed. Thousand Oaks: Sage.
Homans, G. C. (1961). *Social behavior: Its elementary forms.* New York: Harcourt, Brace, & World.
Ji, L., Nisbett, R. E., & Su, Y. (2001). Culture, change and prediction. *Psychological Science,* **12** (6), 450-456.
Kan, C., Karasawa, M., & Kitayama, S. (2009). Minimalist in style: Self, identity, and well-being in Japan. *Self & Identity,* **8,** 300-317.
Kanagawa, C., Cross, S. E., & Markus, H. R. (2001). "Who am I?": The cultural psychology of the conceptual self. *Personality and Social Psychology Bulletin,* **27,** 90-103.
Kashima, E., Halloran, M., Yuki, M., & Kashima, Y. (2003). The effects of personal and collective mortality salience on individualism: Comparing Australians and Japanese with higher and lower self-esteem. *Journal of Experimental Social Psychology,* **40,** 384-392.
Kashima, E., & Hardie, E. A. (1994). The development and validation of the relational, individual, and collective self-aspects (RIC) scale. *Asian Journal of Social Psychology,* **3,** 19-48.
Keltner, D., & Haidt, J. (1999). *Social functions of emotions. Cognition and Emotion,* **13** (5), 505-521.
菊池章夫・有光興記 (2006). 新しい自己意識的感情尺度の開発　パーソナリティ研究, **14,** 137-148.
北山　忍 (1998). 自己と感情　共立出版
Kitayama, S., Duffy, S., & Uchida, Y. (2007). Self as cultural mode of being. In S. Kitayama & D. Cohen (Eds.), *Handbook of Cultural Psychology.* New York: Guilford Press. pp. 136-174.
Kitayama, S., & Markus, H. R. (2000). The pursuit of happiness and the realization of sympathy: Cultural patterns of self, social relations, and well-being. In E. Diener & E. M. Suh (Eds.), *Culture and subjective well-being.* Cambridge: MIT Press. pp. 113-164.
Kitayama, S., Markus, H. R., & Kurokawa, M. (2000). Culture, emotion, and well-being: Good feelings in Japan and the United States. *Cognition and Emotion,* **14** (1), 93-124.
Kitayama, S., Markus, H. R., & Matsumoto, H. (1995). Culture, self, and emotion: A cultural perspective on "self-conscious" emotions. In J. P. Tangney & K. W. Fischer (Eds.), *Self-conscious emotions: The psychology of shame, guilt, embarrassment, and pride.* New York: Guilford Press. pp. 439-464.

Kitayama, S., Mesquita, B., & Karasawa, M.（2006）. Cultural affordances and emotional experience: Socially engaging and disengaging emotions in Japan and the United States. *Journal of Personality and Social Psychology,* **9**（5）, 890-903.

Kitayama, S., Snibbe, A. C., Markus, H. R., & Suzuki, T.（2004）. Is there any "free" choice?: Self and dissonance in two cultures. *Psychological Science,* **15**, 527-533.

Latane, B., & Darley, J. M.（1970）. *The unresponsive bystander.* New York: Dutton Signet.

Lazarus, R. S.（1991）. *Emotion and adaptation.* New York: Oxford University Press.

Lebra, T. S.（1976）. *Japanese patterns of behavior.* Honolulu: University of Hawaii Press.

Lee, A., Arker, J., & Gardner, W. L.（2000）. The pleasures and pains of distinct self-construals: The role of interdependence in regulatory focus. *Journal of Personality and Social Psychology,* **78**（6）, 1122-1134.

Leung, K. L., Bond, M. H., Carrasquel, S. R., Munoz, C., Hernandez, M., Murakami, F., Yamaguchi, S., Bierbrauer, G., & Singelis, T. M.（2002）. Social axioms: The search for universal dimensions of general beliefs about how the world functions. *Journal of Cross-Cultural Psychology,* **33**（3）, 286-302.

Lyubomirsky, S.（2008）. *The how of happiness.* New York: Penguin Press.

McCullough, M. E., Emmons, R. A., & Tsang, J.（2002）. The grateful disposition: A conceptual and empirical topography. *Journal of Personality and Social Psychology,* **82**, 112-127.

Mesquita, B., Frijda, N. H., & Scherer, K. R.（1997）. Culture and emotion. In J. W. Berry, P. R. Dasen, T. S. Saraswati, Y. H. Pootinga & J. Pandey（Eds.）, *Handbook of cross-cultural psychology: Basic processes and human development.* London: Sage. pp. 255-297.

Mesquita, B., & Karasawa, M.（2004）. Self-conscious emotions as dynamic cultural processes. *Psychological Inquiry,* **15**, 161-166.

源　了圓（1996）. 義理（一語の辞典）三省堂

Muramoto, Y.（2003）. An indirect self-enhancement in relationship among Japanese. *Journal of Cross-Cultural Psychology,* **34**, 552-566.

Nadler, A., & Altman, A.（1978）. Helping is not enough: Recipient's reactions to aid as a function of positive and negative information about the self. *Journal of Personality,* **47**, 615-628.

Nadler, A., & Fischer, J. D.（1976）. When helping hurts: Effects of donor-recipient similarity and recipient self-esteem on reactions to aid. *Journal of Personality,* **44**, 392-409.

Naito, T., Wangwan, J., & Tani, M.（2005）. Gratitude in university students in Japan and Thailand. *Journal of Cross-Cultural Psychology,* **36**, 247-263.

夏目漱石（1950）. 坊ちゃん　新潮社

西川正之（1986）. 返礼義務感に及ぼす援助意図性, 援助成果, および援助出費の効果　心理学研究, **57**, 214-219.

Noguchi, K.（2007）. Examination of the content of individualism/collectivism scales in cultural comparisons of the USA and Japan. *Asian Journal of Social Psychology,* **10**, 1-15.

野崎秀正・石井眞治（2004）. 抑制要因に基づく大学生の援助要請行動の分類　広島大学大学院教育学部研究科紀要第一部, **53**, 49-54.

Robinson, M. D., & Clore, G. L.（2002）. Episodic and semantic knowledge in emotional self-report: Evidence for two judgment processes. *Journal of Personality and Social Psychology,* **83**, 198-215.

Schwartz, S. H., & Sagiv, L.（1995）. Indentifying culture-specifics in the content and structure of values. *Journal of Cross-Cultural Psychology,* **26**, 92-116.

Scollon, C. N., Diener, E., Oishi, S., & Biswas-Diener, R.（2005）. An experience sampling and cross-cultural investigation of the relation between pleasant and unpleasant affect. *Cognition and Emotion,* **19**, 27-52.

島田　泉・高木　修（1994）. 援助要請を抑制する要因の研究Ⅰ―状況認知要因と個人特性の効果について―　社会心理学研究, **10**, 35-43.

高田利武（2000）. 相互独立的－相互協調的自己観尺度に就いて　奈良大学総合研究所所報, **8**, 145-163.

Taylor, S. E., Sherman, D. K., Kim, H. S., Jarcho, J., Takagi, K., & Dunagan, M. S.（2004）. Culture and social support: Who seeks it and why? *Journal of Personality and Social Psychology,* **87,** 354-362.

Tesser, A., Gatewood, R., & Driver, M. (1968). Some determinants of gratitude. *Journal of Personality and Social Psychology,* **9,** 233-236.

Tracy, J. L., Robins, R. W., & Tangney, J. P. (2007). *The self-conscious emotions: Theory and research.* New York: Guilford Press.

Triandis, H. C. (2004). *Culture and social behavior.* Boston: McGraw Hill.

Tsai, H. Y. (1996). Concept of "Mien Tzu" (Face) in East Asian societies: The case of Taiwanese and Japanese. In H. Grad, A. Blanco & J. Georgas (Eds.), *Key issues in cross-cultural psychology.* Lisse: Swets & Zeitlinger Publishers. pp. 309-315.

辻 平治郎 (1993). 自己意識と他者意識 北大路書房

Uchida, Y., Kitayama, S., Mesquita, B., Reyes, J. S., & Morling, B. (2008). Is perceived emotional support beneficial?: Well-being and health in independent and interdependent cultures. *Personality and Social Psychology Bulletin,* **34,** 741-754.

Uchida, Y., Norasakkunkit, V., & Kitayama, S. (2004). Cultural constructions of happiness: Theory and empirical evidence. *Journal of Happiness Studies,* **5,** 223-239.

Warneken, E., & Tomasello, M. (2006). Altruistic helping in human infants and young chimpanzees. *Science,* **311,** 1301-1303.

Watkins, P. C., Scheer, J., Ovnicek, M., & Kolts, R. (2006). The debt of gratitude: Dissociating gratitude and indebtedness. *Cognition and Emotion,* **20,** 217-241.

Watkins, P. C., Woodward, K., Stone, T., & Kolts, R. L. (2003). Gratitude and happiness: Development of a measure of gratitude and relationships with subjective well-being. *Social Behavior and Personality,* **31,** 431-452.

Wong, Y., & Tsai, J. (2007). Cultural models of shame and guilt. In J. L. Tracy, R. W. Robins & J. P. Tangney (Eds.), *The self-conscious emotions: Theory and research.* New York: Guilford Press. pp. 209-223.

Yamamoto, S., & Tanaka, M. (2006). Factors influencing reciprocity in chimpanzees. Poster presentation in Hokkaido university 21centry COE International Symposium, 9-10 Sep 2006, Tokyo, Japan.

吉田正昭・藤井和子・栗田淳子 (1966). 日本人の恩意識の構造 I 心理学研究, **37,** 74-85.

7章

恥
その多様な感情の発生から対処まで

樋口匡貴

われわれは，しばしば「恥ずかしい」「恥をかいた」といった状態を経験する。「恥ずかしい」という感情は，普段の会話において最も頻繁に言及される感情の1つである（Shimanoff, 1984）。この感情は，「駅のホームでつまずいた」「友人だと思って話しかけたら別人だった」「先生に『お母さん！』と呼びかけた」といったように，それほど害があるとは考えにくい状況でも発生する。このような場合であれば，周囲の人が思わず笑ってしまうような軽い失敗エピソードとして片づけることはできるだろう。しかし，このようなときでもそこで感じる感情自体は不愉快なものである。一方，「親との約束が守れなかった」「親友が陰で自分を笑い者にしていた」といった状況でも恥ずかしいと感じることはあるだろう。こういった状況での恥は先程のものよりも強く，不愉快極まりなく，そして屈辱的なものかもしれない。恥という感情は，対人相互作用を完全に崩壊させ，個人を強く，そして長く苦しめる感情の1つなのである（Miller, 2007）。

これまでわが国で行われてきた恥に関する心理学的な基礎研究は，大きく4種類の領域に分けることができる。すなわち，恥が発生する状況を整理した発生状況に関する領域，恥がどのような原因によって発生するのかを検討した発生因に関する領域，恥そのものがどのような感情構造になっているのかを検討した下位感情に関する領域，そして生じた恥にどのように対処するのかを検討した対処行動に関する領域である。本章では，主にこれらの4領域についての研究を紹介する。

なお，この感情状態について，日本における研究では，「恥」（たとえば，作田，1967），「羞恥」（たとえば，井上，1977），「対人不安」（たとえば，菅原，1992a），「はずかしさ」（たとえば，加納・宇賀，1997）等，さまざまな用語が使用されてきている。内容に多少の差異はあるものの，大まかには同じものを対象にしていると考えられるため，本章においては，最も基本となる用語である，「恥」を使用する。

また欧米においては，とくにembarrassmentおよびshameといった用語が日本語での「恥ずかしい」に対応する。しかし本章において紹介する欧米の文献は，主にembarrassmentに関するものである。その理由として，shameについては，日本語における恥の概念のうち，「照れ」的なものや「困惑」的なものを含んでおらず，限定的であると考えられるのに対し，embarrassmentは，「照れ」的なものから「自己嫌悪」的なものまでを含んでおり，非常に包括的であると考えられるからである。

1．恥はどのような状況で発生するのか—恥の発生状況

冒頭にふれたように，恥はさまざまな状況において発生する。それでは恥が発生する状況を何とか類型化できないだろうかと考えたのが，恥の発生状況に関する研究の領域である。この領域の研究の多くは，自由記述等の手法によって大量に恥発生状況を収集し，それを質問紙化したうえで因子分析といった統計解析を実施することによって，恥発生状況を分類してきた。ここでは，代表的な研究の1つである，成田ら（1990）を紹介しよう。

成田ら（1990）は，予備調査として171名の大学生および看護学生を対象に，恥を経験した実際の状況を自由記述によって大量に収集した。その結果，2070例もの状況が収集された。さらにこの収集された状況を，自分自身の行為によって恥が発生したのか，それとも自分以外のだれか他の人の行為によって恥ずかしく感じたのか，といった基準を用いて小カテゴリーに分類したうえで，それぞれの小カテゴリーから質問紙の項目を作成した。結果的に120項目からなる質問紙が完成し，264名の大学生に対して調査が行われた。具体的には，「人前で自分の行為がとがめられ，怒られた時」といった項目に対して，「まったく恥ずかしくない」から「非常に恥ずかしい」までの4段階で回答を求めるという方法であった。

調査の結果得られたデータに対して因子分析という統計手法を用いたところ，120項目が4分類されることが示された。まず第1には，「みっともない髪形や服装をしている時」「自分一人，場違いな服装をしている時」といった，自分の劣位性が公衆の面前で露呈した状況の項目から成り立つ「かっこ悪さ」である。第2は，「初対面など，知らない人と話をする時」「大勢の前で自分の意見を発表した時」「異性におだてられた時」といった，状況が自分にとって肯定的であるか否定的であるかは問わず，自分が他者の注視の的になる場合や未知の人との相互作用を行う状況の項目から成り立つ「気はずかしさ」である。さらに第3は，「自分のしたことを後悔する時」「自分

にできるはずのことができなかった時」といった自分の行動等について反省する状況の項目から成り立つ「自己不全感」である。そして第4は,「ヌードやポルノシーンのポスターを見た時」「セックスについての話をする時」といった性的な状況の項目から成り立つ「性」である。すなわち成田ら（1990）の研究からは，恥が発生する多様な状況は,「かっこ悪さ」「気はずかしさ」「自己不全感」「性」の4種類に類型化できるという結論を出すことができる。

もちろん恥の発生状況に関する研究は成田ら（1990）だけではない。たとえば橋本と清水（1981）や山下ら（1981）も同様に状況を大量に収集したうえで項目化し，質問紙調査を行って類型化するという手法を用いて検討を行っている。その結果，橋本と清水（1981）では12類型，山下ら（1981）では6類型が見出されている。また菅原（1992a）は，恥に関連する感情語を調査対象者に提示し，それらの感情を感じる対人場面を想起させるという手法で状況を収集し，その後状況の分類を行っている。菅原の研究では「社会的に受け入れられない自己像が露呈した状況」「他者にとって馴染みのない自己像が露呈した状況」「人前での自分に自信がもてない状況」「対人場面において自己の役割が混乱した状況」という4 つの類型が見出されている。

また欧米でも同様に，多様な状況で恥が発生することが示されている。たとえばエーデルマンらによる研究（Edelmann, 1985; Edelmann & MacCusker, 1986）では,「他者の注目の的になった（center of attention)」「他者に対して恥ずかしい（embarrassment to others)」「他の人の行為によって恥を感じた（other's behavior)」「間抜けさを露呈した（appearing foolish)」「代理羞恥（vicarious embarrassment)」といった状況の分類が示されている。

こういった恥の発生状況に関する研究を整理した成田（1993）は，恥の発生状況を表7－1のようにまとめている。さらに樋口（2000）は表7－1をもとに恥発生状況の類型が，①自分のだめな部分が人前で露呈する公恥状況（例：授業中に自分のレポートが，悪い見本として名指しで指摘された時)，②自らの行動等について反省する私恥状況（例：親友が困っていたのに，十分な援助ができなかった時)，③ポジティブな評価や対人相互作用に戸惑う照れ状況（例：自分のちょっとした行為が，人前でほめられた時)，④人前での自分に自信がもてない対人緊張状況（例：大勢の知らない人の前で，壇上に立って自己紹介をする時)，⑤対人場面において自己の役割が混乱している対人困惑状況（例：あまり親しくない人との会話中に，話題がなくなって沈黙が続く時)，そして⑥性に関する情報が存在する性的状況（例：異性の友人がいる前で, 自分のセックス経験について尋ねられた時）の6つにまとめられるとした（表7－1 下欄)。この6種類の状況は，さらに大きく2種類に分けることもできる。樋

表7－1　恥に関する発生状況の分類（成田，1993に加筆）

研究者	恥の発生状況の類型					
橋本・清水（1981）	自己不全感	かっこ悪さ，ぶざまな行為，知識能力露見	異性	注視	きまり悪さ，家族，思い違い，不適当	性
山下ら（1981）	Ⅴ	Ⅳ，Ⅵ	Ⅱ			
成田ら（1990）	自己不全感	かっこ悪さ	気恥ずかしさ			性
菅原（1992a）		恥の意識		コミュニケーション不安		
		Ⅰ	Ⅱ	Ⅲ	Ⅳ	
Edelmann（1985）		注目の的			他者への恥 他者の行動	他者への恥
Edelmann & MacCusker（1986）		間抜けさの露呈			他者への恥 代理羞恥 他者の行動	他者への恥
樋口（2000）	私恥状況	公恥状況	照れ状況	対人緊張状況	対人困惑状況	性的状況

口（2002a）や樋口と深田（Higuchi & Fukada, 2002, 2008）によると，公恥状況および私恥状況は，報告頻度が非常に多いという意味において典型的な恥発生状況であり，一方それ以外の状況は，報告頻度が相対的に少ない非典型的な状況である。またこの典型－非典型状況の2分類は，典型状況は「すでにネガティブなことをしてしまった状況」であり，一方非典型状況は，「（今後するかもしれないが）必ずしもまだネガティブであるとはいえない状況」であるという特徴をもつことも指摘できるだろう。

ここまでにみてきたように，恥の発生状況に関しては，さまざまな研究によってかなりの部分が明らかにされてきているといえよう。しかし，各状況の詳細な性質がどのように異なり，そしてそれぞれの状況の違いが，恥が発生した後にどのような違いをもたらすのかといった点については，ここまでの研究で言及することは難しい。次節以降，恥の状況的な多様性がどのような違いをもたらすのかについても述べていこう。

2．恥とはいったいどのような感情か―恥の下位感情

さて，ここまでは恥が発生する状況が多様であるという話題であった。しかし，恥が多様なのは状況だけではない。ここで，一番最近「恥ずかしい」と感じた時のこと

を思い出してほしい。そこでの「恥ずかしい」は，他の言葉で言い換えるとどのような表現になるだろうか？「気まずい」や「はにかむ」であった人もいるだろうし,「情けない」や「面目ない」であった人もいるだろう。すなわち,「恥ずかしい」と一言で言ったとしても，その感情状態は一様ではないのである。さまざまな状態が「恥ずかしい」の一言に含まれるのだ。

この恥の感情的多様性に関する検討は，ベネディクト（Benedict, 1946）が，日本は周囲の人々の目を基準として行動を決定する「恥の文化」であると主張したのに対し，その批判的考察として，社会学者の作田（1967）や社会心理学者の井上（1969）によって始められた。すなわち,「公開の場の嘲りに対する反応」だけが恥ではなく,「他者の賞賛の的となっている場合，その他者の注視（現実の，あるいは想像上の）に対してしばしば経験するいたたまれない感じ」（作田 , 1967, p.10）といった恥もあるとして，恥の感情的な多様性を初めて指摘したのである。

その後，心理学の領域においてもいくつか恥の感情的多様性を検討した研究が行われてきた。ここでは，樋口（2000）による研究を紹介しよう。

樋口（2000）はまず，心理学，社会学，言語学等のさまざまな文献や類語辞典より,恥を表現するために用いられている計 125 の感情語を収集した。そこから 27 の感情語を選び出し，それらを項目として使用する質問紙を作成した。質問紙は，過去の恥体験を 1 つ自由に想起，記述させ，その体験において「気まずい」「おどおどした気持ち」といった 27 の各感情をどの程度感じたか,「感じない」から「非常に感じる」の 4 段階で評定させるものであった。

大学生 309 名に対する調査の結果得られたデータに対し，ここでも因子分析という手法で分析が行われた。その結果，27 の感情語が 6 種類に分類されることが明らかになった。まず第 1 は,「おどおどした気持ち」「うろたえ」といった項目から構成されており，落ち着かない状態を示す「混乱的恐怖」である。第 2 は「情けなさ」「みじめさ」といった自分自身に対する否定をともなうような感情項目から構成されており,「自己否定感」とされた。第 3 は「恥じ入り」「恥じらい」といった「ハジ」という音を含む項目から構成されており,「基本的恥」とされた。第 4 は「気後れ」「後ろめたさ」といった項目から構成されており，自信を失ってひるんだり気がひける感覚を表す「自責的萎縮感」とされた。さらに第 5 は「ばつの悪さ」「気まずさ」といった項目から構成されており，調子が悪くじっとしていられないという意味で「いたたまれなさ」とされた。そして第 6 は「はにかみ」「もどかしさ」という 2 項目から構成されており,「はにかみ」とされた。

このように恥を表す感情語が 6 種類に分類されるということは，恥の感情的多様性を示す証拠として考えられ，樋口はこの6種類を恥を構成する下位感情として位置づけている。さらに，ある状況における状態としての恥を測定する尺度としての信頼性および妥当性も検討されており，いわば状態恥尺度としての利用が可能になっている。

さらに樋口（2000）は，恥が多様な状況において発生することにも注目し，それぞれの状況において発生する恥の感情状態には違いがあるのかどうかについても検討を行っている。そこでは，大学生161名を対象にして前述の6状況（公恥状況，私恥状況，対人緊張状況，対人困惑状況，照れ状況，性的状況）に対応する具体的場面を提示し，その場面における恥の下位感情の程度を尋ねるという形で調査が行われた。提示する具体的場面を変更して検討を行った樋口（2002a）の結果と合わせて考えると，公恥状況および私恥状況という「すでにネガティブな行為が行われた」状況においては情けない，といった感情が特徴的であり，一方それ以外の「ネガティブな行為が行われていない」状況においては，情けない，みじめだ，とはほとんど感じられていないことが明らかになった。さらに，ばつが悪い，気まずいといった感情は会話中に沈黙が訪れるといった状況に，はにかむといった感情はほめられたりする状況において特徴的であることなどが明らかにされた。

恥の感情的多様性に関しては，ここで紹介した樋口（2000）以外にもたとえば菅原（1992a）も行っており，「気まずい，気づまり，きまり悪い」といった対人的な困惑感，「気おくれする，緊張する，あがる」といった対人場面での緊張感，「はにかむ，恥じらう，照れる」といった軽いはじらいの感覚，「体裁が悪い，赤っ恥をかく，恥じる，屈辱的」などの不快の程度が強い恥辱の感覚，という4つのカテゴリーに分類されることを示している。

すなわちこれらの研究によって，恥の感情状態は一様ではなく，多様な状態が存在すること，そして，恥が発生する状況によってそこでの感情状態も異なってくることが明らかにされてきたと結論づけられるだろう。

3．なぜ恥は発生するのか―恥の発生原因

それでは，これらの恥は何が原因となって発生するのだろうか。しばしば指摘されるのが，「他の人の目を気にするから恥ずかしいのだ！」といったものである。しかし本当にそれが恥の決定的な唯一の原因といえるのだろうか。ここでは樋口による一連の研究を主に紹介し，恥の発生原因について考えていくことにしよう。

樋口（2001）は，国内外において過去に主張されてきた恥の発生因を詳細にレ

表7－2　恥に関する発生因のモデル

モデルの名称	モデルが説明する恥の発生因
自尊心低減モデル（たとえば，Modigliani, 1971）	他者からの否定的評価とそれにともなう自尊心の低減
社会的評価モデル（たとえば，Miller, 1996）	他者からの好ましくない社会的評価への懸念
個人的規範モデル（たとえば，Babcock, 1988）	自らの行動が自分自身に関する概念から逸脱すること
相互作用混乱モデル（たとえば，Silver et al., 1987）	社会的場面において個人がとるべき役割を見失い，対人相互作用が混乱・停滞すること
期待裏切りモデル（たとえば，菅原, 1992b）	他者からの期待を裏切る自己像を提示したり，提示を予測することによる，他者からの否定的評価の予測

表7－3　恥の認知的な発生因と測定項目（樋口，2004）

因子名と項目
Ⅰ．社会的評価懸念
他者から，私が望んでいない評価を受けるのではないか，と気になる
他の人が私のことをどのように評価するか，気がかりだ
他者に対して思い通りの印象が与えられなかったのでは，と不安になる
Ⅱ．自己イメージ不一致
私が普段もっている自己イメージとは異なる
まわりの人がもっている普段の私の印象から考えると，思いがけないことだろう
そのような私は，自分らしくないと思う
Ⅲ．相互作用混乱
この状況における，他者に対する適切なふるまい方が思いつかない
他者に対してどのように行動すべきか，混乱してしまう
まわりの人に対してどのようにふるまったらよいかわからない
Ⅳ．自尊心低減
自分はだめな人間だと感じる
自分の価値は他の人よりも劣ると思う
自分自身のことをみじめだと思う

ビューし，指摘されてきた認知的な発生因の整理を試みた。樋口（2001）によると，過去主張されてきた恥の発生因のモデルは，①自尊心低減モデル，②社会的評価モデル，③個人的規範モデル，④相互作用混乱モデル，⑤期待裏切りモデルの５種類が存在するという（表７－２）。

そこで樋口（2001）は，これらの５種類のモデルが主張する発生因を項目化し，大学生288名を対象にした調査を行った（項目例としては表７－３参照）。ここで樋口は前述の公恥状況および私恥状況を利用し，公恥状況として「授業中に自分のレポートが，悪い見本として名指しで指摘されている時」といった場面を提示し，私恥状況としては「親友が困っていたのに，遊びに熱中してしまい，十分な援助をしなかった時」といった場面を提示し，これらの場面での各項目のあてはまりの程度を回答させた。

因子分析の結果，表7－3のような4分類となり，過去に指摘されてきた恥の発生因が以下の4種類に整理されると考えることができた。第1は，他の人からのまずい評価を気にすることが恥を発生させる「社会的評価懸念」である。この発生因は日常的な感覚とも非常に合致するものである。第2は，自分自身がもっている本来の自己イメージとは異なると考えることで恥が発生する「自己イメージ不一致」である。これは「社会的評価懸念」とは異なり，他者からの評価ではなく自分が自分を評価した際のいわば「こんなはずじゃないのに」というズレの部分である。第3は，周囲の人との相互作用が混乱することが恥の原因である「相互作用混乱」である。この発生因は，他者とのやりとりのなかで，いわば「どのようにふるまったらよいかわからない」という状態を指す。そして最後が，自尊心が低減することが恥を発生させる「自尊心低減」である。自分はだめなやつだ，と考えることが恥を生じさせるというものである。

発生因がこのように4種類に構造化されることについては，樋口と深田（Higuchi & Fukada, 2002, 2008）や樋口（2002b）によっても確認されており，公恥状況および私恥状況以外の状況においても，同様のようである。

それでは，いったいどの発生因が恥の発生に最も影響しているのだろうか。過去の研究においては，そのほとんどが単独のモデルの検討を行っており，各研究者が提唱するモデルを支持する結果を得てきた。すなわちどのモデルも正しいということになっており，これは裏を返せば，どのモデルがより有効なのかは不明であるということである。そこで樋口は，多様な恥の発生状況や感情状態に注目し，状況や下位感情によって有効な発生因が異なるのではないかと考えた。

樋口と深田（Higuchi & Fukada, 2002, 2008）は，前述の6種類の状況（公恥状況，私恥状況，対人緊張状況，対人困惑状況，照れ状況，性的状況）ごとに，4種類の恥の発生因（社会的評価懸念，自己イメージ不一致，相互作用混乱，自尊心低減）がどの程度あてはまるのかを大学生を対象にした調査によって検討した。その結果が図7－1である。図7－1をみると，たとえば人前でほめられる照れ状況や性に関する性的状況では，自尊心の低減はほとんど関係していないようであるが，自分を反省する私恥状況では自尊心の低下は強く意識されている。一方で「どうふるまったらよいかわからない」という相互作用の混乱は，私恥状況ではほとんどみられていない。これ

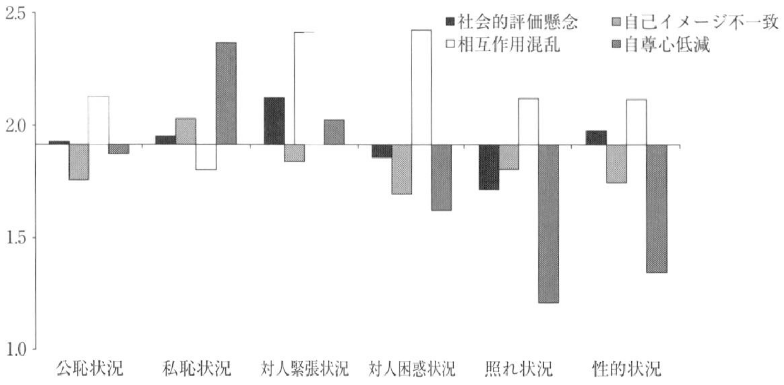

図7－1 さまざまな状況における恥の発生因（Higuchi & Fukada, 2002, 2008より作成）
注）得点は1～4点までの範囲であり，すべての得点の平均値を基準にグラフ化した。

らの結果からは，恥の発生原因は１つだけであるとは言い難く，状況に応じて異なる発生因が働いて恥を発生させているとみなせるかもしれない。

一方，恥の感情状態である下位感情によって，恥の発生因に違いはあるのだろうか。この点については，樋口（2001, 2002b）によって，公恥状況（例：授業中に自分のレポートが，悪い見本として名指しで指摘されている時）と私恥状況（例：親友が困っていたのに，遊びに熱中してしまい，十分な援助をしなかった時）において発生する恥の下位感情に関して検討が行われている。288名の大学生を対象にした調査の結果，たとえば公恥状況においては，「自分はだめなやつだ」と考えることによって，情けない，みじめだといった「自己否定感」が強く発生することが示された。一方で「どうふるまったらよいかわからない」といった相互作用の混乱は，ばつの悪さ，気まずさといった「いたたまれなさ」に対して最も強い影響力をもって発生させることが示された。これらの結果からは，状況だけでなく，恥の感情状態の違いによっても異なる発生因が働いていると考えることができるだろう。

ここまでみてきたように，恥が発生する原因としては，他の人からの評価だけでなく，自分自身による評価や，他者とのやりとりも重要になってくるようである。そして何が原因で恥が発生するのかは，その状況やそこで生じる感情状態によって異なる。この知見は，たとえば恥が発生しないように抑制を試みる応用研究などにおいては非常に重要になるだろう。恥の抑制を考えた場合，感情状態そのものを抑制することに加えて，その発生因にアプローチすることもあるだろう。その際，抑制すべき恥がどのような状況で発生し，そしてどのような種類の感情なのかを考慮することが必要になってくるのである。

また恥の原因を考える際には，ここにあげたいわば認知的な発生因以外にも，恥の強さを左右するような環境的・状況的な要因も重要になるだろう。たとえば堤(1992)や佐々木ら（2005）は，恥が発生する状況に居合わせた他者との親密度に注目している。そこでは，顔や名前を知っている程度の親密さの他者と居合わせた場合に最も恥ずかしく感じるが，非常に親しいまたはまったくの他人の前であればそれほど恥ずかしく感じない，といった知見が得られている。また，年齢や性別によっても，感じる恥の程度には差があるという知見もある（たとえば，橋本・清水，1982)。このように，恥の強さに影響する要因はこれまでにあげた以外にもさまざまである。今後，恥の要因を体系的に整理していく必要があるだろう。また，認知的な発生因についての研究に関しても，多くの状況のうち，公恥状況と私恥状況以外のいわゆる非典型的な恥発生状況についてはさほど検討が行われていない。非常に重要な領域であることから，今後のさらなる検討が急がれるだろう。

4．恥に対してどのように対処するか―恥への対処行動

たとえば人の大勢いる駅のホームで転んでしまったときのことを考えてみてほしい。そのときあなたは，「まわりの人から間抜けだと思われたかも」と考えるかもしれない。そして気まずい思いをするだろう。それではその後，いったいあなたはどのようにふるまうだろうか。何事もなかったかのようにそのままホームを歩き続ける？　それとも「転んじゃったよ…」と思わずつぶやくだろうか。

人間は，恥を感じた際に，その恥を何とかして「片づけよう」とさまざまな対処行動を行うことが明らかになっている。これまでに行われてきた恥への対処行動に関する研究によって，表7－4のようなさまざまな対処行動が用いられることが示されてきた（たとえば，Cupach & Metts, 1992)。

それでは，これらの対処行動は，どのように選択され，用いられることになるのだろうか。そしてどういった対処行動であれば，感じた恥ずかしさを適切に「片づける」ことができるのだろうか。日本人に関する研究としては，恥への対処行動の有効性に関する検討は，現在まで行われてこなかった。一方で対処行動の選択・実行に影響を及ぼす要因の研究については，少ないながらもいくつかの検討が行われている(たとえば，Imahori & Cupach, 1994)。ここでは，これまでに述べてきた状況や感情状態の多様性，そして発生因を考慮に入れて検討を行った樋口（2004）の研究を紹介

表７－４　恥への対処行動の一覧（樋口，2004）

対処行動の名称	内容
謝罪	自分の行動に対する他者の非難を素直に受容する言語的行動 （例：「すみませんでした」）
正当化	責任は認めるが，自らの行動自体が必ずしも悪いことではないと主張する言語的行動 （例：「何も悪いことはしていない」）
弁解	不適切な行為に対する自己の責任を否定する言語的行動 （例：「私にはいかなる責任もない」）
修復	恥が生じる以前の状態に，事態を復元しようとする行為 （例：その状況を何とかしてもとの状態に戻そうとする）
無視	恥を引き起こした行為や事態をあいまいにしたまま放置 （例：何事もなかったかのようにふるまう）
逃走	その場面からの物理的な移動 （例：その場を離れる）
ユーモア	ジョークやユーモアを用いる行為 （例：ジョークを言って笑いをとる）
攻撃	言語的，物理的に他者を攻撃する行為 （例：相手やまわりの人に対して攻撃する）
客観的行動	笑い，微笑，沈黙，絶叫などの客観的行動 （例：笑ってごまかす）
内的状態の報告	個人の情緒的，心理的な内的状態の報告 （例：自分が今感じていることを口に出す）
事実の報告	起こった事実の単純な報告 （例：起こったことをそのまま口に出す）

しよう。

樋口（2004）は，328名の大学生を対象にして，恥の発生因（社会的評価懸念，自己イメージ不一致，相互作用混乱，自尊心低減），恥の下位感情（混乱的恐怖，自己否定感，基本的恥，自責的萎縮感，いたたまれなさ，はにかみ），そして11種類の恥への対処行動の使用度（「まったく使用しない」から「非常によく使用する」）を尋ねる質問紙調査を実施した。検討した恥の発生状況は，公恥状況と私恥状況である。得られたデータを使用して，恥の発生因および下位感情が対処行動の使用に及ぼす影響を検討したところ，その影響力は非常に小さいものであった。すなわち，恥への対処行動は，なぜ恥ずかしく感じたのか，そしてどのような恥ずかしさを感じたのかということとはほとんど関連がないという結果であった。

それでは，恥が発生した状況によっては違いがみられるのだろうか。樋口（2004）の分析の結果，「駅のホームで転んだ」といった公恥状況と「親友を助けなかった」といった私恥状況とでは，そこで用いられる対処行動に明確な違いが見出された。公恥状況においては「笑ってごまかす」「沈黙する」などの行動が最も多く使用されていたのに対し，私恥状況においては恥を軽減するための行動として謝罪が最も多く用いられたのである。また，公恥状況においてのみ，「何事もなかったかのようにふるまう」といったいわゆる無視行動が用いられていた。これらの結果は，欧米における研究（たとえば，Sharkey & Stafford, 1990）とも一致するものである。

こういった研究結果から，どうやら恥への対処行動は，どのような状況で恥を感じたのかが重要な規定因となっているといえるだろう。しかし，恥への対処が行われるに至るメカニズムは十分に明らかにされているとはいえず，さらに，用いられた対処行動がはたして有効なのかどうかも検討されていない。恥ずかしさを鎮めるために用いた対処行動が，逆に火に油を注ぐような事態を招くこともあるかもしれない。恥に関して，最も明らかにされていない領域の1つだといえるだろう。

5．恥にまつわるその他の問題

最後に，ここまで紹介してきた恥の発生状況，下位感情，発生因，対処行動に関する4領域以外の研究を簡単に紹介することにしよう。紹介してきた領域以外においても，恥に関しては非常に興味深い研究が多々行われているが，ここではとくに，文化差についての研究と，恥についての応用研究に関して取り上げる。

(1) 恥の文化差

ベネディクト（Benedict, 1946）が日本を「恥の文化」であると指摘してから60年余りが経つ。この非常に有名な指摘以来，欧米人に比べて，日本人は恥を非常に感じやすいように考えられてきた。しかしもともとのベネディクトの主張は，内なる神を道徳基準として行動を決定する罪の文化である欧米に対比させて，日本は周囲の人々を基準として行動を決定する，というものであった。したがって，一概に日本人のほうが欧米人に比べてより恥を感じやすい，という単純な主張ではないと考えられよう。しかし実際のところは，日本人は他の文化圏の人に比べて恥を感じやすいという事実があるのだろうか。残念ながら，恥の程度について日本と諸外国とを比較した研究は非常に少ない。

数少ない研究のうちの１つであるエーデルマンと岩脇（Edelmann & Iwawaki, 1987）は，大学生を対象として日本とイギリスとの比較を行っている。調査対象者に対して，過去数週間における恥の経験を尋ねたところ，感じた恥の程度に加え，その持続時間も日本人大学生のほうがイギリス人大学生よりも強く，そして長いということが示された。

この結果からは，日本人はイギリス人よりも恥を感じやすいということになるが，実はそれほど単純なものとはいえない。エーデルマンと岩脇の研究では，恥の多様性をまったく無視しているのである。いくつかの研究において，恥の発生状況によっては日本人のほうが他の文化圏の人よりも恥を感じないということも示されている。

橋本（1987）は，さまざまな恥発生状況における恥の程度について，日本人児童とイラン人児童の比較を行っている。その結果，「好きな子と目があった」「ほめられた」といった異性とのかかわりや注目を浴びる場面においては日本人児童のほうがより強く恥を感じることが示された。一方で，「母親に行動を禁止された」「忘れ物をした」といった批判・叱責場面においては，イラン人児童のほうがより強く恥を感じていた。

また永房（2002）も，日本，アメリカ，トルコの中高生を対象にして同様の検討を行っている。その結果，「自分で立てた目標が達せられなかった」といった自己反省場面においては，日本の中高生が感じる恥の程度は，３か国中最も低かった。一方で「誰もが持っている流行の品を持っていない」といった同調不全場面においては，日本の中高生の恥の程度は３か国中で最も高いものであった。

これらの研究結果より，恥の文化差に関しても，恥の多様性が大きくかかわってきていることが見て取れる。どのような状況で発生したのか，そしてそれはどのような下位感情なのかによって，日本が「恥の文化」であるといえたり，そうでなかったりするのである。しかしながら恥の文化差に関する研究は非常に少ないのが現状である。今後のさらなる研究が期待される。

(2) 恥を応用して現代の問題を考える

現代社会においては，さまざまな社会的・個人的問題が恥と関連している。恥に関連する現代的な問題は，「恥を感じるべきなのに感じない，それゆえ適切な行動がとれない」という問題と，「恥を感じなくてもいいのに感じてしまう，それゆえ適切な行動がとれない」という問題に大別することができるだろう。

恥に関連する社会的問題を扱った研究としては，たとえば公共場面における迷惑行為と恥との関連を検討した菅原ら（2006）があげられる。菅原らの研究では，恥を感じない人ほど，「電車の床に座る」「電車のなかで飲食する」といった迷惑行動をとる傾向があることが明らかにされた。すなわち，恥を感じるべきなのに感じないことによって，社会的に受け入れられる適切な行動が行われないという結果である。適切な行動が恥を感じないがゆえに阻害されているのであれば，適切な行動が行われるように恥を「感じさせる」ことが必要なのかもしれない。こういった問題は，道徳教育とも絡む大変複雑な課題である。今後，いっそう検討が必要となってくる領域であろう。

一方，恥を「感じさせない」ようにする必要ももちろんある。たとえば，人前での恥を過度に恐れることは社交不安障害（social anxiety disorder: SAD）の診断基準の1つとなっている（American Psychiatric Association, 2000）。恥ずかしくなってしまうあまりに外出できないといった状態は，その恥を適切に低減させるべく対応していく必要があるだろう。また，恥ずかしさのせいで女性の婦人科検診が阻害されたり（坂口, 2007），安全な性交渉をもつことができない（Helweg-Larsen & Collins, 1994）といった問題もまた，個人の適応や健康に重大な問題を引き起こす可能性がある。たとえば樋口（2006）は，コンドーム購入が恥によって阻害されることを示しており，HIV 感染予防の観点から，コンドーム購入時の恥を低減させることが重要であると述べている。それを受けて樋口と中村（2008）は，コンドーム購入時の恥を低減させる介入プログラムの開発・検討を行っている。これらの研究は，恥を感じてしまうがゆえに適切な行動が阻害されていることを示すものであり，必要以上に恥を感じないようにしていくことが必要である。

恥に関する研究の第一人者である菅原健介は，その著書『羞恥心はどこへ消えた？』（菅原, 2005）において次のようなことを述べている。現代の若者は，「恥知らず」であるかのように語られることも多い。恥を「日本人の美徳」として考えた場合，下着を見せて道を歩いている若い男女や，電車のなかで平気で物を食べたり床に座る人々は，まさに美徳を失った「恥知らず」なのかもしれない。しかし，彼らが「恥じらう心」を失ったわけではけっしてない。単にそういった行為が，現代の若者にとって恥ずかしがるべき行為ではなくなったというだけのことである。

彼らもまた，好きな人や大切な人の前では，恥じらい，顔を赤らめ，そして婦人科検診に行けなかったり，コンビニでコンドームを買うのをためらったりすることもあるだろう。さらには自分自身を振り返って情けなく思ったり，それによって一念発起することもあるだろう。これもまた，現代青年の一側面である。

以上のように，恥という感情は，現代社会において起こるさまざまな問題と密接に関連している。基礎研究から応用研究に至るまで今後も緻密な研究を進めて，現代社会のさまざまな問題に恥という観点から切り込んでいくことが期待される。

【引用文献】

American Psychiatric Association (2000). *Diagnostic and statistical manual of mental disorders. 4th ed. text revision.* Washington DC: Author.（高橋三郎・大野 裕・染矢俊幸（訳）2004 DSM-IV-TR 精神疾患の診断・統計マニュアル　医学書院）

Benedict, R. F. (1946). *The chrysanthemum and the sword: Patterns of Japanese culture.* Boston: Houghton Mifflin.

Babcock, M. K. (1988). Embarrassment: A window on the self. *Journal for the Theory of Social Behavior,* **18**, 459-483.

Cupach, W. R., & Metts, S. (1992). The effects of type of predicament and embarrassability on remedial responses to embarrassing situations. *Communication Quarterly,* **40**, 149-161.

Edelmann, R. J. (1985). Individual differences in embarrassment: Self-consciousness, self-monitoring and embarrassibility. *Personality and Individual Differences,* **6**, 223-230.

Edelmann, R. J., & Iwawaki, S. (1987). Self-reported expression and consequences of embarrassment in The United Kingdom and Japan. *Psychologia,* **30**, 205-216.

Edelmann, R. J., & MacCusker, G. (1986). Introversion, neuroticism, empathy and embarrassibility. *Personality and Individual Differences,* **7**, 133-140.

橋本恵似子 (1987). 羞恥感情の研究（6）児童における羞恥強度の国際比較　聖母女学院短期大学研究紀要, **17**, 55-60.

橋本恵似子・清水哲郎 (1981). 羞恥感情の研究（2）羞恥感情構造の因子分析　聖母女学院短期大学研究紀要, **10**, 88-93.

橋本恵似子・清水哲郎 (1982). 羞恥感情の研究（3）発達差の側面から　聖母女学院短期大学研究紀要, **11**, 149-156.

Helweg-Larsen, M., & Collins, B. E. (1994). The UCLA multidimensional condom attitudes scale: Documenting the complex determinants of condom use in college students. *Health Psychology,* **13**, 224-237.

樋口匡貴 (2000). 恥の構造に関する研究　社会心理学研究, **16**, 103-113.

樋口匡貴 (2001). 公恥系状況および私恥系状況における恥の発生メカニズム―恥を構成する情緒群とその原因要素からのアプローチ―　感情心理学研究, **7**, 61-73.

樋口匡貴 (2002a). 恥の発生状況と恥の下位情緒との関連　松山東雲女子大学人文学部人間心理学科紀要「人間心理」, **3**, 35-45.

樋口匡貴 (2002b). 公恥状況および私恥状況における恥の発生メカニズム―恥の下位情緒別の発生プロセスの検討―　感情心理学研究, **9**, 112-120.

樋口匡貴 (2004). 恥の発生―対処過程に関する社会心理学的研究―　北大路書房

樋口匡貴 (2006). コンドーム購入場面における羞恥感情とその発生因　日本社会心理学会第 47 回大会発表論文集, 334-335.

Higuchi, M., & Fukada, H. (2002). A comparison of four causal factors of embarrassment in public and private situations. *The Journal of Psychology,* **136**, 399-406.

Higuchi, M., & Fukada, H. (2008). Comparison of four factors related to embarrassment in nontypical situations. *Psychological Reports,* **102**, 328-334.

樋口匡貴・中村菜々子 (2008). コンドーム使用促進に関する心理学的研究（6）VTR を使用したコンドーム購入トレーニングの効果　日本心理学会第 72 回大会発表論文集 , 1062.

Imahori, T. T., & Cupach, W. R. (1994). A cross-cultural comparison of the interpretation and management of face: U.S. American and Japanese responses to embarrassing predicaments. *International Journal of Intercultural Relations,* **16**, 193-219.

井上忠司 (1969). 主体の内的側面から観た恥と罪―その社会心理学的構造―　ソシオロジ, **49**, 113-124.

井上忠司 (1977).「世間体」の構造―社会心理史への試み―　日本放送出版協会

加納真美・宇賀万希子（1997）．はずかしさの情動に関わる要因について―はずかしがりの程度と公的自己意識の水準の関連性―　日本心理学会第61回大会発表論文集, 925.
Miller, R. S.（1996）. *Embarrassment: Poise and peril in everyday life.* NY: Guilford Press.
Miller, R. S.（2007）. Is embarrassment a blessing or a curse? In J. L. Tracy, R. W. Robins & J. P. Tangney（Eds.）, *The self-conscious emotions: Theory and research.* New York: The Guilford Press. pp. 245-262.
Modigliani, A.（1971）. Embarrassment, facework, and eye contact: Testing a theory of embarrassment. *Journal of Personality and Social Psychology,* **17,** 15-24.
永房典之（2002）．恥意識構造の国際比較―日本・アメリカ・トルコの中高生を対象にして―　日本社会心理学会第43回大会発表論文集, 314-315.
成田健一（1993）．共分散構造分析による羞恥感情を引き起こす状況の構造　東京学芸大学紀要（1部門）, **44,** 191-204.
成田健一・寺崎正治・新浜邦夫（1990）．羞恥感情を引き起こす状況の構造―多変量解析を用いて―　関西学院大学人文論究, **40,** 73-92.
坂口哲司（2007）．羞恥―女子専門学生が体験した看護・教育・保育・介護場面―　ナカニシヤ出版
作田啓一（1967）．恥の文化再考　筑摩書房
佐々木　淳・菅原健介・丹野義彦（2005）．羞恥感と心理的距離との逆U字型関係の成因に関する研究―対人不安の自己呈示モデルからのアプローチ―　心理学研究, **76,** 445-452.
Sharkey, R. F., & Stafford, L.（1990）. Responses to embarrassment. *Human Communication Research,* **17,** 315-342.
Shimanoff, S. B.（1984）. Commonly named emotions in everyday conversations. *Perceptual and Motor Skills,* **58,** 514.
Silver, M., Sabini, J., & Parrott, W. G.（1987）. Embarrassment: A dramaturgic account. *Journal for the Theory of Social Behavior,* **17,** 47-61.
菅原健介（1992a）．対人不安の類型に関する研究　社会心理学研究, **7,** 19-28.
菅原健介（1992b）．新しい役割の遂行場面における「テレ」の現象について―初めての保育園教育実習を経験した学生への調査結果から―　江戸川大学紀要「情報と社会」, **2,** 31-39.
菅原健介（2005）．羞恥心はどこへ消えた？　光文社
菅原健介・永房典之・佐々木　淳・藤澤　文・薊　理津子（2006）．青少年の迷惑行為と羞恥心―公共場面における5つの行動基準との関連性―　聖心女子大学論叢, **107,** 57-77.
堤　雅雄（1992）．想像的他者との心理的距離の関数としての羞恥感　島根大学教育学部紀要（人文・社会科学）, **26,** 87-92.
山下恒男・川上善郎・佐藤美幸（1981）．恥意識分類の試み　教育心理と近接領域 , **6,** 55-74.

8章

屈辱感と共感的羞恥

薊　理津子／桑村幸恵

自己意識的感情に関する研究は，罪悪感や恥に関するものが多かった。しかし，近年になり，恥よりも怒りと強く結びつく屈辱感や代理的感情としての共感的羞恥が注目されている。本章では，屈辱感，共感的羞恥について，その定義，測定方法，人間関係に及ぼす影響などについて検討したい。

1．屈辱感を感じるとき

屈辱感と聞いて，どのようなイメージを思い浮かべるか。屈辱感をよく表す有名なエピソードの１つに，日本神話の夫婦神イザナギとイザナミの話がある。簡単に述べると，夫であるイザナギは，亡くなった妻イザナミに会うために黄泉の国へ向かうが，そこで恐ろしく変わり果てたイザナミの姿を見てしまう。イザナギが恐ろしくなりその場から逃げ出すと，イザナミは「恥をかかせた」と怒り狂って追いかけた，という話である。「恥をかかせた」という言葉が示唆するように，屈辱感がイザナミを強く動機づけたのである。このエピソードをみると，屈辱感は怒りや攻撃性を強く生じさせる感情であるように思える。他のエピソードもみてみよう。日本人なら誰でも知っているであろう忠臣蔵も屈辱感をよく表すエピソードである。これも簡単にまとめてみると，吉良上野介に恨みを抱いていた浅野内匠頭が吉良上野介を江戸城内で切りつける。ケンカ両成敗のはずが，吉良上野介はお咎めなしで，一方の浅野内匠頭だけが切腹し，藩が取り潰された。この処罰を不服とし，主君であった浅野内匠頭の仇を討つために 47 人の赤穂浪士が，吉良邸に討ち入りし復讐を果たした。浅野内匠頭が吉良上野介に切りかかった理由は，吉良上野介による仕打ちによって味わった屈辱感であり，また，47 人の赤穂浪士は屈辱感を晴らすために，討ち入ったのだとうかがえる。

このエピソードも屈辱感が復讐といった攻撃行動を促すことを表している。
　では，屈辱感は心理学的にどのような感情ととらえられているのだろうか。また，どのような働きを有し，どのような場合に屈辱感が喚起されるのだろうか。

2．屈辱感とは何か

　何か失敗をしてしまったり，否定的な評価を受けるなどの社会的苦境場面（social predicament）において感じる感情として恥（shame）と罪悪感（guilt）が注目されてきたが，近年になり，それに屈辱感（humiliation）が含まれるようになった（薊，2008a; Elison & Harter, 2007）。屈辱感は一般的に恥の一部として考えられている。また，屈辱感は恥の不適応的な一側面として扱われていることが多い。これまで屈辱感は恥の一部として扱われていたりまったく異なる感情として述べられていたりと，研究者によってその見解が一致していなかったが，近年，屈辱感は恥とは独立した自己意識的感情の１つとして少しずつ検討されてきている。しかし，「屈辱感とはどのような感情であるのか」を論じるにあたり，各研究者が屈辱感をおのおので描写しているので，これといった明確な定義がなされていない。よって，先行研究で論じられている屈辱感についての概念を整理する。
　まず，屈辱感について辞書で調べてみると，表現類語辞典（藤原，1985）では，屈辱感はとりわけ「人から受けた恥」を指し，また，日本語大シソーラス（山口，2003）では，屈辱感は「不名誉」の下位分類として扱われている。これらの辞書によると，屈辱感は，他者によって与えられる恥と位置づけることができ，さらに社会的な自己価値が著しく低下することで生じる感情であると示されている。
　また，哲学的視点から，東儀（1989）は，屈辱感を自己に対する外部からの刺激を契機として生じる感情であると述べている。さらに，東儀によれば，屈辱感を感じた人は不条理な外圧や理不尽な扱いを受けたと考え，そのマイナス評価を受け入れられないために，屈辱感に対する反発が生じ，それが外界に向けられるという。そして，その反発は暴力などで表現されやすい（東儀，1989）。この東儀（1989）の知見から，屈辱感は他者による理不尽な扱いや否定的評価を受けることで生じ，攻撃的行動を促進するといえる。
　次に，心理学的研究をみてみよう。屈辱感は臨床的研究から論じられることが多かった。S. B. ミラー（Miller, S. B., 1988）によると，屈辱感は対人的相互作用のなかで生じる感情であり，自身よりも強い力をもつ他者によって低く貶められ，無力な位置に追いやられることで生じる，そして，屈辱感にはしばしば激怒がともなうという。また，クライン（Klein, 1991）は，屈辱感は屈辱感を与える人間，その犠牲者（屈辱感を感じる人間），その目撃者の３つの役割から構成されており，不平等な権力の人間関係のなかで生じ，犠牲者は貶められた気分になると論じている。さらに，ギルバート（Gilbert, 1998）は，屈辱感を感じた人間は他者によって自分が傷つけられたという強い認識をするので，憎しみの感情が生じやすく，自分を傷つけた他者への報復を望み，攻撃的になりやすいと指摘している。また，ハートリングとルチェッタ（Hartling & Luchetta, 1999）は，屈辱感は対人的状況で生じ，そして，屈辱感の内的経験は不当に傷つけられ，バカにされ，けなされた存在としてみなされる。つまり具体的にはアイデンティティが貶められる，もしくは低く評価されるために生じる激しく不快な感情であると定義している。以上から，屈辱感は人間関係のなかで生じ，また他者によって心理的に傷つけられるために生じる感情であり，その後の報復行動を誘発する非常に危険な感情であるといえる。

これまでみてきた知見から，屈辱感は復讐などの攻撃行動を導く危険な感情であることがわかる。しかし，屈辱感は攻撃行動を促すだけではない。リンドナー（Lindner, 2006a）は，屈辱感は自己が受け入れがたい仕打ちを受けることで生じるために，個人を弱体化させる感情であると述べ，ゆえに攻撃行動だけでなく，抑うつやアパシーをも促すと述べている。

以上の知見を整理すると次のようになる。屈辱感は自己が受け入れられない扱いや否定的評価を受けることで，自己価値の低下が起こるために生じる感情であり，攻撃行動や，精神病理を引き起こす，とまとめることができる。

3．屈辱感の問題

近年，屈辱感に焦点を当てた研究が少しずつ増加してきており，その理由として，屈辱感が個人の内的問題から社会問題に至るまでさまざまな問題に絡む感情だと示唆されてきたためだと考えられる。以下では，夫婦や恋人のような親密な人間関係，会社や学校，社会の３つの場面を扱い，屈辱感が引き起こす問題を述べる。

なお，先述したとおり，屈辱感はそもそも恥の一部として考えられていたことや，社会的苦境場面から生じる感情であることから，恥や罪悪感の研究のなかで言及されることが多かった。また，怒りの研究においても屈辱感が論じられることがあるが，これは，屈辱感が復讐のような攻撃行動を導くためだと考えられる。これらの研究からの知見もあわせて以下では論じていきたい。

(1) 夫婦や恋人のような親密な人間関係

夫婦や恋人のような親密な人間関係での暴力はドメスティック・バイオレンスとして問題視されている。ランスキー（Lansky, 1987）は，ドメスティック・バイオレンスの背景に，恥を感じることによって生じた怒りがあることを指摘し，この怒りを屈辱感として論じている。また，ワラスとノスコ（Wallace & Nosko, 2003）は，夫の妻に対する暴力的で虐待的な行動の核に恥の存在を指摘している。ドメスティック・バイオレンスを行う夫は境界性人格障害など人格的問題を有することが多い。こうした夫が恥を感じるような事態におかれると，自己の欠陥を認識させられ，強い苦痛を味わうことになるという。その際，恥への防衛的な反応として，怒りと暴力が用いられる。つまり，暴力によって自己の弱みを隠し，相手を物理的，精神的に縛りつけ，自己を中心とする軌道から妻が去らないという保証を得ることで，妻との分離に関する予期，もしくは，懸念を低減する（Wallace & Nosko, 1993）。

また，フォーゲルとラザルネ（Vogel & Lazarne, 1990）は夫婦間に生じる屈辱感の問題を指摘している。彼らはいくつかの事例から，屈辱感が長期にわたって結婚生活を営んできた夫婦生活を崩壊させることを示唆した。また，屈辱感の経験があまりにも強烈すぎるので，その経験について議論すること自体が屈辱感を悪化させると懸念し，その出来事について会話を避けるようになり，夫婦間の会話が減少し，最後には離婚へと発展するという。加えて，この屈辱感によって会話が抑制されることが，カウンセリング場面においても悪影響を生じさせることも指摘されている。フォーゲルとラザルネ（1990）によると，カウンセリング場面で，セラピストがクライエントに伴侶への不満などについて事情を詳しく尋ねようとしても，屈辱感がその話題にふれることを阻止するために，クライエントは明確に語らないという。そのため，適切なカウンセリングが進められないといった問題がある。

(2) 会社や学校

現代の会社や学校での深刻で重要な問題にいじめがある。わが国において，いじめに関する事件は新聞やニュースなどの各メディアで大きく取り上げられ，社会が注目する事件の１つである。また，いじめの問題はわが国だけでなく，アメリカにおいても，重要な関心を集めている。エリソンとハーター（2007）によると，アメリカでは，いじめを受けた被害者の自殺と学校内での銃乱射が問題とされており，彼らはいじめの被害者の屈辱感に注目し，新聞記事の内容分析を行った。その結果，自殺もしくは銃乱射事件の背景に，いじめを受けたことによって生じた屈辱感があることが示唆された。エリソンとハーター（2007）は，被害者の屈辱感が攻撃行動を導き，その攻撃行動が自己に向かう場合には自殺を促し，他者に向けられた場合は銃乱射事件を引き起こすと述べている。

他に，自殺の問題も重大な問題である。前述した，いじめが原因の自殺以外にも，屈辱感が関係している自殺がある。たとえば，会社で役員などの高い地位にいる人間の自殺に屈辱感が関係しているという示唆がある。このような人々は心理的に問題を抱えていてもカウンセリングに行かず，自殺をしてしまう場合が多いという（Hendin, 1994）。ヘンディン（1994）は事例研究において，権力者は自分が犯した不正行為が発覚し，その地位が脅かされると，権力を失うことに耐えられない屈辱感のために自殺すると示唆した。

(3) 社会

現代の社会問題のなかで，屈辱感が関与している問題に連続殺人がある。ヘイル（Hale, 1994）は，連続殺人を犯した人は過去において自分に屈辱感を与えた相手を憎んでいるために，その相手と似た特徴をもつ人間（たとえば，髪の色や髪型が似ている，など）を，憎んでいる相手と同一視してしまうことで殺人を犯す。しかし，殺した人間は，自分に屈辱感を与えた人間ではないので，復讐を果たしたことにならない。そのため，特徴が似ている人間に再び会うと殺人を繰り返すという。

さらには，国際的政治問題の視点からも，屈辱感が引き起こす問題が指摘されている。リンドナー（2006a）は，第一次世界大戦で敗戦したドイツにおいて，敗戦国の国民として感じた屈辱感がヒトラーの台頭を許し，第二次世界大戦を導いたと指摘し，また，ソマリアの内戦についても，屈辱感がその深刻さを増加させていると論じた。加えて，リンドナー（2006b）はイラク戦争後のイラク情勢が安定しないのは，アメリカがイラク国民の屈辱感を考慮しない政策をとっているためであると示唆している。

これまでのほとんどの研究では個人の屈辱感を問題としていたのに対し，リンドナー（2006a, 2006b）の知見は一国の国民という大規模な集団の屈辱感が引き起こす問題を指摘している点で興味深い。今後は，社会問題を考えていくうえで，個人が経験する屈辱感だけでなく，集団が経験する屈辱感も検討していくべきだろう。

4．屈辱感の実証研究

屈辱感に関する実証研究は依然として少ないが，近年少しずつ増えてきている。それらを大きく分類してみると，主に屈辱感と抑うつとの関連性を示す精神的健康に関する研究，また，屈辱感の心理的反応や機能を明示する研究，屈辱感の喚起要因を検討する研究，の3つに区別することができる。以下ではそれら3つに加え，屈辱感の測定法についても言及する。

(1) 精神的健康

ストレスフルなライフイベントと抑うつとの関係性を示した研究で，屈辱感と抑うつとの関連性を示した研究がある。ブラウンら（Brown et al., 1995）はストレスフルなライフイベントの1つに屈辱感の次元を示し，屈辱感を感じるイベントの経験と抑うつとの関連性を検討した。その結果，屈辱感を感じるイベントを経験している人は抑うつの症状を示しやすいことが明らかにされた。また，ファーマーとマクガフィン（Farmer & McGuffin, 2003）とケンドラーら（Kendler et al., 2003）もブラウンら（1995）を支持する結果を得ている。

(2) 心理的反応と機能

薊（2006a）は，恥と罪悪感を比較検討するなかで，屈辱感の心理的反応や機能を見出している。この研究では，社会的苦境場面の1つである他者に迷惑をかけた場面を設定したシナリオを複数提示し（例：あなたは先生に見せてもらった論文のコピーを，もっとじっくり見たかったので，友人に「持って帰ってもいいんじゃないか」と勧められるまま，持ち帰ってしまいました。後日，先生は「誰か知らないか」と論文のコピーを探していましたが，「知らない」と言ってしまいました），そのときに感じるだろう感情と心理的反応（例：先生としばらく会わないよう避ける，など）について評定させるというものだった。その結果，罪悪感を感じるほど，迷惑をかけた他者へ配慮や謝罪などの補償行動が促進され，さらには怒りが抑制されることが示された。つまり，罪悪感は適応的な感情であることが見出された。それとは対照的に，屈辱感は多くの不適応的特徴を有していることが見出された。具体的には，屈辱感を強く感じるほど，迷惑をかけた相手へ責任を転嫁する傾向が生じ，そのため怒りが生じやすくなる。さらには，他者への配慮を示しにくく，また，迷惑をかけた相手に謝罪して関係を修復するような傾向は認められず，こうした状況からの逃避への願望も高かった。

また，薊（2006b）でもほぼ同様の結果を得ている。薊（2006b）では，社会的苦境場面の１つである他者に迷惑をかけて叱責を受けた場面について面接調査を行っている。この研究では恥を屈辱感と羞恥感とに分け，屈辱感と羞恥感，罪悪感の３つの感情で心理的反応や機能について比較検討している。その結果，屈辱感と罪悪感については薊（2006a）とほぼ一致した結果を得ているが，羞恥感を感じるほど他者への配慮を示し，迷惑をかけた相手や周囲の他者からの評価を懸念する傾向を見出した。これは，同じ恥に類する屈辱感と羞恥感であるが，それぞれ有している心理的反応と機能が異なるということを意味する。このことから，薊（2006b）では，恥の意識を問題とする場合には，屈辱感と羞恥感とに区別して考えていく必要があると示唆された。

(3) 喚起要因

屈辱感の心理的反応や機能が不適応的に働くのならば，屈辱感が生じないように個人を導くことは大切である。そのため屈辱感の喚起要因を明らかにすることは重要なテーマといえるだろう。

エリソンとハーター（2005, 2007）は屈辱感や罪悪感などの社会的苦境場面で生じる感情の喚起要因を検討している。この研究では，規範の逸脱のタイプ（社会的，道徳的，能力），周囲にいる他者の存在の有無と，その人数や意図（敵意的，友好的），自己概念を操作した複数の場面を提示して，それぞれの場面で各感情を感じた程度を調査参加者に評定させている。それによると，屈辱感は，周囲に他者が存在すること，それに加え，周囲が嘲笑するといった敵意的な意図がある場合に喚起された。また，屈辱感はすべてのタイプの規範の逸脱場面，さらには規範の逸脱がない場面でも生じ，規範の逸脱のタイプは屈辱感の喚起に関係ないことが示された。この研究から，屈辱感の喚起には周囲の他者の存在と他者の意図が重要な要因となることが示唆された。

薊（2007b）は自己と他者との関係性という点から，薊（2006b）と同様に他者に迷惑をかけて叱責や注意を受けた場面を対象として，屈辱感，羞恥感，罪悪感を比較して，どのような他者から叱責を受けた場合にこれらの感情がそれぞれ喚起されるのかを検討している。それによると，嫌いな他者に叱責された場合だと屈辱感が生じ，嫌われたくない他者に叱責された場合には羞恥感が，好意をもってもらいたい他者に叱責された場合には罪悪感が喚起された。つまり，同じ叱責を受けるという場面でも，その他者がどういう人物なのかによって喚起される感情が異なるということである。

この薊（2007b）の知見は，会社や学校場面に応用できる。会社では上司が部下を注意したり，学校で教師が生徒を叱るなど，注意や叱責は日常的にしばしばみられる場面である。薊（2007b）から，自分が叱責を行う立場の場合だからといって，ミスを犯した相手を単純に叱責すればよいというわけではなく，相手に好意をもたれている，もしくは嫌われていない場合は問題ないが，嫌われている場合には相手の屈辱感を引き起こし，さらに事態を悪化させる可能性があることがわかる。

また，薊（2007a）では，他者にどのような基準で評価を受けたかという視点から，屈辱感，羞恥感，罪悪感を比較して，それらの感情の喚起要因の検討を行っている。この研究では，逸脱行為を犯し他者に叱責を受け，さらに周囲の他者にそれを目撃されるというシナリオを提示し，そのときに叱責した他者や周囲の他者からどのようにみられたかという認知によって，屈辱感の喚起に影響があるかどうか検討した。その結果，「劣っている」といった優劣基準で低い評価を受けたと感じた場合には屈辱感が喚起されることを見出している。

最後に，屈辱感が生じる状況を検討した研究を述べる。薊（2008b）は大学生を対象に屈辱感が生じる状況を収集し，次の８つのカテゴリーに分類している。カテゴリーは「劣位者としての扱い 」「失態・見られたくない姿の露出」「敗北・能力の低さの自覚」「裏切り」「批判・叱責」「大切にしている人・モノ・考え・信念への侮辱や否定，傷つけ，不理解」「責任転嫁・理不尽的批判」「追放・孤立」であった。冒頭で屈辱感の特徴についてまとめたように，屈辱感は自己が受け入れられない扱いや否定的評価を受けることで生じるとされてきた。薊（2008b）では，屈辱感が生じる状況をより具体的に明らかにし，さらには，必ずしも屈辱感は自分自身が傷つけられるときに生じるわけではないことが示唆された。つまり，「大切にしている人・モノ・考え・信念への侮辱や否定，傷つけ，不理解」のカテゴリーのように，自分以外の対象が傷つけられても屈辱感が喚起されることが示された。

これまで述べてきた要因は，状況と認知であるが，今後は人格要因も含めて検討されるべきだと考えられる。たとえば，自己愛について考えてみよう。臨床研究において，恥は自己愛と関係があることがしばしば指摘されており（Lewis, H. B., 1987; 岡野 , 1998），自己愛人格をもつ人間は恥を感じると，激しい怒りを示す可能性が高いという（Lewis, M., 1992）。自己愛が強い人は有能感が高く，他者から賞賛されたいと考える。そのため，社会的苦境場面に立たされたとき，有能感がくじかれ，賞賛されたい欲求が満たされないので，屈辱感を他の誰よりも感じやすいかもしれない。

屈辱感の喚起要因についてはまだあまり検討が進んでいないので，今後の発展を期待したい。

(4) 測定法

実証研究はいまだ少ないため，屈辱感を測定する質問紙や方法において多くの研究者が共通して用いている尺度はない。以下に，数少ない実証研究のなかで比較的使用頻度が高い測定法，また，屈辱感を測定するために開発された尺度を含め，4つのツールを紹介する。

第1に，半構造化された面接法を用いたライフイベント・困難性調査表（The Life Events and Difficulties Schedule: LEDS; Brown & Harris, 1978）がある。これは，一定期間内に生じたストレスフルなライフイベントの経験の有無を尋ね，そのような経験がある場合にはそのイベントが起きた時期，深刻さなどを尋ねる。そして深刻だと判断された経験について，あらかじめ定められているカテゴリーごとにその深刻さの程度が得点化される。ブラウンら（1995）はLEDSのストレスフルなライフイベントに屈辱感の次元を追加し，さらに，3つの下位カテゴリーを示した。まず1つ目に，伴侶や恋人，また親密な他者を含んだ人間関係での不和によって，永続的もしくは数か月間の分離が他者によって主導的に行われる，もしくは状況によって強制的になされる「他者主導の分離」である。2つ目に，子どもの非行もしくは親密な他者によってなされる犯罪行為「他者による義務の不履行」，3つ目に，親密な他者や権威的な人，また他のあらゆる人による直接的な言語的攻撃ないし身体的攻撃もしくは排斥である「こき下ろし」である。

第2に，屈辱感に関する臨床的知見を参考に開発された屈辱感目録（Humiliation Inventory; Hartling & Luchetta, 1999）がある。この尺度では，これまでの屈辱感の経験の蓄積度と，将来において屈辱感を感じることへの恐怖を測定する。この尺度の項目は「バカにされた」「からかわれた」など屈辱感を感じたことによる感覚や現象で構成されている。

第3に，さまざまな不安の症状を項目化し作成された児童用多次元不安尺度（The Multidimensional Anxiety Scale for Children: MASC; March, 1997）のなかに屈辱感を測定する項目が含まれている。MASCは身体症状，社会不安，被害回避（harm avoidance），分離不安の4因子で構成されており，さらに，身体症状，社会不安，被害回避の3因子にはそれぞれ2つずつ下位因子が存在している。屈辱感は，「屈辱感／恐怖」として社会不安の下位因子に位置づけられている。屈辱感／恐怖の項目は「私を笑った」「からかわれた」「愚かにみられた」などで構成されている。

最後に，恥と罪悪感に関する複数の感情で構成された屈辱感，羞恥感，罪悪感を測定するツールである屈辱感・羞恥感・罪悪感の状態尺度（薊 , 2006b, 2007a, 2007b, 印刷中）を紹介する。これは，恥を屈辱感と羞恥感に分け，屈辱感，羞恥感，罪悪感に関するそれぞれ複数の感情を特定の場面において感じた程度について評定を求めている。具体的には，屈辱感の項目は「屈辱的」「体面が傷つく」などであり，羞恥感の項目は「恥ずかしい」「決まり悪い」などであり，一方，罪悪感の項目は「罪悪感を感じる」「申し訳ない」などである。上述したLED，屈辱感目録，MASCはすべて臨床的知見をもとにしたものである。そのため，これまでの経験や感覚を尋ねるために，その状況で感じる屈辱感を測定しているわけではない。しかし，薊（2006b, 2007a, 2007b, 印刷中）の測定法は感情を示す直接的表現を使用してその状況で感じる屈辱感を測定する。近年の屈辱感に関する実証研究は，社会的苦境場面で生じる罪悪感のような他の自己意識的感情と比較して論じられる傾向がある（たとえば薊, 2006a, 2006b, 2007a, 2007b; Elison & Harter, 2005, 2007; Hartling & Luchetta, 1999）。したがって，薊が用いる測定法は同じ質問紙で複数の自己意識的感情を同時に測定できる点で有用であるといえる。

5．屈辱感の研究課題

これまで，屈辱感に関する研究は不適応的な側面に注目してきた。しかし，屈辱感は不適応的な働きをもつだけで，適応的な働きをまったくもたないのかという疑問が当然あげられる。たとえば，クラスの皆が英語の成績がよかったにもかかわらず，A君だけが悪かったとしよう。A君は屈辱感のために，英語へのやる気をなくして勉強をしなくなるかもしれないし，もしくは，成績が悪かった事実を認めたくないがために責任転嫁するなど不適応的行動をとるかもしれない。しかし，逆に，A君は屈辱感をバネにし，次のテストではよい点をとるためにもっと勉強をする可能性も考えられる。これは屈辱感が現在の自身がもっている力をさらに向上させるよう努力を促すということである。このような場合，屈辱感は適応的に働いたといえるだろう。実際，スポーツの世界では屈辱感が適応的に働くケースがしばしばみられる。たとえば，2006年WBCで日本は優勝したが，途中負けた試合もあった。そのときのイチロー選手のコメントはまだ記憶に新しく，逆転負けをした試合後に，イチロー選手は屈辱的と語った。敗北による屈辱感が，優勝に至るまでの動機づけの一因として働いたと考えられるのではないだろうか。また，2008年北京オリンピックで野球とサッカー（男子）が敗北し，新聞に「屈辱的敗北」と見出しを打たれた。次の年の2009年に行われたWBCでは日本が優勝したが，オリンピックで味わった屈辱感が，WBCの

２大会連続優勝に影響を及ぼしたのかもしれない。今後は屈辱感の不適応的な側面のみならず適応的な側面についても検討する必要がある。

屈辱感は個人の内的な体験にとどまらず，さまざまな社会問題にかかわっている感情である。屈辱感に関する実証研究は少なく，屈辱感を喚起させる要因や心理的メカニズム，機能や特徴を検討することは個人内の問題や対人関係，さらには社会問題を考えるにあたり重要な意義がある。屈辱感はこれまで恥の一部として扱われていたために，まだ研究があまり進んでいない対象である。よって，今後の研究の発展が期待される対象といえよう。

6．共感的羞恥

(1) 人の行為を見て喚起される羞恥感情

読者のなかには，北京オリンピックの100 m平泳ぎで金メダルをとった北島康介選手の感極まった姿を見て，もらい泣きをした人がいるかもしれない。また，ひどい目にあった友達を見て，ひどい目にあわせた人に対して，怒りを感じたことのある者もいるかもしれない。このように，人は，他者に起こった出来事に対して，何らかの情動を感じることがある。とくにそれは，一次的情動といわれる喜びや怒り，悲しみでよく観察される。だが，他者の行為を観察することによって経験される情動は，一次的情動だけではない。二次的情動と呼ばれる羞恥でも，たびたび観察される。たとえば，あなたが友達とスーパーマーケットに買い物に行ったとする。そこで，急に友達が店内で歌を歌い出したらどうだろうか。おそらくあなたは，恥ずかしくなり，友達に歌うのを止めてもらうよう頼むだろう。もともと，羞恥を感じやすい人は，その店から立ち去ってしまうかもしれない。しかし，よく考えると，恥ずかしいことをしたのは，あなたではなく，友達のほうなのだ。ではなぜ，人は他者の行為を見るだけで恥ずかしくなるのだろう。この問いに，１つの答えを導き出したのが，R. S. ミラー（Miller, R. S., 1987）である。

ミラー（1987）は，他者の恥ずかしい行為を見ることで経験される羞恥感情について，次のような実験を行った。最初に，二人一組のペアを作り，一方を行為者，もう一方に観察者の役を割り当てた。行為者は，①60年代のロックミュージックに合わせて踊る，②まるで，ジョークを聞いているかのように30秒間笑い続ける，③アメリカ国歌「星条旗」を歌う，④寝るのを回避するために，かんしゃくを起こす５歳児のマネを30秒間行う，という4つの恥ずかしい課題を行った。観察者は，これらの課題を遂行する行為者の「仕草」に焦点を当て観察する群と行為者の「情動」に焦点を当て観察する群に分けられた。この2群を比較した結果，行為者の情動に焦点を当て観察をした群のほうが，より恥ずかしさを感じていることがわかった。この結果から，ミラー（1987）は，行為者の情動に焦点を当て観察することで，行為者と同じ情動を経験すると考えたのである。そして，人の行為を見て恥ずかしくなる羞恥感情を共感性を媒介とする羞恥として位置づけ，共感的羞恥（Empathic embarrassment）と命名した。

他者の行為を見て恥ずかしくなる情動について，実証的な研究を行ったのは，ミラー（1987）が初めてである。その後，女子大学生120名を対象に，マーカスら（Marcus et al., 1996）が，さらなる実験を行っている。マーカスらは，女子大学生に羞恥の感受性を測定する質問紙に回答するよう求め，5つのグループに振り分けた。そのグループのなかで，女子大学生は，行為者と観察者に分けられ課題が与えられた。行為者には，無作為に，恥ずかしい課題（60秒間ポップミュージックが流れる間，音楽にあわせて，ダンスを踊るなど）と無害な課題（ポップミュージックが60秒間流れる間，数を数えるなど）が割り当てられた。観察者は，行為者のパフォーマンスをマジックミラーを通して観察し，行為者がどれくらい恥ずかしいと感じているか，および共感的羞恥について評定した。その結果，もともと，羞恥を強く感じる観察者とあまり羞恥を感じない観察者では，羞恥を強く感じる観察者のほうが，行為者がより恥ずかしがっていると評価することが明らかとなった。さらに，興味深いことに，無害な課題では，行為者が恥ずかしがっていなくても，観察者が恥ずかしいと感じることが明らかにされた。このことから，共感的羞恥は，客観的な情動ではなく，主観的な情動であることが示された。その後，マーカスとミラー（Marcus & Miller, 1999）は，男子学生も含め，自然発生的に羞恥が発生するクラスでの課題発表状況を利用し，追認調査を行い，先行研究と同様の結果を得ている。

日本では，桑村（2009）が，共感的羞恥に関する研究を行っている。桑村（2009）は，共感的羞恥が，共感性を媒介とした羞恥感情であるなら，共感しやすい身近な者に対して，より共感的羞恥が喚起されるとし，行為者と観察者の関係に焦点を当て調査を行った。行為者と観察者の関係には，心理的距離を使用し，心理的距離の近群には家族，中群には友達，遠群には見知らぬ人を割り当てた。調査協力者に，家族，友達，見知らぬ人が行為者のとき，それを見て，どの程度恥ずかしいと思うかについて，6段階評定により回答を求めた。その結果，分析に使用されたすべての場面で，心理的距離の近い者にほど，共感的羞恥を感じやすいことが明らかとなった。この結果は，ミラー（1987）を支持するものである。くわえて，もともと羞恥への感受性が高い者ほど共感的羞恥を喚起しやすいことについても（Marcus et al., 1996），調査を行い追認している（桑村，2009）。このことから，共感的羞恥は，羞恥と同じ感受性をベースとしていることが明らかとなった。

(2) 共感的羞恥を感じるには

ところで，共感的羞恥は，誰もが感じることのできる情動なのだろうか。そもそも，羞恥というものが複雑な情動である。羞恥を経験するためには，客観的自己覚知が必要であり（Lewis, M., 1992），客観的に自己を覚知することのできない乳児や幼児は，羞恥を感じることができないといわれている。羞恥などの自己意識的感情は，客観的自己覚知の発達によって出現するのである。客観的に他者の行為を見て，喚起される主観的な羞恥である共感的羞恥は，羞恥より複雑な情動であるだろう。6節の冒頭で例にあげたが，ある程度大人になると，スーパーマーケット内で友達が歌を歌いだすと恥ずかしいと感じる。しかし，3歳や4歳の幼児ではどうだろうか。恥ずかしいとは思わずに，友達と一緒に歌いだすのではないだろうか。生後2年半頃に，子どもは客観的自己覚知ができるようになる（Lewis, M., 1992）。3歳，4歳であれば，羞恥を感じることができるはずだ。だが，羞恥よりも複雑な共感的羞恥を感じることは，まだできないと推測される。

共感的羞恥を感じるためには，どのようなスキルが必要なのかは，いまだ明らかになっていない。しかし，ヒリアーとアリンソン（Hillier & Allinson, 2002）が，自閉症者を対象に，興味深い羞恥研究を行っている。この研究で扱った羞恥に関する変数は，羞恥を経験するとき，観衆が存在するかどうか，観衆のタイプ（権威的な人物，親友），および共感的羞恥であった。調査の結果，自閉症者は，観衆の存在や観衆のタイプに関して，非常に敏感に反応したが，共感的羞恥のような概念をもつことは難しいことが示された。共感的羞恥を感じるためには，他者の情動を正確にラベリングできなければならない。自閉症者も，完全ではないが，他者の情動をラベリングすることができる（Yirmiya et al., 1992）。にもかかわらず，共感的羞恥を経験することが難しいのは，自閉症者が，他者と感情を共有することが難しいからではないだろうか。共感的羞恥は，相手の情動または行動と自己の情動に焦点を当て，初めて喚起されるものである。共感的羞恥を経験するには，少なくとも他者と感情を共有することが必要であると考えられる。

(3) 共感的羞恥の発生

①共感的羞恥の発生因に関する仮説

共感的羞恥について，マーカスら（1996）は，行為者の情動ではなく，観察者の情動状態に左右される主観的な情動であることを示している。これは，行為者が恥ずかしがっていなくても，観察者が恥ずかしくなる状況があることを指している。恥ずかしがっていない他者を見て恥ずかしくなる状況として，たとえば，「家族が，部屋着のような格好で街に出かけようとするとき」や「カップルの『人前キス』」などがあげられる。部屋着のような格好で出かけようとする家族も，人前でキスをしている彼／彼女も，まったく恥ずかしがってはいない。

このような状況で恥ずかしいと感じる理由として，菅原（2005）は，R. S. ミラー（1987）の仮説に加え，2つの仮説を立てている。1つは，「同類と思われたら困る」と考える場合である。人が他者を評価するとき，その人物が所属している集団の印象によってその人物を評価することが多い。そのため，同一集団に所属する他者の行為への批判が自分にも跳ね返ってくると考え，羞恥を喚起するというものである。もう1つの仮説は，「見るなの禁」を犯してしまったときである。人は，社会生活を送るうえで，周囲の人に対して特定の印象を与え，維持しようとする。たとえば，周囲の者に対して，「堅物」という印象を築き上げた者がいたとしよう。その人は，プライベートな空間で恋人に甘えていることを公の場で公表するようなことはないだろう。このようなプライベートな部分を「堅物」という一定の印象を与えている他者に目撃されると，今まで築き上げてきた印象が崩れてしまう。プライベートな姿を暴く視線は，他者の社会的立場や尊厳やプライドを傷つける。そのため，人間関係には，互いのプライバシーを最低限尊重するという暗黙の規範が成立している。この規範を守らせるのも羞恥の役割であるため，「見てはならないもの」を見てしまったとき，羞恥を感じるのだという。これは，性的な場面にもあてはまる。性的なことを連想させるものや性的なことは，公の場で人目にさらすべきことではない。性的な事柄が氾濫すると，社会秩序が保たれなくなるからだ。よって，性的なことも「見てはならないもの」に分類され，羞恥が警報をならす範囲となるのである。

おそらく，人が他者の行為を見て恥ずかしいと感じるとき，行為者に成り代わり「共感的」に喚起されることもあれば，「同類と思われたら困る」「見てはならないものを見た」と感じ，喚起されることもあるのだろう。共感的羞恥の発生には，状況的要素や個人のもつ恥への感受性，規範意識などが大きく影響すると考えられる。

②共感的羞恥の発生状況および下位情緒

共感的羞恥は，さまざまな要因により発生するわけだが，発生する状況とはどのような状況なのであろうか。桑村（2008）が，共感的羞恥の発生状況を自由記述法により収集している。共感的羞恥の発生場面は，次のとおりである。①「スウェットで歩いている人を見たとき」「父がブリーフ一枚で現れたとき」など服装や身なりに関する状況，②「公共の場でイチャつくカップルを見たとき」「友だちのズボンの股間のところに穴が空いていたとき」など性的な場面を見てしまったり，性的な話を聞いたりすることに関する状況，③「子どもを放ったらかして，両親がゲームに夢中になっている姿を見たとき」「無理な注文を無理矢理押し通そうとする人を見たとき」など，大人としての常識に欠ける状況，④「飲食店などで，店員に対して異常に上から目線な人を見たとき」「ちょっとのことで怒る人を見たとき」など，他者の怒りを目撃した状況，⑤「電車のなかで騒いでいる人を見たとき」「『禁煙』と書いてあるところで平気でタバコを吸う人たち」など，分別のない行動をとる人を目撃した状況，⑥「四国の県名が言えない友人」「友だちのギターが下手だったとき」など，勉強不足や修練不足による失態を目撃する状況，⑦「何もないところで転んでいる人を見たとき」「エスカレーターに乗ろうとしたら乗る方向を間違えてビッーと音が鳴った人を見たとき」など，みっともない姿や不格好な姿で周囲からの注目を集める行為を目撃する状況，⑧「外に聞こえるような大きい声でしゃべっている父と母を見たとき」「まともに挨拶ができない」など，日本の風習では，望ましくないとされる行為を目撃する状況，⑨「空気が読めない」「公共の場で友だちがへんなことをしたとき」など，周囲の場にそぐわない行為を目撃する状況，⑩「友だちのネタがすべったとき」「必死で何か言っているときにかんだとき」など，失態者に対して同情してしまうような状況，⑪「友だちが鼻くそを食べているとき」「弟をしかる親の声が大きくて近所迷惑であると思ったとき」など，かっこ悪い行為を目撃する状況，⑫「電車の中でおばあちゃんが目の前で立っているのに，席を譲ろうとしなかった人を見たとき」「電車の昇降口でかたまって，ドアが開いてもどこうとしない後輩を見たとき」など，他者に対する思いやりが足りない行為を目撃する状況である。

ここで得られた状況を概観すると，同じ状況でも，家族がするのを目撃したときと赤の他人がするのを目撃したときでは，恥ずかしさの質が違うように感じられる。たとえば，電車のなかで大騒ぎする人を見たとする。その人のほうをふと見ると，それが「家族だったとき」と「赤の他人だったとき」では，ずいぶん印象が異なる。家族だったときには，強い羞恥を喚起し，「恥じ入る」のではないだろうか。また，赤の他人だったときには，一瞥し，「恥ずかしいなあ」と感じるだけではないだろうか。羞恥は，状況依存的な情動であるため，羞恥の発生状況に応じて，感じ方が異なる。そして，その機微は，さまざまな羞恥を表す情緒語によって表現される。

共感的羞恥の情緒語を扱った研究は行われていないが，菅原（1992），樋口（2002），薊（2006a）が，恥を表す情緒語に注目し，恥の分類を行っている。情緒語によって，恥を分類することができることからもわかるように，実際に発生する羞恥にも，細かな違いがある。先に示したように，共感的羞恥も行為者や状況によって，表現される情緒語が異なると推測される。

さまざまな用語で記述される羞恥であるが，どのような用語で表されても，羞恥は，一度喚起されると，自己に何らかの影響を与える。人が羞恥を感じると，その場から逃げたくなったり，身を隠したりしたいと思う。羞恥は，それほど強烈な情動なのである。その理由は，恥ずかしい行為をすることで，個人の社会的アイデンティティが脅かされるからだ。しかし，ミラー（1987）によると，共感的羞恥は，観察者自身の社会的アイデンティティを脅かさないよりマイルドな形態の羞恥であるという。だが，これに関しても，実証的な研究は行われていない。共感的羞恥に関して，多くの疑問が提出されているが，実証的に証明された知見は少なく，今後も最新の知見をふまえながら，さらなる研究を重ね検討していく必要がある。

【引用文献】

薊 理津子（2006a）．恥と罪悪感の機能の検討―Tangney の shame，guilt 理論を基に― 聖心女子大学大学院論集，**28**, 77-96.

薊 理津子（2006b）．アルバイト場面における屈辱的恥，羞恥感，罪悪感の機能 日本社会心理学会第 47 回大会発表論文集，336-337.

薊 理津子（2007a）．屈辱感・羞恥感・罪悪感の関連要因の検討―他者要因と道徳基準・優劣基準の視点から探る― 聖心女子大学大学院論集，**29**, 89-105.

薊 理津子（2007b）．社会的苦境場面における自己意識感情（屈辱感・羞恥感・罪悪感） 日本社会心理学会第 48 回大会発表論文集，334-335.

薊 理津子（2008a）．恥と罪悪感の研究の動向 感情心理学研究，**16**, 49-64.

薊 理津子（2008b）．大学生における屈辱感が喚起される状況 聖心女子大学大学院論集，**32**, 115-129.

薊 理津子 （印刷中）．屈辱感・羞恥感・罪悪感の状態尺度と，恥，罪悪感の特性尺度との関連性の検討 聖心女子大学大学院論集

Brown, G. W., & Harris, T. O. (Eds.) (1978). *Social origins of depression: A study of psychiatric disorder in women.* 5th ed. Routledge: London.

Brown, G. W., Harris, T. O., & Hepworth, C. (1995). Loss, humiliation, and entrapment among women developing depression: A patient and non-patient comparison. *Psychological Medicine,* **25**, 7-21.

Elison, J., & Harter, S. (2005, May). Humiliation and violent ideation predicted by audience presence, hostile intent, and validity. Poster session presented at the annual meeting of the American Psychological Society, Los Angeles, CA.

Elison, J., & Harter, S.(2007). Humiliaion: Causes, correlates, and consequences. In J. L. Tracy, R. W. Robins & J. P. Tangney (Eds.), *The self-conscious emotions: Theory and research.* New York:

Guilford Press. pp. 310-329.
Farmer, A., & McGuffin, P.（2003）. Humiliation, loss and other types of life events and difficulties: a comparison of depressed subjects, healthy controls and their siblings. *Psychological Medicine*, **33**, 1169-1175.
藤原与一（編纂）（1985）. 表現類語辞典　東京堂出版
Gilbert, P.（1998）. Shame and humiliation in the treatment of complex cases. In N. Tarrier, A. Wells & G. Haddock（Eds.）, *Treating complex cases: The cognitive behavioural therapy approach*. John Wiley & Sons. pp.241-271.
Hale, R.（1994）. The role of humiliation and embarrassment in serial murder. *Psychology: A Journal of Human Behavior*, **31**, 17-23.
Hartling, L. M., & Luchetta, T.（1999）. Humiliation: Assessing the impact of derision, degradation, and debasement. *Journal of Primary Prevention*, **19**, 259-278.
Hendin, H.（1994）. Fall from power: Suicide of an executive. *Suicide & Life Threatening Behavior*, **24**, 293-301.
樋口匡貴（2004）. 恥の発生―対処過程に関する社会心理学的研究―　北大路書房
Hillier, A., & Allinson, L.（2002）. Understanding embarrassment among those with autism: Breaking down the complex emotion of embarrassment among those with autism. *Journal of Autism and Developmental Disorders*, **32**, 583-592.
Kendler, K. S., Hettema, J. M., Butera, F., Gardner, C. O., & Prescott, C. A.（2003）. Life event dimensions of loss, humiliation, entrapment, and danger in the prediction of onsets of major depression and generalized anxiety. *Archives of General Psychiatry*, **60**, 789-796.
Klein, D. C.（1991）. Introduction to special issue. *Journal of Primary Prevention*, **12**, 87-91.
桑村幸恵（2008）. 自由記述法による共感的羞恥の喚起場面の収集　愛知学院大学総合政策研究, **11**, 91-97.
桑村幸恵（2009）. 共感的羞恥と心理的距離　パーソナリティ研究, **17**, 311-313.
Lansky, M. R（1987）. Shame and domestic violence. In D. L. Nathanson（Ed.）, *The many faces of shame*. New York: Guilford Press. pp. 335-362.
Lewis, H. B.（1987）. Shame and the narcissistic personality. In D. L. Nathanson（Ed.）, *The many faces of shame*. New York: Guilford Press. pp. 93-132.
Lewis, M.（1992）. *Shame: Exposed self*. New York: Free Press.（高橋惠子（監訳）1997　恥の心理学―傷つく自己―　ミネルヴァ書房）
Lindner, E. G.（2006a）. Humiliation, killing, war, and gender. In M. Fitzduff & C. E. Stout（Eds.）, *The psychology of resolving global conflicts: From war to peace. Vol.1. Nature VS Nurture*. Westport, CT: Praeger Security International. pp. 137-174.
Lindner, E. G.（2006b）. *Making enemies: Humiliation and international conflict*. Westport, CT: Praeger Security International.
March, J. S.（1997）. *Multidimensional Anxiety Scale for Children: Technical manual*. Tront, On: Multi-Health Systems.
Marcus, D. K., Wilson, J. R., & Miller, R.（1996）. Are perceptions of emotion in the eye of the beholder?: A social relations analysis of judgments of embarrassment. *Personality and Social Psychology Bulletin*, **22**, 1220-1228.
Marcus, D. K., & Miller, R.（1999）. The perception of 'live' embarrassment: A social relations analysis of class presentations. *Cognition & Emotion*, **13**, 105-117.
Miller, R. S.（1987）. Empathic embarrassment: Situational and personal determinants of reactions to the embarrassment of another. *Journal of Personality and Social Psychology*, **53**, 1061-1069.
Miller, S. B.（1988）. Humiliation and shame. *Bulletin of Menninger Clinic*, **52**, 40-51.
岡野憲一郎（1998）. 恥と自己愛の精神分析―対人恐怖から差別論まで―　岩崎学術出版社
菅原健介（1992）. 対人不安の類型に関する研究　社会心理学研究, **7**, 19-28.
菅原健介（2005）. 羞恥心はどこへ消えた？　光文社
東儀道子（1989）. ＜恥ずかしい＞の構造―現代社会に探る―　北樹出版
Vogel, W., & Lazarne, A.（1990）. The unforgivable humiliation: A dilemma in couples' treatment. *Contemporary Family Therapy*, **12**, 139-151.

Wallace, R., & Nosko, A. (1993). Working with shame in the group treatment of male batterers. *International Journal of Group psychotherapy,* **43**, 45-61.

Wallace, R., & Nosko, A. (2003). Shame in male spouse abusers and its treatment in group therapy. *Journal of Aggression, Maltreatment & Trauma,* **7**, 47-74.

山口　翼 (2003). 日本語大シソーラス―類義語検索大辞典―　大修館書店

Yirmiya, N., Sigman, M. D., Kasari, C., & Mundy, P. (1992). Empathy and cognition in high-functioning children with autism. *Child Development,* **63**, 150-160.

9章

妬みと嫉妬

澤田匡人

「最初の人間」アダムとその妻エバとの間には2人の子どもが生まれた。やがて，長男のカインは地を耕す者となり，次男のアベルは羊を飼う者となる。あるとき，兄弟が神にそれぞれささげ物をすると，神はアベルの供え物にしか目をとめなかった。その後，兄は弟を野原に誘いだして殺してしまう。旧約聖書創世記第4章に記述された人類最初の殺人がこれである。

なぜ，カインはアベルを殺してしまったのだろうか。殺害に至る直前の出来事に思いを巡らせるならば，その動機がいかなるものであったかは想像に難くない。神がアベルの供え物にしか注意を向けなかったとき，カインは顔を伏せて激しく怒っていたという。おそらく，このときにカインが経験した不快な感情をして「妬み」や「嫉妬」と呼ぶことに，私たちは何の抵抗も感じないだろう。カインは神の寵愛を一身に受けるアベルを嫉妬するあまり，殺害に及んでしまったのではあるまいか。

もちろん，妬みや嫉妬による殺人というのは極端なケースかもしれない。しかし，こうした感情に端を発する事件は，現代においても猖獗(しょうけつ)を極めているようだ。たとえば，本来なら幸せな関係であるはずの交際中の男女において，男性から女性に対して暴力がふるわれる「デート・バイオレンス」が，近年問題視されている。このなかで，恋人に暴力をふるいやすい男性の特徴の1つに，嫉妬深いことがあげられている（遠藤，2007）。パートナーの愛情を独占したいがゆえか，時には病的なほどの嫉妬にともなう暴力は，残念なことに確実に存在するらしい。

また，殺人や暴力をふるうまでには至らないまでも，自分よりもすぐれただれかに対する不快な思いを振り切るのは容易なことではない。本章では，すぐれた他者の存在を知り，自分が「もたざる者」であると意識することによって生じる感情である「妬み」と「嫉妬」について，国内外で行われてきた研究を紹介しながら解説する。

1．妬みと嫉妬とは何か

冒頭に紹介した旧約聖書はヘブライ語で書かれているが，妬みや嫉妬に当たる言葉は qin'â（キンアー）である。興味深いことに，「神」や「主」を除くと，旧約聖書のなかで最も頻繁に出てくる単語の1つだという（大貫，2008）。ここからも，こうした感情に古来より関心が寄せられていた事実の一端を垣間見ることができる。

もちろん，妬みや嫉妬というのは，ヘブライ語に限らず世界の多くの言語に共通して現在も用いられている一般的な言葉である。たとえば，英語には，envy と jealousy という表現がある。これらは，もともとその成り立ちからして異なるようで，envy が「憎悪，悪口」を意味するラテン語の invidia から派生したのに対し，jealousy は「熱愛，熱中」を示す zelus から変化したものだという。しかし，時代の経過とともに，両者は意味が混同して用いられるようになってきたようだ。偶然なのかもしれないが，わが国でも事情は酷似しており，日常的に用いられている妬みと嫉妬という言葉について厳密な違いを述べることは難しい。そこで，この節では，異なるアプローチから両者の違いを明確にしながら，「妬み」と「嫉妬」とは，はたしてどのような感情なのかを探っていくことにしよう。

(1) 喚起状況の違いによる分類

envy と jealousy の違いは言葉の起源だけというわけではないようだ。ここでは，2つの感情が生じる状況について整理しておきたい。状況による両者の区別については，ハイダー（Heider, 1958）の POX トライアッドを用いると，わかりやすい説明が可能となる。自分がほしがっている対象（X）をめぐって，自分（P）と他者（O）がいる状況があるとする。ここでは，自分（P）がもっていない対象（X）を他者だけがもっていることを知り，自分もそれをもちたいと望む。これこそ，もたざる自分を意識して生じる感情であり，envy の中核となる状況といえる。一方，jealousy では事情が異なり，最初から自分は望ましい対象を所有している。この場合の対象とは，実際は，自分にとって重要な人物を指すことが多い。たとえば，恋人や母親から自分に注意が向けられているという意識が前提となる。そんなときに，重要な人物の注意を引いている，あるいは引くであろう第三者を意識することで感じられる強い不安こそが，jealousy というわけである。

パロットとスミス（Parrott & Smith, 1993）は，今までに自分が経験した妬みと嫉妬のエピソードをそれぞれ詳細に記述してもらうという手続きを用いて，両者の共通点と相違点を浮き彫りにした。調査の結果，嫉妬としてあげられたエピソードのなかには，状況的には妬みともとれる内容が6割近くも含まれていた。一方，妬みのエピソードのなかで，関係が脅かされていること，つまり典型的な嫉妬のような内容についてふれられていたものは，わずか1割程度に過ぎなかった。つまり，妬みの説明のなかに，嫉妬に該当するような内容はほとんど含まれていなかったことになる。

このような結果が得られた点については，おそらく次のように解釈できるだろう。POXトライアッドでふれたように，嫉妬では，好きな人の注意が自分に向いていないことが意識されている必要がある。しかし，好きな人から注意を向けられている時点で，ライバルは自分よりもすぐれていることになる。そのため，ライバルと比較することによって「妬み」を感じることは避けられるはずもない。つまり，嫉妬には必然的に妬みが含まれてしまうのだ。しかし，妬みにも嫉妬が含まれるかというと事情は大きく異なってくる。なぜなら，自分がもっていないことを意識して生じるのが妬みであるなら，もっていることを前提とする嫉妬を経験することは考えられないからだ。仮にここで嫉妬が経験されるなら，それはある種の病的な色彩を帯びた感情であるに違いない。

さて，これまでの内容をまとめると，「自分にないものを欲する」つまり「対象の獲得」に主な関心がある場合はenvyとみなせるのに対し，「自分にあるものを失うことを怖れる」つまり「対象の喪失」に敏感になっている場合はjealousyとみなすことができる。さらに，両者には意味的な互換性があり，嫉妬は妬みの意味をカバーするが，その逆はないということもわかった。以上をふまえるなら，英語のenvyには「妬み」が，jealousyには「嫉妬」がそれぞれ対応しているように思える。

(2) 感情経験の違いによる分類

上杉ら（2002）は，「どういう場合に嫉妬したか」という質問から得られた体験を分類したところ，親しい人からの行為・愛情に関する嫉妬がその7割近くを占め，残りはほしいものや能力に関する嫉妬であったことを報告している。これは，嫉妬の体験の一部に，妬みに類する体験も含まれることを示唆した結果といえよう。このように，私たちは「嫉妬」という言葉に「妬み」に該当する体験をも含めて理解しているらしい。しかし，先に述べたとおり，喚起される状況を整理すれば，妬みと嫉妬の違いは明白である。ならば，両者は喚起状況が異なるだけに過ぎず，経験される感情はほとんど大差ないとみなしてよいものだろうか。

そこで，感情経験の違いに注目した研究として，スミスら（Smith et al., 1988）の研究を紹介しておきたい。この実験では，参加者に，嫉妬と妬みの両方を強く経験したときのことを思い出してもらってから，研究者側があらかじめ用意したいくつかの言葉について，それぞれの感情経験のエピソードとしてどちらが適当かを評定してもらった。解析の結果，妬みには，願望，切望，劣等感など，嫉妬には，疑い，拒絶，敵意，怒りなどがそれぞれあてはまると判断される傾向にあることが示された。また，わが国においても，類似した結果が得られている。嫉妬を特徴づける項目が，憎しみをもつ，恨みを抱く，裏切られるなどであるのに対して，妬みの場合は，憧れる，所有物を切望するなどであることが報告されている（中里，1992）。

どうやら，日本でも欧米でも，妬みと嫉妬は似たような感情だとみなされていると同時に，その経験の内容は異質なものであるとも理解されているようだ。両者と他の感情との関連性を検討した研究では，妬みと敵意や劣等感（澤田・新井，2002），嫉妬と状態不安（Jaremko & Lindsey, 1979）との間に関連があることが確認されている。おそらく，妬みの中核となるのは，自分にないものをほしいという敵意を帯びた「願望」であり，嫉妬の中核にあるのは，自分にあるものを失うことに対する「不安」であるに違いない。

2．妬みと嫉妬をもたらすもの

前節で述べてきたように，喚起状況からも，経験される感情の内容からも，妬みと嫉妬は異なる自己意識的感情とみなすことができる。しかし，いずれの感情も，他者と比べるということを通じて喚起されるという点では共通している。他者と自分とを比べることは社会的比較（social comparison）と呼ばれる（Festinger, 1954）。妬みや嫉妬が「もたざる者」である自分を意識することによって初めて生じるのであれば，喚起プロセスにおいて社会的比較を経ていると考えて差し支えないだろう。また，嫉妬については，進化心理学の観点からもその性差と機能について言及されている。本節では，両者の喚起を説明するうえで有用な理論を紹介しながら，妬みや嫉妬をもたらすメカニズムについて論じる。

(1) SEMモデルからみた妬み

社会的比較という概念が提唱された当初は，正確な自己評価を得たいがために他者と比べるのだと考えられていた。しかし，後年，人はポジティブな自己評価を維持・獲得しようと動機づけられており，そうした目的によって行われる社会的比較も注目されるようになった。このような社会的比較理論の１つに，自己評価維持モデル（self-evaluation maintenance model: SEM モデル）と呼ばれるものがある（Tesser et al., 1984）。このモデルでは，比較過程（comparison process）と反映過程（reflection process）という２つの過程が想定されている。

比較過程とは，自分が関心を抱いている内容（領域）について，他者と比べるプロセスを指す。このときに他者がすぐれていると，自己評価は低下してしまう。一方，反映過程とは，あまり関心のない領域についての比較であり，他者がすぐれていれば，自己評価の高揚がもたらされる。たとえば，日頃から自分が得意とする教科について，友人が自分よりよい点数をとったとしたら，友人を少なからず妬んでしまうに違いない。しかし，その教科が，自分にとってあまり重要なものでなかったとしたらどうだろう。友人が何点とろうと気にならないばかりか，むしろ出来のよい友人を誇りに思うかもしれない。したがって，妬みに関連するのは比較過程であり，他者がすぐれている領域が，自分にとっても重要であることが，妬みを経験するか否かの１つの分かれ目ということになる。

では，SEM モデルで説明されているように妬みは経験されているのだろうか。成人を対象にした研究では，自分が関心を抱いている領域で成功した他者を妬みやすいことが報告されている（Tesser & Collins, 1988; Salovey & Rodin, 1984; 坪田, 1991）。たとえば，サロヴェイとロディン（1984）は，３つの職業領域（医学，ビジネス，芸術）にそれぞれ関心をもつ大学生を集めて，次のような実験を行った。まず，集めた学生たちには，職業適性に関するテストを受けてもらい，おのおのの結果が返却される。結果の用紙には，３つの職業領域からなる適性テストの結果について，平均以上だったか（ポジティブな結果），平均以下だったか（ネガティブな結果）という情報が記載されていた。しかも，別室で同じ実験を受けているという，もう１人の学生（ライバル）の結果も並記されており，ある職業領域について平均よりもかなり高いことがわかるようなグラフが示されている。続いて，もう１人の学生（いずれかの職業適性テストで高得点をとった学生）が書いたというエッセイを読んでから，その学生に対する感情を評定するというものであった。実は，一連のテスト結果は実験者側が用意した偽の情報で，条件の組み合わせによって内容が異なるように操作されたものだった。もちろん，エッセイもあらかじめ作成されたもので，別室の学生がうまくいっているようすがそれらしく書いてあった（エッセイの例：私は医者をめざしており，クラスのなかでトップレベルの成績である）。以上の実験を行った結果，自分の興味に関連した職業領域についてネガティブなテスト結果を受け取り，かつライバルとなりそうな別の学生が関心をもつ領域が自分と類似していた場合に，最も強い妬みを経験することが明らかとなった。これは，自分にとって重要なことについて妬みやすいとするSEMモデルの予測と見事に合致している。

また，自分が重要であるとみなす領域によって妬みが経験されやすくなるというのは，何も成人に限ったことではないらしい。澤田と新井（2002）は，小中学生を対象に，成績（テストの点数），運動（走る速さ），人気（友人の数）といった領域に対する重要度が，それぞれの領域で自分よりもすぐれた友人に対して生じる妬みに与える影響について質問紙を用いて調べた。その結果，小学生は，特定の領域を重視しているからといって，必ずしも妬みを経験しないことがわかった。しかし，中学生になると，自分にとって重要だとみなされた領域については，もれなく妬みが経験されるようになることが確認された。

ところで，社会的比較がなされる前提として，人は自分と心理的距離の近い他者，つまり性別や年齢，境遇など，さまざまな面で共通点のある相手を選んで比較する傾向にあると考えられている。もし，その想定が正しいのであれば，何らかの点で自分と類似している者に対しては，より強く妬むことになるはずだ。

シャウブロークとラム（Schaubroeck & Lam, 2004）は，社会人に対する調査を通じて，類似性にはやはり妬みを高める効果があることを確かめている。調査は，昇進の決定が知らされる前後2回に分けて行われた。1回目（昇進決定の2か月前）は，ある同僚と自分がどれくらい似ているかという判断や，自分が昇進できるだろうという期待について回答が求められた。一方，2回目の調査は，昇進の希望が通らなかった者を対象に，昇進した人に対する妬みや好意を測定するものだった。2回の調査を合わせて分析したところ，自分が昇進するだろうとの期待が大きかっただけではなく，昇進した同僚がもともと自分と似ていたと判断していた場合に，同僚に対する妬みが強まることが明らかになった。

一方，子どもにおける類似性の影響については，友人が自分と同じくらいの能力だったか，もともとすぐれていたかという状況の違いを操作することで検討されている（澤田，2006a）。この研究では，これまでも成績がよかった友人がテストで自分より高い点数をとった場合よりも，同じくらいの成績だった友人に自分が抜かれてしまった場合のほうが，妬みやすい傾向にあることが示された。ただし，これも領域に対する重要度と同様に，中学生になって初めてみられるもので，小学生では認められなかった。

このように，さまざまな研究を通じて，自己評価維持モデルで予測されたとおり，自分にとって重要な領域で，しかも，自分と類似した他者がうまくいったのを知ったときに限り，妬みを経験しやすいことが実証されてきた。私たちはだれかれ構わず妬むわけではないのだ。ただし，重要度や類似性を考慮して妬むようになるには，ある程度の自己意識の高まりを待たなければならないことにも十分注意しておく必要があるだろう。

(2) SEM モデルからみた嫉妬

次に，SEM モデルによる予測が嫉妬にもあてはまるかどうかを検討した研究にもふれておきたい。デステノとサロヴェイ（DeSteno & Salovey, 1996b）は，嫉妬を引き起こすライバルの特徴を操作して，次のような実験を行った。彼らの実験は，まず，自分の恋人がある人物（ライバル）と仲良くしているという架空の場面を想像してもらうことから始まる。続いて，そのライバルが，３つの領域（運動，知性，人気）のいずれかの点ですぐれているという情報が与えられる。そして，最後に，そのライバルに対して嫉妬をどれくらい感じたかを評定させることで終わる。実験の結果は，やはり自己評価維持モデルから予測されるとおりとなった。たとえば，人気が重要だと考えている実験参加者は，人気のあるライバルが自分の恋人と仲良くしていることを想像した場合に，最も嫉妬を感じることがわかった。つまり，私たちは，たとえ恋人をめぐる嫉妬であっても，妬みと同様に自分にとって重要な領域を意識して嫉妬しやすい傾向にあるといえる。

このような結果が得られた理由として，前述のように，嫉妬にはライバルに対する妬みも少なからず含まれていることによる影響が想定される。POX トライアッドを用いて説明したように，ライバルがパートナーの注意を引いている時点で，ライバルは自分よりもすぐれていると判断せざるを得ない。そのうえで，ライバルが自分も関心を寄せる領域でもすぐれていたなら，嫉妬が妬みによって底上げされてしまうことは容易に想像できる。

(3) 進化心理学からみた嫉妬

これまで述べてきたような個人レベルでの嫉妬の喚起メカニズムについては，ある程度の理解が得られるに違いない。しかし，だからといって「そもそも私たちはなぜ嫉妬するのか？」という根本的な疑問からは逃れられないだろう。理屈では嫉妬のようなネガティブな感情を経験する仕組みをわかっていても，それを経験したくなくとも経験せざるを得ないもどかしさに身をよじるほうがむしろ自然かもしれない。その疑問に１つの答えを提供しようとするのが「進化心理学」である。進化心理学とは，その名のとおり心理学に進化の視点を導入したものであり，1980 年代後半から浸透してきた学問領域である（長谷川, 2000）。カートライト（Cartwright, 2001）によれば，恋愛関係で生じる嫉妬は，進化心理学的観点からみれば，性的二型の典型だという。性的二型とは，同じ種のオスとメスにおいて，その形態や行動が異なることを指す。ここでは，性による違いそのものが，適応的な機能，すなわち，繁殖力を高める機能を有することが想定される。たとえば，あるカップルの間に子どもが生まれたとしよう。女性は自分の子どもがだれの子どもなのか確信をもてるに違いない。しかし，男性は必ずしもそうとは言い切れない立場にある。そのため，自分の子だと思っていた子どもが，実は別の男性の子どもである可能性は捨て切れず，そのような子どもを育てる場合，自分の遺伝子を残すという限りでの繁殖戦略に失敗しているばかりか，多大なコストをかけることにもなる。では，こうしたリスクを少しでも低減させるためにはどうすればよいだろうか。男性によって講じられる唯一の対策とは，パートナーと別の男性との間に子どもができないように未然に防ぐことにほかならない。そのときに役立つのが嫉妬というわけだ。

嫉妬の性差について解明しようとした初期の研究に，バスら（Buss et al., 1992）の実験がある。この実験では，大学生を対象として，自分のパートナーが浮気をしている2つの状況を想像させてから，どちらの浮気がより苦痛に感じるかを回答してもらった。その状況とは，パートナーが自分以外の異性に夢中になってしまっている状況（心の浮気）と，パートナーが異性と情熱的なセックスを楽しんでいる（身体の浮気）というものであった。その結果，心の浮気よりも身体の浮気を苦痛と感じた者は男性の6割に達していた。一方，女性は2割にも満たず，残りの8割以上は心の浮気に嫉妬すると回答していた。つまり，心の浮気については男性より女性のほうが嫉妬したのに対し，身体の浮気については，女性よりも男性のほうがはるかに嫉妬するという結果が得られた。このことから，男性は自分の子ではない子どもを育てるリスクを回避するために，身体の浮気に敏感なのではないかとみなされた。

一方，女性の場合，心の浮気を許してしまうと，精神的・物質的支援が他の女性に流れることになり，結果として，自分の子どもを養育することに不利益が生じる。そのため，パートナーの身体の浮気よりも心の浮気に敏感なのかもしれない。デステノとサロヴェイ（1996a）も同様の研究を行い，身体よりも心の浮気に嫉妬するのは，女性に多いことを改めて確認している。ただし，彼らの研究では，心の浮気を苦痛と感じるのは，性別よりも，浮気に対する意味づけ（気持ちの浮気に身体の浮気が結果的に含まれてしまう）の予測力のほうが強いことも示された。とはいえ，こうした浮気の意味づけは，男性よりも女性のほうが高い傾向にあることから，女性は，心の浮気に身体の浮気も含まれるとみなしやすく，その結果として，心の浮気に嫉妬しやすい傾向にあるのではないかと考えられる。

さらに，嫉妬の性差については，自己報告型の回答だけではなく，生理的な反応を用いた確認もなされている。前述のバスら（1992）の研究では，それぞれの浮気を想像している時の脈拍数や眉の筋電位なども測定されている。その結果，たとえば，眉の筋電位については明確な性差がみられ，身体の浮気については男性の，心の浮気については女性の反応がそれぞれ高まることがわかったのだ。また，近年の脳のイメージングに関する研究でも，心の浮気と身体の浮気を想像したときの脳で活性化される部位も，男女で異なることが示されている（Takahashi et al., 2006）。

このように，嫉妬が性別による違いの影響を受けていることはおそらくまちがいない。そして，その背景には，進化心理学で主張されているような繁殖戦略の一環として，嫉妬が生じている可能性が十分に考えられる。嫉妬の性差を解明していくことは，嫉妬がもたらす行動も含めて，今後も目が離せないテーマといえよう。

3．妬みと嫉妬の発達

ところで，私たちはいつ頃から妬みや嫉妬を経験するようになるのだろうか。近年の感情発達に関する理論では，子どもの自己意識が急激に発達するタイミングが1歳半頃であり，この時期を境にさまざまな自己意識的感情が現れてくることが指摘されている（Lewis, 1992）。事実，妬みや嫉妬の発達についての実証研究でも，1歳半から2歳頃に嫉妬が出現するというデータも散見される。この節では，幼児期の妬みと嫉妬に関する研究を概観しながら，こうした感情の萌芽について考えてみよう。

(1) 妬みの発達

児期の経験を重視する精神分析学においては，クライン（Klein, 1957／1975）の妬みに関する見解が有名である。彼女によると，妬みは生得的なものであり，出生直後から働き出す破壊衝動の現れであるという。一方，ジョフィ（Joffe, 1969）は，妬みはあらゆる発達段階においても通常の範囲内でみられる所有欲に近いものであり，出生直後から働き出すとの見方に対して異を唱えている。その主な理由として，妬みの喚起には自他を区別する能力が不可欠であり，そうした能力が出生時から備わっているとは考えにくいことをあげている。

このように，妬みの発生時期については必ずしもコンセンサスが得られているわけではないようだ。しかし，妬みが幼児期から存在しているらしいことは，観察を通じた研究で言及されている。フランケルとシェリック（Frankel & Sherick, 1977）は，

1歳から5歳までの幼児の観察から，妬みの表出形態が徐々に変化していくことを報告している。1歳半から2歳頃までは，単純にだれかが自分にないものを持っている，という理由だけで，相手の持ち物を無理矢理奪い取るという攻撃的な行動が目立つ。一方，3歳くらいになると，他児とのトラブルは相変わらず頻発するものの，言語による要求が増加していく。そして，4歳を過ぎる頃には，奪い取らずとも要求や交渉という形で妬みをコントロールすることができるようになるという。

児童期以降の妬みについても，いくつか研究がなされている。バーズとロディン（Bers & Rodin, 1984）は，6歳から11歳までの児童を対象にして，さまざまな状況において他者と自分とを比べたり，妬みを感じる程度などを質問した。その結果，年齢が上がるにつれて，自発的な社会的比較の程度が増加していく一方，妬みを経験したという報告は減っていくことがわかった。一方，澤田（2005）による小中学生を対象とした調査では，妬みには，自分よりすぐれた相手への「敵対感情」，ネガティブな自己感情である「苦痛感情」，何かが足りないことに注目して生じる「欠乏感情」という3つの側面があることが見出されている。また，苦痛感情と欠乏感情は，学年が上がるにつれて高まる傾向にあるという。

これらの結果は，加齢にともなって社会的比較が頻繁に行われるようになり，それに連動して妬みもまた経験されやすくなることを示すものだろう。ただし，相手に対するネガティブな妬みを直接的に表現することは避けられるようになり，自分にとって重要な事柄に特化した妬み，とりわけ，欠乏感情のような願望に近い妬みが醸成されるように発達していくのかもしれない。

(2) 嫉妬の発達

山田（1982）は，1人の幼児の出生から2歳半になるまでを継時観察し，幼児の要求－拒否行動の発達的変化を検討した。そのなかで，1歳前後になると，自分より年上のきょうだいに対するネガティブな反応が出現し始めることを報告している。たとえば，母親がきょうだいに話しかけると泣き出したり，母ときょうだいが話しているところにわざわざ割り込んだりしてくるといった反応である。このような行動の変化は，きょうだいが自分と同じ子どもであると同時に，母親の愛情をめぐるライバルであるとも認知されたことを示すものであり，これをして嫉妬の発生とみなされた（山田，1983）。

嫉妬の発生に絞った研究としては，生後約5か月から4歳半までの子どもを集めて，母親から2分間だけ無視されるという状況を用いたものがある（Masciuch & Kienapple, 1993）。母親が雑誌を読んだり他の子どもに注意を向けたりするなどして

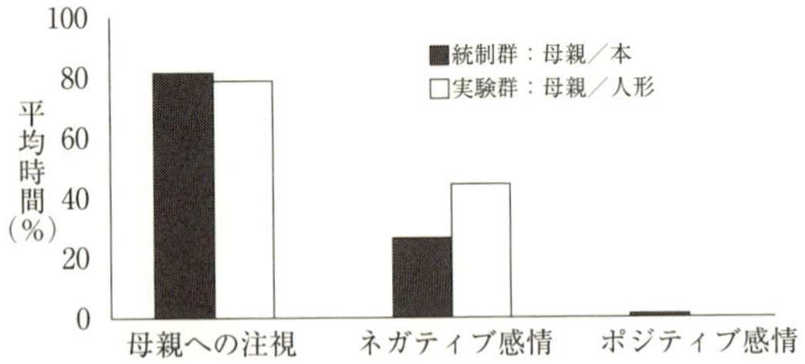

図9−1　母親が注意を向ける対象の違いによる幼児の行動
（Hart & Carrington, 2002より作成）

無視されている間の子どもの表情を評定したところ，ちょうど1歳を過ぎた頃から，ネガティブな表情が急増することがわかった。一方，ハートとキャリントン（Hart & Carrington, 2002）は，平均25週（生後約6か月）とまだ1歳にも満たない幼児を対象にして，母親が子どもを模した人形に注意を向ける条件を加えた実験を行っている。その結果，母親が本を声に出して読んでいるときに比べて，人形に注意を向けているときのほうが，怒りや悲しみの表情，すなわち嫉妬と解釈できるような感情をより多く示したことが報告されている（図9−1）。

このように，嫉妬は1歳に満たない幼児においてもみられる可能性が示唆されたことは刮目すべきである。なぜなら，母親が単なる物（＝本）ではなく人形に注意を払ったときに怒る，というのは，自分と類似した社会的な対象とそうでないものを，かなり早期から区別できている証左と考えられるからだ。いずれにせよ，妬みや嫉妬は，かなり幼い頃から経験されているようである。たしかに，自分がもっていないものを相手がもっているという所有意識の合わせ鏡のように，こうした感情が芽生えてくることはまちがいないだろう。しかし，妬みと嫉妬の発達に関する実証研究はきわめて少なく，そう言い切れるデータがほとんどないというのも現状であるため，今後の研究の蓄積が期待されるところである。

4．妬みと嫉妬がもたらすもの

これまで，妬みと嫉妬が喚起されるメカニズムやその発達的変化についてふれてきた。しかし，私たちにとっては，こうした感情を経験することに付随してどのような結果がもたらされるかのほうが重要かもしれない。なぜなら，たとえばSEMモデルに従うならば，自分にとって関心のある領域で成功した他者に対しては，だれもが少なからず妬みを経験してしまうことを避けるのは不可能に近いからだ。むしろ問題となるのは，妬みや嫉妬という感情を経験した後，あるいはその経験にともなって，どのような状態になるのかに収斂される。ネガティブな思いが他者に向いた場合は，多かれ少なかれ他者に対する攻撃に近い様相を呈するだろうし，自分に向かえば，抑うつや不安が高まったり，積極的な努力につながることもあるかもしれない。また，妬みについては，シャーデンフロイデといった別の社会的感情との関連に注目した研究もなされている（Smith et al., 1996; 澤田，2008b）。この節では，さまざまな研究成果を交えながら，妬みと嫉妬がもたらすと考えられている行動や現象のなかでも，ネガティブな側面に焦点を当てて解説する。

(1) 妬みがもたらすもの

①自己愛・精神症状

妬みの精神病理的な側面については古くから言及されている。たとえば，ホーナイ（Horney, 1937）は，被害妄想や誇大妄想といった症状の発現と維持に重要な役割を果たすものとして，妬みの働きを重視している。一方，フロイト（Freud, 1925／1961）は，自身の自己愛的な傷を認めることが，他者を妬んでしまうことにつながると論じている。彼の指摘は，妬みと自己愛（ナルシシズム）の関連性を示唆する初期の考え方であるが，現在も，「自己愛性人格障害」という精神障害の症状の1つに，妬みやすいことがあげられている。自己愛性人格障害とは，誇大性や過度の賞賛欲求，共感性の欠如などを特徴とするパーソナリティの障害であるが，DSM-Ⅳ-TR（American Psychiatric Association, 2000）の診断基準のなかに，「しばしば他人を妬む。または他人が自分を妬んでいると思い込む」という症状が盛り込まれている。

もちろん，妬みは臨床的な介入が必要とされる重篤な症状とだけ関連があるわけではない。たとえば，健常者を対象とした調査において，妬みやすい人は，不安や抑うつだけでなく，強迫性などの精神症状も呈しやすい傾向にあるという（Gold, 1996）。また，中学生の妄想様観念（＝健常者にみられる妄想に似た考え）と妬みやすさの関連を検討したところ，被害妄想や誇大妄想を抱きやすい生徒は妬みも感じやすく，こうした傾向は中学2年生において顕著にみられるとの報告もある（澤田，2006b）。

このように，妬みは，病的な状態とは浅からぬ関係にあるようだ。いずれにしても，他者に対する妬みがあまりに慢性的であったり，正常の範囲を越えてしまったりして，本人やまわりの人が苦痛を感じているような場合は，何らかの精神障害の1つの症状としてとらえ，さまざまな配慮が必要となるに違いない。

②いじめ・攻撃

一方，妬みがさまざまな攻撃行動の引き金になりかねないと考える研究者も少なくない（Fromm, 1964; Silver & Sabini, 1978; 土居・渡部 , 1995）。たとえば，フロム（1964）は，攻撃をもたらす欲求不満の一形態として妬みをとらえているし，土居と渡部（1995）は，子どもどうしの熾烈ないじめの背景に，いじめる側の妬みが存在しているのではないかと指摘している。実際，清永ら（1985）の調査でも，けっしてその数は多くないものの，いじめの被害者のなかには，「わたしをひがんだり，しっとして」自分をいじめたのだと答える者がいたと報告されている。また，澤田と新井（2002）も，小中学生を対象とした調査を通じて，妬みがだれかをたたいたり悪口を言いふらすといった破壊的な行動と結びつく可能性を指摘している。さらに，妬んだ相手が失敗したときに喜びを感じやすい中学生は，いじめを容認しやすい傾向にあるといったデータも提供されている（澤田，2008a）。

ただし，これらの研究は，あくまで子どもの自己報告によるものであり，実際の行動との関連が検証されているとは必ずしもいえない。はたして，妬みやすい子どもは，傍から見ても攻撃的なのだろうか。この疑問を解明するために，澤田（2006a）は，小学生自身による報告と，各クラスの担任教師から見た児童一人ひとりの行動評定を組み合わせて検討した。その結果，妬みやすい傾向にある男子は，教師の目から見て日常的に粗暴であると判断されやすいことがわかった。女子よりも男子のほうが，自分が感じた妬みをうまく処理できず，たたいたり文句を言ったりといった目に見える形で表す傾向にあるのかもしれない。

③シャーデンフロイデ

成人において妬みと攻撃行動の関連を示す研究はほとんど見当たらない。しかし，妬みが攻撃行動を引き起こしかねない状態と関連していることを示唆する報告は少なくない。たとえば，シャウブロークとラム（2004）は，職場の同僚が昇進したことに対する妬みは，昇進が不公正であるという感覚を介して，同僚への好意を低めてしまうことを示している。好意が低まれば，直接的ではないにせよ，その相手に対して冷たく接するようになりやすいと推察できる。

また，妬みとの強い関連が示唆される感情に，他者の不幸に対する喜びがある。他者の不幸に対する喜びは schadenfreude（シャーデンフロイデ）と呼ばれる。古くはスピノザ（Spinoza, 1675／1969）が，「妬みとは他のものの幸せを見て悲しみにつつまれ，反対に他のものの禍を見て喜ぶように人が動かされるかぎりでの，憎しみである」という言葉を残しているように，シャーデンフロイデは妬みと密接不可分な感情と考えられてきたようだ。

そして近年，シャーデンフロイデに関する実証研究がようやく散見されるようになってきた（澤田，2003; Smith et al., 1996; Van Dijk et al., 2006）。たとえば，他者が不幸になったのにはそれ相応の理由があると判断された場合にシャーデンフロイデが経験されやすい（Brigham et al., 1997; 澤田，2003），異性よりも同性に対する妬みのほうがシャーデンフロイデを高める（Van Dijk et al., 2006）といった知見が得られている。また，澤田（2008b）の調査では，妬みがシャーデンフロイデを高める働きは男女共通にみられるものの，罪悪感がシャーデンフロイデを抑制する働きは女性に特徴的であるといった喚起メカニズムの性差についても示唆されている。

おそらく，妬みが高じてだれかを攻撃することは稀であるに違いない。むしろ，妬み（＝不快）と裏表の関係にあるシャーデンフロイデ（＝快）を経験したいがために，だれかをいじめたり悪口を言いふらすといった攻撃行動がもたらされるのではないか，と考えたほうが現実に即しているのではないか。事実，小中学生を対象とした調査では，いじめを容認する態度を促進するのは，妬みではなくシャーデンフロイデであると報告されている（澤田，2008a，2009）。今後，妬みといじめを代表とする攻撃行動との結びつきを明確にしていくためにも，シャーデンフロイデの役割を解明することは避けて通れない課題であるといえよう。

(2) 嫉妬がもたらすもの

①嫉妬妄想

高橋（2006）によると，精神科で対応しなければならないような病的な嫉妬の大半は，嫉妬妄想とみなすことができるという。嫉妬妄想とは，その名のとおり，パートナーは実際には浮気などしていないにもかかわらず浮気をしていると信じて疑わない精神症状を指す。妄想は事実に反する強い思い込みであり，まわりの人たちがその考えをいくら訂正しようとしても叶わない場合が多い。

嫉妬妄想は，アルコール依存症，アルツハイマー型認知症，統合失調症など，さまざまな精神障害にみられる精神症状である（船山・濱田，2006）。たとえば，嫉妬妄想を呈する患者55例中23例（約4割）は，統合失調症との診断を受けていることが報告されている（高橋，2006）。ただし，統合失調症の患者の嫉妬妄想は，妄想上のライバルが1人ではなく複数である場合が多く，ライバルがだれかということに関心が示されない症例もあることから，広い意味での妄想の一端に，嫉妬妄想と解釈できる内容が含まれているとも考えられるだろう。また，嫉妬妄想は若年者より高齢者に多く，認知症に特徴的にみられる嫉妬妄想は，だれかに何かを盗まれたと信じ込む「物とられ妄想」の変形という見方もある（船山・濱田，2006）。嫉妬の中核が「喪失に対する不安」であるならば，嫉妬妄想が物とられ妄想に通じることは不自然なことではないようにみえる。

②暴力・殺人

嫉妬は，時として悲劇的な結果を招くこともある。たとえば，夫婦で一緒にどこかに出かけたとき，妻が見知らぬ別の男性と親密にしているといった状況に遭遇したとする。その後，夫は妻に対してどのようにふるまうだろうか。何も言わずにすますこともあれば，妻を問い詰めるかもしれない。場合によっては，嫉妬するあまり，罵ったり傷つけたりすることも考えられる。もちろん，このなかでもとくに問題となるのは，妻に対して暴力をふるうことである。しかし，そんなことをしてしまうのは妻を愛している裏返しととれなくもない。このような嫉妬に関連した暴力について，嫉妬のあまり夫が妻を口汚く罵ったりレイプまがいの行為に及んだりしても，それは夫が妻を愛しているゆえのことだと解釈される傾向にあることが報告されている（Puente & Cohen, 2003）。デイリーとウィルソン（Daly & Wilson, 1988）によると，嫉妬によって生じる暴力には著しい性差があるという。たとえば，夫婦間の殺人事件の主要な動機は嫉妬であるが，女性のそれよりも男性のほうがはるかに多いというのだ。とりわけ，加害者がパートナー（被害者）に捨てられることに耐えられなかったことによる殺人の場合は，加害者が男性であることが圧倒的らしい。

また，夫婦に限らず恋愛関係で生じる暴力にも，嫉妬あるいは嫉妬妄想によるものが少なくないという（遠藤 , 2007; Mowat, 1966）。恋愛関係にある男女間において，殴る，性行為の強要といったさまざまな暴力が起きており，女子高校生の約１割がパートナーの男性から何らかの被害を受けた経験を有するとの報告もある（下敷領ら, 2007）。カスカーディ（Cascardi et al., 1999）は，約 2000 名の高校生を対象に実施した調査において，カップル間で生じる葛藤解決の手段としての攻撃と嫉妬が関連していることを確認している。どうやら，夫婦ではなく高校生のカップルであったとしても，恋愛中の暴力と嫉妬は無関係ではないようだ。

5．再び，妬みと嫉妬とは何か

これまでみてきたように，妬みと嫉妬は似て非なる感情である。いずれも，自分が「もたざる者」であることを意識することによって生じている，という点では共通している。しかし，妬みが何かを望むのに対して，嫉妬は失うことを望まない，という点では決定的な違いがあることも事実である。しかも，SEM モデルや進化心理学の観点からみてきたように，妬みや嫉妬という自己意識的感情を経験することは避けられず，攻撃や病的な状態との強い関連も示唆される厄介な感情でもある。はたして，私たちは，この感情にどのように対処していけばよいのだろうか。最後に，私たちはどのようにふるまうことで妬みと嫉妬という感情に対処しているのかを整理しながら，そこからみえてくる妬みと嫉妬という感情の存在意義を考えてみたい。

(1) 妬みの対処行動

サロヴェイとロディン（1988）は，大学生を対象とした調査を通じて，妬みを減じるのに効果的な3つの対処（coping）の存在を見出している。それは，できるだけ感情を表さず，他人に援助を求めない「自己依拠」，自分がもつ別のポジティブな面に目を向ける「自己補強」，妬みの対象となっている重要なものからあえて目を背ける「選択的無視」である。たとえ妬みを感じてしまっても，こうした対処を用いて自身の妬みと向き合うことで，状況の打開につながることもあるかもしれない。たとえば，妬みを経験していても，自己補強を多く選択できる場合は，抑うつを低める効果があることが報告されている（Salovey & Rodin, 1988）。

もちろん，成人だけではなく，子どもたちが自身の妬みをどう処理すべきかというのも重要な問題である。澤田と新井（2002）によれば，妬みを感じた後の子どもたちが選ぶ対処行動は，相手に少しでも追いつけるよう努力を重ねる「建設的解決」，仕方がないと諦める「意図的回避」，悪口を言いふらしたり，物に八つ当たりをする「破壊的関与」の大きく3側面に分けられる。とりわけ，妬みに由来する積極的な努力に関しては，中学生よりも小学生のほうが頻繁に行っているらしい。

だからといって，小学生のほうが妬みをうまく利用できているとは断定できない節がある。なぜなら，小学生の段階では，相手がすぐれている状況に直面した場合，単に「がんばる」と思うだけで，その後のプランがほとんど立っていない可能性も大いにありうるからだ。澤田と新井（2002）では，中学生になると「まったく関係ないことをして気を紛らわす」といった認知的な対処が可能となることも示されている。おそらく，加齢に従って，努力してもどうにもならないことがあることを徐々に理解していき，それにともなって，サロヴェイとロディン（1988）がいうところの「選択的無視」のような対処の選択も可能となっていくように発達していくのかもしれない。

しかし，ただ受け流すだけでも前に進むことはできない。遠藤（2004）は，子どもの社会性の発達を論じるなかで，妬みを経験すること自体が問題なのではなく，それを経験した後にどのようにふるまうかを教え込むことの重要性を指摘している。

では，妬みの対処として適切な行動とは，いったい何なのだろうか。この点を解明するうえで１つのヒントを提供してくれる研究がある。澤田（2007）は，中学生がどれほど学校生活に満足しているかという自分自身の判断と，妬みの対処の仕方を組み合わせて検討した。この調査は，生徒一人ひとりを学校生活にどれほど満足しているかによってグループ分けし，それぞれのグループの生徒が経験した妬みに対してどのような対処を選択しているかを調べるものだった。その結果，学校生活に何らかの不満を抱いていると思しき生徒は，妬みが経験される場面で特定の対処のみしか選択できなかったり，いかなる対処も選択しない傾向にあるとわかった。一方，学校生活に満足している生徒は，妬みを感じると，破壊的な行動だけではなく，うまく受け流したり，努力したりと，さまざまな行動を選択できることが明らかになった。

おそらく，自分自身で学校生活に満足していると考えている生徒は，妬みを処理するにあたって，自分や友人など，さまざまなリソースを用いて対処できているのかもしれない。それとは逆に，満足できていない生徒は，限定的な対処しか選べず空回りするなどして，自身の妬みを効果的に処することが困難になっているのではないか。つまり，妬みを経験した後の適切な行動は何かに限定されるものではなく，むしろバラエティーに富んだ行動を選択できることそれ自体が重要な意味をもっている可能性が示唆されるわけだ。もちろん，対処行動の選択が先か，学校生活に対する満足が先かは議論の余地がある。しかし，少なくとも，両者に一定の関連性が認められたことは，子どもの社会性にかかわるさまざまな問題を解明していくうえで，貴重な成果といえるだろう。

(2) 嫉妬の対処行動

嫉妬は，もともとパートナーとの間に結ばれていた関係が，ライバルの出現によって脅かされる状況で経験される感情である。しかし，嫉妬の原因をだれに求めるかというのは一概には特定できない場合もあるだろう。たとえば，自分にパートナーを引き止めるほどの魅力がなかったと判断しやすい者もいれば，ライバルに目を向けたパートナーが絶対に悪いとみなしがちな者もいるだろう。比嘉と中村（2003）による調査では，嫉妬することになった原因を自分に求める者よりは，相手やライバルに求める者のほうが多いことが報告されている。また，ポールら（Paul et al., 1993）によれば，嫉妬が経験されると，パートナーに裏切られたという思いが高じて，パートナーに怒りの矛先が向けられやすいという。

では，嫉妬を経験すると，私たちはパートナーに対しては具体的にどのようにふるまうのだろうか。シェイクスピアの『オセロ』のように，嫉妬のあまりパートナーを傷つけてしまうことも少なくないことは前節で述べたとおりである。しかし，三浦と奥山（2003）の研究では，「恋人に暴力を振るう」とする項目の平均値が最も低いことが報告されている。山際（2007）の調査でも，嫉妬と結びつきやすい行動のなかで平均値が高い項目は，パートナーを言葉で責めたり，積極的に距離を置くといった，攻撃行動というよりはコミュニケーションの変化に該当するものであることが確認されている。ただし，これらの調査の対象者の性別は，いずれも約７割が女性であったことには注意が必要である。嫉妬をすることがパートナーへの攻撃にいっさい結びつかないというわけではなく，男性では事情が異なってくる可能性が十分に考えられるからだ。

一方，嫉妬の原因を相手やライバルではなく自分自身に帰属する者，とりわけ男性の場合は，相手に優しさを見せたりデートに誘うといった関係の改善を図る方向の対処行動を選択しやすくなるという（比嘉・中村，2003）。さらに，嫉妬の対処行動としては，破壊的な行動よりは「恋人と率直に話し，状況を説明してもらう」や「自分の魅力を高める」といったもののほうが選択されやすいことも報告されている（三浦・奥山，2003）。パインズ（Pines, 1992）は，恋愛関係で生じる嫉妬に対処していくために，嫉妬にかかわる問題を認識することが最も重要だと指摘している。また，妬みと同様に，嫉妬するということは，どれほどパートナーを大事に思っていたかの裏返しとみなすこともできる。嫉妬をきっかけとして，いままで話せなかった思いも含めて率直にパートナーと話し合うことができれば，以前よりも深い絆が得られることもあるかもしれない。適度な嫉妬であれば，あるいは嫉妬に狂うことさえなければ，嫉妬が恋愛関係の潤滑油として働くことは十分に考えられる。

妬みや嫉妬をプラスに変えればよいではないか，と綺麗ごとをいうのはたやすい。しかし，妬みや嫉妬に苦しんでいる人は，それができないからこそ困っているのであって，時には周囲も困惑させるような妄想を抱き，時にはだれかを傷つけずにはいられない。それが人間という生き物の性質であることも否めない。

最後に，嫉妬のあまり弟アベルを手にかけた兄カインの後日談について少しだけふれておきたい。このカインという言葉の意味は「得る」であり，アダムとエバが神の助けによって得たことを示す（松田，1957）。では，その名を冠するカイン自身は，はたして何を得たのだろうか。カインは弟を殺した罪を自覚しながら，だれからも殺されることのない力を神から授かり，さすらいの旅に出た。そして，妻を娶り，多くの子どもたちをも得て，彼らによって文明がもたらされたという。

たしかに，「もたざる者」であると自覚することは苦痛である。カインの末裔たる私たちもまた，その例外ではない。しかし，こうした感情を経験できるからこそ，いまの自分に何が欠けているのか，何を欲しているのかを，はっきりと自覚することにつながるようにも思える。自分のなかに生じたネガティブな感情の存在を認め，立ち止まって深呼吸する余裕をもつ。それさえ忘れなければ，妬みや嫉妬を，むしろ新しい地平を拓く可能性の芽とみなせはしまいか。自分にはないのだとわかったのなら，あとは手に入れるだけなのだから。

【引用文献】

American Psychiatric Association（2000）. *Diagnostic and statistical manual of mental disorders. 4th ed. text revision.*（DSM-Ⅳ-TR）. Washington, DC: American Psychiatric Association.
Bers, S. A., & Rodin, J.（1984）. Social-comparison jealousy: A developmental and motivational study. *Journal of Personality and Social Psychology,* **47,** 766-779.
Brigham, L., Kelso, K. A., Jackson, M. A., & Smith, R. H.（1997）. The roles of invidious comparisons and deservingness in sympathy and Schadenfreude. *Basic and Applied Social Psychology,* **19,** 363-380.
Buss, D. M., Larsen, R. J., Westen, D., & Semmelroth, J.（1992）. Sex differences in jealousy: Evolution, physiology, and psychology. *Psychological Science,* **3,** 251-255.
Cartwright, J. H.（2001）. *Evolutionary explanations of human behavior.* Routledge.（鈴木光太郎・河野和明（訳）2005　進化心理学入門　新曜社）
Cascardi, M., Avery-Leaf, S., O'Leary, K. D., & Slep, A. M. S.（1999）. Factor structure and convergent validity of the conflict tactics scale in high school students. *Psychological assessment,* **11,** 546-555.
Daly, M., & Wilson, M.（1988）. *Homicide.* New York: Aldine de Gruyter.（長谷川真理子・長谷川寿一（訳）1999　人が人を殺すとき―進化でその謎をとく―　新思索社）
DeSteno, D., & Salovey, P.（1996a）. Evolutionary origins of sex differences in jealousy?: Questioning the "fitness" of the model. *Psychological Science,* **7,** 367-372.
DeSteno, D., & Salovey, P.（1996b）. Jealousy and the characteristics of one's rival: A self-evaluation maintenance perspective. *Personality and Social Psychology Bulletin,* **22,** 920-932.
土居健郎・渡部昇一（1995）．いじめと妬み―戦後民主主義の落とし子―　PHP 研究所
遠藤智子（2007）．デート DV―愛か暴力か，見抜く力があなたを救う―　KK ベストセラーズ
遠藤利彦（2004）．子どもに育てたい社会性とは何か　児童心理，**58,** 145-153.
Festinger, L.（1954）. A theory of social comparison process. *Human Relations,* **7,** 117-140.
Frankel, S., & Sherick, L.（1977）. Observations on the development of normal envy. *The Psychoanalytic Study of the Child,* **32,** 257-281.
Freud, S.（1961）. Some psychical consequences of the anatomical distinction between the sexes. In J. Strachey（Ed. & Trans.）, *The standard edition of the complete psychological works of Sigmund Freud, 19.* London: Hogarth Press. pp. 243-258.（Original work published 1925）.
Fromm, E.（1964）. *The heart of man: Its genius for good and evil.* New York: Harper & Row.
船山道隆・濱田秀伯（2006）．嫉妬妄想・被愛妄想　こころの科学，**126,** 56-59.
Gold, B. T.（1996）. Enviousness and its relationship to maladjustment and psychopathology. *Personality and Individual Differences,* **21,** 311-321.
Hart, S., & Carrington, H.（2002）. Jealousy in 6-month-old infants. *Infancy,* **3,** 395-402.
長谷川眞理子（2000）．人間理解のための進化的アプローチ　Darwin, C. R.（1871）. *The descent of man, and selection in relation to sex.* London: John Murray.　長谷川眞理子（訳）人間の進化と性淘汰Ⅱ　文一総合出版　pp.491-505.
Heider, F.（1958）. *The psychology of interpersonal relations.* New York: Wiley.
比嘉さやか・中村　完（2003）．恋愛の嫉妬において原因帰属と感情が対処行動に及ぼす影響　日本社会心理学会第 44 回大会発表論文集，590-591.

Horney, K. (1937). *The neurotic personality of our time.* New York: W. W. Norton.
Jaremko, M. E., & Lindsey, R. (1979). Stress-coping abilities of individuals high and low in jealousy. *Psychological Reports,* **44,** 547-553.
Joffe, W. G. (1969). A critical review of the status of envy concept. *International Journal of Psycho-analysis,* **50,** 533-545.
清永賢二・麦島文夫・高橋義彰（1985）．いじめに関わる非行の実態調査研究２―非行の状況といじめに対する非行少年の態度―　科学警察研究所報告（防犯少年編），**26,** 144-161.
Klein, M. (1975). Envy and gratitude. In *Envy and gratitude and other works, 1946-1963.* London: Hogarth Press. pp. 176-235. (Original work published 1957)
Lewis, M. (1992). *Shame:The exposed self.* New York: The Free Press.
Masciuch, S., & Kienapple, K. (1993). The emergence of jealousy in children 4 months to 7 years of age. *Journal of Social and Personal Relationships,* **10,** 421-435.
松田明三郎（1957）．創世記　手塚儀一郎・浅野順一・左近義慈・山崎　亨・松田明三郎・船水衛司（編）口語旧約聖書略解　日本基督教団出版部　pp. 1-53.
三浦香苗・奥山紗世（2003）．女子大学生の恋愛関係における嫉妬感情およびそれへの対処―性差および恋愛関係・恋愛観との関連の分析―　昭和女子大学生活心理学研究所紀要, **6,** 1-16.
Mowat, R. R. (1966). *Morbid jealousy and murder.* London: Tavistock.
中里浩明（1992）．嫉妬と羨望の意味構造―嫉妬と羨望の心理学２―　神戸女学院大学論集, **38,** 129-134.
大貫　隆（2008）．グノーシス「妬み」の政治学　岩波書店
Parrott, W. G., & Smith, R. H. (1993). Distinguishing the experiences of envy and jealousy. *Journal of Personality and Social Psychology,* **64,** 906-920.
Paul, L., Foss, M. A., & Galloway, J. (1993). Sexual jealousy in young women and men; Aggressive responsiveness to partner and rival. *Aggressive Behavior,* **19,** 401-420.
Pines, A. M. (1992). *Romantic jealousy.* New York: Sobel Weber Associates.
Puente, S., & Cohen, D. (2003). Jealousy and the meaning (or nonmeaning) of violence. *Personality and social psychology bulletin,* **29,** 449-460.
Salovey, P., & Rodin, J. (1984). Some antecedents consequence of social-comparison jealousy. *Journal of Personality and Social Psychology,* **47,** 780-792.
Salovey, P., & Rodin, J. (1988). Coping with envy and jealousy. *Journal of Social and Clinical Psychology,* **7,** 15-33.
澤田匡人（2003）．他者の不幸に対する感情喚起における妬み感情と相応度の役割　日本発達心理学会第14回大会発表論文集，56.
澤田匡人（2005）．児童・生徒における妬み感情の構造と発達的変化―領域との関連および学年差・性差の検討―　教育心理学研究, **53,** 185-195.
澤田匡人（2006a）．子どもの妬み感情とその対処―感情心理学からのアプローチ―　新曜社
澤田匡人（2006b）．中学生の妬み傾向と妄想的観念　日本発達心理学会第17回大会発表論文集, 721.
澤田匡人（2007）．中学生における妬み対処方略の選択と社会的不適応との関係　日本教育心理学会第49回総会発表論文集, 562.
澤田匡人（2008a）．中学生のいじめに対する態度とシャーデンフロイデ　日本心理学会第72回大会発表論文集, 998.
澤田匡人（2008b）．シャーデンフロイデの喚起に及ぼす妬み感情と特性要因の影響―罪悪感，自尊感情，自己愛に着目して―　感情心理学研究, **16,** 36-48.
澤田匡人（2009）．小学生のいじめに対する態度とシャーデンフロイデ　日本発達心理学会第20回大会発表論文集, 196.
澤田匡人・新井邦二郎（2002）．妬みの対処方略選択に及ぼす，妬み傾向，領域重要度，および獲得可能性の影響　教育心理学研究, **50,** 246-256.
Schaubroeck, J., & Lam, S. K. (2004). Comparing lots before and after: Promotion rejectees' invidious reactions to promotees. *Organizational Behavior and Human Decision Processes,* **95,** 33-47.
下敷領須美子・小田裕子・新名主雪絵（2007）．高校生のデートDVに関する認識と被害・加害実態　母性衛生，**48**（3），160.

Silver, M., & Sabini, J. (1978). The perception of envy. *Social Psychology,* **41**, 105-117.
Smith, R. H., Kim, S. H., & Parrott, W. G. (1988). Envy and jealousy: Semantic problems and experiential distinctions. *Personality and Social Psychology Bulletin,* **14**, 401-409.
Smith, R. H., Turner, T. J., Garonzik, R., Leach, C. W., Urch-Druskat, V., & Weston, C. M. (1996). Envy and Schadenfreude. *Personality and Social Psychology Bulletin,* **22**, 158-168.
Spinoza, B. (1675). *Ethics.*（工藤喜作・斉藤　博（訳）1969　エティカ　下村寅太郎（編）世界の名著　25　スピノザ・ライプニッツ　中央公論社）
高橋俊彦（2006）．病的嫉妬の臨床研究　岩崎学術出版社
Takahashi, H., Matsuura, M., Yahata, N., Koeda, M., Suhara, T., & Okubo, Y. (2006). Men and women show distinct brain activations during imagery of sexual and emotional infidelity. *Neuroimage,* **32**, 1299-1307.
Tesser, A., Campbell, J., & Smith, M. (1984). Friendship choice and performance: Self-evaluation maintenance in children. *Journal of Personality and Social Psychology,* **46**, 561-574.
Tesser, A., & Collins, J. (1988). Emotion in social reflection and comparison situations: Intuitive, systematic, and exploratory approaches. *Journal of Personality and Social Psychology,* **55**, 695-709.
坪田雄二（1991）．社会的比較によって生じる嫉妬と自尊感情の関連性の検討　広島大学教育学部紀要（第1部），**40**, 113-117.
上杉　喬・榧場真知子・馬場史津（2002）．感情体験の分析―嫉妬・憎い・怒りについて―　生活科学研究，**24**, 25-40.
Van Dijk, W. W., Ouwerkerk, J. W., Goslinga, S., Nieweg, M., & Gallucci, M. (2006). When people fall from grace: Reconsidering the role of envy and Schadenfreude. *Emotion,* **6**, 156-160.
山田洋子（1982）．0 - 2歳における要求・拒否と自己の発達　教育心理学研究，**30**, 128-138.
山田洋子（1983）．人の識別から人との関係へ　サイコロジー，**3**, 18-25.
山際勇一郎（2007）．嫉妬の感情と行動の関連について　日本心理学会第71回大会発表論文集，125.

10章

誇りとプライド

有光興記

「オリンピックの日本代表選手が，念願の金メダル獲得」と聞いて，どのような情景を思い浮かべるだろうか。会場の観客は，立ち上がって歓声を上げ，選手は目標を達成した誇りと喜びの表情で満ちあふれているはずである。あなたは，同じ日本人として選手のことを誇りに思い，さらなる活躍を祈ることだろう。

このように，目標を達成し，賞賛を受けたときに，私たちは誇りを経験する。また，自分と同じ集団に所属している人が成功したときにも，誇りを経験することがある。誇りについては，これまで心理学的にはほとんど注目されていなかったが，2000年以降は実証的研究が散見されるようになってきた。心理学研究のデータベースであるPsyc-Infoを調べると（2009年6月末時点），キーワードを誇りの訳語であるプライド（pride）とする研究は上昇傾向にある（図10－1）。誇りに関する研究は，とく

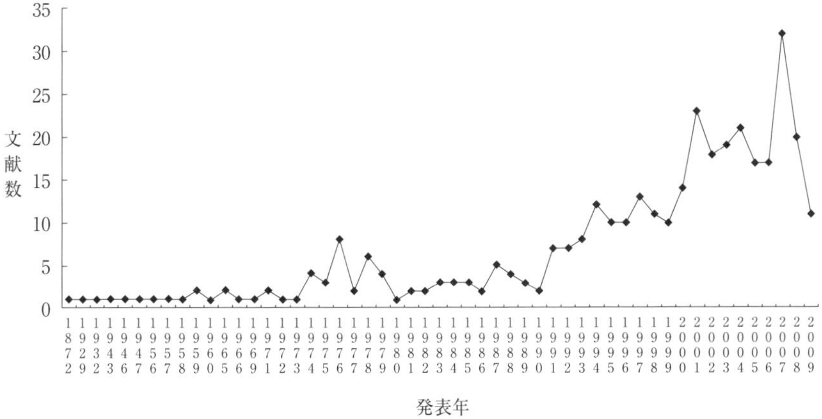

図10−1　Psyc-Info にみるプライドをキーワードとする文献数の推移

に非言語的表出，パーソナリティ，社会的機能，発達という分野で行われている。本章では，誇りに関する研究を概観し，わが国における今後の展開について論じたい。

1．誇りとは

誇りとは，広辞苑によれば「ほこること。自慢に思うこと。また，その心」という意味である（新村，2008）。誇りについては，「肯定的な自己意識的感情（self-conscious emotion）であり，ある人の行動，発言，特徴がすぐれている，または望ましいことを他者がみて肯定的に評価したときに経験される」（Fischer & Tangney, 1995）と専門的な定義がある。さらに，誇りを経験すると，他者から成功を認めてもらうために，積極的な行動や発言を行い，自分自身を大きく，立派で，力強く感じ，自分自身を肯定的に評価するようになることも指摘されている。

有光（2007）は，デイビッツ（Davitz, 1969）の556項目からなる情動経験チェックリストを用いて，誇りの経験的定義を明らかにしている。経験的定義とは，１つの情動経験について556項目それぞれについてあてはまるかどうかを回答してもらい，３分の１以上の参加者の一致が得られた項目を定義とするものである。その基準を用いると，誇りの経験的定義として，17項目があてはまった（表10－１）。最も一致率が高かったのは，「幸福な感じ」で65%の一致率が得られた。経験的定義としては，「幸福な感じ」「うきうきしている」「ほほえみたくなる」などの肯定的感情，「私は力を感じている」「自分の内に強いものを感じる」「自信」など自己効力感の高まりを示す項目が多く選ばれた。また，「自分が特にすばらしく見える」「優越感」など他者からの肯定的評価を意識する項目も選ばれた。情動の強度としては，「温和で心地よい」「ほんのりと温かい興奮」などやや興奮した程度であることを示す項目が選択された。デイビッツ（1969）では，プライドの経験的定義が調べられており，有光（2007）において誇りの定義として選ばれた17項目中13項目が一致し，一致率は76.5%であった。

誇りの喚起状況についても，有光（2007）が明確にしている。60名の参加者の経験の記述を研究者２名が読み８つのカテゴリーを作成し分類を行った結果，「合格，優勝，抜擢」が最も多く（42.2%），次いで「他者から賞賛を受けたとき」（15.6%），「仕事をやり遂げたとき」（10.9%），「優位な立場に立ったとき」（10.9%），「信頼できる友人を持ったとき」（7.8%），「注目・賞賛を集める活動中」（6.3%），「他者の成功」（4.7%）の順に記述が多かった。

以上の結果から，日本人が経験する誇りとアメリカ人が経験するプライドの経験は，

表 10－1　誇りの経験的定義として選ばれた項目とその度数分布（有光, 2007）

経験的定義の項目	度数	相対度数	Davitz（1969）との一致
幸福な感じ	39	65%	○
心がうきうきしている	27	45%	○
自分の内に強いものを感じる	26	43%	○
より生き生きしている感じ	26	43%	○
自然とほほえみたくなる	26	43%	○
温和で心地よい	25	42%	
重要で価値ある感じ	25	42%	○
本当に自分らしくふるまえる感じ	25	42%	
ほんのりと暖かい興奮	24	40%	○
自分にほほえんでいる感じ	24	40%	○
満ち足りた感じ	23	38%	○
完全にやりとげたという感じがする	23	38%	○
何かをするためには努力がいる	23	38%	
私は力を感じている	22	37%	○
より自信にあふれどんなことでもできるという感じ	22	37%	○
優越感	21	35%	○
自分が特にすばらしく見えるのではないかと感じる	21	35%	

ともに自分の行動に対して肯定的な評価を受けたときに経験される感情であり，肯定的な感情以外にも自己効力感の上昇を含む経験であるといえる。本章では，誇りとプライドの経験に共通点が多いことから，誇りとプライドをほぼ同じ感情として扱うことにしたい。

2．誇りを経験するメカニズム

誇りを経験するプロセスは，トレーシーとロビンス（Tracy & Robins, 2007c）が図 10－2のようにモデル化している。自己意識的感情の過程モデルは，自己意識的感情に関するこれまでの社会心理学的知見を統合したものである。まず，図 10－2における最初のプロセスである「出来事→生存目標と関連」という箇所においては，「熊に襲われる」という生命の危機がある場面では，恐怖のような基本的感情が経験されるため，自己意識的感情は経験されないことが示されている。熊に襲われるという場面でも，「一緒に来ていた彼女が見ている状況」であれば，他者から見た自分の姿（自己表象）への注目が起こる。自己表象への注目が起こる状況の多くは，他者から評価を受けるスピーチやテスト，会話などの出来事である。彼女と熊に襲われた

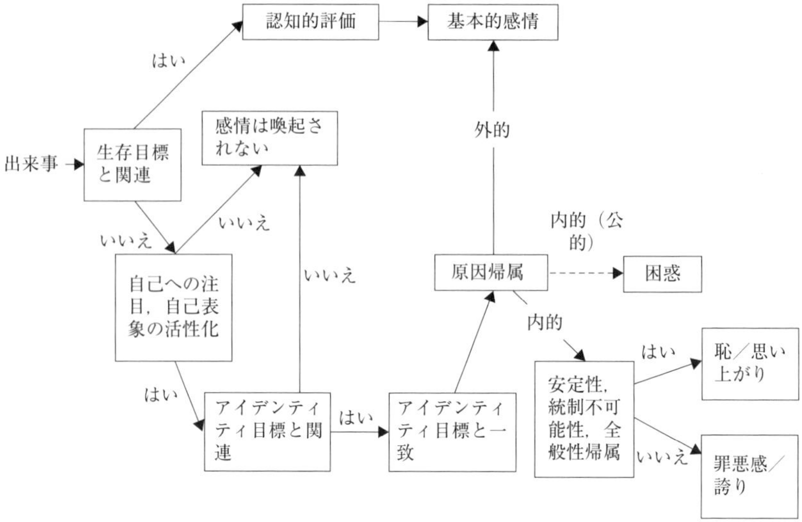

図10－2　自己意識的感情の過程モデル（Tracy & Robins, 2007c）

という場面において，「熊に襲われたときは彼女を守るべきだ」というアイデンティティをもっていて，その目標を達成できなかったときは，恥か罪悪感を経験する。この状況で見事，何らかの手段で熊から彼女を守ったときに，自分のおかげだと考えると（自分が原因だと考えると），誇りか思い上がりを経験する。なお，モデル上では，喚起された自己表象が「こうありたい自分」と関連しない場合には，この種の感情を経験しないことや，成功や失敗の原因が自分にないと考えた場合には，喜びや恐怖など基本的感情を経験することも説明されている。自分自身が原因と考えた場合，さらに自分のどの属性に帰属するかによって，経験する感情が異なることが説明されている。努力に帰属させた場合には，それは，一時的で不安定，統制可能な原因であり，能力やパーソナリティへの帰属では，全般的に影響を与える，安定的，統制不可能な原因とされる。失敗を自分の努力不足の結果であると考えれば，罪悪感を経験し，能力不足やパーソナリティの問題であると考えれば，恥を経験する。成功の場合は，「努力したので勝ち残った」と努力の結果であると考えれば誇り，「偉大な能力をもっているから」とすぐれた能力やパーソナリティの結果であると考えれば思い上がり（hubris）を経験する。

3．誇りの非言語的表出

誇りの表出には，誇りを表出している人が自分の成功を他者に伝え，成功する前よりも社会的地位の向上をアピールするという機能があるという（Tracy & Robins, 2007c）。こうした機能が発揮されるとすれば，他者は喜びなどの基本的感情と誇りの感情を区別して認識できるはずである。実際に，トレーシーらは，アメリカとイタリアで誇りと認識される表出があることを明らかにしている（Tracy & Robins, 2004, 2007a）。この研究では，子どもが成功したときのポーズを俳優に演じてもらい，頭の傾きや腕の位置などの成分を操作し，どの成分が誇りと認識されるために必要であるかを分析している。イタリアとアメリカの成人と4歳の子どもに成分を操作した写真を見せ，喜びや誇りといった選択肢のなかから，どの感情に見えるかを回答させたところ，胸をふくらませる，頭を少し傾ける，両手を腰にあてるという3つの成分と微笑（small smile）という組み合わせのポースが最も誇りと認識された。この結果は，微笑だけだと喜びと区別がつかないため，ポーズが誇りの認識には重要であることを示している。さらに，トレーシーら（Tracy & Robins, 2007a）は，視線と腕の位置（腕組みや上げる動作など）を操作し，視線は真っ直ぐにして，腕は腰にあてたポースが最も誇りと認識されやすいことを明確にしている。思い上がりの表出については，誇りの表出と比較すると，視線を上にするという点が誇りにおいて特徴的である以外は，大きな違いがないことが明らかにされている。以上の知見は，誇りの行動観察の知見とも合致している。胸を張り，肩を後ろにした姿勢（erect）は，成績がよかったときの姿勢であり（Weisfeld & Beresford, 1982），それが3歳児においても観察され（Belsky & Domintrovich, 1997），その姿勢をとると誇りを経験しやすいこと（Stepper & Strack, 1993）がわかっている。

(1) 誇りの非言語的表出の通文化性

有光（2009a）は，日本人青年を対象に誇りの典型的な非言語的表出について明らかにしている。さらに，日本人とアメリカ人では，誇りの表出に大きな違いがある可能性があると考え，アメリカ人の典型的な誇りの表出（Tracy & Robins, 2004）以外に，日本人に自由に誇りを表すポーズをとってもらい，日本人に独自の表出があるのかについても検討している。非言語的表出を表す刺激として，誇りの表出（Tracy & Robins, 2004）を指示通りに演じてもらった写真8枚と誇りを自由に表出しても

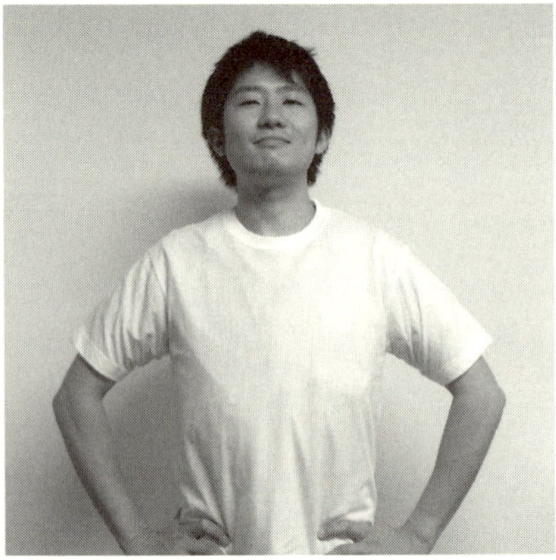

図 10 − 3 誇りの典型的な非言語的表出（有光，2009a）

らった写真 4 枚と，ダミーとして喜び，驚き，怒りの表情（Matsumoto & Ekman, 1988）を演じてもらった写真を各 8 枚用意した。合計 36 枚の刺激を大学生 76 名に見てもらい，写真に写っている人物が表している感情に最も近いもの 1 つを選択肢（喜び，驚き，プライド，誇り，怒り，どれもあてはまらない）から選択させた。アメリカ人の典型的表出はプライド，日本人の典型的表出は誇りと認識される可能性から，選択肢は誇りとプライドの 2 つが用意された。その結果，日米の誇りの表出（Tracy & Robins, 2004）は，他の感情に比べて有意に正しく認識されていた。なお，アメリカ人の誇り（pride）の典型的表出については，プライドと回答した人（27.1%）より誇りと回答した人（56.3%）が多く，誇りと認識されることが多いことがわかった。最もプライドまたは誇りと認識された写真は，正答率が 85.5% であり，頭を上げ，視線を上にして，腰に手をあてて，微笑するというアメリカ人の誇りの典型的な表出と同一のものであった（図 10 − 3）。この結果は，日本と北米における誇りの非言語的表出の通文化的共通性を示すものである。

誇りの表出が，ヒトという種が進化のうえで獲得した適応的機能をもつ表出であることを示す知見も存在する。トレーシーとロビンス（2008）は，読み書きの言語をもたず，メディアとの接触がないアフリカ西部のブルキナファソの村民に，アメリカとアフリカの男女の誇りのポーズを見せ，あてはまる感情を選択させた。その結果，57% というチャンスレベルを上回る正答率が得られた。この結果は，誇りの表出が通文化的であるという有力な知見の 1 つである。さらに，トレーシーとマツモト（Tracy & Matsumoto, 2008）は，オリンピックとパラリンピックにおいて各国の選手が見せた成功と失敗時の自然な恥と誇りの表出を観察し，検討を加えた。その結果，パラリンピックにおいて，目の見えない競技者も恥と誇りを表出したことから，恥と誇りの非言語的表出が生得的である可能性を論じている。だたし，西ユーラシアとアメリカでは，失敗時の恥の表出に違いがあり，集団主義文化では，肩を落とす，胸を狭めるという表出の頻度が高いことを指摘している。

(2) 個人主義文化と集団主義文化における非言語的表出の違い

誇りの表出は，個人の社会的地位の向上をアピールするものであり，集団の維持を重視する文化では，好ましくないと評価される可能性がある。アメリカとオーストラリア（個人主義）と中国と台湾（集団主義）(Eid & Diener, 2001)，オランダ（個人主義）とスペイン（集団主義）(Mosquera et al., 2000）という個人主義と集団主義の文化の比較では，個人主義文化のほうが誇りを肯定的に評価することが明らかにされている。北山ら（Kitayama et al., 2006）は，肯定的，否定的出来事における自己を対人関係に関与させる感情（社会関与的な感情：尊敬，同情，罪悪感，恥など）と自己を対人関係から脱関与させる感情（脱社会関与的な感情:誇り，優越感，不機嫌，怒りなど）の強さが，集団主義文化（日本）と個人主義文化（アメリカ）で異なると考え，調査を行っている。調査の結果，集団主義文化では，否定的出来事で関与的感情を経験しやすく，個人主義文化では，肯定的出来事で脱関与的感情を経験しやすいことが示された。この結果は，誇りは日本人よりもアメリカ人のほうが強く経験する傾向にあることを示唆している。

また，スコロンら（Scollon et al., 2004）は，5つの異なる文化的背景をもつ対象者（アジア系アメリカ人，ヨーロッパ系アメリカ人，スペイン系アメリカ人，インド人，日本人）について，日誌法で誇りを測定した。その結果，スペイン系アメリカ人（集団主義）の誇りの経験頻度が，最も高いことが明らかになった。また，インド人は誇りを否定的にとらえていたが，日本人は肯定的にとらえていた。この結果は，誇りについては，集団主義のなかでも経験の頻度や肯定－否定の評価が異なることを示している。さらに，中国人は統制不可能な出来事から誇りを経験し（Maruo et al., 1992)，集団の誇りを個人の誇りよりも肯定的にとらえる傾向がある（Stipek, 1998）など，他国と異なる特徴をもつ文化が存在する。

以上のように，集団主義文化では，誇りを否定的にとらえたり，比較的弱く経験する傾向にある。非言語的表出については，通文化的な知見が多いが，集団主義文化において，それが実際に抑制されるのかどうかについては，今後の検討課題である。

4. 誇りの社会的機能

胸を出し，腰に手をあてる，ガッツポーズをとるという誇りの表出の特徴は，自分を大きく見せ，他者の注意を引きつけ，自分の優秀さを認識させるというコミュニケーション機能をもっている（Tracy & Robins, 2007b）。実際に，誇りの表出をしている人は，社会的地位が高いと認識されやすい（Tiedens et al., 2000）。一方，微笑には，相手に従う，相手と友好的な関係でありたいことを示す機能がある。誇りの経験の場合，「成功を収めましたが，友好的な関係は続けたいと思っています。排斥したりせず，仲間関係を続けてください」というメッセージを微笑がもつと考えられる。

誇りを経験した人には，高められた自己評価を維持することが動機づけられる。実際に，自尊心の高い人ほど，自己評価に関する肯定的な自伝的記憶（誇りの記憶）の想起が羨望・嘲り・恥より詳細であり，肯定的な自己イメージの維持のためのバイアスが存在する（D'Argembeau & Van der Linden, 2008）。

誇りを経験すると，強い肯定的な感情の経験から，達成，成功への努力が強化されるため，さらなる努力が動機づけられ，積極的な行動が喚起される。ヘラルドとトマカ（Herrald & Tomaka, 2002）によれば，誇りを経験するように操作すると，課題成績が向上する。ウィリアムズとデステノ（Williams & DeSteno, 2008）は，誇りを実験的に喚起し，課題成績との関連を検討した。彼女らは，課題後に「あなたの成績は147点中124点で，94パーセンタイル得点です。すばらしい成績です。これまでに見たことのない高い得点です」と興奮して伝え，誇りを喚起した。統制群は，パーセンタイル得点を伝えるのみの群（自尊心を向上させる）と何も伝えない群であった。その後，メンタルローテーション課題をどの程度継続できるかを測定したところ，誇りを経験した群が最も課題を継続した。この結果は，誇りの経験が，難しい課題に取り組む意欲を高めることを示すものである。社会的場面では，誇りを経験した販売員は，効果的な販売戦略を行うようになり，自己効力感が高まるという知見もある（Verbeke et al., 2004）。同様に，交渉ごとにおいて，誇りが競争的動機づけや，支配的な交渉行動を媒介して，経済的成果と満足感に関係することも示されている（Butt & Choi, 2006）。

集団に対する誇りの意識は，社会的アイデンティティを確立させるため，集団の利益になる行動を促進させることがわかっている。ハートとマツバ（Hart & Matsuba, 2007）は，集団に対する誇りが，他の変数（性別，年齢，所得，世代性や

Big Five Personalityなど）の影響を取り除いても，ボランティア行動を動機づけることを明らかにしている。同様に，ボランティアの参加者は，所属集団に対する誇りが高いほどボランティアの継続傾向にあり，組織内の他者へのコミットメントが高いという結果も得られている（Boezeman & Ellemers, 2008）。また，学校におけるいじめと誇り，恥の関係を検討した研究（Morrison, 2006）では，いじめの被害者がいない群は，恥を知って損害を回復する行動（損害を認め，補償行動を行う），集団価値への敬意と誇りが最も高く，恥と誇りがいじめの抑制に重要であることが示されている。竹西と竹西（2006）は，集団の手続き的公正（組織の決定が公正かどうか）と集団に対するアイデンティティ（プライドとリスペクト）の関係について検討している。調査の結果，手続き的公正がプライド（成員が所属集団に対してもつ全般的価値の評価）を高め，プライドが権威是認，政策支持，内集団他成員への支援，外集団他成員への支援，集団自尊心を促進することを示している。さらに，セブンソン（Sevenson et al., 2006）は，病気で会社を休んでいた人が復職する際に，会社に誇りをもっていると，心理的に自信がつき，仕事の能力が開発されると考察している。

5．誇りと思い上がり

誇りには，自分の達成に基づく真正な誇り（authentic pride）と誇大な自己評価に起因する思い上がり的な誇り（hubristic pride）の２種類があることが指摘されている。自分が成功し，自尊心が高い状態である真正な誇りは，４節で述べたように，積極的な行動や向社会的行動を動機づける。しかし，思い上がり的な誇り（思い上がり）は，必ずしも成功や他者の賞賛という事実がなくても経験される。自分がすぐれた能力がある，他者には理解できない偉大な業績があると誇大に自己評価している場合には，思い上がりを経験する。思い上がりが強い人は，誇大な自己評価を維持しようとするため，少しの自我脅威でも傷つきやすく，その反動として自分を傷つけた他者への攻撃行動など反社会的行動を起こしやすい（Bushman & Baumeister, 1998）。

トレーシーとロビンス（2007b）は，誇りの非言語表出にラベルをつけてもらい，そのラベルが真正な誇り（例：すぐれた，自信のある，名誉のある）と思い上がり的な誇り（例：思い上がった，傲慢な，独善的な）という２つのクラスターで説明できることを示した。さらに，想起した誇りの経験について，このラベルを用いてどの程度あてはまるかを評価させた結果でも，日頃どの程度経験しているかという特性誇り（proneness to pride）を測定した結果でも，同様に２因子（真正，思い上がり）が得

表 10－2　特性誇り尺度における 2 因子の代表的項目

真正な誇り	思い上がり
輝かしい	うぬぼれの強い
達成した	自意識過剰の
成功した	傲慢な
自信のある	ひとりよがりな
やり遂げた	自信過剰の

表 10－3　特性誇りと各尺度間の相関係数（有光・井上，2008）

	真正な誇り		思い上がり	
自尊心[a]	.62*	(.36*)	.01	(－.07)
注目・自己賞賛[b]	.31*	(.32*)	.34*	(.33*)
優越感・有能感[b]	.66*	(.45*)	.16*	(.21*)
自己主張[b]	.50*	(.37*)	.27*	(.28*)
恥[c]	－.10	(－.03)	.53*	(.47*)
困惑	－.02		.23*	
罪悪感[d]	－.11	(－.06)	.29*	(－.08)
後悔	－.42*		.10	
対人緊張	－.27*		.35*	
情緒不安定性	－.47*		.21*	
外向性	.40*		－.01	
開放性	.10		.24*	
調和性	.09		－.30*	
誠実性	.34*		－.16	

注）*p<.001
（ ）内は，a 他の誇り因子，b 他の自己愛因子，c 罪悪感，d 恥を制御変数とした偏相関係数を示す。

られた。特性誇りとさまざまなパーソナリティ特性との関連も検討されており，真正な誇りは，自尊心，外向性，調和性，情緒安定性と正の相関，恥と負の相関を示した。また，思い上がりは，自尊心，調和性，誠実性と負の相関，恥と正の相関を示した。

有光と井上（2008）は，誇りの類義語，予備調査で収集した誇りに関連する言葉の自由記述，トレーシーとロビンス（2007b）で用いられた形容詞，有光（2007）による誇りの経験的定義の結果を参考に 80 項目を作成し，大学生を対象に，普段どの程度感じているかについて 4 件法で回答を求めた。その結果，トレーシーらと同様の真正な誇り，思い上がりという 2 因子が得られた（項目例：表 10－2）。相関分析の結果，真正な誇りは，自尊心，自己愛の 3 因子（注目・自己賞賛，優越感・有能感，自己主張），外向性，誠実性と正の相関，後悔，対人緊張，情緒不安定性と負の相関を示した（表 10－3）。思い上がりは，自己愛の 3 因子（注目・自己賞賛，優越感・有能感，自己主張)，恥，対人緊張，情緒不安定性，開放性と正の相関，調和性と負の相関を示した（表10－3)。また，思い上がりは真正な誇りを制御変数とした場合，自尊心と有意な負の相関を示した。真正な誇りが自己愛や恥と負の相関をもたない点はトレーシらの結果と異なっており，今後の検討課題といえる。さらに，有光(2009b）は，特性誇りと向社会的行動，問題行動，攻撃行動，精神的健康との関連を検討している。分析の結果，真正な誇り特性は世話傾向を媒介して，向社会的行動を高めること，思い上がり特性は直接攻撃的行動を高めることが示された。また，真正な誇り特性は精神的健康を高めるが，思い上がり特性は精神的健康を低下させるという結果が得られている。

3節で紹介した自己意識的感情の過程モデルでは，誇りと思い上がりの生起が原因帰属によって異なることが示されていた。トレーシーとロビンス（2007b）は，誇り経験の自由記述を分析し，真正な誇りの経験には内的，不安定原因による肯定的出来事，思い上がりの経験には個人の安定的能力が原因とされた肯定的出来事が記述されていることを明らかにした。さらに，原因帰属を操作した２つのシナリオに対する反応を調査したところ，内的，不安定，統制可能な原因による成功経験のシナリオで真正な誇りが経験されやすく，内的，安定，統制不可能な原因による成功経験のシナリオでは思い上がりが経験されやすいことが明確になっている。

6．今後の展望

誇りについては，わが国における知見がほとんどなく，その定義，非言語的表出，社会的機能などさまざまな側面における研究をこれから行っていく必要がある。とくに，文化的背景によって誇りの表出が抑制されるのか，また抑制された場合の行動など，比較文化の観点に立てば未解明の側面が数多く存在する。

また，欧米も含めて，実験的な検討があまり行われていない点が問題である。発達的な研究では，成功体験をしたときの表出が検討されているが，今後さまざまな人々を対象に誇り喚起場面における行動を測定していく必要があろう。とくに，誇りの喚起にともなう生理的反応，神経伝達物質の測定はほとんど行われておらず，検討が急がれる。また，社会的機能についても，集団の誇りが集団の維持に有効であるという知見があるが，実験的な検討が行われていない。誇りの集団に対する機能は，集団実験などで明らかにする必要もある。

【引用文献】

有光興記（2007）．誇りの経験的定義　日本心理学会第 71 回大会発表論文集，926.

有光興記（2009a）．誇りの非言語的表出について　日本感情心理学会第 17 回大会発表論文集，38.

有光興記（2009b）．特性誇りと精神的健康，向社会的行動，問題行動の関係　日本心理学会第 73 回大会発表論集，986.

有光興記・井上美沙（2008）．特性誇り尺度の作成―真正な誇りと思い上がり，自尊心，自己愛の関係―　日本心理学会第 72 回大会発表論文集，1046.

Belsky, J., & Domitrovich, C.（1997）. Temperament and parenting antecedents of individual difference in three-year-old boys'pride and shame reactions. *Child Development,* **68,** 456-466.

Boezeman, E. J., & Ellemers, N.（2008）. Pride and respect in volunteers' organizational commitment. *European Journal of Social Psychology,* **38,** 159-172.

Bushman, B. J., & Baumeister, R. F.（1998）. Threatened egotism, narcissism, self-esteem, and direct and displaced aggression: Does self-love or self-hate lead to violence? *Journal of Personality and Social Psychology,* **75,** 219-229.

Butt, A. N., & Choi, J. N.（2006）. The effects of cognitive appraisal and emotion on social motive and negotiation behavior: The critical role of agency of negotiator emotion. *Human Performance,* **19,** 305-325.

D'Argembeau, A., & Van der Linden, M.（2008）. Remembering pride and shame: Self-enhancement and the phenomenology of autobiographical memory. *Memory,* **16,** 538-547.

Davitz, J. R.（1969）. *The language of emotions.* New York: Academic Press.

Eid, M., & Diener, E.（2001）. Norms for experiencing emotions in different cultures: Inter- and intranational differences. *Journal of Personality and Social Psychology,* **81,** 869-885.

Fischer, K. W., & Tangney, J. P.（1995）. Self-conscious emotions and the affect revolution: Framework and Overview. In J. P. Tangney & K. W. Fischer（Eds.）, *Self-conscious emotions: The psychology of shame, guilt, embarrassment, and pride.* New York: Guilford Press. pp. 3-24.

Hart, D., & Matsuba, M. K.（2007）. The development of pride and moral life. In J. L. Tracy, R. W. Robins & J. P. Tangney（Eds.）, *The Self-conscious emotions: Theory and research.* New York: Guilford Press. pp. 114-133.

Herrald, M. M., & Tomaka, J.（2002）. Patterns of emotion-specific appraisal, coping, and cardiovascular reactivity during an ongoing emotional episode. *Journal of Personality and Social Psychology,* **83,** 434-450.

Kitayama, S., Mesquita, B., & Karasawa, M.（2006）. Cultural affordances and emotional experience: Socially engaging and disengaging emotions in Japan and the United States. *Journal of Personality and Social Psychology,* **91,** 890-903.

Matsumoto, D., & Ekman, P.（1988）. Japanese and Caucasian facial expressions of emotion（JACFEE）[slides]. San Francisco State University, San Francisco, CA.

Mauro, R., Sato, K., & Tucker, J.（1992）. The role of appraisal in human emotions: A cross-cultural study. *Journal of Personality and Social Psychology,* **62,** 301-317.

Morrison, B.（2006）. School bullying and restorative justice: Toward a theoretical understanding of the role of respect, pride, shame. *Journal of Social Issues,* **62,** 371-392.

Mosquera, P. M., Manstead, A. S. R., & Fischer, A. H.（2000）. The role of honor-related values in the elicitation, experience, and communication of pride, shame, and anger: Spain and the Netherlands compared. *Personality and Social Psychology Bulletin,* **26,** 833-844.

Scollon, C. N., Diener, E., Oishi, S., & Biswas-Diener, R.（2004）. Emotions across cultures and methods. *Journal of Cross-Cultural Psychology,* **35,** 304-326.

Sevenson, T., Mussener, U., & Alexanderson, K.（2006）. Pride, empowerment, and return to work: On the significance of promoting positive social emotions among sickness absentees. *Work,* **27,** 57-65.

新村　出（編）（2008）．広辞苑　第 6 版　岩村書店

Stepper, S., & Strack, F.（1993）. Proprioceptive determinants of emotional and nonemotional feelings. *Journal of Personality and Social Psychology,* **64,** 211-220.

Stipek, D. (1998). Differences between Americans and Chinese in the circumstances evoking pride, shame, and guilt. *Journal of Cross-Cultural Psychology,* **29,** 616-629.

竹西正典・竹西亜古（2006）．手続き的公正の集団価値性と自己価値性―向集団行動および自尊感情における社会的アイデンティティ媒介モデルの検討―　社会心理学研究, **22,** 198-220.

Tiedens, L., Ellsworth, P. C., & Mesquita, B. (2000). Sentimental stereotypes: Emotional expectations for high- and low-status group members. *Personality and Social Psychology Bulletin,* **26,** 560-575.

Tracy, J. L., & Matsumoto, D. (2008). The spontaneous expression of pride and shame: Evidence for biologically innate nonverbal displays. *Proceedings of the National Academy of Sciences,* **105** (33), 11655-11660.

Tracy, J. L., & Robins, R. W. (2004). Show your pride: Evidence for a discrete emotion expression. *Psychological Science,* **15,** 194-197.

Tracy, J. L., & Robins, R. W. (2007a). The prototypical pride expression: Development of a nonverbal behavior coding scheme. *Emotion,* **7,** 789-801.

Tracy, J. L., & Robins, R. W. (2007b). The psychological structure of pride: A tale of two facets. *Journal of Personality and Social Psychology,* **92,** 506–525.

Tracy, J. L., & Robins, R. W. (2007c). Self-conscious emotions: Where self and emotion meet. In C. Sedikides & S. Spence (Eds.), *The self in social psychology. Frontiers of social psychology series.* New York: Psychology Press. pp. 187-209.

Tracy, J. L., & Robins, R. W. (2008). The nonverbal expression of pride: Evidence for cross-cultural recognition. *Journal of Personality and Social Psychology,* **94,** 516-530.

Verbeke, W., Beschak, F., & Bagozzi, R. (2004). The adaptive consequences of pride in personal selling. *Journal of the Academy of Marketing Science,* **32,** 386-402.

Weisfeld, G. E., & Beresford, J. M. (1982). Erectness of posture as an indicator of dominance or success in humans. *Motivation and Emotion,* **6,** 113-131.

Williams, L. A., & DeSteno, D. (2008). Pride and perseverance: The motivational role of pride. *Journal of Personality and Social Psychology,* **94,** 1007-1017.

11章

共感関連感情群

菊池章夫

1．相手をイメージ／自分をイメージ

相手に共感してもらう手法として役割取得をさせることが多いが，このための教示に２つのタイプがあることが指摘されている（Stotland, 1969）。その１つは，

> （他人が）どう感じるかを想像して…相手がどう感じているかを自分で心に描いて…その経験をしている相手に集中して…自分の心の眼で，それが相手にどう感じられるかを思い浮かべて…

といったもので，ここでは相手の立場に立って考えたり感じたりすることが求められている。ひとくちにいってこれは，「相手をイメージさせる」手法である。これとは別の，

> 自分自身がどう感じるかを想像して…自分がどう感じるかを心に描いて…その経験をしている自分に集中して…自分の心の眼で，それがどう感じられるかを思い浮かべて…

という教示では，自分が相手と同じ体験をしたらと考えることが求められている。この場合には「自分をイメージすること」が要求されているのである。

前の手法では相手の立場に注意を集中することが問題とされ，後の場合には自分に注意を集中することが必要とされている。この意味では，相手をイメージする／自分をイメージするという言い方（Davis, 1994）よりも，他者注視的／自己注視的といった表現（Hoffman, 2000）のほうが適切なのかもしれない。そして共感（empathy）とのかかわりでいうと，相手をイメージする他者注視的な教示よりも，自分をイメージする自己注視的な教示のほうが，強く共感が喚起されるとする報告が多い。自己と

のかかわりで問題とするときのほうが，他者とのかかわりでそうする場合よりも，共感が喚起されやすいのである。

しかしこの傾向には限界があって，「自分をイメージする」ことで自分の過去の痛切な体験（失敗や喪失の体験など）が回想されると，相手に対する共感は急激に低下し，ある場合にはそれがまったく消えてしまいさえする。この場合に重要なのは，この体験が過去にした自分の体験であることであって，そこに自己がかかわりをもっていることは確かである。この際に自己は，過去の自分の行動についてどう認知し・どう内省し・どう評価するかを左右する作用をしている。もっと一般的にいえば，自分の体験を認知したり・内省したり・評価したりする際の準拠枠となるのが自己であると考えることができる。言い換えると，自己によって認知・内省・評価された感情として自己意識的感情があるといえる。

こう考えてみると，共感は明らかに自己意識的感情であることになる。自己意識的ということの中心には自己のもつ認知・内省・評価の作用があって，それが自己意識的ということの意味である。この意味での自己意識的感情としては，恥や罪責感，個人的苦痛などの消極的感情が取り上げられることが多く，共感のような積極的感情はあまり問題とされていない。そのこともあって，共感を自己意識的感情として位置づけることも少なかったが，ここではこの方向で考えをすすめてみたい。

2．共感概念をめぐって

(1) 感情のマッチング

共感を文字どおりにとれば，それは相手と「同じ感情を共有すること」であるが，これまでの研究史をみると，ことはそれほど簡単ではない。感情の共有は言い換えると，自他の間での感情のマッチングのことであるが，確かに多くの共感状況ではこのことが認められる。しかし，いじめに悲しんだり悩んだりしているいじめられっ子に接した場合には，こちらはその子と同じ感情を体験するとともに，そのような状況を作り出した第三者（いじめっ子）に対して怒りを感じることにもなる。これは「共感的怒り」のことであるが，この場合にはいじめられっ子が本当は抱くはずの怒りの感情がいじめられっ子によってはもたれずに，その状況に出合ったこちらによって感じられることになる。この状況ではいじめられっ子の感じている悲しみなどが共有されていると同時に，その子が本来感じるはずの怒りも感じられている。共感をこうした場合にまで広げて考えるとすると，それを「自分の置かれた状況よりも相手の置かれた状況にふさわしい感情」（Hoffman，2000）と定義することが必要になってくる。

(2) 認知的／感情的側面

これとは別の論点としては，共感には認知的な側面と感情的なそれとがあることが繰り返し論じられてきている。ここでいう認知的な側面は役割取得とか視点取得とか呼ばれてきたものだが，これを感情的側面への（認知から感情へと移っていく）条件と考えるか，それなりの独立した重要な側面と考えるかについても，議論は分かれている。感情的側面は共感的配慮とか共感的苦痛として問題にされてきたものだが，このことの重要さについても議論がある。ある議論では，感情的側面こそが共感の中心であって，認知的側面はそれほどの重要さをもたないとされる。

現在では認知的・感情的双方の側面を取り上げる必要のあることでは意見がおおむね一致はしているものの，そのどちらにウエイトを置くかは研究者によって別々である。このことは共感の尺度を構成する際にも問題となっていて，役割取得だけで共感尺度を構成する試みがある一方で，共感的配慮や同情を項目とする尺度があるといった具合である。もちろんこの２つを含めて（さらには個人的苦痛や想像性などの周辺的な部分をも加えて）多次元的に尺度構成がされている場合もある。

(3) 平行的／応答的反応

相手の情動的反応についてのこちら側の反応には，その場ですぐに（ほぼ自動的に）生じる反応と，やや時間がたってから，言い換えると何らかの処理（その多くは言語的処理）が加えられてから生じる反応とがある。平行的反応と応答的反応とがこれである。前者の例としては運動的マネがあるし，後者の例は役割取得があげられる。話し合っている一方が足を組むと他の一方もすぐに同じ行動をとるのは，ほとんど意識されていない運動的マネであって，この行動はほぼ自動的にとられている。これに対して役割取得では，相手の感情や思考についての予測がされるから，その相手についてどのような情報がもたれているかによってこのメカニズムがうまく働いたり・働かなかったりということが起きる。役割取得のある部分では相手は必ずしも目の前にはいない場合があるが，こうした場合にはいっそう情報や言語的処理の役割が大きくなる。いずれにしても，共感にはこのような２つのタイプを区別できるが，そのどちらもが共感であることにはまちがいはない。

(4) 結果と過程

このことと関連して，共感は長いこと感情的な結果として考えられてきたが，それでは十分でないことがわかる。現在では心理学での多くの概念が過程中心的な視点から見直されてきているが，共感についても同じことが必要である。たとえば，デイヴィス（Davis, 1994／1999, p. 256）の組織的モデルはこのことを検討しようとしたもので，そこでは共感に関係するほとんど全部の要因が取り上げられている（図11－1を参照）。これまでは，このモデルの左端（先行条件）と右端（対人的な結果）をやや性急に結びつけようとする試み（あるタイプのしつけが援助行動を生むなど）が多かったといえる。この点についてこのモデルでは，この2つを結びつける媒介的要因として「過程」と「個人内的結果」とを考え，より細かに共感の生起のプロセスを追おうとしている。

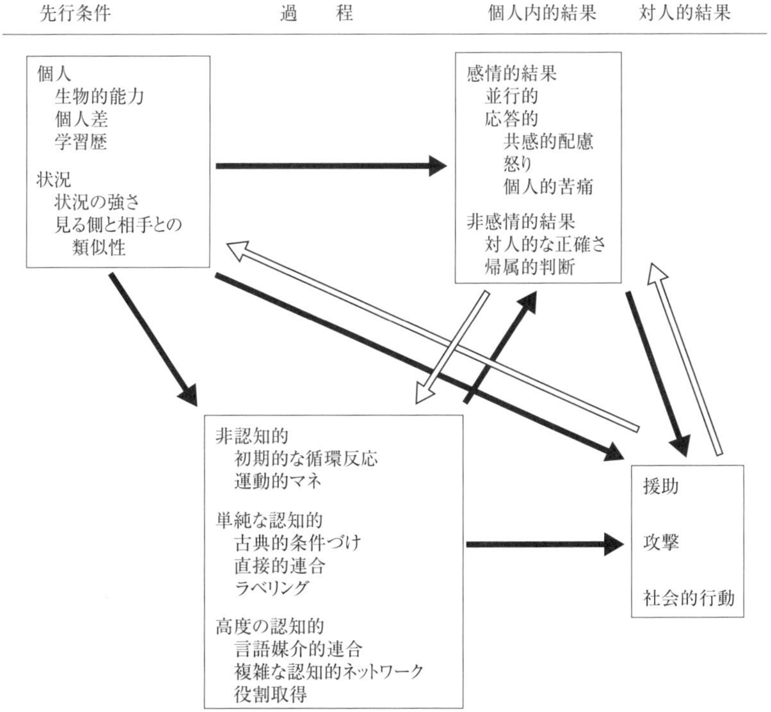

図11－1　改定された組織的モデル（Davis, 1994／菊池, 1999）

ここで「過程」として取り上げられているのは，共感を成立させている多様なスタイル（新生児の泣きから役割取得まで）であり，「個人内的結果」では感情的結果と非感情的結果とが問題とされている（詳しくは，Davis, 1994 を参照）。さらにこのモデルは，ここで取り上げた要因の効果が時系列に従って作用するだけでなく，後になってから時系列を遡って効果を生む（図の右から左への線の部分）ことをも示している。

こう考えてくると，共感はより多元的な概念としたほうが適切だということになる。その際の定義は，「相手の経験していることについての見る側の反応と関連した一連の構成概念」(Davis, 1994) であるとされる。ここでいう「一連の構成概念」とは，直接に共感にかかわる要因（共感的配慮・共感的苦痛・視点取得）だけでなく，それを取り巻く個人的苦痛や共感疲労，共感の過剰喚起などがそこに含まれている。この種の一連の構成概念は「共感関連感情群」とでも呼ぶべきものであって，次にはこれらの構成概念間の関係を検討することになる。

3．共感の機能と逆機能

(1) 向社会的行動の動機

共感が取り上げられたのは，まずは向社会的行動の動機としてであった。表11－1に示したのは，この点についての資料（菊池，2008）である。ここで使われている

表 11 － 1　向社会的行動尺度（大学生版）との相関関係（*r*）

IRI（n=123）		KA-JiKoKan（n=182）	
想像性	.08	対人的負債感	.13
共感的配慮	.31**	個人的苦痛	.07
視点取得	.31**	罪責感	.22**
個人的苦痛	.00	恥	.21**
		役割取得	.27**
TOSCA-3（n=123）		共感的配慮	.27**
恥	−.07		
罪責感	.30**	KO-MulDIA（n=75）	
無関心	−.07	共感疲労	−.39**
責任逃れ	−.18*	共感的苦痛	.31**
		共感の過剰喚起	.23*
		個人的苦痛	.14

注）*p<.05，**p<.01

IRI（対人的反応性指標；Davis, 1983）は，共感を多次元的に測定しようとする尺度として広く知られていて，4つの下位尺度（想像性・共感的配慮・視点取得・個人的苦痛）から構成された，28項目の尺度である。大学生123名について向社会的行動尺度・大学生版（菊池，1988）との相関を求めた結果では，共感的配慮（.31**）や視点取得（.31**）との間でプラスの相関が得られている。「列に並んでいるときに譲る」「おつりが多いときに多いよと言う」などの向社会的行動をよくする大学生は，共感的配慮や視点取得の得点が高くなる。

これと同じことが，12場面と72項目から構成されているKA-JiKoKan（菊池・有光–自己意識的感情尺度；Kikuchi・Arimitsu-JiKoishikiteki Kanjyo Scale；菊池・有光，2006）でも得られている。この尺度は，対人的負債感・個人的苦痛・恥・罪責感・共感的配慮・役割取得の6つを測定する。大学生182名についてのこの尺度と向社会的行動尺度・大学生版との関係では，役割取得（.27**）や共感的配慮（.27**）とプラスの有意の相関関係がみられる。この場合にも，共感の感情的・認知的側面は向社会的行動と結びついている。このことは，共感疲労に関連する感情（共感疲労・共感的苦痛・個人的苦痛・共感の過剰喚起）を測定する20項目の尺度であるKo-MulDIA（多次元的対人感情尺度；Kon-MultiDimensional Interpersonal Affects；今・菊池，2006）でもみられていて，大学生75名のデータでは，向社会的行動尺度と共感の感情的側面の一部である共感的苦痛（.31**）との間にプラスの有意の関係が認められる。向社会的行動を多くする者は，相手に共感的な苦痛を抱くことが多いという結果である。

表11－1に示したデータはいずれも相関関係であって，因果関係を示したものではないから，ここから共感が向社会的行動の動機であると結論することはできない。しかし，向社会的行動がされる際には，いつもそこに共感（共感的配慮や視点取得，共感的苦痛）がともなっている可能性があることは確かである。こう考えると，共感が向社会的行動の動機となる可能性は大いにあるということになる。

(2) 個人的苦痛・恥・罪責感など

共感以外の向社会的行動の動機として，まず取り上げられたのは個人的苦痛である。この感情は，苦痛を感じている相手を見ることで生じるイライラやドキドキなどであって，共感とは違って自己中心的な感情である。そして時には，この個人的苦痛の感情を低下させるために，相手に対して向社会的行動をとることがあるとされる。この場合には，自分の感じているイライラやドキドキを低下させることが問題であって，相手の感情についての反応である共感とは違っている。また，個人的苦痛は共感と比較すると，その場の状況によって左右されやすいことが知られている。たとえば，その場から逃れることが難しい状況と逃れやすい状況とでは，個人的苦痛を動機とする向社会的行動は前の状況で出やすいことが実験的に確かめられている（Batson, 1991）。この点では，共感は相対的に安定した感情であって，状況によって左右されることが少ない。表11－1に示したデータで，個人的苦痛と向社会的行動との相関関係がいずれも有意でないのは，ここで用いた尺度がこうした状況による違いを考慮に入れていないためと考えられる。

さらに表11－1にみるように，恥や罪責感なども向社会的行動の動機として取り上げられている（Tangney & Dearing, 2001; 菊池，2008）。この2つの感情は，いずれも自己についての否定的感情であるが，恥が自己の全体についての否定（○○をやった自分が悪い）であるのに対して，罪責感では自分のやった行為が否定されている（自分のやった○○が悪い）という違いがある。このことから，恥は向社会的行動とは結びつき難く，罪責感はこの種の行動の動機になる可能性がある。

TOSCA-3（Tangney & Dearing, 2001）は，恥や罪責感を測定するシナリオ形式の尺度である。表11－1のTOSCA-3（短縮版の日本語版）やKA-JiKoKanとのデータで，罪責感がプラスの有意の関係になっているのは，ここでみた恥と罪責感との違いからくることである。おそらくは罪責感は，相手に謝罪し，そのことで信頼を回復するような行為をとることで，低下させられると考えられ，この点で罪責感は向社会的行動の動機となり得るものである。恥についての結果は，この2つの尺度で違いがあるが，この2つの尺度の構成手続きに違いがあることが理由として考えられている（菊池，2008）。

このように，向社会的行動との関係からみると，共感以外にもその周辺部に位置しているいくつかの概念を取り上げなくてはならないことがわかる。このことを，別の角度から検討してみよう。

(3) 共感疲労の問題

一般的にいって，共感は向社会的行動と結びつきが強いなどのポジティブな作用をしているが，場合によっては必ずしもそうではない働きをすることが知られている。それは共感疲労（compassion fatigue）と呼ばれる現象で，もともとは看護師たちが自分の担当している患者について抱く感情を問題にしたものである（Joinson, 1992）。看護師たちは，自分の担当する患者たちに強い共感を抱くことが多いが，この感情があまりに強くなると，その時点で急激に，自分の仕事に疑いをもったり，患者と接するのがいやになったり，相手を援助する気持ちがなえてしまうことがある。現在では，この感情の急激な変化は看護師に限らず，医師，教師，カウンセラー，警官，消防士などの対人的援助の仕事で広くみられることがわかっている。

共感疲労でいう共感は compassion（同情・あわれみ）であって，ここで問題としてきた empathy そのものではないが，empathy の感情的側面（共感的配慮や共感的苦痛）として考えることができる。共感の感情的側面は積極的な作用をもつだけでなく，場合によっては消極的な作用（逆機能）をももっているといえる。そしてここから抜け出るためには，自分の行動が相手に対して一定の効果があることがわかったり，自分以外の他のメンバーも同じような感情体験をしていることを知ったりすることが役に立つといわれている（Hoffman, 2000）。

表11－1の Ko-MulDIA のデータに戻ってみると，向社会的行動は共感の感情的側面である共感的苦痛とプラスの相関関係（.31**）にあるだけでなく，共感疲労とはマイナスの相関関係（－.39**）にある。共感的苦痛の高さと共感疲労の低さとが，向社会的行動を生み出す可能性があることになる。共感疲労が，担当する患者に対して看護師が抱く否定的な感情から問題にされたことを考えると，この結果はうなずけるものである。そして，共感的苦痛を中心とした共感がどのような仕組みで共感疲労に移行していくのかは，別に考えなくてはならないテーマである。

(4) マキアヴェリ的知能

これと同じように共感が否定的作用をもつことは，共感の認知的側面についても指摘できる。共感のこの側面は役割取得とか視点取得とか呼ばれているが，それは相手の行動や感情について相手の立場に立っての予測ができることをいっている。相手に共感するためにはこの種の予測が必要であることは言うまでもないが，この予測がどう用いられるかはこれとは別の問題である。多くの研究では，この予測が向社会的な行動とつながっていることを示しているが，場合によってはこの予測が非行や犯罪（振り込め詐欺はこの例）などの反社会的な行動につながることは考えておく必要のあることである。言い換えると，役割取得そのものは向社会的でも反社会的でもないニュートラルな性質のものである。

この役割取得にある意味を与えるのは，共感的配慮や共感的苦痛などの感情的側面であって，こうした感情面での働きがあることによって，役割取得は向社会的な行動の形をとることになる。これとは逆に，共感的配慮などの感情が弱く，詐術や攻撃などの反社会的な動機とそれが結びついたときには，役割取得は反社会的な性格を帯びることになる。マキアヴェリ的知能（Machiavellian intelligence）と呼ばれているのが役割取得のこの側面で，自分の欲望を達するために相手を操作する傾向が問題になっている。

この場合には，共感の感情的側面（共感的配慮や共感的苦痛）がその認知的側面（役割取得や視点取得）の意味に影響を与えるという関係になっているが，これとは反対の関係もあるのだろうか。相手についての役割取得がうまくなされて，相手についての理解が高まれば，その相手について向社会的行動がとられやすくなるのだろうか。この点についてはまだよくわかっていないというのが正直なところだが，相手との接触が多くなればその相手に好意をもちやすくなるという現象（単純接触効果）は認められている（宮本・太田，2008）。おそらくは，相手との接触の機会が増せば役割取得が高まり，このことが相手に対しての好意度を増すという関係にあるのであろう。もちろんこの場合にも，好意度が先に高まり，それにともなって役割取得が効果的になされるという流れも考えることができるから，単純接触効果はこの２方向で生じるのかもしれない。

4．共感関連感情間の移行

(1) 感情間の移行関係

ある瞬間に感じられている感情が次の瞬間には別のものになってしまい，さらにはこれとは違った感情へと移っていくことは，毎日の生活でまま体験することである。この種の移行（shift あるいは drift）は感情全般についてみられることといえるが，とくに自己意識的感情はこの特徴を強くもっている。このために，たとえば前にみたTOSCA-3（Tangney & Dearing, 2001）では，

> 同じ出来事について，同時にいくつかの感じをもったり，いくつかの行動をしたりしますし，場合によっては同じ出来事にも別々の反応をします。

といった教示が用いられている。そして具体的なシナリオ（友人とした約束をすっぽかす・投げたボールが友人の顔にあたるなど）を示して、その場面で生じる可能性のある複数の感情について，その可能性を５件法で回答するように求めている。

ここで問題にされている「同時にいくつかの感じをもったり，いくつかの行動をしたり」ということは，多くの場合には必ずしも同時に感じられるのではなく，ごく短時間の間にこの種の感情が急激に移行することを含んでいると考えられる。このことは，ある大学院生が出合った交通事故についての内省報告に示されている。この大学

院生は，スポーツ・カーで事故を起こした若者が救急車で運ばれるのを見たときの感情を次のように述べている。

> ぼくが最初に思ったのは，お金持ちのうぬぼれ屋のガキが，酔っぱらったかクスリをやったかして運転していたのだろうということでしたから，彼には何の感情ももちませんでした。／でも，こう考えるのはフェアじゃないと思いました。おそらく彼は急用のために急いでいたのでしょう。たとえば，誰かを病院に連れていくとか。となると，ぼくはこの人に注意が向き始めました。／しかし，とぼくは考えたんです，言い訳は許されない。たとえ急用だとしても，彼はもっと注意すべきでした。そう考えると，ぼくの彼への気持ちは弱くなりました。／でも，彼が死に向かっているのかと思うと，再び彼のことで本当に心が痛みました。
>
> （Hoffman，2000／2001，p.121，／は引用者）

この1分間ほどの内省の間に，少なくも4つの感情の移行が報告されているが，それは重傷を負って病院に運ばれた若者の行動についての原因帰属の変化に応じてのものである。「お金持ちのうぬぼれ屋のガキが」から「おそらく彼は急用のために急いでいた」への変化は，一転して「言い訳は許されない。たとえ急用だとしても」へと変わり，さらには「彼が死に向かっているのかと思うと」へと変わっていく。この変化のなかには，ホフマン（2000）が利己的移行（egoistic drift）と呼んだ共感的苦痛（「急用で急いでいた」）から個人的苦痛（「たとえ急用だとしても」）への変化も含まれている。

さらに興味があるのは，この大学院生がその後の質問に答えて，いちばん最初に体験したのが「強い痛みの感情」であって，それにつづいて軽蔑的な帰属（「お金持ちのうぬぼれ屋のガキが…」）が出てきたと述べていることである。そうだとすると，先に生じたのはショックの体験で，その次に軽蔑的な帰属が生じていることになる。認知（原因帰属）と感情（軽蔑的な感情）とのどちらが先に生じるかは感情心理学での基本的な問題であるが，ここではこの点に深入りはしない。ここで指摘したいのは，自己意識的感情ではとくに，この種の感情の移行が生じやすいということである。「同時にいくつかの感情が感じられる」ことの実態は，この移行が急激に生じていることと考えられる。

(2) Ko-MulDIA のデータから

こうした感情の移行関係を検討するには，Ko-MulDIA のデータが役に立つ（菊池・今，2009）。図11－2のA）に示したのは，大学生123名にKo-MulDIA（多次元的対人感情尺度）を実施した結果について，4つの下位尺度（共感疲労・個人的苦痛・共感の過剰喚起・共感的苦痛）間の相関関係（r）である。この場合には，個人的苦

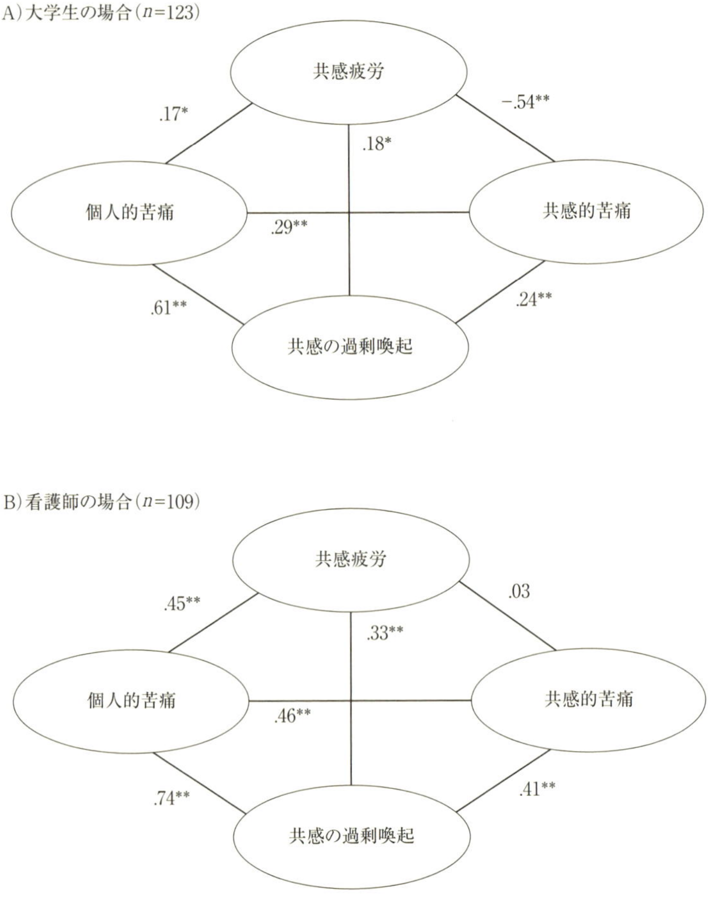

図11−2　Ko-MulDIAの下位尺度間の相関関係（*r*）

痛と共感の過剰喚起との間の有意のプラスの相関（.61**）や共感疲労と共感的苦痛との間のマイナスの関係（−.54**）が特徴である。このほか，共感的苦痛と個人的苦痛（.29**）や共感的苦痛と共感の過剰喚起（.24**）でも有意の関係がみられるが，共感疲労と個人的苦痛（.17*）や共感疲労と共感の過剰喚起（.18*）との間では，その相関関係は低いといえる。

このデータは相関関係のデータであって因果関係を示したものではないから，直接に感情間の移行関係を論じることはできないが，有意に高い相関関係からは移行の可能性が高いと予想することはできよう。個人的苦痛と感情の過剰喚起との間のプラスの関係は，この2つの感情の間で移行が起きやすいことを推測させる。共感の過剰喚起は，共感的苦痛があまりにも強いためにそれが個人的苦痛に変換される場合に起きるとする指摘（Hoffman, 2000）は，この点につながることである。共感疲労と共感的苦痛との間での有意のマイナスの関係は，共感的苦痛の低さが共感疲労を生み，共感疲労の低さが共感的苦痛につながるという関係にあることを示している。おそらくは共感的苦痛がある段階で急激に低下し，そのことが共感疲労につながっていくというスクリプトが存在するのであろう。このことによって，それまでとられていた向社会的行動はなされなくなる可能性が高い。共感疲労の側からみると，この感情が急激に低下する時点で共感的苦痛が高まるというスクリプトが起動され，そのことが向社会的行動をとる方向での変化を作り出すことになる。これに対して，共感疲労から個人的苦痛や共感の過剰喚起へのスクリプトは，それが起動される可能性は低いといえる。

図11－2のB）に示した109名の看護師（年齢の平均＝37.4歳，経験年数の平均＝19.7年）のデータでは，この間の事情はかなり違ったものである。個人的苦痛と共感の過剰喚起との関係（.74**）は大学生の場合と同じであるが，共感疲労と共感的苦痛との間の関係（.03ns）は大学生とは違って有意ではない。前者の関係については大学生と同様の推測（移行の可能性）をすることができるが，後者の共感疲労と共感的苦痛との間にはこうした推測はできないことになる。大学生群の場合に予想した共感疲労と共感的苦痛との間の移行関係は，看護師群では成り立たないといえる。この場合には，共感疲労から個人的苦痛へ（.45**），あるいは共感疲労から共感の過剰喚起へ（.33**）のスクリプトが起動し，そこから共感的苦痛へ（.46**と.41**）といったスクリプトをたどることになろう。

また，大学生群の相関関係に比べて看護師群では，その相関関係が高いことが指摘できる。この2群の相関係数の絶対値は，大学生群で.33，看護師群で.40になっている（共感疲労と共感的苦痛の間の関係を除くと，この値は.29と.47になる）。このことからいえることは，大学生群に比べて看護師群のほうが，ここで取り上げた感情間の関連が強く，感情間での移行の可能性が高いということである。看護師群は大学生群よりも感情の切り替えが早い可能性があり，言い換えると大学生群は自分の陥っている感情状態から抜け出しにくい傾向をもっている。このことがこの2群の適応とどのような関連をもっているかは推測でしかないが，ある場合にはこの切り替えのよさが適応的に働く可能性はあるといえる。

(3) 共感関連感情の移行段階

共感疲労関連の4つの感情間にこのような移行関係があるとすると，そこへどのような介入をしたらよいのかという点についても，大学生群と看護師群とでは違ったストラテジーを考える必要がある。この種の介入としては，自分の行動が相手の条件の改善に役立つことを認知することや同じような共感疲労の体験を他の仲間もしていることを知ることで共感疲労が低下すると指摘されている（Hoffman, 2000）。しかしここでの移行関係を考慮に入れると，こうした介入の時期についても問題はそれほど簡単ではないことがわかる。大学生群では，この種の介入によって共感疲労が低下し，共感的苦痛が高まる可能性がある。しかし看護師群では，このようなスクリプトは用意されていないので，どの時点でのどのような介入が適切なのかには十分な検討が必要である。看護師群では，共感疲労から個人的苦痛へ，あるいは共感疲労から共感の過剰喚起へといったスクリプトを利用することを考えたほうがよいのかもしれない。いずれにしてもこの方向での検討を進めるには，今後の実証的な資料の収集が欠かせない。

これとは別の問題として，感情の移行の時間的経過のことがある。先にみた大学院生の内省報告では1分間に4つの移行が生じている。大学院生の回想はここで終わっているけれども，これで最終的な落ち着きをみせたとはとても思えない。おそらくこの大学院生は，この後も繰り返し感情の移行を体験し，それが落ち着くまでにはかなりの時間を要するものと考えられる。この点で興味があるのは，移行を表す用語として shift と drift というややニュアンスの違った表現が用いられていることである。前者はやや急激な変化を示し，後者はそれに比べると相対的に緩やかな変化を意味していると考えることができる（ただし，先の大学院生の内省を扱った Hoffman, 2000 では drift が使われている）。この種の内省は，時間の経過とともに急激な変化から緩やかな変化へと変わっていき，最終的にはある落ち着きを示すことになろう。こう考えると，当初の急激な移行から緩やかな移行へ，そして最終的な落ち着きへと，いくつかの段階を区別する必要がある。そしてこうした段階のどこで，どのような介入が効果的なのかも考えなければならない。

この際に気がかりなのは，この大学院生の内省報告ではその移行の原因の多くが内的なものだということである。彼が用いているのは，事故に出合った体験とそれを判断するこれまでの経験の想起だけである。この大学院生は，この段階では事故を起こした若者についての情報を探したり，他人の意見を求めたりはしていない。もしこうした情報に接することがあれば，それによって彼の内省が大きく左右される可能性は高いといわなければならない。こうした付加的情報などの外的要因の効果を考えに入れると，ここで問題とした移行の時間的経過はさらに複雑なものになっていくのである。

【引用文献】

Batson, C. D. (1991). *The Altruism Question: Toward a Social-Psychological Answer.* Hillsdale, NJ: Laurence Erlbaum Associates.

Davis, M. H. (1983). Measuring individual differences in empathy: Evidence for a multidimensional approach. *Journal of Personality and Social Psychology,* **44,** 113-126.

Davis, M. H. (1994). *Empathy: A social psychological approach.* Boulden, Colorado: Westview Press.（菊池章夫（訳）1999　共感の社会心理学　川島書店）

Hoffman, M. L. (2000). *Empathy and moral development: Implication for caring and justice.* Cambridge: Cambridge University Press.（菊池章夫・二宮克美（訳）2001　共感と道徳性の発達心理学　川島書店）

Joinson, C. (1992). Coping with compassion fatigue. *Nursing* (April), 116-121.

菊池章夫（1988）．思いやりを科学する　川島書店

菊池章夫（2003）．TOSCA-3（短縮版）日本語版の検討　岩手県立大学社会福祉学部紀要, **5,** 35-40.

菊池章夫（2008）．思いやり行動の動機　菊池章夫　社会的つながりの心理学　川島書店　pp. 104-111.

菊池章夫・有光興記（2006）．新しい自己意識的感情尺度の開発　パーソナリティ研究, **14,** 137-148.

菊池章夫・今　洋子（2009）．自己意識的感情での移行についてのノート　尚絅学院大学紀要, **57,** 173-179.

今　洋子・菊池章夫（2006）．共感疲労関連尺度の作成　岩手県立大学社会福祉学部紀要, **9,** 23-29.

宮本聡介・太田信夫（編著）（2008）．単純接触効果研究の最前線　北大路書房

Stotland, E. (1969). Exploratory investigations of empathy. In L. Berkowitz (Ed.), *Advances in experimental social psychology.* Vol. 4. Sandiego, CA: Academic Press. pp. 271-314.

Tangney, J. P., & Dearing, R. L. (2001). *Shame and guilt.* New York: The Guilford Press.

Ⅲ部

自己意識的感情の研究動向

12章

パーソナリティ心理学の立場から

有光興記

人を傷つけてしまったとき，強い罪悪感を感じる人とほとんど感じない人がいる。また，人前で失敗してしまったとき，自信を失って自分が恥ずかしいと思い悩む人もいれば，評価は気にせず，まったく恥ずかしさを感じない人もいる。このように，同じ状況でも罪悪感や恥を経験しやすい人とそうでない人が存在する。さまざまな状況を通じて，一貫して示される行動傾向のことをパーソナリティ特性（personality trait）というが，罪悪感，恥といった自己意識的感情についても，いくつかの状況を通じて経験しやすい特性がある。1990年代以降，パーソナリティ心理学の立場からは，自己意識的感情の特性についてさまざまな研究が行われるようになっている。本章では，自己意識的感情の特性に関する研究のなかでも，パーソナリティ特性との関連や次元に関する因子分析的研究，さらにその形成要因として気質，両親の養育態度，性役割，完全主義に注目し，概観していきたい。

1．自己意識的感情の状態と特性

感情には，状態（state）と特性（trait）が存在する。感情状態とは，ある感情喚起状況に対する一時的な反応のことである。たとえば，状態不安（state anxiety）は，たった今，どう感じているかという一時的な心理状態のことであり，質問紙であれば，「気が動転している」「何かよくないことが起こるのではないかと心配している」といった項目で測定される（Spielberger, 1966）。一方，特性不安（trait anxiety）は，「自信がない」「力不足を感じる」といった不安状態を，普段どの程度感じているかという，状況を通じて同じように経験する傾向のことである。

（1）自己意識的感情状態に関する研究

自己意識的感情についても，不安と同様に，状態と特性という区別が可能である。自己意識的感情状態の測定に関しては，主に質問紙法が用いられてきた。感情状態を測定する分化感情尺度（Differential Emotions Scale: DES）のなかの1つの下位尺度には罪悪感があり，「罪悪感」「非難に値する」「後悔している」という3項目がある（Izard, 1977）。罪悪感については，罪悪感目録（Guilt Inventory）の状態罪悪感（State Guilt: GI-state; Kugler & Jones, 1992）や罪悪感認識尺度の状態罪悪感（Perceived Guilt Index-state; Otterbacher & Munz, 1973）も使用できる。罪悪感以外では，自己意識的感情状態を測定する試みはほとんど行われていない。マーシャルら（Marschall et al., 1994）の状態恥・罪悪感尺度（State Shame and Guilt Scale: SSGS）は，状態恥，罪悪感，誇りを測定することが可能であるが，研究ではほとんど使用されていない。

（2）自己意識的感情特性に関する研究

自己意識的感情特性に関する研究には，さまざまな質問紙が使用されている。開発された質問紙は，状況（シナリオ），パーソナリティ形容詞，行動記述文という3種類に分類することができる。それぞれの質問紙の形態によって，自己意識的感情特性の定義は異なっている。

①恥，罪悪感，誇り

最も使用されているのは，自己意識的感情を経験する状況が書かれたシナリオを読んで，恥，罪悪感などの自己意識的感情をどの程度経験するかについて回答する形式の質問紙である。シナリオ形式では，複数の状況において自己意識的感情を一貫して経験する傾向を測定する。とくに，恥，罪悪感，誇りの傾向を測定する自己意識的感情検査（Test of Self-Conscious Affect: TOSCA; Tangney et al., 1989）が使用されている。TOSCAと同様にシナリオを読んで，恥，罪責感，共感性などの自己意識的感情特性を示す文章に回答する質問紙としては，KA-JiKoKan（菊池・有光, 2006）が開発されており，わが国で使用が可能である。ある状況における感情の強さの測定という意味では，罪悪感喚起状況尺度（Situational Guilt Inventory: SGI; 有光, 2002），状況罪悪感尺度（Situational Guilt Scale: SGS; Klass, 1987），状況別羞恥感情尺度（Situational Shyness Questionnaire: SSQ; 成田ら, 1990），羞恥傾向尺度（embarrassability scale: ES; Edelmann, 1985），良心次元質問紙（Dimension of Conscience Questionnaire: DCQ; Johnson et al., 1987）も同様である。

自己意識的感情に関連したパーソナリティ形容詞を呈示し，どの程度あてはまるかを回答させる形式の質問紙も存在する。パーソナリティ形容詞を使用した質問紙としては，「不道徳な」「不品行な」「過失を犯した」など形容詞についてどの程度あてはまるか回答する形式の改良版恥・罪悪感尺度（Adapted Shame and Guilt Scale: ASGS; Hoblitzelle, 1987）が存在する。ASGS は，罪悪感，恥という２つの下位尺度をもつ。個人的感情質問紙（Personal Feelings Questionnaire-2: PFQ-２; Harder & Zalma, 1990）も ASGS と同様に，恥と罪悪感をどの程度継続的に経験するかを評定させる質問紙である。改訂版モーシャー罪悪感目録（Revised Mosher Guilt Inventory: RMGI; Mosher, 1988）は，「怒りが自分のなかにこみ上げてきたとき，自分の気持ちを人に知ってもらう」「怒りが自分のなかにこみ上げてきたとき，自分自身に怒りを感じる」という１つの状況における異なる反応についてどの程度あてはまるかを尋ねる質問紙である。例の場合は，怒りを感じる場合に，敵意罪悪感の得点となる。その他に，性罪悪感，道徳観念罪悪感という下位尺度をもつ。

誇りについては，「自信がある」「誇らしい」といった項目によって測定する真正な誇りと思い上がり尺度（Authentic and Hubristic Pride Scale: AHPS; Tracy & Robins, 2007）が開発されている。誇り特性は，自分の成功経験に基づく真正な誇り（authentic pride）特性と誇大な自己評価に基づく思い上がり的誇り（hubristic pride）特性の２種類がある。わが国でも，有光と井上（2008）が誇りに関連する感情語を収集し，AHPS と同じ２因子からなる特性誇り尺度（Trait Pride Scale: TPS）を開発している。

パーソナリティを測定する代表的な質問紙である改訂版新性格目録（Revised NEO Personality Inventory: NEO-PI-R; Costa & McCrae, 1992）と同様に，行動傾向を記述した文章に対して，どの程度あてはまるか回答させる形式で，自己意識的感情特性を測定する質問紙も存在する。GI の下位尺度の特性罪悪感（Trait Guilt: GI-trait; Kugler & Jones, 1992）は，「私は，しばしば強い後悔の念をもちます」「たびたび私は自分のしたことで自分自身がいやになります」という項目に対して回答を求める質問紙である。また，対人的罪悪感質問紙（Interpersonal Guilt Questionnaire-67: IGQ-67; O'Connor et al., 1997）は，生存者，分離，全能感，自己嫌悪という罪悪感の４因子が測定可能な質問紙である。大西（2008a）は，罪悪感の病理的な側面を測定する特性罪悪感尺度（Trait Guilt Scale: TGS）を開発している。

恥（shame）や羞恥（embarrassment）については，行動記述的質問紙が数多く存在する。羞恥許容尺度（Susceptibility to Embarrassment Scale: SES; Kelly & Jones, 1997）は，羞恥を経験するパーソナリティ特性を測定する質問紙である。内在化された恥の傾向を測定する恥内在化尺度（Internalized Shame Scale: ISS; Cook, 1989）や他者が自分をどのようにみているかという観点に注目した恥を感じさせる人としての他者尺度（Other as shamer scale: OAS; Goss et al., 1994）があり，抑うつなど精神病理との関連が検討されている。恥は対人不安（social anxiety）やシャイネス（shyness），社交不安障害（social anxiety disorder: SAD）と関連しており，そうした構成概念を測定する社会的回避・苦痛尺度（Social Avoidance and Distress Scale: SADS; Watson & Friend, 1969など）を使用することも可能である。

TOSCAなどのシナリオ形式の質問紙は，罪悪感を謝罪などの適応的な行動を行う傾向と定義しているが，GIやPFQ-2では罪悪感を「良心の呵責を普段から感じる」など，ネガティブな自己評価と定義している。そのため，パーソナリティを表す行動記述文や形容詞に回答させる質問紙を使用した場合，罪悪感はネガティブな心理的特性（精神病理反応など，3章参照）との関連が認められる。アインシュタインとラニング（Einstein & Lanning, 1998）は，TOSCAと自己意識的感情・帰属目録（Self-Conscious Affect and Attribution Inventory: SCAAI; Tangney, 1990）の罪悪感を共感的罪悪感因子，GI-trait，GI-state，PFQ-2の罪悪感を不安罪悪感因子，TOSCA，SCAAI，PFQ-2の恥を恥因子として確認的因子分析を行い，PFQ-2の罪悪感と恥以外は，仮説通り3つの因子に負荷することを示した。この結果は，TOSCAとGIで測定している罪悪感が共感と不安というポジティブ，ネガティブという両極の概念に関連したものであることを示唆している。

②嫉妬と妬み

嫉妬や妬みの特性を測定する尺度はいくつか存在する。嫉妬特性については，行動記述的質問紙である対人的嫉妬尺度（Interpersonal Jealousy Scale: IJS; Mathes & Severa, 1981）が頻繁に使用されている。IJSは，「もし，私の恋人が異性の旧友と会おうとして，すごく幸せそうにしていたら，私は腹が立つだろう」「もし，私の恋人が同性と外出したら，恋人が何をしたか，どうしても知りたくなる」といった項目に対して，自分にどの程度あてはまるか回答を求める。他にも，慢性的・関係的嫉妬尺度（Chronic（CJ）and Relationship（RJ）Jealousy Scales; White, 1981），多次元的嫉妬尺度（Multidimensional Jealousy Scale: MJS; Pfeiffer & Wong, 1989），恋愛関係尺度（Romantic Relationship Scale: RRS; Clanton & Kosins, 1991）などが使用可能である。

妬みについては，妬み傾向尺度（Dispositional Envy Scale: DES; Smith et al., 1999）が用いられることが多い。DESは，「私はいつも他人より劣っていると感じるのはつらい真実である」「妬みを感じることが常に私を苦しませる」といった項目からなる。澤田と新井（2002）は，この尺度を参考に子ども用の妬み尺度を作成している（9章参照）。

2．パーソナリティ特性の次元と自己意識的感情特性の関連

パーソナリティ特性には，情緒不安定性，外向性，開放性，誠実性，調和性という5大次元（Big Five）が存在する（Costa & McCrae, 1992）。さらに，5次元の下にそれぞれ6つの下位次元が存在する。特性論の立場に立てば，感情特性も1つの下位次元に含まれることになる。Big Five理論では，不安，抑うつ，敵意は，情緒不安定性の下位次元であり，肯定的感情は，外向性の下位次元である。自己意識的感情特性については，情緒不安定性の下位次元である自己意識が，恥ずかしさと当惑に関連し

表12−1　さまざまな尺度によって測定された罪悪感とパーソナリティ特性の相関関係[a,b,c]

尺度名	著者		情緒不安定性	外向性	開放性	調和性	誠実性
GI-trait	Einstein & Lanning (1998)	単相関	+	−	○	○	○
	該当資料なし	偏相関					
TOSCA-guilt	Abe（2004）	単相関	+	○	○	+	○
	該当資料なし	偏相関					
IGQ-survivor	O'Connor et al.（1997）[d,e]	単相関	+	−			
	該当資料なし	偏相関					
DCQ-total	Johnson et al.（1987）[e]	単相関	+	+			
	該当資料なし	偏相関					
SGI	有光（2001）[f]	単相関	+	○	+	+	+
	有光（2001）[f]	偏相関	○	+	+	+	+
TGS	大西（2008b）[f]	単相関	+	−	○	−	−
	該当資料なし	偏相関					

注）
a）表中の略号については，本文を参照のこと。
b）○は無相関，＋は正の相関，－は負の相関を示す。空白は，当該尺度では測定されていないことを示す。
c）偏相関は，恥特性を制御変数として算出されたものである。
d）下位因子によって若干結果が異なる。ここでは，生存者因子の結果を表示した。
e）EPQとの相関分析の結果である。
f）下位尺度や性別によって結果が異なる。1箇所でも有意な相関が得られた場合は，相関ありとした。

ている。

自己意識的感情特性が，パーソナリティ特性のどの次元と関連しているかについては，いくつかの研究で報告されている。罪悪感特性は，否定的感情の経験のしやすさである情緒不安定性と正の相関を示すことがわかっている（表12－1）。罪悪感特性は，恥特性と中程度の正の相関を示すので，罪悪感と他の構成概念の関係を正確に知るために，恥を制御した偏相関を求めることが多い。SGIを用いて恥を制御した罪悪感特性とパーソナリティ特性の関係を検討している有光（2001）によれば，罪悪感特性は，情緒不安定性とは無相関であり，外向性，開放性，調和性，誠実性と正の相関が認められている。調和性は，攻撃性を抑制し，他者の罪を許し忘れるという傾向であり，攻撃行動の抑制という罪悪感の社会的機能と関連しており，Big Five理論と整合した結果といえる。また，他の次元に関しては，外向性の温かさ（他者との密接な感情的な絆を重要視する傾向），群居性（人とのつきあいを好む傾向）という他者志向的な側面や，誠実性の良心性（良心に従って行動する傾向）のために，罪悪感との関連が認められたものと考えられる。

恥特性は，情緒不安定性と正の相関，誠実性や外向性，調和性とは負の相関が一貫して認められている（表12－2）。恥は，罪悪感と異なり，自尊心を傷つける経験で

表12－2　さまざまな尺度によって測定された恥特性とパーソナリティ特性の相関関係 [a,b,c]

尺度名	著者		情緒不安定性	外向性	開放性	調和性	誠実性
TOSCA-shame	Abe（2004）	単相関	＋	－	○	○	○
	該当資料なし	偏相関					
SES	Kelly & Jones（1997）	単相関	＋	－	－	－	－
	該当資料なし	偏相関					
DCQ-total	Johnson et al.（1987）[d]	単相関	＋	－			
	該当資料なし	偏相関					
SSQ	有光（2001）[e]	単相関	＋	－	－	－	＋
	有光（2001）[e]	偏相関	＋	－	－	－	－

注）
a）表中の略号については，本文を参照のこと。
b）○は無相関，＋は正の相関，－は負の相関を示す。空白は，当該尺度では測定されていないことを示す。
c）偏相関は，罪悪感特性を制御変数として算出されたものである。
d）EPQとの相関分析の結果である。
e）下位尺度や性別によって結果が異なる。1箇所でも有意な相関が得られた場合は，相関ありとした。

あるため，情緒不安定性と正の相関が認められ，コンピテンス（有能さ）の次元を含む誠実性とは負の相関が認められたものと考えられる。また，恥は対人回避行動を動機づけるため，外向性とは負の相関が認められるものと考えられる。調和性は怒りを抑制する特性であるが，恥は自分を傷つけた他者への怒りを喚起するため，恥と調和性とは負の相関が認められたことは妥当な結果といえる。

誇り特性とパーソナリティ特性との関連は，トレーシーとロビンス（2007），有光と井上（2008）によって調べられている。この2つの研究はそれぞれ北米と日本の調査であるが，共通の2因子をもつAHPS，TPSを用いており，真正な誇り特性は，外向性，誠実性というポジティブなパーソナリティ特性と正の相関を示し，情緒不安定性とは負の相関を示すことが明らかにされている。また，思い上がり特性は，2つの研究で共通して調和性と負の相関が認められている。真正な誇りは，自尊心の向上と，向社会的行動などの他者志向的な行動を動機づけるため（Tracy & Robins, 2004），情緒の安定，外向性，誠実性と関連したと考えられる。また，思い上がりは，裏づけのない高い自己評価に由来しているため，思い上がり特性が高い人は，自己が傷つきやすく，その代償として他者への怒りを経験しやすい。そのため，思い上がり特性が高い人は，調和性が低くなりやすいものと考えられる。

嫉妬特性とパーソナリティ特性との関連は，ウェイドとウォルシュ（Wade & Walsh, 2008）がIJSと対人的形容詞尺度5大次元版（Interpersonal Adjective Scale Revised: Big Five Version: IASR-B5; Trapnell & Wiggins, 1990）を用いて検討し，嫉妬特性は5次元すべてと相関が認められないことを示している。ゲールとワトソン（Gehl & Watson, 2003）は，嫉妬特性を調べる8つの尺度と5大次元目録（Big Five Inventory: BFI; Benet-Martinez & John, 1998）を用いて，尺度間の関連を調べている。嫉妬特性の8つの尺度は，因子分析の結果，反応的嫉妬（恋人の裏切りへの反応），不安と疑念（恋人の裏切りへの心配），人間関係の不安定さ（恋人の行動への落胆や悲しみ）という3因子にまとめられた。分析の結果，情緒不安定性とは，すべての嫉妬因子が正の相関を示し，開放性，調和性とはすべての嫉妬因子が負の相関を示すことが明らかにされた。また，不安と疑念因子と人間関係の不安定さ因子は，外向性，誠実性とも負の相関が認められている。以上の2つの研究は結果が異なっており，今後検討の余地があるだろう。ただし，嫉妬が否定的感情であることから，情緒不安定性との関連は認められることや，嫉妬が攻撃行動を喚起することから，調和性と負の相関を示すことも予想されることである。

罪悪感，恥，誇り，嫉妬の特性とパーソナリティの次元との関連を概観してきたが，否定的な感情特性（罪悪感，恥，嫉妬）とは情緒不安定性が一貫して関連していた。

この結果は，否定的な感情特性の上位次元として，情緒不安定性が存在することを示している。また，調和性と罪悪感に正の相関が認められるように，それぞれの感情の社会的機能を反映して，パーソナリティ次元との関連が認められている。以上のことは，パーソナリティ次元の下位次元として，自己意識的感情を位置づけることが可能であり，否定的感情の経験のしやすさについては，情緒不安定性が関連し，さまざまな行動傾向については，感情ごとに異なる次元が関与していることを示唆している。

3．自己意識的感情特性の次元

パーソナリティ特性が次元をもつように，自己意識的感情特性も次元をもつ。快－不快という次元からみれば，誇りは肯定的，恥や罪悪感は否定的という分類が可能である。また，否定的な自己評価に由来する自己評価的感情（self-evaluation emotion）として恥と罪悪感，他者との比較による感情として嫉妬と妬みを社会的比較感情（social comparison emotion）として位置づけることもできる（Niedenthal et al., 2006）。

個々の感情についても，下位次元が存在することがわかっている。罪悪感，恥，嫉妬特性については，複数の研究において異なる次元が提唱されている（表12－3参照）。罪悪感については，前節で述べた尺度のなかでは，TOSCA，GI，PFQ-2，KA-JiKoKanなど下位尺度をもたない尺度も多いが，MFGI，IGQ，DCQ，SGS，SGI，TGSは複数の下位尺度をもっている。なお，RMGIとIGQについては，項目単位での因子分析が行われていない。RMGIは，下位尺度間の相関が.32から.62あり（Mosher, 1988），IGQは4下位尺度の因子分析の結果，生存者，分離不安，全能感が同一の因子に.59－91の範囲で負荷するという結果が得られており（O'Connor et al., 1997），必ずしも次元が統計的に支持されているわけではない。

各研究の次元を概観すると，他者に害を与えたことに対する罪悪感，規範違反に対する罪悪感は，多くの研究で共通していると考えられる。自分だけが利得を得たことに対する罪悪感も，IGQの生存者，SGIの利己的行動，配慮不足，TGSの利得過剰という尺度で共通して扱われている。共通する次元に加えて，理論的背景や文化的背景から，異なる次元が加わる傾向にある。たとえば，モーシャー（1988）は性罪悪感に着目しており，その後も多くの研究を性罪悪感について行っている。IGQの分離不安やTGSの精神内的罪悪感は，精神分析理論に依拠したものである。また，SGIの負債感やTGSの屈折的甘えによる罪悪感は，日本文化に根ざした罪悪感である可

表 12－3　罪悪感特性の次元に関する研究[a]

尺度と研究	次元と定義
RMGI（Mosher, 1988）[b]	性罪悪感：売春は考えただけで気分が悪くなる 敵罪悪感：怒りが爆発した後，自分のあまりの愚かさに，いやになる 道徳観念罪悪感：自分自身がとてもいやになるのは，自分の道徳的な罪や過ちに対してである
IGQ（O'Connor et al., 1997）	生存者：他人よりもすぐれることで，人を傷つける 分離：愛する人を，離れたり裏切ることで傷つける 全能感：他人の幸福に責任を感じる 自己嫌悪：親切にできなかったことや親を拒否したりといった否定的自己評価
DCQ（Gore & Harvey, 1995）[b]	非人格的罪：カンニングをして捕まったとき 他害：経営者として，労働者の健康に害があるとわかっている労働環境をそのままにしているとき 信頼／誓いの違反：ある人が内緒で言ったことを，うっかり暴露してしまったとき
SGS（Klass, 1987）	他害の罪悪感：他者への否定的な影響が明確な行為や無為に対する罪悪感 規範違反の罪悪感：慣習的規範または適切な行動の違反への罪悪感 自己制御失敗の罪悪感：自分の目標に従って行動を制御する努力ができないことへの罪悪感
SGI（有光，2002）	他傷：他者を傷つける行為への後悔の念 他者配慮不足：対人配慮行動を自分の利益や身勝手のために行わなかったことに対する罪悪感 利己的行動：自分だけが利得を得たことを不適切であったと後悔する罪悪感 負債感：他者が好意的に与えてくれた利益の義理を果たすことへの負債感
TGS（大西，2008a）	利得過剰の罪悪感：他者よりも自分のほうがいい思いをしているという不衡平の感覚による罪悪感 精神内的罪悪感：精神内における漠然とした罪悪感 屈折的甘えによる罪悪感：「甘え」とその不満による「恨み」のアンビバレンスから生じる罪悪感 関係維持のための罪悪感：相手との関係を乱すことへの懸念による罪悪感

注）
a）表中の略号については，本文を参照のこと。
b）定義が明記されていないため，項目例を示した。

能性がある。負債感は，相互協調的な文化で高くなり（6 章参照），「甘え」られないことへのすねやひがみという病理は日本特有であると考察されており（土居，1971），屈折的甘えと負い目の 2 因子は文化的背景を反映したものと考えられる。

恥特性に関する質問紙のなかでも，TOSCA，PFQ-2，KA-JiKoKan, SES は下位尺度をもたない。表12－4に示した尺度は，下位尺度をもつもので，すべての尺度が因子分析によって次元を確認している。恥（shame）や羞恥（embarrassment）を経験する状況における反応を調べる質問紙であるES，DCQ，SSQ，日本版恥意識尺度，恥意識尺度は，それぞれが異なる下位次元をもつ。恥と羞恥の喚起状況の構造については，さまざまな研究があるが（7章参照），恥を扱うSSQ（「かっこ悪さ」「自己不全感」が恥を表す）やDCQなどの尺度の場合は自分の失敗に関する恥が公になった

表12－4　恥特性の次元に関する研究[a]

尺度と研究	次元と定義
ES（Edelmann & McCluster, 1986）[b]	他者に対する羞恥：初めて会った異性に対して，デートをしようとして電話をするとき 間接的羞恥：夕食を人の家でごちそうになっている際に，隣の人が肉を切ろうとして，膝に皿ごとこぼしてしまったとき 他者の行動：自分の先生がチャックを閉め忘れているのに気づいたとき 愚かさの露呈：自分1人だけが，会合でフォーマルウェアを着ていないことに気づいたとき
DCQ（Gore & Harvey, 1995）[b]	社会的不適切さ：パーティーで初めて知り合った人にわいせつな，きたないジョークを言い，多くの人が不愉快になってしまったとき 不適切さの露呈：自分がよく知っていると思っていることを話しているとき，聴衆のだれかに自分が実はまちがっていることを指摘されたとき
ISS（del Rosario & White, 2006）	劣等感：不適切さや不足を感じる状態 脆弱さ／露呈：コントロール不能感，感情的に不安定で，露呈することを恐れる傾向 虚無／孤独：何かが失われた気がする
SSQ（成田ら，1990）	かっこ悪さ：他者より自分が劣っていると思うことによって現れる羞恥感情 自己不全感：自らの至らなさを自ら恥じる自省的羞恥感情 気恥ずかしさ：ほめられる場面などのポジティブな相互作用場面と他者の注目を集めるパフォーマンス場面や未知の人との相互作用場面からなる羞恥感情 性：性的な場面に対する羞恥感情
日本版恥意識尺度（永房，2000）	自己内省：自己の情けなさや不甲斐なさから生じる自省的な恥意識 同調不全：他者と同調できないことから生じる恥意識 社会規律違反：社会的に遵守すべきルールからの逸脱によって生じる恥意識 視線感知：周囲の他者からの注視や他者視線を感じることから生じる恥意識
恥意識尺度（堀内ら，2005）[b]	自律的恥意識：自分で決めたことを守れなかったとき 他律的恥意識：授業に遅れて先生にしかられたとき 他者同調的恥意識：みんなが知っている話を自分だけ知らなかったとき

注）
a）表中の略号については，本文を参照のこと。
b）定義が明記されていないため，項目例を示した。

ときの反応，羞恥を扱うESやSSQ（「気恥ずかしさ」と「性」がコミュニケーション不安を表す）の場合は，自分のパフォーマンスに関する予期的な反応が扱われている。また，他者の姿を見て恥ずかしいと思う状況もESやSSQで共通して含まれている。日本で開発された恥の尺度には，自省的な恥意識が含まれるのが特徴である。これは，ベネディクト（Benedict, 1946）が指摘したように，日本人が自らの至らなさを自ら恥じて行動を律するという文化的背景をもつために，項目化され因子としても現れているものと考えられる。他にも，日本文化を反映した尺度としては，恥意識尺度（永房 , 2000; 堀内ら , 2005）において，同調的恥についても扱われており，他文化よりも日本の同調的恥が高いことも示されている（2章参照）。また, ISSとOASは，劣等感や虚無感という恥の経験への反応について扱っている点が，他の尺度と異なる。とくに，OASは，臨床的に問題となる他者が自分のことをどのように感じたかという認知を測定する下位尺度をもっている点が特徴である。

嫉妬について，最も用いられているIJSは単一因子であるが，他の尺度は下位因子をもつことが多い。MJSは認知，感情，行動，RRSは状況と陳述，SRJSは性，対人，仕事，家族という下位尺度をもつ。各尺度は，嫉妬の異なる側面に注目し，尺度構成を行ったものと考えられる。嫉妬に関する尺度は複数の尺度を同時に測定して妥当性の検討が行われることはあっても（Mathes et al., 1982; White, 1981），嫉妬の次元については，ほとんど検討が行われてこなかった。近年，リデルら（Rydell & Bringle, 2007）は，MJSとIJSを用いて嫉妬の次元を検討している。彼らは，MJSの行動的，感情的嫉妬間に有意な正の相関が認められることから，反応的嫉妬として同一次元とし，認知的嫉妬については，疑いの嫉妬という次元と考え，確認的因子分析を行った。その結果，3下位尺度をそれぞれ別の因子とするモデルよりも，行動と感情を1因子とするモデルのほうが適合度が高く，嫉妬が反応的嫉妬と疑いの嫉妬の2次元であることが示された。また，IJSによって測定される慢性的嫉妬や自尊心などを独立変数，MJSの2因子を従属変数とした重回帰分析の結果，慢性的嫉妬は，疑いの嫉妬（β =.42），反応的嫉妬（β =.15）に有意に正の影響を与えたが，疑いの嫉妬への影響力のほうが大きいことがわかった。リデルらの研究は，嫉妬の次元に関する1つの知見であるが，認知，行動，感情という次元は，すべての感情に共通して存在する次元であり，嫉妬に独自の次元が存在する可能性もあるだろう。たとえば，SRJSには嫉妬への反応，疑いと関連しない「関係性への脅威」という尺度もあり，脅威という次元も存在する可能性がある。

4．パーソナリティとしての自己意識的感情の形成要因

パーソナリティ特性として自己意識的感情をみたとき，パーソナリティ特性と同様に，その行動傾向の形成にはさまざまな要因が関与していることが，さまざまな研究によって示されている。自己意識的感情についても，遺伝要因と環境要因がどの程度かかわっているか，またどのパーソナリティ要因が自己意識的感情特性を高めるのかについて検討が行われている。自己意識的感情の発達においては，遺伝的要因の他にも，気質的要因，親の養育態度，共感性が重要である。共感性については，11 章で詳しく扱われているため，本章では，感情特性の形成に影響する気質的要因，養育態度，女性性，完全主義の知見に限定して，研究を概観したい。

（1）気質的要因

双生児研究から，恥と罪悪感の発達には遺伝的要因が関与していることがわかっている（Zahn-Waxler et al., 1992; 15 章参照）。感情特性の発達に影響を与える要因のうち，遺伝性が高く，安定しているものを気質（temperament）という（Cloninger et al., 1993）。クロニンジャーらは，パーソナリティを気質と性格（character; 個人が選択した価値観を表す）の 2 つから構成されるとし，異なる脳の部位と関連づけている。具体的には，気質は，扁桃体，視床下部，線条体の活動と関連し，性格は海馬などと関連するとしている。気質は，新奇性追求，損害回避（罰や損害を避ける），報酬依存（報酬に敏感）という 3 次元に分類される。気質は神経伝達物質と関連づけられており，新奇性追求はドーパミン，損害回避はセロトニン，報酬依存はノルアドレナリンの代謝と関係するとされ，実際に関連することが知られている（Reif & Lesch, 2003）。恥や罪悪感などの自己意識的感情は，情緒不安定性と関連しており，損害回避という気質とも関連することが予想される。クロニンジャーの理論から，損害回避という気質から，罪悪感，恥などの自己意識的感情特性の強さが規定される可能性が考えられる。

デヴィッドソン（Davidson, 1998）は，感情的反応や感情の制御に関する個人差と前頭前野機能を関連づけている。デヴィッドソンによれば，報酬の獲得に敏感な接近システムが強い人は前頭前野の左半球活動が有力になり，快感情を経験しやすく，嫌悪的事象を避けることに敏感な回避システムが強い人は左半球の活動が不十分であるか，右半球の活動が過剰であり，否定的感情を経験しやすい。シャイネスには，恐怖

反応として回避を行う恐怖シャイネスと，他者に接近するが，否定的な評価を恐れる自意識シャイネスの2種類があるが，恐怖シャイネスの行動抑制は，回避システムと関連していると考えられる。シャイな幼児の前頭の電気活動（EEG）を検討した研究（Calkins et al., 1996）では，生後4か月時において，新奇な刺激に対して運動活性と否定的感情傾向が高く，肯定的感情傾向が低い幼児は，生後9，14，24か月時における新奇刺激に対する右前頭EEG活動が左前頭と比べて優位であるという結果が得られている。この結果は，行動抑制の気質をもっている幼児が，少なくとも生後2年間は右前頭EEGの活動が活発であることを示しており，回避システムの存在を示唆している。さらに，右前頭優位のEEG活動は，高シャイネス・低社会性，高シャイネス・高社会性という2つのタイプのシャイネスの成人においてもみられるという研究もある（Schmidt, 1999）。

以上の研究は，気質とシャイネスに関する神経生理学的な知見であるが，自己意識的感情を規定する要因として，損害回避や回避システムという行動抑制傾向が関連していることを示唆するものである。今後，さまざまな自己意識的感情についても，神経科学的な知見が提出されれば，遺伝的要因，気質的要因と自己意識的感情特性の関係がより明確になると思われる。

（2）養育態度

パーソナリティ特性の発達に影響を与える環境要因の1つに親の養育態度があるが，自己意識的感情特性についても，養育態度の影響を認める研究が多い（Kochanska, 1991）。愛着理論によれば，愛着不安と愛着回避は，恥，怒り，抑うつ，病理的な自己愛と関連する。これは，親との愛着関係がうまく形成されないと，「愛されている」といった基本的心理的欲求が満たされず，恥や抑うつなどの否定的な感情を経験しやすくなるためである。恥特性は，安全型の愛着とは負の相関，とらわれ型，恐怖型の愛着とは正の相関を示し（Gross & Hansen, 2000），愛着不安と愛着回避は，基本的心理的欲求を媒介して，恥，抑うつ，孤独感を上昇させる（Wei et al., 2005）ことが明らかにされている。また，親から批判ばかりされると，批判の多くがパーソナリティに言及することが多いため（例：「あなたは，馬鹿だから，失敗するのよ」），恥の傾向が高まると考えられる。親からの批判は，青年期の恥傾向を高めること（Gilbert et al., 1996），身体的虐待でなく感情的虐待が恥傾向を高めること（Hoglund & Nicholas, 1995）がわかっている。また，児童期（6～12歳）に親どうしの暴力を見たり，親からの性的虐待や厳しいしつけを受けた子どもが，青年期において罪悪感と恥特性を高め，非行や抑うつといった問題を増加させるのかを検討した研究も存在する（Stuewig & McCloskey, 2005）。分析の結果，児童期の厳しいしつけが15歳時における批判的子育てにつながり，罪悪感特性を低める一方で恥特性を高め，恥特性が17歳時における抑うつ症状を高めることが示された。さらに，児童期における厳しいしつけは，15歳時における暖かい子育てにつながり，罪悪感特性を高め，罪悪感特性は17歳時における非行行動を減少させることが明らかになった。以上の結果は，罪悪感と恥の発達に関する実験的研究（15章参照）と一致しており，罪悪感が親の共感的態度，恥が批判的態度から導かれることが示唆される。一方，このスウィッグらの研究結果は，PTSDの患者を対象とした研究で，虐待や暴力の被害はトラウマに関連した罪悪感と結びつくという研究結果（Street et al., 2005）とは異なっている。研究間には，対象者や罪悪感の指標が異なるという違いがあるが，虐待や暴力と罪悪感特性の関係については，今後さらに検討していく必要があるだろう。

（3）性役割

罪悪感や恥に関して，経験頻度，強度，特性評価，表出行動に性差が存在することがわかっている。罪悪感や恥の表出行動については，女性のほうがこの行動をとりやすく，罪悪感特性や恥特性の自己評定も女性のほうが高い（Ferguson & Eyre, 2000; Plant et al., 2000）。こうした性差は，男性性，女性性という性役割によるものだと考えられている。人にやさしくする，人前であまり積極性をみせない，自分で自分を罰するという女性性をもっていると，その性役割を果たせないときに，罪悪感や恥を経験しやすくなると考えられる。実際に，恥特性は，女性で女性性が高い人が最も評定値が高くなり，罪悪感特性は，男女問わず女性性が高い人ほど評定値が高くなる（Benetti-McQuoid & Bursik, 2005）。さらに，行動，言語化，認知という感情反応のなかでは，女性性が高い人ほど言語化を行いやすいことも明らかにされている。同様に，恥特性は，依存性（女性性を反映）と性別を説明変数とした階層的重回帰分析を行うと，性別の効果はなく，女性性のみで説明されることもわかっている（Gross & Hansen, 2000）。

男女で求められる性役割は異なっている。たとえば，男性には，自律性と競争力を主張するという性役割がある。そうした男性的性役割を受容していると，他者とのトラブルにおいて，競争力を見せるために，身体的，心理的攻撃を行うことがある。そのため，競争力などの男性の性役割をもっていれば，男性は攻撃的行動を行ってしまったことに対する罪悪感を経験しやすいと考えられる（Lewis, 1971）。このルイスの考えについては，現在のところ裏づけがないが，男性性が高い人ほど恥を経験しやすいという結果は得られている（Jakupcak et al., 2005）。また，男性性，女性性という性役割を果たせないことから，罪悪感や恥を経験しやすくなることを示す知見が存在する（Efthim et al., 2001）。男性が経験する男性性へのストレスとしては，身体的不適切感，感情の不表出，女性への服従，知的劣等感，パフォーマンスの失敗がある。このなかで，身体的不適切感とパフォーマンスの失敗は，罪悪感特性と外在化傾向と強く結びつき，身体的不適切感，感情の不表出，知的劣等感，パフォーマンスの失敗は，恥特性と結びついていた。女性が感じる女性性へのストレスとしては，感情の無関心，身体的な魅力がないこと，被害者になること，自己主張できないこと，心遣いの失敗があるが，すべての因子が恥特性と外在化に強く結びついた。以上の結果は，男性，女性ともに自分の性役割をうまく果たせないことへのストレスが，罪悪感，恥の傾向を高めることを示している。

誇りについては，男性のほうが女性と比べると経験の頻度が高く，表出もしやすい（Plant et al., 2000）。この男女差は，男性は誇りを表出すべきであるというステレオタイプがあるヨーロッパ系のアメリカ人において認められるが，アフリカ系アメリカ人では認められない（Durik et al., 2006）。一方，誇りの非言語的表出の認識率は，女性のほうが高い（Tracy & Robins, 2008）。誇りは，社会的地位の低い人ほど，認識する機会が多いことが予想される。西欧諸国では男性の社会的地位が高いため，女性の認識率が高くなった可能性がある。性役割の個人差が，誇りの特性にどの程度影響を与えるのかについては，検討されておらず，研究が待たれるところである。

嫉妬については，配偶者の肉体的な浮気に対して男性のほうが嫉妬を感じやすく，配偶者の精神的な浮気に対しては女性のほうが強い嫉妬を感じるという知見があり（Buss et al., 1992），場面と性別によって，嫉妬の経験のしやすさが異なることが示唆される。進化心理学的には，男性は配偶者の子どもが確実に自分の遺伝子を継いでいるかについて不安を感じやすく，女性が肉体的な浮気をすることに嫉妬を強く感じ，女性は養育を受けるために男性が精神的に離れることを最も恐れ，精神的な浮気に対して嫉妬を強く感じると考えられている。この性差については，性別を男性性，女性性が媒介して，嫉妬特性を強めることが示されている（Bohner & Wänke, 2004）。すなわち，男性であれば，男性性が高い人ほど，肉体的な浮気に嫉妬しやすく，女性であれば，女性性が高い人ほど，精神的な浮気に対して嫉妬を経験しやすい。この結果から，嫉妬に関しては，性役割が，性別による適応的な行動を高める効果をもつと考えられる。

（4）完全主義

パーソナリティ特性のなかでも，完全主義傾向（perfectionism）は，恥や罪悪感特性に影響を与えると考えられている。完全主義傾向には，自分に対して非現実的な高い基準を設け，強迫的に努力し，全か無という自己評価を行う自己志向型完全主義，他者に対して非現実的に高い基準を設けたり，期待をしたりする他者志向型完全主義，他者に求められる高い基準を満たすような能力が自分にあるかどうかの見込みである社会規定的完全主義の3次元が存在する（Hewitt & Flett, 1991）。完全主義傾向の高い人は，その高い基準を満たすことができないことから，自尊心が低下し，抑うつなど心理的問題が多くなる。恥や罪悪感は，社会的規範からの逸脱によって生じる感情であり，もし規範について高い基準をもっていれば，基準を満たせないことが多くなり，結果的に恥と罪悪感も経験しやすくなると考えられる。ルッツワク（Lutwak & Ferrari, 1996）は，完全主義傾向の3次元と恥特性，罪悪感特性，自己批判的認知的傾向の2次元（否定的自己処理，肯定的自己処理の失敗）を因子分析することで，それぞれの関連性を検討した。その結果，男性においては罪悪感特性が完全主義の3次元と同一因子に負荷し，女性においては恥特性と罪悪感特性が社会規定的完全主義と同一因子に負荷することが示された。フェデワら（Fedewa et al., 2005）は，完全主義をポジティブとネガティブという2次元に分類し，罪悪感，恥との関連を検討した。その結果，ポジティブな完全主義は，状態誇りと正の相関，不安と恥と負の相関を示した。また，ネガティブな完全主義は，状態恥，状態罪悪感，恥傾向と正の相関を示した。この結果は，ネガティブな完全主義から，罪悪感のネガティブな側面が導かれることを表している。

5．今後の展望

本章では，自己意識的感情特性について，パーソナリティ特性との関連とその形成要因について研究例を紹介した。多くの研究が行われているが，研究パラダイムの問題点とこれまでの研究で扱われていない点について，今後の展開を含めて考えたい。

研究パラダイムの問題点としては，特性と状態の区別がある。自己意識的感情特性は，さまざまな社会的行動に影響を与えることが示されている。たとえば，罪悪感特性は攻撃行動を抑制し，補償行動，向社会的行動を動機づけ，恥特性は攻撃行動を増加させ，回避的問題行動を動機づける（Tangney, 1995，本書2章，3章参照）。嫉妬や妬みは，攻撃的行動を増加させるが，妬みは自己向上行動を動機づける（Niedenthal et al., 2006，本書 9章参照）。理論的には，自己意識的感情の状態変化によって，適応的行動や問題行動が動機づけられるが（Tangney, 1995; Tangney et al., 1995; Tracy & Robins, 2004)，多くの研究はTOSCAなどを用いて特性を独立変数として扱っている。特性と状態は厳密には異なる概念であり，特性は素因，状態は反応として区別するべきだろう。自己意識的感情の素因としては，神経生理学的基盤や気質的要因，パーソナリティ特性，その下位次元としての感情特性が考えられる。また，状況における反応として感情状態があり，それによって動機づけられ，実行される行動がある。さらに，長期における影響として，社交不安障害，大うつ病などの精神病理がある。今後，素因と状況，感情状態，長期的影響という要因を区別して，研究を行っていく必要があるだろう。

今後の研究の展開としては，まず肯定的自己意識的感情に関する研究の増加が求められる。誇りについては，トレーシーらの研究を皮切りに現在増加傾向にある（10章参照）。しかし，肯定的自己意識的感情は，感謝や尊敬，憧憬やシャーデンフロイデ（Smith, 2000）などあまり検討されておらず，調査，実験ともに課題は多い。

また，パーソナリティ特性に関しては，否定的自己意識的感情特性は，情緒不安定性や完全主義との関連を示すことが多い。しかし，ネガティブな特性が否定的な自己意識的感情特性に関連するという知見ばかりではない。ウィリアムソンら（Williamson et al., 2007）は，希望特性が罪悪感特性を高めることを明らかにしている。今後は，ポジティブなパーソナリティ特性との関連についても，検討すべきであろう。

とくにわが国では，自己意識的感情特性に関する研究は欧米と比較するとその絶対数が少ないといえる。自己意識的感情については，文化的な相違も十分に予想されることから（1章，2章参照），自己意識的感情特性と気質やパーソナリティとの関連，この関連の形成要因をめぐって，多くの基本的な問題が今後に残されている。

【引用文献】

Abe, J. A. (2004). Shame, guilt, and personality judgment. *Journal of Research in Personality,* **38,** 85-104.

有光興記（2001）．罪悪感，羞恥心と性格特性の関係　性格心理学研究, **9,** 71-86.

有光興記（2002）．日本人青年の罪悪感喚起状況の構造　心理学研究, **73,** 148-156.

有光興記・井上美沙（2008）．特性誇り尺度の作成—真正な誇りと思い上がり，自尊心，自己愛の関係—　日本心理学会第72回大会発表論文集, 1046.

Benedict, R. (1946). *The chrysanthemum and the sword.* Boston: Houghton Miffin.（長谷川松治（訳）1972　定訳　菊と刀　日本文化の型　社会思想社）

Benet-Martínez, V., & John, O. P. (1998). Los Cinco Grandes across cultures and ethnic groups: Multitrait method analyses of the Big Five in Spanish and English. *Journal of Personality and Social Psychology,* **75,** 729-750.

Benetti-McQuoid, J., & Bursik, K. (2005). Individual differences in experiences of responses to guilt and shame: Examining the lenses of gender and gender role. *Sex Role,* **53,** 133-142.

Bohner, G., & Wänke, M. (2004). Psychological gender mediated sex differences in jealousy.

Journal of Evolutionary Psychology, **2**, 213-229.
Buss, D. M., Larsen, R. J., Westen, D., & Semmelroth, J. (1992). Sex differences in jealousy: Evolution, physiology, and psychology. *Psychological Science,* **3**, 251-255.
Calkins, S. D., Fox, N. A., & Marshall, T. R. (1996). Behavioral and physiological antecedents of inhibited and uninhibited behavior. *Child Development,* **67**, 523-540.
Clanton, G., & Kosins, D. J. (1991). Developmental correlates of jealousy. In P. Salovey (Ed.), *The psychology of jealousy and envy.* New York: The Guilford Press. pp. 132-147.
Cloninger, C., Svrakic, D., & Przybeck, T. (1993). A psychobiological model of temperament and character. *Archives of General Psychiatry,* **50**, 975-990.
Cook, D. R. (1989). Internalized Shame Scale (ISS). University of Wisconsin, Stout.
Costa, P. T. Jr. & McCrae, R. R. (1992). *Revised NEO personality inventory and NEO Five-Factor inventory: Professional manual.* Odessa, Fla.: Psychological Assessment Resources.
Davidson, R. J. (1998). Affective style and affective disorders: Perspectives from affective neuroscience. *Cognition and Emotion,* **12**, 307-330.
del Rosario, P. M., & White, R. M. (2006). The internalized shame scale: Temporal stability, internal consistency, and principal component analysis. *Personality and Individual Differences,* **41**, 95-103.
土居健郎（1971）．「甘え」の構造　弘文堂
Durik, A. M., Hyde, J. S., Marks, A. C., Roy, A. L., Anaya, D., &. Schultz, G. (2006). Ethnicity and gender stereotypes of emotion. *Sex Roles,* **54**, 429-445.
Edelmann, R. J. (1985). Social embarrassment: An analysis of the process. *Journal of Social and Personal Relationship,* **2**, 195-213.
Edelmann, R. J., & McCusker, G. (1986). Introversion, neuroticism, empathy and embarrassability. *Journal of Personality and Individual Differences,* **7**, 133-140.
Efthim, P. E., & Kenny, M. E., & Mahalik, J. R. (2001). Gender role stress in relation to shame, guilt, and externalization. *Journal of Counseling and Development,* **79**, 430-438.
Einstein, D., & Lanning, K. (1998). Shame, guilt, ego development, and the five-factor model of personality. *Journal of Personality,* **66**, 553-582.
Fedewa, B. A., Burns, L. R., & Gomez, A. A. (2005). Positive and negative perfectionism and the shame/guilt distinction: adaptive and maladaptive characteristics. *Personality and Individual Differences,* **18**, 663-666.
Ferguson, T. J., & Eyre, H. L. (2000). Engendering gender differences in shame and guilt: Stereotypes, socialization, and situational pressures. In A. H. Fischer (Ed.), *Gender and emotion: Social psychological perspective.* Cambridge: Cambridge University Press. pp.254-276.
Gehl, B. K., & Watson, D. (2003, February). Defining the structure of jealousy through factor analysis. Poster presented at the Society for Personality and Social Psychology Annual Meeting 2003, Los Angeles.
Gilbert, P., Allan, S., & Goss, K. (1996). Parental representations, shame, interpersonal problems and vulnerability to psychopathology. *Clinical Psychology and Psychotherapy,* **3**, 23-34.
Gore, E. J., & Harvey, O J. (1995). A factor analysis of a scale of shame and guilt: dimensions of conscience questionnaire. *Personality and Individual Differences,* **19**, 769-771.
Goss, K., Gilbert, P., & Allan, S. (1994). An exploration of shame measures- I : The Other As Shamer scale. *Personality and Individual Differences,* **17**, 713-717.
Gross, C. A., & Hansen, N. E. (2000). Clarifying the experience of shame: The role of attachment style, gender, and investment in relatedness. *Personality & Individual Differences,* **28**, 897-907.
Harder, D. W., & Zalma, A. (1990). Two promising shame and guilt scales: A construct validity comparison. *Journal of Personality Assessment,* **55**, 729-745.
Hewitt, P, L., & Flett, G.L. (1991). Perfectionism in the self and social contexts: Conceptualization, assessment, and association with psychopathology. *Journal of Personality and Social Psychology,* **60**, 456-470.
Hoblitzelle, W. (1987). Differentiating and measuring shame and guilt: The relation between shame and depression. In H. B. Lewis (Ed.), *The role of shame in symptom formation.*

Hillsdale, NJ: Lawrence Erlbaum Associates. pp. 207-235.
Hoglund, C. L., & Nicholas, K. B. (1995). Shame, guilt, and anger in college students exposed to abusive family environments. *Journal of Family Violence,* **10**, 141-157.
堀内勝夫・中里至正・松井　洋・永房典之・鈴木公啓 (2005). 恥意識の構造　日本パーソナリティ心理学会第 14 回大会発表論文集, 97-98.
Izard, C. E. (1977). *Human emotions.* New York: Plenum Press.
Jakupcak, M., Tull, M. T., & Roemer, L. (2005). Masculinity, shame, and fear of emotions as predictors of Men's expressions of anger and hostility. *Psychology of Men & Masculinity,* **6**, 275-284.
Janoff-Bulman, R. (1979). Characterlogical versus behavioral self-blame: Inquiries into depression and rape. *Journal of Personality and Social Psychology,* **37**, 1798-1809.
Johnson, R. C., Danko, G. P., Huang, Y. H., Park, J. Y., Johnson, S. B., & Nagoshi, C. T. (1987). Guilt, shame, and adjustment in three cultures. *Personality and Individual Differences,* **8**, 357-364.
Kelly, K. M., & Jones, W. H. (1997). Assessment of dispositional embarrassability. *Anxiety, Stress and Coping: An International Journal,* **10**, 307-333.
菊池章夫・有光興記 (2006). 新しい自己意識的感情尺度の開発　パーソナリティ研究, **14**, 137-148.
Klass, E. T. (1987). Situational approach to assessment of guilt: Development and validation of a self-report measure. *Journal of Psychopathology and Behavioral Assessment,* **9**, 35-48.
Kochanska, G. (1991). Socialization and temperament in the development of guilt and conscience. *Child Development,* **62**, 1379-1392.
Kugler, K., & Jones, W. H. (1992). On assessing and measuring guilt. *Journal of Personality and Social Psychology,* **62**, 318-327.
Lewis, H. B. (1971). *Shame and guilt in neurosis.* Madison, CT: International Universities Press.
Lutwak, N., & Ferrari, J. R. (1996). Moral affect and cognitive processes: Differentiating shame and guilt among men and women. *Personality and Individual Differences,* **21**, 891-896.
Marschall, D., Sanftner, J., & Tangney, J. P. (1994). *The State Shame and Guilt Scale.* Fairfax, VA: George Mason University.
Mathes, E. W., Roter, P. M., & Joerger, S. M. (1982). A convergent validity study of six jealousy scales. *Psychological Reports,* **50**, 1143-1147.
Mathes, E. W., & Severa, N. (1981). Jealousy, romantic love, and liking: Theoretical considerations and preliminary scale development. *Psychological Reports,* **49**, 23-31.
Miller, R. S. (2001). Shyness and embarrassment compared: Siblings in the service of social evaluation. In W. R. Crozier & L. E. Alden (Eds.), *International handbook of social anxiety: Concepts, research and interventions relating to the self and shyness.* New York: John Wiley & Sons. pp. 281-300.
Mosher, D. L. (1988). Revised Mosher Guilt Inventory. In C. M. Davis & W. L. Yarber (Eds.), *Sexuality-related measures: a compendium.* Lake Mills, IA: Graphic Publications. pp. 290-293.
永房典之 (2000). 日本の若者における恥意識の特徴―道徳性と自己意識からの検討―　東洋大学社会学研究科大学院紀要, **37**, 17-37.
成田健一・寺崎正治・新浜邦夫 (1990). 羞恥感情を引き起こす状況の構造　人文論究 (関西学院大学文学部紀要), **40**, 73-92.
Niedenthal, P. M., Krauth-Grauber, S., & Ric, F. 2006 *Psychology of emotion: Interpersonal, experiential, and cognitive approach.* New York: Psychology Press.
O'Connor, L.E., Berry, J.W., Weiss, J., Bush. M., & Sampson, H. (1997). Interpersonal guilt: The development of a new measure. *Journal of Clinical Psychology,* **53**, 73-89.
大西将史 (2008a). 青年期における特性罪悪感の構造―罪悪感の概念整理と精神分析理論に依拠した新たな特性罪悪感尺度の作成―　パーソナリティ研究, **16**, 171-184.
大西将史 (2008b). 特性罪悪感の特徴に関する研究―Big Five, 共感性および規範に対する強迫的遵守傾向との関係―　心理科学, **29**, 80-95.
Otterbacher, J. R., & Munz, D. C. 1973 State-trait measure of experiential guilt. *Journal of Consulting and Clinical Psychology,* **40**, 115-121.
Pfeiffer, S. M., & Wong, P. T. (1989). Multidimensional jealousy. *Journal of Social and Personal*

Relationships, **6**, 181-196.
Plant, E. A., Hyde, J. S., & Keltner, D. (2000). The gender stereotyping of emotions. *Psychology of Women Quarterly,* **24,** 81-92.
Reif, A., & Lesch, K. P. (2003). Toward a molecular architecture of personality. *Behavioral Brain Research,* **139,** 1-20.
Rydell, R. J., & Bringle, R. G. (2007). Differentiating reactive and suspicious jealousy. *Social Behavior and Personality,* **35,** 1099-1114.
澤田匡人・新井邦二郎　(2002). 妬みの対処方略選択に及ぼす，妬み傾向，領域重要度，および獲得可能性の影響　教育心理学研究，**50**，246-256.
Schmidt, L. A. (1999). Frontal brain electrical activity (EEG) in shyness and sociability. *Psychological Science,* **10,** 316–320.
Smith, R. H. (2000). Assimilative and contrastive emotional reactions to upward and downward social comparison. In J. Suls & L. Wheeler (Eds.), *Handbook of social comparison: Theory and research.* New York: Kluwer Academic/Plenum Publishers. pp. 173-200.
Smith, R. H., Parrott, W. G., Diener, E. F., Hoyle, R. H., & Kim, S. H. (1999). Dispositional envy. *Personality and Social Psychology Bulletin,* **25,** 1007-1020.
Spielberger, C. D. (1966). Theory and research on anxiety. In C. D. Spielberger, (Ed.), *Anxiety and behavior.* New York: Academic Press. pp. 3-20.
Street, A. E., Gibson, L. E., & Holohan, D. R. (2005). Impact of childhood traumatic events, trauma-related guilt, and avoidant coping strategies on PTSD symptoms in female survivors of domestic violence. *Journal of Traumatic Stress,* **18,** 245-252.
Stuewig, J., & McCloskey, L. A. (2005). The relation of child maltreatment to shame and guilt among adolescents: Psychological routes to depression and delinquency. *Child Maltreatment,* **10,** 324-336.
Tangney, J. P. (1990). Assessing individual differences in proneness to shame and guilt: Development of the Self-Conscious Affect and Attribution Inventory. *Journal of Personality and Social Psychology,* **59,** 102-111.
Tangney, J. P. (1995). Shame and guilt in interpersonal relationships. In J. P. Tangney & K. W. Fischer (Eds.), *Self-conscious emotions: Shame, guilt, embarrassment, and pride.* New York: Guilford Press. pp. 114-139.
Tangney, J. P., Burggraf, S. A., & Wagner, P. E. (1995). Shame-proneness, guilt-proneness, and psychological symptoms. In J. P. Tangney & K. W. Fischer (Eds), *Self-conscious emotions: Shame, guilt, embarrassment, and pride.* New York: Guilford Press. pp. 343-367.
Tangney, J. P., Wagner, P. E., & Gramzow, R. (1989). *The Test of Self-Concious Affect.* Fairfax, VA: George Mason University.
Tracy, J. L., & Robins, R. W. (2004). Putting the self into self-conscious emotions: A theoretical model. *Psychological Inquiry,* **15,** 103-125.
Tracy, J. L., & Robins, R. W. (2007). The psychological structure of pride: A tale of two facets. *Journal of Personality and Social Psychology,* **92,** 506-525.
Tracy, J. L., & Robins, R. W. (2008). The nonverbal expression of pride: Evidence for cross-cultural recognition. *Journal of Personality and Social Psychology*, **94**, 516-530.
Trapnell, P. D., & Wiggins, J. S. (1990). Extension of the interpersonal adjective scales to inclide the big five dimensions of personality. *Journal of Personality and Social Psychology*, **59**, 781-790.
Wade, J. T., & Walsh, H. (2008). Does the big-5 relate to jealousy, or infidelity reactions? *Journal of Social, Evolutionary, and Cultural Psychology*, **2**, 133-143.
Watson, D., & Friend, R. (1969). Measurement of social0evaluative anxiety. *Journal of Consulting and Clinical Psychology,* **33,** 448-457.
Wei, M., Shaffer, P. A., Young, S. K., & Zakalik, R. A. (2005). Adult attachment, shame, depression, and loneliness: The mediation role of basic psychological needs satisfaction. *Journal of Counseling Psychology,* **52,** 591-601.
White, G. (1981). A model of romantic jealousy. *Motivation and Emotion,* **5** (4), 295-310.

Williamson, I., Sandage, S. J., & Lee, R. M. (2007). How social connectedness affects guilt and shame: Mediation by hope and differentiation of self. *Personality and Individual Differences,* **43,** 2159-2170.

Zahn-Waxler, C., Robinson, J., & Emde, R. (1992). Development of empathy in twins. *Development Psychology,* **28,** 1038-1047.

13章

社会心理学的自己の視点から

福島　治

社会心理学的な自己に関する研究は，自己意識的感情の研究と接点が多いように思われる。しかし，恥や罪悪感の実証研究は，必ずしもその自己研究の理論や先行知見を十分に反映していないようにもみえる。本章では，それらをどのようにして自己意識的感情の研究に活かせるのか，その可能性を検討したい。

自己意識的感情には，概念的に区別可能な幾種類かの個別感情がある。ここではそのうちこの領域が進展する端緒となった恥・罪悪感と自己研究との関連をみていきたい。恥（shame）と罪悪感（guilty）は，おおむね次のように別概念として区別されてきた。恥は他者が見ているところで生じやすいといった公的な性質があり，それゆえ自己に対する他者の評価あるいはその推測によって起こる。恥は，自己全体に及ぶ否定的評価すなわち自己全体が悪いことを表すサインであり，罪悪感より痛みが大きい。一方の罪悪感は，個人的に喚起されるもので，私的な性質があり，他者の評価よりも自己の評価や自己が有する規準への未到達や違反によって起こる。罪悪感は，他者に対する自己の悪い行為のために起こるのであり，可能ならばその行為の修正や行為に対する釈明が試みられる（Lewis, H.B., 1972; Lewis, M., 1992; Tangney et al., 2007）。

1．客体的自覚理論

デュバルとウィックランド（Duval & Wicklund, 1972）による客体的自覚理論は，自己意識的感情の経験とその後の行動との関連を理解する際に参照すべき理論の１つであると思われる。この理論は，人が注意を向ける方向として，自分自身と自分以外のいずれかであるという二分法をとり，自分自身に注意を向けたときを客体的自覚

（あるいは単に自覚）と呼び，その状態にある人々の心理的・行動的特徴の説明と予測を試みた。自覚は，他者から注目されること，自分の姿が映されるカメラや鏡の存在，録音した自分の声を聞くことなどによって高まると考えられた。そして，自覚の高まった状態では，その状況において重要であり，その状況がもつ意味と関連性の高い自己の側面について考えるようになるという。さらには，そうして注意の向けられたそのときの現実の自分の姿が，正しさの規準（standard of correctness）に照らして評価・吟味されると仮定された。正しさの規準とは，いわば理想の自己であり，個人的あるいは社会的に望ましい自分の姿や行動の心的表象である。人々が気づく自分の姿は，往々にしてこの正しさの規準を満足していないので，自覚が高まると人は多くの場合に不快な感情を経験する。そして，この不快感情が自覚回避あるいは正しさの規準に向けた行動修正のいずれかを動機づけると考えられた。

したがって，たとえば試験の成績が悪かった人が自覚状態になったとき，２つの予測が可能となる。１つは，自覚を回避することによって，不快感情を収めようとする可能性である。試験に限らず，何かの失敗があったとき，それを見つめることは成功すべきであるという正しさの規準とかけ離れているために不快である。そこで，人は気晴らしに飲酒をしたり遊びに夢中になろうとしたりする。まさに「我を忘れて」何かに没頭すること，これが自覚回避の手段である。日常的には，そうした行いをするときには「逃避する」などという言い回しが使われるかもしれないが，この理論をもとにもう少し厳密にいえば，それは失敗した自分に注意を向けることを避けているのである。もう１つは，これと反対に，正しさの規準を満たそうと努力することである。失敗を克服するために，懸命に勉強して，次回の試験での挽回を図ろうとする場合がこれである。

自覚理論に関しては，自覚が行動に及ぼす効果に関する多くの実証研究がある。たとえば，シャイアら（Scheier et al., 1974）は，自覚が攻撃行動に及ぼす影響を教師−生徒パラダイムと呼ばれる実験手法で検討した。この実験の参加者は，すべて男性で，彼らが教師役となった。そして，学習課題を行う生徒役は女性であった。生徒役が誤答したときに電気ショックを送るのが教師役の務めとなる。この実験では，どの程度の強さのショックを与えるかは，教師役に任されており，与えたショックの強さが攻撃行動の指標とされた。こうした状況で，自覚に関する３つの条件が設定された。１つは強力に自覚を高めることを目的として，教師役である実験参加者がいる部屋には，実験者のほかに２人の他者がいた。彼らは「心理学研究法」の受講生であると紹介され，授業の一環として実験を観察するので実験参加者のほうをよく見ることになると説明された。また，彼らが質問をしたいときには，教師役のあなたに答えてもらうので，質問があるか否かを確認するために，5試行ごとの合図に従って，それらの他者のほうへ目を向けてほしいと依頼された。この条件では，実験参加者と実験者や他者との間でアイコンタクトが頻繁に生じることになり，それが実験参加者の自覚を強く高めると考えられた。2つ目の条件は，部屋にいて実験参加者を見る人々がいることは変わらないが，実験参加者に対して他者を見るようにとの指示は出されなかったので，アイコンタクトはほとんど起こらなかった。この条件でも他者から見つめられるので，自覚が喚起されるが，アイコンタクトがない分だけ，1つ目の条件よりは自覚の高まりが弱いと考えられた。3つ目は，自覚が高まらないようにするために，部屋には実験参加者1人だけがいるようにした。こうした条件を設定した結果，教師役が与えた電気ショックの強度は，自覚をいちばん高めると考えられた1つ目の条件で最も弱く，2つ目と3つ目の条件間には有意差はなかった。自覚が強く高まると攻撃が弱まったのである。人に電気ショックのような痛みを与えることは，たとえ誤答に対する罰であるとしても，望ましいことではない。つまり，この状況での正しさの規準は生徒役である女性にできるだけショックを与えないことであり，自覚がもっとも高まった条件の実験参加者は，自分の行動をこの規準にできるだけ近づけようとしたと考えられる。

こうした自覚理論やその実証研究と，自己意識的感情とはどのようにかかわっているだろうか。自覚理論では，正しさへの規準を満足していないときには，不快感情を経験すると仮定されている。オリジナルの理論では，この不快感情が具体的にどのような感情であるのか明確にされてはいなかったが，自己意識的感情の研究に照らせば，これは恥や罪悪感であるとみることができる。このときに喚起される感情が，恥なのか罪悪感なのか，それとも別の感情か，またなぜその感情が喚起されるのかという問いは，自己意識的研究の視点では重要かもしれない。他者に痛みを与えることは自己の悪い行為であるとみなせることから，それによって発生する自己意識的感情を，ここでは罪悪感であると考えておきたい。

さて，このシャイアたちの実験結果は，自己意識的感情の視点からみれば，自覚や正しさの規準といった概念を持ち出さずとも，生徒役に電気ショックを与える自分の行為によって罪悪感が高まったため，道徳的行動（攻撃の弱体化）が促されたという解釈も可能である。しかし，電気ショックを与えること自体が罪悪感を高めるのであれば，他者から見られるか否かの影響はなくてもよかったはずである。ところが，実験結果は，明らかに他者とのアイコンタクトの頻度の多さが攻撃行動を抑制したことを示した。これは，自分が望ましくない行為を実行していると気づくには，他者の目が必要となる場合があること，あるいは自覚喚起が必要かもしれないことを示唆している。

自覚理論の枠組みのなかでは，自己に注意を向ける際の性質として，公的自己意識と私的自己意識の２つのタイプがあると考えられるようになった。公的自己意識とは，他者が抱く自分の印象や外見に注意が向く傾向であり，私的自己意識とは，自己の感情や態度などに注意が向くことである。押見（1992）は，これを社会的関係のなかの自分を見つめることと，社会的文脈から離れた個別存在としての自分を見つめることの区別であるとした。そして前者は関係を結ぶ他者から受け入れられているか否かの社会的受容規準を，後者は自分の望んでいる成功や達成を果たしているかという自己実現規準を意識するとしている。

このような見方も取り入れていくと，先の実験結果は，もっぱら社会的受容規準に照らして実行された結果であるとみることができよう。もし実験参加者たちが自己実現規準に照らして攻撃を抑制したならば，他者が見ていようがいまいが，どの条件でも低いレベルのショックが送られていたはずだからである。この実験において「生徒役が誤答をしたときに罰としてショックを送る」という行為は，自己の成功や達成にはまったく関与していなかったであろう。だからこそ，他者と視線を交わす条件すなわち他者たちと意識的にかかわりをもつ条件でのみ，攻撃抑制が生じたのではないだろうか。罪悪感は，私的，個人的に発生するという見方もあるが，この研究は必ずしもそうではないことを示唆している。このように，自覚理論とその関連研究は，恥・罪悪感の発生条件や概念化に関する理論や仮説構成の際に有用な情報を与えるものと思われる。

2．自己ディスクレパンシー理論

自己ディスクレパンシー理論（Higgins, 1987, 1989）とは，自覚理論と同様に，現在の自己の状態とある規準とのズレが，特定の感情経験をもたらすとする（ディスクレパンシーとは，ある２つのものの不一致や乖離を表す意味の言葉である）。現在の自己の状態とは，現実自己（actual self）として概念化される自己表象の一種であり，また，この理論では規準は１つではなく２つある。１つは自己の理想や願望など「こうありたい」というイメージを反映する理想自己（ideal self）として，もう１つは義務や責任など「こうあるべき」というイメージを反映する当為自己（ought self）として概念化される自己表象である。つまり，「現実自己と理想自己のズレ」および「現実自己と当為自己のズレ」というように自己表象間に２種類のズレが仮定されて

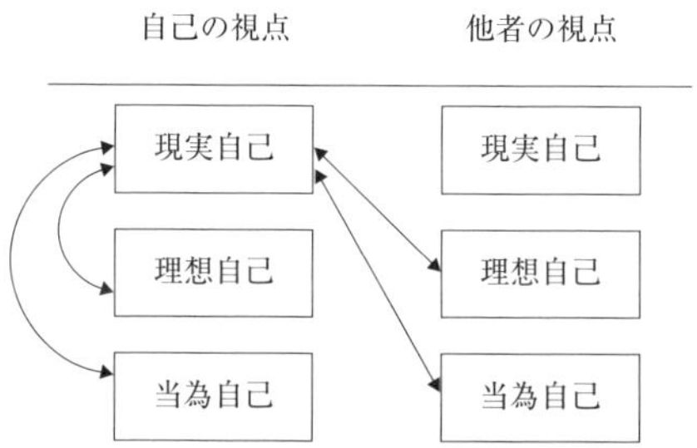

図13－1　自己ディスクレパンシー理論で検討されてきた自己表象とズレ

いる。

さらに，これらの自己に関する表象には，自分自身の視点から構成されたものと，他者の視点から構成されたものがあるとされる。つまり，図13－1のように，自己と他者の視点について，現実・理想・当為の3種類があるので，合計で6つの自己表象が仮定されている。理論的には，この6つの表象間のすべての組み合わせにズレを仮定できるが，これまでは主に図13－1に両端矢印で示した4つの組み合わせにおけるズレが発生させる感情について研究されてきている。

まず，自己視点の現実自己と自己視点の理想自己のズレは，自分自身の理想が満足できていないことを意味し，失望や不満足を生じさせる。次に，自己視点の現実自己と他者視点の理想自己のズレは，こうあってほしいと願う他者の期待にこたえていないこと，その他者を失望させ他者に不満足を感じさせることを意味する。自己ディスクレパンシー理論では，こうしたズレは，恥（shame）や困惑（embarrassment）を生じさせる傾向があるとされるが，このことは，この理論において，恥や困惑が他者の視点によっても喚起されるとみなされていることを表している。これら2つのズレは，現実が理想に到達していないことを表し，失意や悲しみ，抑うつなどの落胆（dejection）に関連する情動を生じさせる。一方，自己視点の現実自己と他者視点の当為自己のズレは，他者からこうあるべきと期待される表象や他者が自己に課す義務や責任を果たしていないことを表し，それは他者から罰が与えられる可能性をもたらし恐れや脅かされる感覚を発生させる。また，自己視点の現実自己と自己視点の当為自己のズレは，自分自身で課す義務や責任とのズレであるから，罪悪感や自己軽蔑や不安を発生させる。罪悪感が私的か公的かは議論のあるところだが，ディスクレパンシー理論では，罪悪感は自己視点の内で発生する私的な性質が色濃いものであるようだ。これら2つは現実と当為のズレであり，罰への恐怖，緊張，不安などの動揺（agitation）に関連する情動を生じさせる。

このようにディスクレパンシー理論は，自己表象全体に内包されるズレと感情経験を扱うモデルである。そして，少なくとも初期のモデル（Higgins, 1987）においては，現実・理想・当為の自己表象ともある程度持続的な表象と考えられていたようであり，その点で，ある1つの出来事によって，その場面で一時的に発生する感情よりも，慢性的な感情に焦点が当てられていた。この理論が提出された当時は，自己意識的感情よりも抑うつや自尊心が注目されており，現実と理想のズレと抑うつや自尊心などの慢性的な精神的健康度の指標との関連性が内外でしばしば検討された（たとえば，Higgins, 1989; 遠藤，1992）。恥や罪悪感は，ある出来事によって喚起されると考えるのが一般的かと思われるが，これらの感情とディスクレパンシー理論が仮定する現実と理想や当為の自己表象とのズレ，とくに自己視点の現実自己と他者視点の理想自己のズレによる恥や，自己視点の現実自己と自己視点の当為自己のズレによる罪悪感といった感情との理論的な関係をどのようにみるのかは，自己意識的感情の個人差，あるいは「慢性的な」自己意識的感情といったとらえ方があり得るなら，そうした事柄を問題とする際に1つの論点を構成し得るであろう。

3．自己の社会的多面性

自己ディスクレパンシー理論のように，他者の視点によって形成される自己表象があるとする見方は，古くからある。たとえば，ミード（Mead, 1934）は，社会化の過程を通して，身近な他者が自己に示す態度や他者から期待される役割を内面化することで，自己の社会的構成部分すなわち客我が生じ，成長とともに発達すると考えた。そして，やがてはその個人が生活する共同体の全般的態度を内面化し，その共同体の社会規範等を身につけ，その共同体の一員となる。このようにして自己のなかに取り込まれた共同体の全般的な態度や役割が一般化された他者である。最終的に内面化される一般化された他者はかなり抽象的な概念ではあるが，あらかじめ自己のなかに備えられていたものではない他者の態度や役割が内面化されて，それが自己の行為の原動力となっていくと考える点は，社会化理論の基礎である。

一方，ジェームズ（James, 1892）は，私たちを取り巻く他者はその性質が一様でないために，社会的自己は1つではなく次のごとく複数あると考えた。

> …一般に彼はこれらの異なった集団のそれぞれに対して彼自身の異なった側面を示す。両親や教師の前では上品にふるまっている青年で，自分の「無頼の」若い仲間の間では海賊のよ

うに毒づき威張り散らす者が少なくない。われわれも子どもの前とクラブの仲間の前とでは，また得意客と自分の雇っている労働者の前とでは，さらに自分の主人や雇用主と親友の前とでは，同じ自分を見せはしない。その結果として人間は事実いくつかの自我に分裂する。そして，この分裂は，時には相互に調和しない分裂であって，一定の仲間に対して他の所における自分を知られることを恐れる。あるいはこの分裂は相互に完全に調和のとれた分業であることもある。たとえば子どもに優しい人が自分の指揮下の兵士や囚人には厳格であるような場合である。（James, 1892 ／ 1992, p.250）

このように複数の社会的自己が自己表象として存在するならば，他者の視点によって形成される自己表象もその数だけ存在することになる。もちろん私たちの知り合いの数だけ自己表象があるとするのは現実的ではないかもしれない。一般に，こうした表象形成に寄与するのは，重要他者（significant others）であるとみられている。重要他者とは，私たちが自分の行為や態度や意思決定の際に準拠するような，いわば正しさの規準を提供してくれるような他者である。それでも重要他者は1人とは限らないので，私たちは複数の社会的自己を有するようになると考えられる（Kihlstrom & Cantor, 1984; Andersen & Chen, 2002）。

複数の社会的自己があることによって，人々にいったいどのような事象が現れるであろうか。社会的自己の多面性の効果について，関心をもつ研究者たちも少なくはなく，とくに多面性と精神的健康の関連をめぐっては理論的な対立が存在している。

1つの立場は，アイデンティティ混乱説で，精神的健康はアイデンティティの明確さに依拠しており，多面的な自己はアイデンティティの不安定さやアイデンティティ間の葛藤を表すものであるから，精神的不健康と関連すると考える。実証データとしては，ドナヒューら（Donahue et al., 1993）の研究が知られている。彼女らは息子や娘として，学生として，あるいは友人としてなど社会的役割ごとに，同じ特性形容詞に対してその役割の自分がどれほどあてはまるかを評定させ，それらの値のばらつきの程度から自己概念が分割されている程度を数値化し，SCD（self-concept-differentiation）として概念化した。このSCDは抑うつとは正の相関が，自尊心とは負の相関があり，これらが自己の多面性と精神的不健康との関連の証拠とされている。

この説と自己意識的感情とはどのように関連するであろうか。もし多面性がアイデンティティの混乱や葛藤を反映しているのであれば，自分が従うべき規準にも混乱や葛藤があることになる。すると，そうした規準に照らして喚起される恥や罪悪感の生じ方にも混乱が生じることであろう。つまり，この説は，自己の多面性と自己意識的感情の不安定さとの間に関連があるという予測を引き出すことができる。

一方，多面性緩衝説は，弁別可能な複数の自己表象を保持している人は，1つの自己がダメージを受けても別の健全な自己のあることが，精神的健康被害へのバッファ機能を果たすと考える。これはリンヴィル（Linville, 1987）の自己複雑性研究の主題である。彼女は実験参加者自身が自分のなかにある異なる側面に注意を向けて，特性語が書かれたカードを異なる側面ごとに分類し，カテゴリー化していくというやり方で，そのカテゴリー数などから数値化された値を自己複雑性として概念化した。自己複雑性の高い人は，それの低い人に比べて，とくに高ストレス下で，抑うつなどが低く，精神的健康度が高かったことから，自己複雑性にはストレスの緩衝効果があるとされた。

こちらの立場は，自己意識的感情とどのように関連するだろうか。1つの明らかな示唆は，自己複雑性が恥に対しても緩衝材の役割を果たすと予想できることである。恥は自己全体の悪い評判であるが，たとえば職場の上司の前で恥をさらしても，それとは別の自己の側面では恥にならなければ，恥が自尊心や自己評価に及ぼす影響は，ある程度は緩和される。ある自己の恥は別の自己の恥にはならない可能性がある。このことは，他者が私たちに，このような自己であれと願っている内容が一様でないために起こってくる。先のジェームズの引用にあるように，教師の前にいるときと，一緒に悪さもするような仲間といるときでは，明らかに違う自己がそれらの他者から期待されている。そして，現実自己，理想自己，当為自己のいずれも異なり得るであろう。そうだとすれば，どのような状況で恥を経験するかは，他者を条件として変化するはずである。他者からの悪い評価が恥に直結するならば，ある個人を取り巻く他者が，どのような評価軸をもち，そのことを個人がどのように理解しているのか，これらのことがある個人に焦点を当てたときの恥の発生過程を理解するうえで欠かせない要件のように思われる。もちろん，もしある出来事がどの他者といるときでも，どの役割にとっても，つまり誰の目から見ても恥になるようなグローバルな意味合いをもつ場合には，恥の影響は自己の多面性によっても緩和されがたいものとなるであろう。

さらに，自己表象の多面性について，見逃せない議論は，それが自己愛と恥との関係の理解に一役買うかもしれないという点である。エモンズ（Emmons, 1987）は，自己愛者は過度に肯定的な自己概念をもつため，自己複雑性は低いであろうと予測した。この予測を検討した研究は多くはないが，ローデワルトとモーフ（Rhodewalt & Morf, 1995）は，自己愛尺度の1つであるNPIと自己複雑性の間の負の相関を見出した。証拠はまだ少ないが，もし自己愛者の自己概念が相対的には多面性が低く単純であるとすると，それは自己愛者が恥を経験しやすいということを理解する1つの手がかりとなる。M.ルイス（1992）のモデルによれば，自己愛者は成功にせよ失敗にせよ出来事の結果を全体的な自己に帰属させやすいので，成功したときは思い上がり，失敗したときは恥を感じやすいという。全体的な自己への帰属傾向は，自己概念の単純さという見方にも通ずる。極端にいえば，完全に単一の自己概念の持ち主は，どのような出来事も常に全体的な自己への帰属をするほかないのである。

さらに，自己愛者が恥を感じたときに，自己表象が単純なゆえに全体的な自己への帰属傾向が変えられないとすると，恥から逃れられない反動として激怒を引き起こすかもしれない（M. ルイスがいうにはとくに男性において）。恥によって敵意や攻撃が喚起されることは，自己意識的感情の分野でも早くから指摘されていたことである（Lewis, H. B., 1971）。こうした見解と一致する社会心理学的な自己研究として，バウマイスターらの自己愛と攻撃の関連性に関する一連の研究がある（Baumeister et al., 1996; Bushman & Baumeister, 1998）。彼らによると，自己愛者は自己について過度に肯定的な見方をしているが，それはすぐれた実績や他者からの信頼といった実態に支えられているものではないために，内実は不安定で脆弱である。それゆえ，その肯定的な見方は他者から軽く批判されるといった少しの出来事でたちまち脅かされる。そして，高いが脆い自己評価が脅威にさらされると，それを必死で守るために，敵意や攻撃が動機づけられるというのである。つまり，自己愛者の自己概念は高い自己評価に染まっているが，それは単純かつ脆い。そして，ネガティブな出来事はそうした単純かつ脆い自己全体に帰属されやすいので，彼らは恥を経験しやすい。さらに，その恥は脆い自己評価が崩れ去ろうとするサインの役割を果たすので，それを感じたときには，自己防衛としての敵意や攻撃が促される。このように，自己愛と恥と攻撃といった一連の関係を理解する１つの鍵は，自己表象の構造が単純か複雑かといった点にあるかもしれない。

４．自己確証理論

人は自分自身について多くの情報を保持している。基本的にはそれらは経験や事実を基盤にして形成されている。たとえば，「学校の成績はあまりよくなかったこと」「小説を読むのが好きなこと」「テレビを見るのは好きではないこと」「背はどちらかというと低いこと」など枚挙に暇がない。そのなかで，とくに自分の能力や性格特徴のような意味的・評価的情報については，矛盾がなく，一貫していることが期待される。なぜなら，人がひとりの個人として，まとまりのある存在である限り，今日は数学の能力が高いが，明日は同じ能力が低いといったことは起こりそうにないからである。もちろん現実には今日は疲れているからいつもどおりの力が発揮できないといったことはよくあるかもしれないが，まるで違った人のように能力が１日で変化するとは普通は考えない。つまり，一般に私たちは，人の能力や性格特徴は一貫しているという見方をしがちであり，実際に，一貫性が保たれるように努力する（Festinger, 1957）。人が自分自身について一貫した見方や行動をとろうとすることは自己一貫性の原理と呼ばれる。

スワン（Swann, 1983; Swann et al., 1992）は，自己一貫性の原理が対人的環境のなかでいかに作用するのかをモデル化した。人は自己概念と一致する情報をフィードバックする対人的環境を構成しようとするので，他者との相互作用においても，自分が自分のことを理解している仕方と同じように相手にも自分のことを理解してほしいと願い，また，相手がそうするように仕向けるという。これは自己確証理論として知られている。この自己確証は自己一貫性の原理から理解できるのだが，スワンによれば，人々が自己確証に躍起になるのは，自己一貫性そのものを求めてのことではなく，自分自身の能力や性格特徴が一貫しており，また他者からも同じように能力や性格特徴が一貫した存在であると認識されることによって，自分自身に関する予測とコントロールとが可能となるからであるという。したがって，自己確証は，単に自己に関する情報を確証するだけのプロセスと考えられているのではなく，自己に関する予測とコントロールが行いやすい対人的環境を積極的に構成しようとするプロセスであると仮定されている。

しかし，すでにみたように，自己は社会的環境のなかでは必ずしも意味的に同一の存在ではなく，多面的な特徴をもっている。そうだとすると，確証されるべき自己は１つではなく，対人関係に応じて形成されてきた社会的自己の数だけあるとみることができる。実際，最近の自己確証理論は，関係特定的な自己確証の形式に拡張されてきている（Swann et al., 2002）。たとえば，恋人に対しては身体的魅力が高いということの確証を，スポーツチームのメンバーからは運動能力を，芸術の教師からは芸術的能力が高いことの確証を得ようとする。

結局，このことは異なる関係においては異なる自己の特徴があること，あるいはそれが必要であることを人々は認識しており，自己確証の働きでそれを安定化させようとしているのかもしれない。つまり，異なる関係の間では自己の特徴はある程度異なるが，それは必ずしもアイデンティティの混乱を意味するわけではない。なぜなら，それぞれの関係内では関係特定的自己確証によって安定化が図られるからである。

さて，この自己確証は自己意識的感情とどのように関連するであろうか。自己確証は自己概念の安定化を図るのだが，別の言い方をすれば自己概念を規準として，それと適合する情報のフィードバックを好み，またそうしたフィードバックを得られるような積極的な環境構成を行うといえる。そして，そのことが，個々の対人関係というどちらかといえば閉じた環境のなかで実行されている。そのため，時には，ある関係における自己が別の関係における自己にとって，自己意識的感情を喚起させることもあると思われる。

たとえば，ゴフマン（Goffman, 1959）は自己呈示研究の契機となった『行為と演技』のなかで，聴衆の分離と破壊的情報という言葉でそれを述べた。家庭のなかでは威厳をもって家族を統制している父親が，職場では平身低頭している。職場での自己を家族に見られるとき，一家の権威としてふるまっている父の姿はそこにはなく，その父自身も家でのふるまいと違っていることはわかっている。この場合，家族の目があるときには，家での権威ある自己が父にとっての正しさの規準であり，それが満たされないときは不快感情が喚起される。職場の姿は，まったくそれを満たさないわけであるから，もし家族が職場に来てその姿を見たとすると，権威ある自己は全否定され父親は恥を経験するであろう。逆に，家で威張っているところを職場の人に見られるときにも同様に恥を経験するであろう。

こうしてそれぞれの関係で構成され，内面化され，自己確証され，自己呈示として表出されるアイデンティティは時にはまったく異質のものになる。それゆえに，一方の自己が他方の聴衆に暴露されることは，自己呈示の不成功，正しさの規準の不満足，そのアイデンティティの全否定という事態を意味し，恥のような自己意識的感情が喚起されるかもしれない。ゴフマンは別の聴衆に暴露されるとこのような効果をもたらす情報を破壊的情報と呼んだ。そして破壊的情報が知られないようにするために，聴衆は分離されると考えたのである。

このことは，自己の多面性の負の側面といえるだろう。そして，先のアイデンティティ混乱説に支持的である。つまり，各関係や各役割内で安定化していたとしても，その内容に大きな矛盾があり，破壊的情報を含むような場合には，個人内にアイデンティティの葛藤が生じる余地がある。そうした葛藤がその個人の精神的健康に好ましくない影響を与えることは十分に考えられることである。もちろん，各関係でどのような自己を構成するのか，まったく違った特徴をもつようになるのか，少しは類似しているのか，それともほとんど違ったところがないのか。このような違いは個人差の問題となる。他の人に知られると恥や罪悪感を経験するような破壊的情報をもつ人もいれば，どの側面がどの人に知られても，そうたいしたことはないという人もいるだろう。多面性がストレス緩衝効果のようなプラスの効果をもつのか，アイデンティティの混乱や葛藤による抑うつや低い自尊心との関連というように，マイナスの効果をもつのかは，多面性を構成しているアイデンティティの内容の矛盾度あるいは破壊的情報としての可能性といった個人的特性を考慮することが1つの解決策かもしれない。

5．自己意識的感情の代理的経験

代理的な感情経験は，主に痛みや苦痛について研究されてきており，たとえば他者が痛みや苦痛を与えられるような経験を観察するだけで，GSRや顔面筋の電位に反応が現れる（Berger, 1962; Vaughan & Lanzetta, 1980）。恥や罪悪感も，自分の経験だけではなく，他者の経験によって喚起されることがある。自己意識的感情の代理的経験（vicarious experience）に関する生理反応研究はこれから発展するかもしれないが，そうした研究を待つまでもなく，私たちは他者が恥や罪悪感あるいは誇りを感じるような出来事を観察するだけで，自分の内にもそうした感情が発生する場合があることを知っている。たとえば，自分の娘や息子が運動会の徒競走で転んだり，リレーのバトンを落としてしまったりするのを観察すると恥ずかしく感じ，一等賞をとれば誇りを感じることがある。後日，それらの出来事について道端で出会った同級生の親御さんに言及されれば，そのときにもそうした感情が経験されるであろう。

このように他者に起こった出来事の観察や他者の行為の想起によって経験される自己意識的感情は，少なくとも２つの理論レベルで議論することができる。１つは集団のレベルで，自己の一部が所属する集団や社会的カテゴリーに規定されることからくるものである。たとえば，ある国の人から祖父が旧日本軍に酷い目にあったという話を聞いたときに，日本人として恥ずかしく感じたり責任を感じたり，あるいはプライドが傷ついたりするならば，このレベルの現象として理解できる。集団のレベルでは社会的アイデンティティ理論が１つの理論基盤になるであろう（５章参照）。もう１つは，対人関係のレベルで，これもやはり自己の一部が他者との関係において規定されることからくる。先の運動会の親子の例はこの関係レベルとみてよいだろう。いずれにせよ，人々に代理的な自己意識的感情を経験させるのは，自己と関係のある他者である。

関係レベルでは，アーロンらの自己拡張モデル（Aron et al., 2001）を理論的な基礎の１つにできるかもしれない。このモデルは，親密関係における動機づけと認知に関するモデルであり，次の２つの原理をもつ。第１は，動機づけの原理であり，人々は自らの潜在的効力の拡張を求めると仮定する。つまり，社会生活における効力（能力や効果性，評価）を増大させることが主要な人間の動機であると考える。第２は，他者の自己への包含という原理である。人々が自己を拡張する１つの方法は親密関係である。親密関係では，他者がもつ資源，他者の視点，他者のアイデンティティなどが，ある程度は，自分自身のものとして経験されるからである。

たとえば，自己関連づけ効果といって，ある性格特性語が自分にあてはまるか否かを判断した場合には，単語が文字列として長いと感じるか否かなどを判断した場合よりも，その後の偶発再生や再認の正答率が高いことが知られているが，特性語が親密な他者にあてはまるか否かを判断したときにも，自己の場合に近い正答率が得られること（Symons & Johnson, 1997），また，自己と他者の間で重なっている特性，つまり自己と他者の双方にあてはまる特性や双方にあてはまらない特性については，自己か他者の一方にあてはまり他方にあてはまらないような特性よりも，自分をよく表す特性であるか否かについての判断に要する時間が短いこと（Aron et al., 1991）が知られている。これらは，自己と他者の特性表象の関連性が高く，彼らの言葉でいえば他者が自己に包含されていることを表している。

この理論は，第 1 の原理にあるように，自己の社会的効力を高めるために他者を取り込むというようにプラスの効果を前提として発展してきたのであるが，自己意識的感情の代理的経験の効果を考慮すると，他者を包含することによって，恥や罪悪感を経験する機会が増加しかねないことが理解できる。たとえば，配偶者が交通事故を起こして相手を死なせてしまった場合には，事故を起こした本人とともに罪を背負い，心理的にも経済的にも償いを求められることになる。こうした例は，他者を自己に包含することの負の側面にも議論を引き伸ばしていく必要があることを示唆している。この点について，最近の論考でふれられてはいるが（Aron et al., 2008），そうした負の効果が予期される場合には，その効果の程度に応じて他者を自己から除外するだろうという予測が述べられているにすぎず，実証研究は手つかずのままである。たしかに，他者を自己に包含することで，自己が得るものは少なくないが，同時に負債を招き入れることも十分に考えられる。これまでのところアーロンらのモデルには，他者を包含することの負の効果について理論的にも実証的にも不足があるようにみえる。自己意識的感情が及ぼす心理的，行動的効果の研究は，こうした点で，自己拡張モデルの進展にも貢献できるかもしれない。

【引用文献】

Andersen, S. M., & Chen, S. (2002). The relational self: An interpersonal social-cognitive theory. *Psychological Review,* **109,** 619-645.

Aron, A., Aron, E. N., & Norman, C. (2001). The self expansion model of motivation and cognition in close relationships and beyond. In M. Clark & G. Fletcher (Eds.), *Blackwell handbook of social psychology, vol.2: Interpersonal processes.* Oxford: Blackwell. pp. 478-501.

Aron, A., Aron, E. N., Tudor, M., & Nelson, G.（1991）. Inclusion of other in the self scale and the structure of interpersonal closeness. *Journal of Personality and Social Psychology,* **60,** 241-253.

Aron, A., Ketay, S., Riela, S., & Aron, E. N.（2008）. How close others construct and reconstruct who we are and how we feel about ourselves. In J. V. Wood, A. Tesser & J. G. Holmes（Eds.）, *The self and social relationships.* New York: Psychology Press. pp. 209-229.

Baumeister, R. F., Smart, L., & Borden, J. M.（1996）. Relation of threatened egotism to violence and aggression: The dark side of high self-esteem. *Psychological Review,* **103,** 5-33.

Berger, S.（1962）. Conditioning through vicarious instication. *Psychological Review,* **69,** 450-466.

Bushman, B. J., & Baumeister, R. F.（1998）. Threatened egotism, narcissism, self-esteem, and direct and displaced aggression: Does self-love or self-hate lead to violence? *Journal of Personality and Social Psychology,* **75,** 219-229.

Donahue, E. M., Robins, R. W., Roberts, B. W., & John, O. P.（1993）. The divided self: Concurrent and longitudinal effects of psychological adjustment and social roles on self-concept differentiation. *Journal of Personality and Social Psychology,* **64,** 834-846.

Duval, S., & Wicklund, R. A.（1972）. *A theory of objective self-awareness.* New York: Academic Press.

Emmons, R. A.（1987）. Narcissism: Theory and measurement. *Journal of Personality and Social Psychology,* **52,** 11-17.

遠藤由美（1992）. 自己認知と自己評価の関係―重みづけをした理想自己と現実自己の差異スコアからの検討―　教育心理学研究 , **40,** 157-163.

Festinger, L.（1957）. *A theory of cognitive dissonance.* Evanston: Row, Peterson.（末永俊郎（監訳）（1965）. 認知的不協和の理論　誠信書房）

Goffman, E.（1959）. *The presentation of self in everyday life.* New York: Doubleday Anchor.（石黒　毅（訳）1974　行為と演技　誠信書房）

Higgins, E. T.（1987）. Self-discrepancy: A theory relating self and affect. *Psychological Review,* **94,** 319-340.

Higgins, E. T.（1989）. Self-discrepancy theory: What patterns self-beliefs cause people suffer? In L. Berkowitz（Ed.）, *Advances in Experimental Social Psychology,* **22,** 93-136.

James, W.（1892）. *Psychology, Briefer Course.*（今田　寛（訳）1992　心理学（上）岩波書店）

Kihlstrom, J. F., & Cantor, N.（1984）. Mental representations of the self. *Advances in Experimental Social Psychology,* **17,** 1-47.

Lewis, H. B.（1971）. *Shame and guilt in neurosis.* New York: International University Press.

Lewis, M.（1992）. *Shame: The exposed self.* New York: Free Press.（高橋恵子（監訳）（1997）. 恥の心理学　ミネルヴァ書房）

Linville, P. W.（1987）. Self-complexity as a cognitive buffer against stress-related illness and depression. *Journal of Personality and Social Psychology,* **52,** 663-676.

Mead, G. H.（1934）. *Mind, self, and society.* Chicago: The University of Chicago Press.（稲葉三千男・滝沢正樹・中野　収（訳）（1973）. 精神・自我・社会　青木書店；河村　望（訳）（1995）. 精神・自我・社会　人間の科学社）

押見輝男（1992）. 自分を見つめる自分―自己フォーカスの社会心理学―　サイエンス社

Rhodewalt, F., & Morf, C. C.（1995）. Self and interpersonal correlates of the Narcissistic Personality Inventory: A review and new findings. *Journal of Research in Personality,* **29,** 1-23.

Scheier, M. F., Fenigstein, A., & Buss, A. H.（1974）. Self-awareness and physical aggression. *Journal of Experimental Social Psychology,* **10,** 264-273.

Swann, W. B. Jr.（1983）. Self-verification: Bringing social reality into harmony with the self. In J. Suls & A. G. Greenwald（Eds.）, *Social psychological perspective on the self. vol. 2.* Hillsdale, NJ: Erlbaum. pp. 33-66.

Swann, W. B. Jr., Bosson, J. K., & Pelham, B. W.（2002）. Different partners, different selves: Strategic verification of circumscribed identities. *Personality and Social Psychology Bulletin,* **28,** 1215-1228.

Swann, W. B. Jr., Stein-Seroussi, A., & Giesler, R. B.（1992）. Why people self-verify. *Journal of Personality and Social Psychology,* **62,** 392-401.

Symons, C. S., & Johnson, B. T. (1997). The self-reference effect in memory: A meta-analysis. *Psychological Bulletin,* **121**, 371-394.
Tangney, J. P., Stuewig, J., & Mashek, D. J. (2007). Moral emotions and moral behavior. *Annual Review of Psychology,* **58**, 345-372.
Vaughan, K. B., & Lanzetta, J. T. (1980). Vicarious instigation and conditioning of facial expressive and autonomic responses to a model's expressive display of pain. *Journal of Personality and Social Psychology,* **38**, 909-923.

14章

臨床心理学における問題
自己意識的感情と認知行動療法

伊藤義徳

1．はじめに

人は，自己あるゆえに悩み，苦しむ。他人や社会と自分を比較することは，不甲斐ない自分自身を浮かび上がらせ，落ち込みや不安をもたらし，時に，私たちを破滅的行動へと駆り立てる。自己とのかかわりで生じ，自己との関係で意識される自己意識的感情（菊池・有光，2006）は，それが募ると大きな苦痛を生じるものであり，そうした苦痛は当然，さまざまな精神疾患と密接に関連している。臨床心理学の祖といえるフロイトは，罪悪感を，超自我が自我やエスに与える罰と位置づけ，とくに無意識的罪悪感は，彼の行った治療に対する陰性反応や犯罪の原因となると述べている（島崎，1994）。臨床心理学の成立以来，多くの臨床心理学者や心理療法家が自己意識的感情に関心を寄せ，その問題性に言及している。

本章では，心理療法の一体系である認知行動療法（Cognitive Behaviour Therapy: CBT）の観点からみた自己意識的感情を取り上げる。CBT は，その効果性，手続きの明瞭性，実証可能性などの点において他の心理療法よりもすぐれているといわれる。とくにここ 25 年の間に，CBT は認知心理学の助けを借りて大きな発展を遂げてきた。そのなかで，自己意識的感情に対する理解やアプローチも少しずつ変わってきているようである。CBT からみた病理メカニズムや臨床実践についても話をすることになるため，初学者諸君や基礎心理学の専門家にとっては幾分読みにくい章になるかもしれないが，読み終えた人のなかに，幾ばくかでも，自己意識的感情の機能や役割に関する新しい視点や，研究のきっかけをつかんでくれる人がいたなら幸いである。

なお，本章では，議論を収束的に進めるため，CBT における自己意識的感情研究のなかでも比較的研究数の多い，恥（shame）と罪悪感（guilt）を中心に取り上げる。

2．CBTとは

CBTは，その成立過程でいくつかの源流をもっているが，ここではCBTの中核となる認知の考え方であるABC理論を紹介し，CBTの治療目標について概説したい。

ABC理論とは，CBTの大きな源流の1つである論理療法を創始した，アルバート・エリス（Ellis, 1960）が提案したものである。CBTでは，ある患者が経験する出来事が心理学的，行動的反応を引き起こすのではなく，出来事に対するその人特有の「考え方」がその後の反応を生じさせると考える。たとえば，会社で上司にしかられる経験が続いてうつ病になったと訴える人がいるとする。このとき，上司にしかられるという経験がうつを引き起こす直接的な原因とは（仮にそれが事実に限りなく近いとしても）とらえない。その代わり，出来事を患者がどのように解釈しているかを丹念に聞き出す。そして，患者が上司にしかられたことで「自分は役立たずな人間だ」と強く考えていることが明らかとなったなら，こうした考え方がうつを引き起こすととらえ，この考え方を変えることを治療目標とするのである。引き金となる出来事（activating event）に対する考え方（belief）がネガティブな結果（consequence）をもたらす，というのがABC理論たる所以である。しかし，考え方を変えるというのは言うほど簡単なことではない。「『自分が役立たずだ』と考えているから悪いんだ，考え方を変えなさい」と言われて自分の考えを改めることのできる人は希有である。そのため，認知療法やCBTでは，いかにして認知を変え得るのかに関するさまざまな技法の開発や研究を重ねてきている。たとえば，「誘導的発見」という方法は，治療者が正しい答えを押しつけるのではなく，患者が自ら答えを出せるような質問を重ね，その質問に答えるうちに，おのずと適応的な考え方に行き着くことをめざすものである。また，コラム法に代表されるセルフモニタリング技法は，自分自身の思考や生活をふり返ると同時に，それらをまるで他人の目からのぞいたような視点から客観的に検討することで，やはり自分自身の考え方のクセに気づかせていく。認知療法とは，外的に考え方を変えさせる心理療法ではなく，自分自身の考え方のクセに「気づかせる」療法といえよう。

こうしたABC理論に基づく認知療法の他，学習理論を認知過程に応用した治療法，70年代に急浮上したセルフコントロールの考え方を応用した治療法などを総称してCBTと呼ぶ。異なる理論に基づく治療法の集合体ともいえるが，共通しているのは，治療目標の一部（あるいは全部）に，「認知を変える」ことが含まれている点である。

ここで注意していただきたいのは，少なくとも近年のCBTにおける「認知」とは，頭に浮かんだ「思考」のみを指すのではない。言葉にならないイメージや，忘れられない記憶，どうしても恐怖対象から目が離せないという注意など，認知心理学で対象とされてきた認知も視野に入れ，その変容をめざす（たとえばWells & Matthews, 1994）。自己意識的感情にも，ネガティブな自己評価や自己イメージ，自己概念や記憶などがかかわってくるが，自己意識的感情の変容をめざすためには，当然こうした認知的変数も対象として扱うことになる。

3．自己意識的感情とCBT

恥や罪悪感との関連について，比較的多く研究がなされているのは，大うつ病性障害，社交不安障害（社交恐怖），外傷後ストレス障害（Post Traumatic Stress Disorder: PTSD），摂食障害，境界性パーソナリティ障害の5つである。自己意識的感情と精神疾患の関連については3章で詳細な議論があるため，ここでは後の議論のために必要な最小限の記述にとどめ，自己意識的感情が精神疾患にもたらす影響について認知臨床心理学的観点から検討しながら，最後にその影響がCBTの治療に及ぼす影響についてもふれたい。

(1) 自己意識的感情と精神疾患

近年の恥や罪悪感が精神疾患に及ぼす影響についての研究動向をみると，おもしろいことに診断の枠を超えてある一貫した傾向がみられる。それは，「精神疾患に関連するのは恥であり，罪悪感は無関係か，むしろ適応的な役割を果たす」というものである。たとえばレスケーラら（Leskela et al., 2002）は，戦争捕虜経験のある帰還兵に対して調査を行った。従来，帰還兵にみられる症状の1つとして，自分だけが生き残ってしまった罪悪感を意味する「サバイバーギルト」が有名であるが，この研究では，恥傾向のみが現在のPTSDと関連しており，罪悪感傾向はPTSDのあらゆる症状と相関がみられなかった。また，コンラートら（Conradt et al., 2008）は，肥満者の抱える恥感情は社会的拒絶の認知と関連があるだけでなく，6か月後の問題焦点型対処（ダイエット行動など）の少なさを予測し，反対に罪悪感は6か月後の問題焦点型対処の多さを予測することを示した。さらにうつ病は，その定義に罪悪感が含まれるほど，罪悪感と深い関係があるにもかかわらず，恥は抑うつ的反芻を媒介としてうつをもたらすが，罪悪感は反芻やうつと関連しないことを示した研究もみられる（Orth et al., 2006)。近年になってこうした知見が量産されているのはなぜだろうか。

これらの研究は，いずれも Test of Self-Conscious Affect（TOSCA; Tangney et al., 1989）という尺度を用いて恥と罪悪感を測定している。この尺度は，恥はネガティブな自己そのものに焦点化し，罪悪感はネガティブな自己の行動に焦点化した感情である，とするタンネイの定義（たとえば Tangney & Fischer, 1995）に基づく尺度で，恥の不適応的側面と罪悪感の適応的側面が強調されすぎていることが指摘されている（Ferguson, 1999)。多様な領域における知見が一貫するというのは，その概念の影響力がそれだけ大きいか（たとえば，外向性や情緒安定性のように)，あるいはその定義に異なる要素が混入している可能性が考えられるであろう。実際，TOSCA における恥の項目は自尊心の低さを，罪悪感は社会的スキルの高さを測定しているにすぎない，と指摘する声もあるようである（詳細な議論として薊, 2008 を参照)。恥と罪悪感は，それぞれ多様な側面を含む複合体である（Wilson et al., 2006)。その線引きを明確にしようとすることで，疾患の本質を見誤る議論に発展してしまっては本末転倒である。

もちろん，恥や罪悪感と精神疾患の関連に関する研究は，他にも数多く行われている。ごく最近の興味深い研究だけをあげると，たとえば，摂食障害患者と恥感情の関連を検討した研究として，トループら（Troop et al., 2008）の研究がある。彼らは，ギルバート（Gilbert, 1998）の主張に基づき，恥を外的恥（「みんなにヘンな子って思われてる」）と内的恥（「私ってなんてダメなんだろ」）に分けて検討した。その結果，外的恥は拒食症と，内的恥は過食症とそれぞれ独立に関連することを示した。またレッシュら（Rüsch et al., 2007）は，恥が境界性パーソナリティ障害の自傷行為や自殺企図，高い攻撃性に関連するという従来の知見をふまえ，恥を自己報告による顕在的側面だけでなく，潜在連想テストによる潜在的自己概念の側面からも測定し，その影響を検討した。その結果，境界性パーソナリティ障害患者は，主観的恥傾向だけでなく潜在的にも恥を含んだ自己概念を形成しており，そのことが QOL の低さや自尊心の低さ，高い攻撃性に影響を及ぼしていることが示された。さらに，前述のように PTSD と恥の関連が脚光を浴びるなか，危険運転により死者を出した加害者に対する調査（Lowinger & Solomon, 2004）では，対照群の健常者と比して PTSD 傾向と罪悪感が強く，恥感情に差はみられなかった。これらの程度は，量刑の重さや自己に対する責任の自己評価，「事故を防げたのではないか」と考える程度と相関するという。同じ PTSD でも，被害者と加害者では高まる自己意識的感情も当然異なるのである。

(2) 自己意識的感情の機能

こうした研究から得られる臨床的示唆について少し整理してみたい。恥や罪悪感が引き起こす苦痛は，その苦痛を低減させるためのさまざまな対処方略を導く。用いられる対処方略は，そのとき精神疾患を抱えている場合においては，その疾患に依存するようである。恥や罪悪感と関連する疾患は，特徴的に用いられる対処方略から3つのグループを見出すことができる。1つは，うつ病，PTSDや社交不安障害のように，ネガティブな出来事を反芻することが病理の重要な構成要素となるグループである。反芻とは，出来事の原因や理由を繰り返し考え続けてしまうことである（Nolen-Hoeksema, 1991）。鈴木ら（2006）は，対人的失敗経験により喚起した罪悪感が，反芻を導くことを実験的に示した。罪悪感や恥は，自己を対象化して評価した結果生じるネガティブ感情であるため，この感情を減少させるために，失敗の原因や理由を探す問題解決的機能をもつ（Papageorgiou & Wells, 2004）反芻が導かれるのも無理はない。しかし，反芻はネガティブな自己評価を強めたり，出来事の同じ側面ばかりを想起することにより，フラッシュバックの原因となる記憶の断片化をもたらす（Ehlers & Clark, 2000; Williams et al., 2007）。結果的に，反芻は症状の持続要因となるのである。

2つ目は，摂食障害にみられる過剰な摂食と排出（嘔吐など），あるいは過度なダイエット，また境界性パーソナリティ障害にみられる自傷行為や自殺企図のような，衝動的で自己破壊的な行動が中核となるグループである。こうした行動の直後には，解離のような原初的防衛機制により一時的に呆然とした状態が得られる。女子中高生の一部に流行る「リスカ（リストカット）」は，経験者に聞くと，「切った後は痛みを感じず，とても落ち着いた感じになる」と報告される。恥感情にともなう苦痛が，自己破壊的行動により一時的とはいえ制御されているのである。実際グプタら（Gupta et al., 2008）は，恥感情が，情動制御方略の乏しさに媒介されて摂食障害傾向に影響を与えることを示している。この観点からみると衝動的行動は結果ではなく，自己意識的感情にともなう苦痛を制御する最後の手段としての機能をもつといえる。恥がもたらす情動的苦痛は，それほどまでにつらいともいえる。

さらに，3つ目として回避の問題がある。これにはすべての疾患が関係する。タンネイとフィッシャー（1995）も指摘する恥の対人場面回避機能は，社交不安に限らずどの疾患にも影響を与えている。とくに社交不安やPTSDにおける恐怖対象からの回避は，恐怖をもたらす破局的なネガティブ認知を反証（disconfirmation）することを妨げる。たとえば，会社帰りの路上で交通事故にあった人は，事故現場を見ることが怖くなり，事故後はそこを迂回して会社に通ったりする。その恐怖は，「そこを通ると事故にあいそう」という予測に基づく恐怖であるが，そこを迂回するうちに，その恐怖はだんだん強くなる。なぜなら，回避は，予測が当たる主観的確率を高めるからである。しかし，実際には事故はまさにアクシデントであり，同じ場所で同じ事故にあう可能性は非常に少ない（実際彼はこれまで28年間同じ道を歩いて会社に通っていたが，事故にあったことはなかった）。事故現場を迂回することは，「そこを通ると事故にあう」という破局的認知を反証し，「同じことが二度と起こらない」ことを身をもって理解すること，いわば強さを手に入れることを妨げるのである（Ehlers & Clark, 2000）。さらに，先にあげた反芻や衝動的行動も，情動的苦痛に対する回避の機能を有するといえよう。衝動的行動が苦痛の回避的制御方略となることは先にも述べたが，反芻の回避機能というのはイメージされにくいかもしれない。ネガティブ経験の反芻が，その経験の想起にともなう生理的覚醒を減弱させる機能をもつ（Smith, 2009）といえば，少しは想像しやすいだろうか。

まとめると，恥や罪悪感といった自己意識的感情の喚起にともなう苦痛は，それを軽減するためのさまざまな対処方略（反芻，衝動的行動，回避など）がとられるが，その対処方略は，そのとき存在する精神疾患の対処方略と共通しており，これらの反応を増強する要因として機能している。このことは，自己意識的感情が疾患と独立に生起するのではなく，疾患の生起と密接に結びついていることを示すのかもしれない。いずれにしても，通常の病理メカニズムに加えて，こうした自己意識的感情の影響が重なってくると，症状は複雑化し，その分だけ治療も難しくなることは想像に難くないであろう。

(3) 自己意識的感情が治療を阻害する

自己意識的感情は，症状を複雑化させるだけでなく，治療を阻害することもある。PTSDの治療において最もその効果が認められ広く用いられるのは，持続的エクスポージャー（Prolonged Exposure: PE; Foa & Rothbaum, 1998）である。PEの効果の原理は，恐怖対象に十分に「馴れ」が生じるまで曝（さら）すことで，恐怖反応の消去をめざす「馴化」により説明される。これまでに多くの効果研究によってこの原理に基づく治療の効果が確かめられている（Harvey et al., 2003）。

しかし近年，複数のグループからその効果や治療原理に疑問の声が上がっている。PEが開発される当初から，一定の患者に顕著な効果を示す一方，その恩恵を受けない患者もかなりの割合で存在することが指摘されていた（たとえばGrunert et al., 1992）。こうした状況に対してスマッカーら（2003）は，PEは恐怖や不安感情，あるいはそれを主訴とする患者には有効であるが，非恐怖情動（罪悪感，恥，怒りなど）を主訴とする患者にはそれほど効果がみられないと予測した。なぜなら，馴化は恐怖反応の消去には有効であるが，自己意識的感情はより高次の感情であり，より認知的な介入が必要と考えられるためである（Smucker et al., 2003）。そこで彼らは，PTSD 患者に対してはじめに PE による治療を行い，そこで効果を得られなかった患者を対象に，イメージの描き直し（imagery rescripting）という認知的再体制化技法を取り入れた「イメージの描き直しと再処理療法（Imagery Rescripting and Reprocessing Therapy: IRRT）」という治療プログラムを適用する，という手続きで介入研究を行った（Gurnert et al., 2007）。125 名の PTSD 患者のうち，PE の治療を受け芳しい治療効果が得られなかった者は 23 名であった。彼らの予測通り，PE の効果が現れなかった患者は，いずれの患者も何らかの非恐怖情動を抱えていた。そして，この 23 名に IRRT を施した結果，18 名に顕著な改善がみられ，その効果は 6 か月後も維持されていた。同様にレズィックらのグループも，PTSD 患者に多くみられる罪悪感とそれにともなううつ病の併発については，PE だけでなく認知的な介入を付加する必要性を指摘している（Resick et al., 2002）。彼らの考案した「認知処理療法（Cognitive Processing Therapy）」は，レイプ被害による女性 PTSD 患者の罪悪感の軽減において，PE よりもすぐれた効果を発揮することが示されている（Nishith et al., 2005）。

このように，罪悪感はエクスポージャーによる治療効果を減ずる働きがあり，これに対しては，より認知的な介入を行う必要性が指摘されている。エーラーズとクラーク（2000）の PTSD に対する認知療法プログラムにおいて，恥や罪悪感は，患者の自己評価を歪め，出来事に対する自己の責任性を過度に強める要因として特別な注意を払うよう求められている。精神疾患の治療において，患者が恥や罪悪感を抱えているかどうかを治療者は常にモニターする必要があるといえよう。その存在を見落とすことが治療の失敗につながる可能性があるからである。

4．認知行動療法の現場から

恥や罪悪感を見落とすことは治療者にとって死活問題のように述べたが，実際には見落とすことはほとんどない。その存在は，現場で患者と接してみれば火を見るよりも明らかであり，治療者はそこに配慮をしないわけにはいかない。患者は本当に自己意識的感情に苦しめられているのである。ここでは，自己意識的感情をもつ患者に対するCBTの「現場の雰囲気」について，社交不安障害の仮想事例を用いながら紹介したい。

(1) 社交不安障害に対するCBT

社交不安障害（social anxiety disorder: SAD）者は，人から注視を浴びるような社会的状況において常に苦痛を感じ，そうした場面を回避するか，そうできない場合には苦痛をともないながらもなんとか堪え忍んでいる。自分でもそんなに怖がらなくてもいいことはわかっているが，そういう状況を回避することや予期にともなう苦痛によって，社会的生活に支障をきたすほど苦しんでいる（American Psychiatric Association, 2000）。SADに対するCBTは，クラークとウェルズ（Clark & Wells, 1995）の認知モデルに基づく治療が一般的である（図14－1参照）。ここで介入の焦点となるのは，「周囲の人は自分を馬鹿だと思っているに違いない」というような，他者の視点から自分をみるような評価的思考に挑戦することである。このような思考を「観察者視点の自己注目」と呼ぶ。多くの場合，この視点からの評価は，周囲からの客観的情報に基づかない，自身の思い込みに過ぎない。しかし，こうした思い込みがあることで，「自分はうまくしゃべれない」といった自動思考はより強まる。うまくしゃべれないという思いがあると恐怖心から心臓がドキドキするなどの生理的反応が強まり，恐怖で周囲の人を見ることができなくなる。なお，このように周囲の視線に対する恐怖から最低限の安全を確保するために顔を上げずにいる，というような行動を「安全行動」と呼ぶ。安全行動は，SADの重要な持続要因となっている。こうした強い恐怖のなかで顔を上げられないことは致し方ない反応かもしれないが，顔を上げさえすれば，「周囲の人が自分を馬鹿だと思っているかどうか」についての証拠

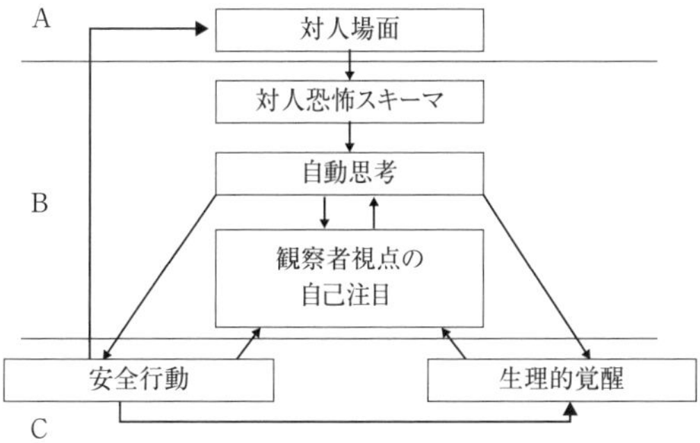

図14－1　クラークとウェルズによる社交恐怖の認知モデル（Clark & Wells, 1995を一部改変）

を得る機会があるはずであるのに，その機会を逸してしまうことで，思い込みはますます強まり，不安は持続するのである。そこで，治療の際には，①このモデルに基づいて患者の状態を説明し，けっして患者が異常な状態に陥っているわけではないことを説明し（ソーシャライゼーション），②観察者視点の自己注目に基づく思い込みが事実といえるかどうか証拠に基づき検討する，③安全行動をせずに苦痛な状況に臨んでみて，周囲を観察する（反応妨害エクスポージャー），④対人恐怖スキーマについて検討するといった手続きをふむ。なお，②の段階において，思い込みを修正する強力な証拠として，社会的状況における自分自身をビデオ撮影し，自分が思っている自分とビデオに映る自分を比較する「ビデオフィードバック」という技法を用いることが推奨されている。この技法の開発者であるデービッド・クラークは，このビデオフィードバックにより思い込みが修正される人がほとんどで，これによって「思ったより自分の行動は悪かった」と言う人は，これまでの200人に及ぶ臨床経験のなかで1人もいなかったと豪語している（Clark, 2006）。いずれにしても，こうした介入手続きを進めるうえで，強力な治療関係が不可欠であることは想像に難くないであろう。自分の思い込みを指摘され，それがまちがっていることを受け入れることは，だれにとっても勇気のいることである。患者がそうした勇気をもてるよう援助できることが，治療者に求められる最大の資質なのである。

(2) 事例

ここでは，高校3年生男子の事例について検討したい。本症例のクライエントはとあることがきっかけで留年し，2度目の3年生を過ごすことになった。4月当初から教室にいることがつらく，席に座っているとみんなが自分を笑っている声が聞こえ，噂をされているような雰囲気に耐えられず，4月の第3週目頃から不登校状態となってしまった。進学を希望して学校に在籍してはいるものの，現在は自宅に引きこもり状態で，この先どうしてよいかわからず，最近では自宅で暴れることもよくあるという。

モデルに従って情報を収集するなかで，教室にいると，「みんなが自分を笑っている（噂をしている）」という考えがあり，これにより圧迫感を感じていることが明らかとなった。さらに話を聞くうちに，次のようなことが語られた。

「自分は留年しているので，周りはみんな年下で仲のいいやつは1人もいない。この学校で留年しているのは自分だけで，自分だけオッサンで恥ずかしい（恥）。…留年したのは，去年いた仲間と遊んでばっかいたから。クラブとか，夜遊びばかりしていて，停学とかにもなった。他の奴らはみんな学校がうざくなって退学しちゃった。自分だけがまじめに学校に残って，申し訳ない気がする（罪悪感）。…うちらのグループは学内で結構目立ってたから，今のクラスの奴らも，『なんで留年してまじめに学校残ってんの？』って笑っているはず(恥)。」

こうした話から，クライエントはクラスメートのなかで自分だけが年長者で，昨年は周囲に不良的な印象を与えていたのに留年し，「まじめに」学校に残っていることに恥ずかしさを感じていることがわかった。また，去年の仲間が卒業，退学したのに，自分だけが学校に残っていることに罪悪感を生じていることもわかった。そして，こうした恥や罪悪感から，「みんなが自分を笑っている」という他者視点の自己注目が生じ，その結果自分を追い込んでいるようすがうかがえた。このように，恥や罪悪感が及ぼす影響の1つは，反芻を介してネガティブな自己評価を増強することである。また，恥や罪悪感は低い自尊心と関連がある（Wilson et al., 2006)。自尊心が低い状態では，治療への動機づけがわきにくく，新しい行動を起こすことについても，「どうせ何をやってもだめ」「クラスの奴らと仲良くなるなんてあり得ない」といったネガティブな予測を強めることになる。さらに，自宅で暴れることは，恥感情に対処するための衝動的行動と同一の役割を果たしていることが想定できる。

このように，強い恥や罪悪感が確認される場合には，マニュアルに従って淡々と治療を進めるのではなく，こうした感情へのケアが最優先される。一方で，自尊心と強くかかわるということは，逆にいえば，ここをしっかりケアすることはクライエントの自己感を抱擁することを意味し，これがうまくいけば，クライエントは「守られている」感覚をもち，良好な治療関係の形成に役立つことになる。そこで，このケースでは，昨年のようすに注目し，「輝いていた自分」について共感的に耳を傾けた。また，去年の仲間たちとは今も連絡をとっており，そのなかで「お前だけは（俺たちの代表として）何があっても卒業してほしい」と言われている事実を引き出した。こうした話題により自己高揚感を高めたうえで，今のクラスメートたちは，去年はクライエントをどのように評価していたか知っているのか尋ねた。「去年は，後輩の女子からコクられたこともあるし，男からも憧れられていたと思う」とのことだったので，「今はどう思っているのか，直接聞いたことはあるの？」と尋ねると，「直接話したことはない」と言う。教室にいた時のようすを聞くと，ほぼ一日中机で突っ伏して寝ていたとのことであった（安全行動)。そこで，周囲の連中が本当に「嘲笑しているのか」，確認してみたらどうか，と提案した。その際，高揚感を維持しながら，「仲間たちの期待にこたえるためにも，何かしてみよう。それでダメなら，言い訳も立つじゃないか」と励ました。

翌日，約1か月ぶりに教室に登校し，朝から教室で「寝ずに」いたところ，女子が複数で寄ってきて「ずっと話したかった」と声をかけてきた。また，席の近い男子とも話ができ，「同じクラスになれてよかった」と言われた。自身の思い込みが反証される機会を得たことで，数セッションのうちにクラスに対する恐怖は消失し，新しい仲間ができたことで恥感情も低減し，毎日通学できるようになった。1学年上という恥ずかしさは折にふれ出てくるものの，仲間がうまくフォローしてくれているとのことであった。

(3) 考察

このように，自己意識的感情は，自己に注目させ，自己を追い込む機能があるため，治療の際には注意を要するが，自己意識的感情をしっかりとケアすることは，深い治療関係の形成に有用である。その際，単純に「恥（罪悪感）を感じる必要はない」と説得するのではなく，そう感じざるを得ないクライエントのなかにある「理由」を引き出し，そこに共感することが重要であろう。少なくとも，「恥や罪悪感，妬みなどの感情を感じることは，恥ずかしいことではない」という安心感が形成される必要がある。そして治療者は，治療プロセスのあらゆる段階において，この安心感を維持できていることをモニターし，これが難しくなりかけている場合には，立ち止まって，何度でもここにつきあう姿勢が求められるのである。

5．マインドフルネスに基づくCBT

(1) マインドフルネスと自己意識的感情

CBTは日々進歩している。一般的に，CBTというと，行動や認知を直接的に変容させることを目的にしており，ともすると指示的で「怖い」イメージをもたれることが多い。とくにPTSDの治療で述べたエクスポージャーなどは，恐い対象に無理やり接近させるという点で，そういうイメージを与えがちである。しかし，これまでに述べてきたように，罪悪感の強いPTSD患者の治療のために，従来のエクスポージャーに認知的技法を組み合わせたり，現場においても，単にマニュアル通りに治療を進行するのではなく，患者のようすにあわせた柔軟な対応が効果の秘訣になることが多い。さらに近年では，CBTの第3世代という新しい波が到来している。そこで注目されるのが，マインドフルネス（mindfulness）やアクセプタンス（acceptance）といった概念である（Hayes et al., 2004）。マインドフルネスとは，「今ここ」での経験に評価や判断を加えることなく注意を向け続けることを可能にする心のモードを意味し，このモードにおいて人は，開放的（openness），受容的（acceptance）で，関心（curiosity）をもって外的刺激に臨むことができる（Bishop et al., 2004）。このマインドフルネスに基づくCBTの特徴は，「自分はダメな人間だ」といったネガティブな認知の内容を変えることでなく，自分のなかで生じた「自分はダメな人間だ」という考え方とのつきあい方を変えることを重視する点である。近年の認知心理学的研究により，言語的思考そのものは，感情を直接的に引き起こさないことが示されている（Power & Dalgleish, 1999）。思考がそのまま世界の事実であるととらえ，危機的なイメージをふくらませたり，それにとらわれて反芻したりすることでネガティブな感情が引き起こされるのである。つまり，「思考は心の空に浮かんでは消えてゆく雲のようなもの」ととらえ，それを遠くから眺める視点をもつことができれば，思考はまさに人に影響を与えずに流れ去っていくのである。そこで，マインドフルネストレーニングでは，自分自身の思考や感情，記憶などと距離を置くスキルの獲得をめざす。実際，マインドフルネストレーニングによって，自身のなかで生じる感情や記憶に目を向ける集中力（注意の持続；sustained attention），ネガティブな思考にとらわれずに課題に注意を戻す能力（注意の切り換え；switching attention），多くの内的な経験に気づく能力（メタ認知的気づき；metacognitive awareness）といった認知的能力が向上することが示されている（レビューとして杉浦，2007）。マインドフルネスに基づくCBTは，新しい認知変容をめざすCBTなのである。

マインドフルネスは，自己意識的感情に対する介入にも新しい地平を切り開いている。たとえば，エクスポージャーにマインドフルネス技法を組み合わせることで，従来効果を得にくかった自己意識的感情の高い患者に対しても効果が発揮される可能性が示唆されている（Follette et al., 2006）。先に述べたように，恐怖刺激に曝される間に罪悪感や恥にともなう反芻を行うことは，認知的回避として機能する。マインドフルなモードでエクスポージャーに臨むことで，恐怖刺激に対して「前向きに」なれること，回避が妨げられることがその要因といえる。また，認知療法の大家であるロバート・リーヒィら（Leahy & Tirch, 2008）も，近年になって嫉妬を治療する際のプログラムにマインドフルネス・トレーニングを取り入れることを勧めている。一度火がつくと一気に燃え盛り，簡単には消せない嫉妬感情に対して，距離を置き，落ち着いて現実を検討するためのスキルとしてマインドフルネスは有効なのである。

(2) 慈しみ療法

さらに近年，ポジティブな自己意識的感情の1つといえる（慈しみ，思いやり，慈悲，慈愛，いたわりなどと訳されるが，ここでは感情のニュアンスを強調するため慈しみと訳す）を用いた，慈しみ療法（Compassion Focused Therapy：CFT）が考案されている（Gilbert, 2009）。ここで重視されるのは，自己に対する慈しみ（self-compassion）である。「苦痛な感情と戦場で相対するのではなく，自分自身が苦痛の証言者となり，やさしさと理解をもって応じる」（Germer, 2009, p.1）ことと描写される「自己への慈しみ」は，自我脅威場面における不安を緩衝し，精神健康に寄与する（Neff et al., 2007），ネガティブなライフイベントに対する反応を予測し，とくに自尊心の低い者においてあいまいな評価を得たあとのネガティブ感情の喚起を弱める（Leary et al., 2007）など，さまざまな適応的効果が示されている。CFT の目標は，怒りや不安をもたらす脅威性処理システム（threat-processing system）の沈静化ではなく，これと拮抗的に作用し，マインドフルなモードにおいて立ち上がる安全性処理システム（safeness-processing system）を強化することである。そこで，CBT の治療をベースにしながら，治療関係においては治療者の思いやりある態度が重視され，治療プロセスにおいても患者がこれまでに愛情や思いやりを受けた経験を引き出し，これを治療の礎とする。さらに，自己への慈しみの対極として恥や自己非難（self-blame）を位置づけ，こうしたつらい経験や行動の背景について注意深く話し合いながら，その原因帰属を変容させていく。そして，多様なスキル訓練のなかでは，チベット仏教の主要な瞑想法である「思いやりの瞑想」（ダライラマ 14 世 , 2006）の技法も用いられる。これは，自分がしてもらってうれしかったことなどを思い出し，その慈愛に浸るという，イメージを用いた瞑想である（Gilbert, 2008）。

CFT の効果研究などはまだ行われていないが，その前身である「慈しむ心訓練（Compassionate Mind Training）」が，恥や自己批判の軽減に効果的であったことが示されている（Gilbert & Proctor, 2006）。マインドフルネスに基づく CBT の新たな発展としてわが国においても早くから注目が寄せられており（たとえば金築，2008），今後さらなる展開が期待される。

6．おわりに

これまで述べてきたように，自己意識的感情は精神疾患と深いかかわりをもつ。しかしこの両者は，足し算的に影響力をもつというより，より大きな病理システムのなかで密接に結びついているようにみえる。そしてそこには，本章では頁の都合からふれることのできなかった発達の影響や，文化の影響なども絡んでくる。「精神疾患に及ぼすのは恥か罪悪感か」というのは微視的な見解であり，よりホリスティックな視点から人の病理をみていくとき，そこに自己意識的感情もおのずと含まれるのではないだろうか。そして昨今，社会はますます慌ただしく，苦痛に満ちていく。こんな時代だからこそ，自分自身を「人」として大切にする「自己への慈しみ」が必要となるのであろう。しかし，現代に生きる私たちにとって，恥や罪悪を感じることに比べて，自分に慈しみを感じることはとても難しいことのように感じられる。CBTは，こうした難しい時代を支えるために，今も発展を続けているのである。

【引用文献】

American Psychiatric Association（2000）. *Diagnostic and statistical manual of mental disorders, 4th ed, text revision.* The American Psychiatric Association.（高橋三郎・大野　裕・染谷俊幸（訳）2002　DSM-Ⅳ-TR 精神疾患の診断・統計マニュアル　医学書院）
薊　理津子（2008）. 恥と罪悪感の研究の動向　感情心理学研究, **16**（1）, 49-64.
Bishop, S.R., Lau, M., Shapiro, S., Carlson, L., Anderson, N.D. et al.（2004）. A proposed operational definition. *Clinical Psychology: Science & Practice,* **11**（3）, 230-241.
Clark, D. M.,（2006）. 社会不安障害（対人恐怖）の理解と治療に対する認知的アプローチ　第6回日本認知療法学会　海外招待講演1　発表用資料
Clark, D. M., & Wells, A.（1995）. A cognitive model of social phobia. In R. G. Heimberg, M. R. Liebowitz, D. A. Hope & F. R. Schneier（Eds.）, *Social phobia: Diagnosis, assessment and treatment.* New York: Guilford Press. pp. 69-93.
Conradt, M., Dierk, J., Schlumberger, P., Rauh, E., Hebebrand, J., & Rief, W.（2008）. Who copes well? Obesity-related coping and its associations with shame, guilt and weight loss. *Journal of Clinical Psychology,* **64**（10）, 1129-1144.
ダライラマ14世（2006）. 思いやり　サンマーク出版
Ehlers, A., & Clark, D. M.（2000）. A Cognitive model of posttraumatic stress disorder. *Behaviour Research and therapy,* **38,** 319-345.
Ellis, A.（1960）. *The art and science of love.* New York: L. Stuart.
Ferguson, T. J.（1999）. Guilt. In D. Lecinson, J. J. Ponzetti, Jr. & P. E. Jorgensen（Eds.）, *Encyclopedia of human emotions.* Vol.1. New York: MacMillan Reference. pp.307-315.
Foa, E. B., & Rothbaum, B. O.（1998）. *Treating the trauma of rape: Cognitive-behavioral therapy for PTSD.* New York: Guilford Press.
Follette, V., Palm, K. M., & Pearson, A. N.（2006）. Mindfulness and trauma: Implications for treatment. *Journal of Rational-Emotive & Cognitive-Behavior Therapy,* **24**（1）, 45-61.
Germer, C. K.（2009）. *The mindful path to self-compassion: Freeing yourself from destructive thoughts and emotions.* New York: Guilford Press.
Gilbert, P.（1998）. What is shame? Some core issues and controversies. In P. Gilbert, & B. Andrews（Eds.）, *Shame: Interpersonal behaviour, psychopathology, and culture.* New York: Oxford University Press. pp.3-38.
Gilbert, P.（2008）. Working with shame and developing inner compassion: An introduction to compassion focused therapy. 38th EABCT Annual Congress. presentation manuscript for Work Shop.
Gilbert, P.（2009）. Developing a compassion-focused approach in cognitive behavioural therapy. In G. Simons（Ed.）, *Cognitive behaviour therapy: A guide for the practicing clinician.* vol.2. East Sussex: Routledge. pp.205-220.
Gilbert, P., & Proctor, S.（2006）. Compassionate mind training for people with high shame and self-criticism: A pilot study of a group therapy approach. *Clinical Psychology and Psychotherapy,* **13,** 353-379.
Grunert, B. K., Hargarten, S. W., Matloub, H. S., Sanger, J. R., Hanel, D. P., & Yousif, N. J.（1992）.

Predictive value of psychological screening in acute hand injuries. *Journal of Hand Surgery,* **17A** (2), 196-199.

Grunert, B. K., Weis, J. M., Smucker, M. R., & Christianson, H. F. (2007). Imagery rescripting and reprocessing therapy after failed prolonged exposure for post-traumatic stress disorder following industrial injury. *Journal of Behavior Therapy and experimental Psychiatry,* **38,** 317-328.

Gupta, S., Rosenthal, M. Z., Mancini, A. D., Cheavens, J. S., & Lynch, T. R. (2008). Emotion regulation skills mediate the effects of shame on eating disorder symptoms in women. *Eating Disorders,* **16,** 405-417.

Harvey, A. G., Bryant, R. A., & Tarrier, N. (2003). Cognitive behavior therapy of posttraumatic stress disorder. *Clinical Psychology Review,* **23,** 501-522.

Hayes, S. C., Follette, V. M., & Linehan, M. M. (Eds.) (2004). *Mindfulness and acceptance: Expanding the cognitive-behavioral tradition.* New York: Guilford.（春木　豊（監修）　武藤　崇・伊藤義徳・杉浦義典（監訳）　2005　マインドフルネス＆アクセプタンス―認知行動療法の新次元―　ブレーン出版）

久崎孝浩　(2006).　向社会的行動に対する恥・罪悪感の機能　紀要 VISIO, **35,** 1-15.

金築　優　(2008).　過剰適応と自己へのいたわり　第３回異常心理学研究会　発表用資料

菊池章夫・有光興記　(2006). 新しい自己意識的感情尺度の開発　パーソナリティ研究, **14,** 137-148.

Leahy, R. L., & Tirch, D. D. (2008). Cognitive behavioral therapy for jealousy. *International Journal of Cognitive Therapy,* **1** (1), 18-32.

Leary, M. R., Tate, E. B., Adams, C. E., Allen, A. B., & Hancock, J. (2007). Self-compassion and reactions to unpleasant self-relevant events: The implications of treating oneself kindly. *Journal of Personality and Social Psychology,* **92** (5), 887-904.

Leskela, J., Dieperink, M., & Thuras, P. (2002). Shame and posttraumatic stress disorder. *Journal of Traumatic Stress,* **15** (3), 223-226.

Lowinger, T., & Solomon, Z. (2004). PTSD, guilt, and shame among reckless drivers. *Journal of Loss and Trauma,* **9,** 327-344.

Neff, K. D., Kirkpatrick, K. L., & Rude, S. S. (2007). Self-compassion and adaptive psychological functioning. *Journal of Research in Psychiatry,* **41,** 139-154.

Nishith, P., Nixon, R. D., & Resick, P. A. (2005). Resolution of trauma-related guilt following treatment of PTSD in female rape victims: A result of cognitive processing therapy targeting comorbid depression? *Journal of Affective Disorders,* **86,** 259-265.

Nolen-Hoeksema, S. (1991). Responses to depression and their effects on the duration of depressive episodes. *Journal of Abnormal Psychology,* **100,** 569-582.

Orth, U., Berking, M., & Burkhardt, S. (2006). Self-conscious emotion and depression: Rumination explains why shame but not guilt is maladaptive. *Personality and Social Psychology Bulletin,* **32** (12), 1608-1619.

Papageorgiou, C., & Wells, A. (2004). Nature, functions, and beliefs about depressive rumination. In C. Papageorgiou & A. Wells (Eds.), *Depressive rumination: Nature, theory, and treatment.* Chichester: John Wiley & Sons. pp.3-20.

Power, M. J., & Dalgleish, T. (1999). Two routes to emotion: Some implications of multi-level theories of emotion for therapeutic practice. *Behavioural and Cognitive Psychotherapy,* **27,** 349-358.

Resick, P. A., Nishith, P., Weaver, T. L., Astin, M. C., & Feuer, C. A. (2002). A comparison of cognitive-processing therapy with prolonged exposure and a waiting condition for the treatment of chronic posttraumatic stress disorder in female rape victims. *Journal of Consulting and Clinical Psychology,* **70,** 867-879.

Rüsch, N., Lieb, K., Göttler, I., Hermann, C., Schramm, E., Richter, H., Jacob, G. A., Corrigan, P. W., & Bohus, M. (2007). Shame and implicit self-concept in women with borderline personality disorder. *American Journal of Psychiatry,* **164** (3), 500-508.

島崎敏樹　(1994).　心で見る世界　岩波書店

Smith, J. M. (2009). Depressive rumination as experiential avoidance. *Dissertation Abstracts*

International: Section B: The Sciences and Engineering, **69** (8-B), 5057.
Smucker, M. R., Grunert, K. B., & Weis, J. M. (2003). Posttraumatic stress disorder: A new algorithm treatment model. In R. L. Leahy (Ed.), *Overcoming roadblocks in cognitive therapy practice: Transforming challenges into opportunities for change.* New York: Guilford Press. pp.175-194.
杉浦義典 (2007). 治療過程におけるメタ認知の役割―距離を置いた態度と注意機能の役割― 心理学評論, **50** (3), 328-340.
鈴木　絢・伊藤義徳・市井雅哉 (2006). 罪悪感がネガティブ経験に関する思考の反すうに及ぼす影響―大学生を対象とした実験的検討― 日本行動療法学会第 32 回大会発表論文集, 162-163.
Tangney, J. P., & Fischer, K. W. (Eds.) (1995). *Self-conscious emotions: The psychology of shame, guilt, embarrassment, and pride.* New York: The Guilford Press.
Tangney, J. P., Wagner, P., & Gramzow, R. (1989). *The Test of Self-Conscious Affect.* Fairfax, VA: George Mason University.
Troop, N. A., Allan, S., Serpell, L., & Treasure, J. L. (2008). Shame in women with history of eating disorders. *European Eating Disorders Review,* **16**, 480-488.
Wells, A., & Matthews, G. (1994). *Attention and emotion: A clinical perspective.* NJ: Lawrence Erlbaum Associates.（箱田裕司・津田　彰・丹野義彦（訳） 2002 心理臨床の認知心理学―感情障害の認知モデル― 培風館）
Williams, J. M. G., Barnhofer, T., Crane, C., Hermans, D., Raes, F., & Watkins, E., et al. (2007). Autobiographical memory specificity and emotional disorder. *Psychological Bulletin,* **133**, 122-148.
Wilson, J. P., Droždek, B., & Turkovic, S. (2006). Posttraumatic shame and guilt. *Trauma, Violence, & Abuse,* **7**(2), 122-141.

15章

発達心理学での動向

石川隆行

1．自己意識的感情の発達

これまでの章で論じられているように，自己意識的感情とは生得的とされる感情（喜び，恐れ，怒り，悲しみ，嫌悪および驚き）とは異なり，自分の姿や行動を評価したり，またそれらが他者から評価されたりした際に経験される。そして，このような自己意識的感情とされるのが誇り（pride），恥（shame），および罪悪感（guilt）などである。近年，誇り，恥および罪悪感については，その発達的な特徴や違いを明確にしようと，積極的な研究展開がなされている。そのなかで，多くの研究がルイス（Lewis, 1992）の提唱した理論に基づいて行われている。

ルイス（1992）は，自己意識的感情である誇り，恥および罪悪感の発達には，客観的に自分を見つめる意識の客観的自己覚知や基準，規則，目標に関する認知能力の発達が必要であると論じている（図15－１）。また，この理論では喜び，恐れ，怒り，悲しみ，嫌悪および驚きなどの感情は一次的感情と考えられ，生後９か月前後になると表出が明らかになる。そして，この一次的感情が発達したのち，２歳半までに鏡に映る自分に気づくなどの自己意識や自己認知が高まると，子どもは基準，規則，目標と自分の行動を比較することが可能となる。その結果，３歳頃には誇り，恥および罪悪感という自己意識的感情を経験するのである（Lewis, 1992）。

このようにルイス（1992）の理論では，自己意識的感情は自分についての認識と社会の基準などを適切に獲得することによって生起する。そのため，自己意識的感情の発達は子どもの社会化に大きな影響を及ぼすと考えられる。近年，国内外を問わず誇り，恥および罪悪感ついての研究が増加している背景の１つには，こうした子どもにおける自己意識的感情の機能的な役割が注目されているからである。

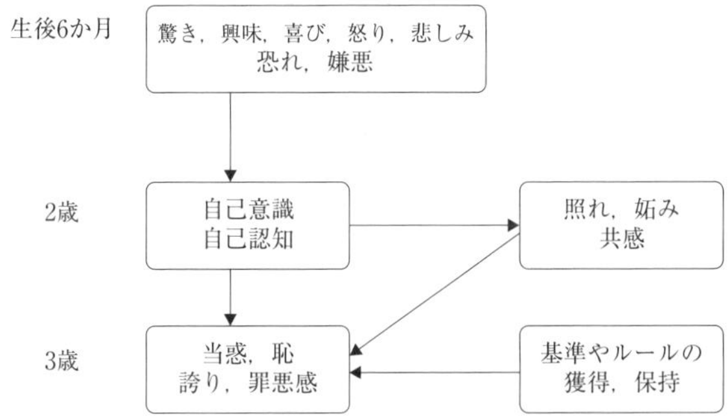

図15−1　ルイスによる自己意識的感情の発達モデル（Lewis，1992を改変）

2．誇りに関する研究

(1) 乳幼児期の誇り

従来より，自分の行動の結果を肯定的に感じた際に生じる誇り（pride）については，子どもが18〜24か月になると誇りを感じたような行動をとり始め，3歳の終わり頃には出現すると考えられている。そのなかで，マスコロとフィッシャー（Mascolo & Fischer, 1995）は誇りが段階を通して発達することを主張している。それによると，まず18〜24か月児では，自分が引き起こした結果に関する喜びや，誇りがみられる。たとえば，子どもがボールを投げたとする。その後，子どもはボールを投げたことを示すように，喜ぶ親に対して「僕（私）が投げた」，または「(自分の名前）が投げた」とうれしそうに，あるいは自慢するように言う。また，子どもが2，3歳になると，自分がうまく行った結果に対して誇りを感じる。たとえば，子どもがボールを投げて，投げたことが成功したこと（遠くに投げたり，高く弾んだりなど）を見る。その結果，喜ぶ親に自分がボールをよく投げたことを示すかのように「ボールを遠くに投げた」，あるいは「うまく投げた」と話すのである。この2つの年齢区分による段階の相違は，例が示しているように，引き起こした結果が自分の能力によるものか，また社会的によいと評価されるものかを子どもが明確に理解できるかにある。

一方，スティペック（Stipek, 1995）は2歳〜5歳の子どもを対象として，誇りの表出についてパズル課題を用いて検証した。そこでは，子どもが2つのグループに分けられ，１つのグループは数分で完成するパズルを与えられ，もう１つのグループはあらかじめ完成できないパズルを与えられた。すなわち，前者はパズル課題に成功し，後者はパズル課題に失敗するのである。両グループの行動観察を行った結果，パズル課題に成功した子どもは失敗した子どもよりもほほえんだり，実験者を見上げたり，あるいは課題が成功したことを言ったりすることが明らかになった。スティペック（1995）によれば，このような一連の行動は初期的な誇りの表出であり，とくに見上げる行動は誇りの発達的特徴の１つとされている。また，ルイスら（Lewis et al., 1992）やベルスキーら（Belsky et al., 1997）は，胸を張る，肩を後にそらすなどの誇りに関する姿勢が３歳の子どもにみられ，その姿勢は失敗場面よりも成功場面で，課題がやさしい場面よりも難しい場面で多く観察されると報告している。

これらの研究より，２，３歳頃の子どもは誇りを表出することがわかる。しかし，この時期の子どもは他者と比較して誇りを経験したり，他者の誇りを推測したりすることができない。たとえば，スティペック（1995）は33か月児（２歳９か月）を対象として，他者と輪を積み重ねる課題で競争させたところ，子どもは競争に負けたにもかかわらず，ほほえみを見せたと報告している。これは，33か月児が課題を完成させるという基準を理解しているが，他者と競争するという基準を理解していないことを示している。すなわち，33か月の子どもが見せたほほえみという誇りの行動は他者との比較により生じたものではないのである。このような他者との競争を通して，その勝敗により誇りを表出することができるのは42か月頃（３歳６か月）とされている（Stipek, 1995）。また，トレイシーら（Tracy et al., 2005）によれば，３歳児は誇りの表出を幸福と驚きの非言語的な表出から分けて認識することができない。このように３歳児では他者との比較において誇りを経験することだけでなく，他の感情と区別して誇りを理解することも難しいのである。

(2) 児童期の誇り

他の感情と区別し，また他者と比べて誇りの感情をもつためには，感情が喚起する状況や文脈を明確に理解する能力が必要となる。この能力によって，子どもが誇りを表出するようになるのは児童期になってからである。先述した誇りの発達段階を示したマスコロとフィッシャー（1995）によれば，子どもは６歳～８歳になると，他者よりもすぐれたいくつかの特性を見出し，それに基づいて誇りを経験するとされる。たとえば，ある子どもは他の子どもよりもうまく投げること，早く走ることができる。その場合，子どもは「私はスポーツにすぐれている。でも，私の友達はそうではない」などと誇りを感じるのである。また，10歳～12歳では自分自身がスポーツだけでなく，学校でのよい成績からもすぐれていると判断する。その結果，「私は有能である」あるいは「私は友達よりも有能である」と思い始めるのである（Mascolo & Fischer, 1995）。すなわち，子どもは他者と比べて2つあるいはそれ以上の自分が誇れる点を個人的な特性として帰属させ，誇りの感情をもつのである。

このような児童期の発達過程はいくつかの研究からも明らかになっている。それによれば，子どもは7歳頃でも誇りと幸福が喚起される状況を混同しやすいが（Harris et al., 1987），9～10歳になると成功体験を個人の原因として帰属させ，誇りを経験すると報告されている（Thompson, 1989）。同じく，コーニラキとクロウベラキス（Kornilaki & Chlouverakis, 2004）は7歳，9歳および11歳の子どもにおける誇りと幸福の区別を検討した。その際，例話の主人公が誇りや幸福を経験する状況を子どもに提示して，2つの感情を判断させた。その結果，7歳では誇りと幸福が喚起される状況を区別できないが，11歳ではそれらを正確に区別できることが見出された。また，子どもは年齢が進むにつれて，達成状況（例：何か賞を勝ち取るなど）だけでなく，個人的な犠牲を払う道徳的状況（例：空腹な人に食べ物を与えるなど）においても，自身の成功を個人に帰属させて誇りを感じることが明らかになった。これらの研究が示しているように，子どもは10歳以降になるまで誇りが喚起される状況や原因帰属について完全に理解することができないのである。

(3) 青年期の誇り

このような児童期でみられた誇りに関する理解は，青年，成人期になると複雑になる。青年期以降では他者ひいては社会全体において大いに評価される出来事に対して誇りを経験するようになり，また，その経験には性格特性も影響しはじめる。たとえば，14歳～17歳の子どもは国家的行事で歌う者などを有能であると判断し，その歌手の人種やアイデンティティに類似していることで，誇りをもつ。すなわち，子どもは自身と他者のアイデンティティを関連づけ，誇りを感じるのである（Mascolo & Fischer, 1995）。また，青年期の初めには性差が明確になり，たとえば，スポーツに対する姿勢などから，男性は女性よりも自分の身体に対して誇りを強く感じるようになる（Roberts & Goldenberg, 2007）。

25歳からの成人（平均年齢46歳）を対象としたハートとマツバ（Hart & Matsuba, 2007）は奉仕活動における誇りの経験について質問紙を用いて検討した。その結果，地域社会への奉仕活動に関する誇りは多くの時間を活動に費やした者，その活動を自分で管理できた者，および自分たちの地域社会に責任をもつ者の間で強いことが示された。そして，そのような誇りの強さには個人の外向性や誠実性の高さが影響することが明らかになった。さらに，ハートとマツバ（2007）は奉仕活動など道徳的行動を個人の基準や努力と関連づけることが，他者のための活動に関する誇りを強めることを示唆している。

概観してきたように，欧米の研究により，幼少期に表出した誇りは児童期に入って喚起状況や経験，原因帰属を通して，子どものなかで他の感情と区別される。そして，児童期後期以降，誇りは子どもの道徳的行動と関連することが考えられる。わが国において，誇りに関する発達的な特徴を明らかにした検討はほとんどなされていない。したがって，前述した欧米の知見をふまえて，今後，子どもの誇りについての横断的，縦断的な視点を用いた積極的な研究展開が望まれる。

3．恥と罪悪感に関する研究

恥（shame）と罪悪感（guilt）はどちらも自分がネガティブな行動をしてしまった後に経験される感情であり，また赤面や視線をそらすなど同様の特徴をもつ。しかし，一方で両者には異なる側面がみられ，ネガティブな行動の後に恥を感じた場合は逃避する行動がなされ，罪悪感を感じた場合は謝罪や補償する行動がなされる。そのため，従来よりこれら２つの感情の類似点や相違点に着目する検討が多く行われ，近年，恥と罪悪感に関する定義，その行動特徴を明確に区別する知見が得られている。そして，そのような検討のなかで，恥と罪悪感についての発達的様相が明らかにされている。

(1) 乳幼児期の恥と罪悪感

これまでの章で解説されているが，恥は人が基準やルールを逸脱したときに，自分自身を否定的に評価した場合に生起し，他者を回避する行動を導く感情と定義される。他方，罪悪感は人が基準やルールを逸脱したときに自分の行動を否定的に評価した場合に生起し，他者への謝罪や補償を導く感情と定義される。このような定義をもつ恥と罪悪感の発達については，誇りと同様に恥と罪悪感の発達段階を提唱したマスコロとフィッシャー（1995）によると，その徴候は幼い子どもにもみられる。子どもが１歳頃になると，自分の行動が結果として失敗したり，他者を混乱させたりした場合に恥や罪悪感の前兆ともいえる苦痛を示す。たとえば，この頃の子どもはブロックを投げようとして失敗したとき，父親の失望した反応を見たり，聞いたりして苦しむようになる。また，子どもが故意に他の子どもをたたいたとき，他の子どもが泣いているのを見て，たたいた子どもは苦しみ始めるなどである（Mascolo & Fischer, 1995）。

前者は恥，後者は罪悪感の反応例となるが，このような罪悪感の初期的反応をホフマン（Hoffman, 2000）は共感的苦痛と呼んでいる。ホフマン（2000）は罪悪感が他者とのかかわりから経験されると考え，罪悪感と共感性が並行して発達すると述べている。それによれば，０歳～１歳までの漠然とした共感的苦痛は物理的存在としての他者への意識（１歳～），役割取得の始まりにともなう他者の内的状態への気づき（２，３歳～）の高まりによって罪悪感に変わる。そして，児童期後期までに，その共感的苦痛は他者のアイデンティティを理解することによって深まり，子どもの他者に対する責任を導いて罪悪感を経験させるのである。

先述した自己意識的感情の発達を明らかにしたルイスら（1989）は，平均22か月（１歳10か月）の子どもを対象として恥の表出について実験を行っている。その際，彼らははにかみ，視線の回避および身体（髪など）への接触などを子どもの恥反応として判断した。そして，５つの状況を設定して，その状況における子どもの反応を観察した。５つの状況とは「見知らぬ女性が近づく」「大きな鏡を子どもの前に置く」「実験者の女性が子どもの容姿や服装をほめる」「母親（実験者）が子どもにダンスをするよう頼む」であった。実験の結果，ほめられるやダンスをするよう頼まれる状況において，多くの子どもが恥を表出することが明らかになった。また，性差も認められ，女児が男児よりも恥の反応を示すことが示唆された。さらに，ザーン-ワクスラーら（Zahn-Waxler et al., 1992）は双生児を対象として，母親の報告から14，20および24か月時点での恥と罪悪感を測定したところ，14か月の子どもにも恥や罪悪感がみられ，年齢とともに子どもが恥や罪悪感を強く感じるようになることを明らかにした。わが国においては，加納と梅本（1994）が「子どもがどのような場面で，どのくらい恥ずかしがったか」を母親に尋ね，その報告によって子どもの恥を検討している。その結果，１歳児でも親や他者に抱かれたり，ほめられたりしたときに恥ずかしそうなようすを見せることが報告されている。

生後２，３歳頃になると，子どもは自分の行動を基準，規則，目標などと照合させて恥じたり，罪を感じたりするようになる。また，この時期の子どもは向社会的な行動を他者へ見せ始めるため，それにともなって罪悪感が表出すると考えられている（Zahn-Waxler & Robinson, 1995）。２，３歳の子どもの恥や罪悪感について，マスコロとフィッシャー（1995）は以下のように述べている。この時期の子どもは自分の行動がうまくいかなかったことを自己に帰属して恥を経験するようになる。たとえば，子どもがボールを投げて，それを遠くに投げられなかったことを見聞きすると，子どもは失望した親に「悪いボールを投げた」「へたに投げた」などと恥ずかしそうに言うのである。他方，罪悪感について，子どもは２，３歳になるまでに攻撃的な行動や否定的な言動をしたり，また他者の要求を拒否したりすることによって他者を混乱させた場合に罪悪感を感じるようになる。子どもが否定的な言動をとった際の例をあげると，２人の子どもがブロック遊びをしているときに，ある子どもが他の子ども（ジェイソン）が作ったブロックタワーを見て「へんてこなタワー」と言う。その言動によって他者を混乱させた結果，悪口を言った子どもは「ジェイソンを悲しませた」「ジェイソンを傷つけた」というように自分が他の子どもの気持ちを傷つけたことを後悔して，罪悪感を感じるのである（Mascolo & Fischer, 1995）。

２歳児を対象として研究を行ったバレットら（Barrett et al., 1993）は子どもに人形を与え，遊んでいると人形が壊れるという場面を設定し，恥と罪悪感の表出についての行動を観察した。その結果，恥と罪悪感を示す行動，すなわち実験者自身や実験者の視線を避ける恥に関する行動と，人形を修復したり，壊れたことを自白したりする罪悪感に関する行動がみられた。また，そのような罪悪感に関連する行動を見せた子どもは，恥に関連する行動を見せた子どもよりも人形が壊れるとすぐに修復しようとし，それを実験者に伝えようとした。さらに，罪悪感を示した子どもは，母親の報告から日常において罪悪感を恥よりも多く経験していることが明らかになった。

同じく，わが国において久崎（2005）はバレットら（1993）の実験場面を参考にして，平均 31.6 か月（２歳 ７か月）の子どもにおける恥と罪悪感の行動について検討した。人形が壊れる前後の行動を観察したところ，バレットら（1993）と一致する結果がみられ，実験者から後ずさりする，視線をそらすなどの回避的行動を示した子どもは，示さなかった子どもよりも人形を修復するまでに多くの時間を費やした。また，性差が認められ，女児のほうが男児よりも回避的行動をとりやすいことが明らかになった。これらの研究結果は，２，３歳の子どもにおいて恥と罪悪感に関連する行動が区別されており，それらが子どもの獲得した基準から逸脱した際に生じることを意味している。

幼児期に入り４，５歳頃になると，子どもは他者と比べてうまくできないことにより恥を経験したり，他者から受けた行為に報いることができないことにより罪悪感を経験したりする。たとえば，ある子どもがブロックを分けてくれるよう友達に求めると，その友達は分けてくれた。しかし，友達がブロックを求めたとき，子どもはそれを拒んでしまった。その際，子どもは友達の恩に報いることができず，友達の気持ちを傷つけたと罪悪感を感じる（Mascolo & Fischer, 1995）。幼児期では，子どもが自分の視点から離れて他者の視点を推論し，他者の気持ちを判断できるようになる。そのため，子どもは自分と他者の基準の差異を理解して，恥や罪悪感を経験し始めるのである（Ferguson & Stegge, 1995）。

このような幼児期の特徴に基づいて，石川と内山（2001a）は5歳児の罪悪感について検討している。その際，他者の感情状態を理解する能力とされる共感性と，他者の視点を推論する能力とされる役割取得能力を罪悪感に関連する要因として用いた。また，5歳児が罪悪感を感じる場面として「友達とケンカをしてしまいました」などの対人場面，「赤信号を渡ってしまいました」などの規則場面を設定した。図版により場面説明をした後に，それぞれの心理特性を測定した結果，対人場面で経験される罪悪感には共感性，規則場面で経験される罪悪感には役割取得能力が関連していることが明らかになった。これらの結果は，罪悪感には共感性と役割取得能力が関連することだけでなく，罪悪感が経験される場面によって機能する要因が異なることを示唆している。

(2) 児童期の恥と罪悪感

6歳から12歳にかけての児童期では，恥は他者と比べて，スポーツなどの具体的な特性を1つあるいはそれ以上有していないことにより経験される。これは，子どもが友達よりもスポーツや学力が劣っていると判断したとき，それら2つの特性をこえて「私は友達よりも有能ではない」と一般化し，恥を経験する場合などがそうである。一方，罪悪感は友達との義理や約束を果たせないことなど一般的な道徳的規則を破ったことにより経験される（Mascolo & Fischer, 1995）。

また，従来の研究から，子どもは7歳頃に恥と罪悪感を区別する能力を獲得していること（Ferguson et al., 1991），また8歳になると，喚起される状況や行動傾向から恥と罪悪感の区別ができるようになることが報告されている（Ferguson & Stegge, 1995）。さらに，9歳以降の子どもでは努力や能力などによる失敗の原因を自分自身のなかで帰属させて，恥と罪悪感を感じることが示されている（Stipek & DeCotis, 1988）。

ファーガソンら（1991）は，10歳〜12歳の子どもに道徳的違反と社会的な失敗についての例話を提示し，恥と罪悪感がどのように理解されているかを検討した。それぞれの例話内容は，道徳的違反が所有物に損害を与えるなどに，社会的な失敗が学校のテストで悪い点数をとるなどに関するものであった。調査の結果，恥は道徳的違反と社会的な失敗から，罪悪感は道徳的違反から生じると子どもが理解していることが明らかにされた。また，6歳〜11歳の子どもを対象としたオルソフら（Olthof et al., 2000）は恥と罪悪感の理解を検討するために，恥および罪悪感が喚起される場面と恥のみが喚起される場面を設定し，恥と罪悪感の反応を測定した。たとえば，恥および罪悪感が喚起される場面とは主人公が「テーブルのジュースをこぼして母親に迷惑をかける」などであり，それぞれ主人公がとる反応は恥が「顔が赤くなる」，罪悪感が「母親によく思われようと努力する」であった。そして，場面の例話に対してどの程度主人公は恥（罪悪感）を感じるのか，また主人公は恥（罪悪感）の反応をとるのかを子どもに尋ねたところ，9歳と11歳の子どもは恥と罪悪感の場面を区別できるが，6歳の子どもではその区別が難しいことが示された。さらに，近年，オルソフら（2004）の研究から，12歳以降に恥と罪悪感の区別はより明確になり，恥が自己のアイデンティティの評価と，罪悪感が道徳的違反を犯した行動の評価と関連して区別されることが明らかにされている。

このような恥と罪悪感を喚起する場面に関して，高井（2004）は他者に損害を与える道徳的違反場面と他者に損害を与えず，規則（慣習）を破る慣習的違反場面を設定し，小学校2年生，4年生および6年生を対象として恥と罪悪感の理解を実証した。その際，道徳的違反場面として他者をたたくこと，慣習的違反場面として幼稚園にパジャマで登園することなどの例話を用いた。また，それらの両場面において恥条件（例：他者に見られる）と罪悪感条件（例：被害者が泣く，先生にしかられる）を設定し，各条件下で恥反応（例：照れ笑いをする，逃げ出す）と罪悪感反応（例：被害者や先生に謝る）のいずれの反応を例話主人公がとるのかを選択させた。その結果，道徳的違反場面では条件の差異にかかわらず，すべての学年で主人公が罪悪感反応をとると推測された。すなわち，他者に損害を与える違反を犯して他者に見られるという条件でも，子どもは主人公が照れ笑いや逃げ出すのではなく，謝ると判断したのである。一方，慣習的違反場面では6年生において恥条件で恥反応を，罪悪感条件で罪悪感反応を推測することが認められたが，2年生と4年生ではそのような傾向が認められなかった。これらの結果から，高井（2004）は道徳と慣習という場面の差異よりも違反内容の深刻さの程度によって，子どもの恥や罪悪感が喚起される可能性を示唆している。

(3) 青年期の恥と罪悪感

子どもが青年期になると，自分と無能な他者のアイデンティティ（人種など）が類似していることで恥を経験したり，自分が他者よりも道徳的な規則を遵守できないことで罪悪感を経験したりする（Mascolo & Fischer, 1995）。また，この時期の恥と罪悪感は人々の心理，社会的な幸福に関連して喚起するといわれ（Tangney & Dearing, 2002），そのなかで罪悪感は子どもの認知的推論の高まりによる正当化や言い訳の影響を受けると考えられている（Bybee, 1998）。さらに，青年期では恥と罪悪感の性差が明確になり，女性が男性よりも恥や罪悪感を感じやすいとされる

(Tangney & Dearing, 2002)。とくに，青年期の罪悪感が喚起する出来事について検討したウィリアムスとバイビー（Williams & Bybee, 1994）によると，男性は直接的に攻撃することに関する出来事（例：所有物を壊すこと，ケンカすることなど）に，女性は同情や信頼の基準を犯すことに関する出来事（例：思いやりのないこと，うそをつくことなど）に罪悪感を強く感じると報告されている。また，女性は両親や家族などの親密な他者に対して罪悪感を感じやすいことが明らかにされている。

このような青年期の恥と罪悪感について，わが国では堀内ら（2005）が中学生，高校生の恥について検討している。そこでは，質問紙を用いて調査したところ，「友達におもわずウソをついてしまったとき」などの自律的恥意識，「授業に遅れて先生にしかられたとき」などの他律的恥意識，および「みんなが知っている話を自分だけ知らなかったとき」などの他者同調的恥意識が因子として抽出された。そして，中学生と高校生との間に差異はみられないが，高校生の女子が男子よりも自律的恥意識と他律的恥意識を感じやすく，女子全体で他者同調的恥意識を感じやすいという性差が報告されている。また，石川と内山（2002）では中学，高校および大学生の罪悪感について，対人場面（例：友達をだましてしまいましたなど）と規則場面（例：自転車の２人乗りをしてしまいましたなど）を質問紙により設定して調査を行った。その結果，対人場面において大学生が中学生，高校生よりも，また女子が男子よりも罪悪感を強く感じるという年齢差と性差が見出されている。同じく，規則場面においても年齢差が認められ，中学生が高校生，大学生よりも罪悪感を強く感じるという知見が得られている。

青年期において恥と罪悪感の年齢差や性差が明確になるなかで，タンネイ（Tangney, 1995）は恥や罪悪感と共感性の間に何らかの関係があることに着目し，その関連を実証した。それによれば，恥は共感反応における自己志向的な個人的苦痛と，罪悪感は共感反応における他者志向的な共感的関心と正の相関関係があるとされる。この点を検討するために，有光（2006）は大学生の恥と罪悪感を測定し，共感性との関連について調べたところ，わが国においてタンネイ（1995）の報告と合致する結果を得ている。また，先述した青年期の罪悪感を対象とした石川と内山（2002）でも，罪悪感と共感性の関連を検討し，幼児期（石川・内山，2001a），児童期（石川・内山，2001b）と同様に，対人場面の罪悪感と共感性，規則場面の罪悪感と社会的視点取得能力が関連することを明らかにしている。さらに，有光（2006）と石川と内山（2002）の両研究では罪悪感を適応的に機能させることによって，非行などの子どもの反社会的行動を抑制できると示唆している。

以上のように，恥と罪悪感については数多くの欧米とわが国の研究から，その表出は年少の頃からみることができ，その後，加齢にともなう感情体験の深い理解により恥と罪悪感は子どものなかで区別されるようになる。そして，青年期において個人による差異が恥と罪悪感の喚起へ関連してくるのである。恥と罪悪感に関しては，幼少の子どもにおける測定の困難さなどが課題とされている（Ferguson & Stegge, 1995）。そのため，このような課題の解決を図りながら，今後も恥と罪悪感の発達的様相について知見を重ねることが必要といえる。

4．自己意識的感情の発達に関連する要因

(1) 遺伝的要因

従来から，倫理的な基準や個人の責任能力には生物学的，あるいは遺伝的要因が関連すると考えられている（Rüshton et al., 1986）。そのため，個人の基準が関係する自己意識的感情の発達は，遺伝的要因が影響するといえる。この点に着目したザーン-ワクスラーら（1992）は一卵性と二卵生双生児の14，20および24か月時における恥と罪悪感の発達を検討した。そこでは，子どもの他者への苦痛に対する反応を観察するとともに，母親からの報告によって恥と罪悪感を測定した。双生児の感情間の相関を検証したところ，罪悪感において一卵性双生児の子どもどうしの相関が二卵性双生児の子どもどうしの相関よりも強いことが明らかになった。他方，このような傾向は恥においては認められなかった。また，同データを用いて，遺伝的要因と共有した環境的要因を区別した回帰分析を行った。その結果，罪悪感については14か月時点で遺伝と環境の両要因が影響するが，その後の20，24か月時点では遺伝的要因の影響は消失し，環境的要因の影響が強くなる。それに対して，恥は14～24か月のすべての時点において環境的要因の影響は少なく，遺伝的要因が大きく影響することが明らかにされた。このことから，自己意識的感情は遺伝と環境の影響を受けて発達し，その発達のなかにおいて恥と罪悪感は異なる様相を見せると考えられる。

(2) 養育者のしつけ

自己意識的感情が3歳までに表出し，加齢にともない子どもが自己意識的感情に理解を深めていくことを考えると，その発達に養育者のしつけが影響することはいうまでもない。従来，ホフマン（Hoffman, 2000）によれば，養育者が用いるしつけは「力の行使（power assertion）」「愛情の取り去り（love withdrawal）」および「誘導

(induction)」に分けられる。力の行使によるしつけとは，たとえば，養育者が子どもを力で脅したり，支配したりすることであり，また，愛情の取り去りによるしつけとは，たとえば，養育者が子どもを無視したり，1人にしたりすることである。また，誘導によるしつけとは，子どもの行動が相手にどのような影響を及ぼしたのかを指摘，説得し，さらに相手の感情状態を強調することである（例：あなたがお友達を泣かせてしまったのよ。お友達の気持ちを考えてごらん）。

このようなしつけと自己意識的感情の関連について，力の行使によるしつけは子どもが恐れや不安を引き起こし，自分の失敗に目を向けることができないため，適切な恥や罪悪感を喚起させないと考えられている（Hoffman, 2000）。また，愛情の取り去りによるしつけも過度に行うことによって，子どもにおける恥や罪悪感の適切な喚起を阻害してしまう（Lewis, 1992）。そして，多くの研究者によって自己意識的感情の発達に重要と考えられているのが，誘導によるしつけである（たとえば，Hoffman, 2000）。幼い子どもにも有効とされる誘導によるしつけは，先述した特徴から子どもに基準を推論させたり，他者への責任を強くもたせたりすることができる。そのため，子どものなかで適切な恥や罪悪感を生じさせる要因となるのである。このしつけを養育者が用いることに関して，子どもは自分が犯した行動の結果を具体的に知ることができ，行動における善悪の基準を理解して恥や罪悪感を感じるとされ（Ferguson & Stegge, 1995），また，誇りの発達に必要な自尊心（self-esteem）を高めることができると考えられている（Legattuta & Thompson, 2007）。

また，ポッター-エフロン（Potter-Efron, 1989）は養育者のしつけと恥，罪悪感の関係について，次のように述べている。両親が子どもの行動に責任があることや，子どもは統制下にあるべきことに強い関心をもっていると，子どもに過度の罪悪感を生じさせる。また，そのような両親は子どもがささいな過ちを犯したときでさえ，罰（罰への脅威）を用いる。そして，子どもが犯した行動の善悪を説明することなく，非難するのである。他方，子どもの恥については，両親が子どもに対してコミュニケーションが不足していることや，また，子どもを統制する際に，分離への脅威，粗暴な辱め，および愛情の取り去りなどを用いることが関係する。というのも，これらの両親の対応は子どもを脅かし，子どもの全体的自己を拒絶することになるため，恥の経験に重要な要因となってくるのである。

このように養育者のしつけは自己意識的感情の発達に密接に関係しているが，そのなかで，近年では，両親の虐待と子どもの自己意識的感情の関連が検討されている。それによると，両親から虐待を受けた子どもはそうでない子どもよりも課題成功時で誇りを感じにくく，また恥や罪悪感を感じることが少ないとされている（Lewis,

2007)。では，自己意識的感情の発達において，具体的にどのような養育者のしつけが子どもにとって望ましいのであろうか。これについてタンネイとディアリング（Tangney & Dearing, 2002）は，養育者のしつけは子どもと互いに尊敬しあい，愛情のある関係のなかで行う必要があると論じている。そのうえで，恥については，子どもは敏感であり，とくに恥を感じた子どもには社会的評価を受けた状況が重要となる。そのため，養育者は公的に辱めることや，子どもに対してからかいや，冷やかしを用いることは避けるべきであると主張する。一方，罪悪感については，幼い子どもが自己中心的な存在であること，また罪悪感が自己の行動より生じることから，養育者は自分の行動が他者にどのような影響を与えるのかを子どもに認識させることが重要である。そして，自分の行動が否定的な結果になった際に，子どもが償いの行動をとれるよう支える必要があるとしている。

5. おわりに

本章では，従来の研究結果から自己意識的感情である誇り，恥および罪悪感の発達について説明した。自己意識的感情の発達については，幼い子どもにもその兆候がみられ，加齢にともない自己の基準についての理解が深まると，子どもは喚起状況や状況下の行動傾向からそれぞれの自己意識的感情を区別できるといえる。また，その発達では個人差が生じることから，子どもを取り巻く環境や社会化の影響が密接に関連すると考えられる。現代社会では価値観の多様性が認められ，子どもの自己の基準があいまいとなり，社会的規範における意識が希薄化している。また，周知のとおり，子どもは養育や学校教育を通して自己の基準を獲得し，その理解を深めていく。このような教育的見地をふまえ，今後も子どもの発達過程において自己の基準と関連して生じる自己意識的感情の特徴を明らかにしていくことが必要であろう。

また，自己意識的感情についての継続的な研究が進展するなかで，近年ではいじめ（Bollmer et al., 2006）や精神的健康（佐伯，2008）との関連が実証されている。こうした自己意識的感情の適応的機能に着目し，諸要因との関連を検討することは，わが国で社会，教育問題とされる子どもの問題行動において，その解決に有意義な知見を与えるものといえよう。

【引用文献】

有光興記（2006）．罪悪感，羞恥心と共感性の関係　心理学研究，**77**, 97-104.

Barrett, K. C., Zahn-Waxler, C., & Cole, P. M.（1993）. Avoiders versus amenders: Implications for the investigation of guilt and shame during toddlerhood? *Cognition and Emotion,* **7**, 481-505.

Belsky, J., Domitrovich, C., & Crnic, K.（1997）. Temperament and parenting antecedents of individual difference in three-year-old boys' pride and shame reactions. *Child Development,* **68**, 456-466.

Bollmer, J. M., Harris, M. J., & Milich, R.（2006）. Reactions to bullying and peer victimization: Narratives, physiological arousal, and personality. *Journal of Research in Personality,* **40**, 803-828.

Bybee, J.（1998）. The emergence of gender differences in guilt during adolescence. In J. Bybee（Ed.）, *Guilt and children.* San Diego: Academic Press. pp. 113-125.

Ferguson, T. J., & Stegge, H.（1995）. Emotional states and traits in children: The case of guilt and shame. In J. P. Tangney & K. W. Fischer（Eds.）, *Self-conscious emotions: The psychology of shame, guilt, embarrassment, and pride.* New York: Guilford Press. pp. 174-197.

Ferguson, T. J., Stegge, H., & Damhuis, I.（1991）. Children's understanding of guilt and shame. *Child Development,* **62**, 827-839.

Harris, P. L., Olthof, T., Terwogt, M. M., & Hardman, C. E.（1987）. Children's knowledge of the situations that provoke emotion. *International Journal of Behavioral Development,* **10**, 319-343.

Hart, D., & Matsuba, M. K.（2007）. The development of pride and moral life. In J. L. Tracy, R. W. Robins & J. P. Tangney（Eds.）, *The self-conscious emotions: Theory and research.* New York: Guilford Press. pp.114-133.

Hoffman, M. L.（2000）. *Empathy and moral development: Implications for caring and justice.* Cambridge: Cambridge University Press.（菊池章夫・二宮克美（訳）2001　共感と道徳性の発達心理学―思いやりと正義とのかかわりで―　川島書店）

堀内勝夫・中里至正・松井　洋・中村　真・永房典之・鈴木公啓（2005）．恥意識の構造　日本パーソナリティ心理学会第 14 回大会発表論文集　pp. 97-98.

石川隆行・内山伊知郎（2001a）．5 歳児の罪悪感に共感性と役割取得能力が及ぼす影響について　教育心理学研究，**49**, 60-68.

石川隆行・内山伊知郎（2001b）児童期中期の罪悪感と共感性および役割取得能力の関連　行動科学，**40**, 1-8.

石川隆行・内山伊知郎（2002）．青年期の罪悪感と共感性および役割取得能力の関連　発達心理学研究，**13**, 12-19.

加納真美・梅本堯夫（1994）．はずかしさの発達的研究―質的分析―　発達研究，**10**, 31-45.

Kornilaki, E. N., & Chlouverakis, G.（2004）. The situational antecedents of pride and happiness: Developmental and domain differences. *British Journal of Developmental Psychology,* **22**, 605-619.

久崎孝浩（2005）．幼児の恥と罪悪感に関連する行動に及ぼす発達的要因の影響　心理学研究，**76**, 327-335.

Legattuta, K. H., & Thompson, R. A.（2007）. The development of self-conscious emotions: Cognitive processes and social influences. In J. L. Tracy, R. W. Robins & J. P. Tangney（Eds.）, *The self-conscious emotions: Theory and research.* New York: Guilford Press. pp. 91-113.

Lewis, M.（1992）. *Shame: The exposed self.* New York: Free Press.（高橋恵子（監訳）1997　恥の心理学―傷つく自己―　ミネルヴァ書房）

Lewis, M.（2007）. Self-conscious emotional development. In J. L. Tracy, R. W. Robins & J. P. Tangney（Eds.）, *The self-conscious emotions: Theory and research.* New York: Guilford Press. pp. 134-149.

Lewis, M., Alessandri, S. M., & Sullivan, M. W.（1992）. Differences in shame and pride as a function of children's gender and task difficulty. *Child Development,* **63**, 630-638.

Lewis, M., Sullivan, M. W., Stanger, C., & Weiss, M.（1989）. Self-development and self-conscious emotions. *Child Development,* **60**, 146-156.

Mascolo, M. F., & Fischer, K. W. (1995). Developmental transformations in appraisals for pride, shame, and guilt. In J. P. Tangney & K. W. Fischer (Eds.), *Self-conscious emotions: The psychology of shame, guilt, embarrassment, and pride.* New York: Guilford Press. pp. 64-113.

Olthof, T., Ferguson, T. J., Bloemers, E., & Deij, M. (2004). Morality- and identity-related antecedents of children's guilt and shame attributions in events involving physical illness. *Cognition and Emotion,* **18**, 383-404.

Olthof, T., Schouten, A., Kuiper, H., Stegge, H., & Jennekens-Schinkel, A. (2000). Shame and guilt in children: Differential situational antecedents and experiential correlates. *British Journal of Developmental Psychology,* **18**, 51-64.

Potter-Efron, R. T. (1989). *Shame, guilt and alcoholism: Treatment issues in clinical practice.* New York: Haworth press.

Roberts, T.-A., & Goldenberg, J. L. (2007). Wrestling with nature: An Existential perspective on the body and gender in self-conscious emotions. In J. L. Tracy, R. W. Robins & J. P. Tangney (Eds.), *The self-conscious emotions: Theory and research.* New York: Guilford Press. pp.389-406.

Rüshton, J. P., Fulker, D. W., Neale, M. C., Nias, D. K. B., & Eysenck, H. J. (1986) Altruism and aggression: The heritability of individual differences. *Journal of Personality and Social Psychology,* **50**, 1192-1198.

佐伯素子 (2008). 自己の否定的評価に関わる恥・罪悪感の覚知と心身健康との関連―青年期女子を対象として―　感情心理学研究, **15**, 124-132.

Stipek, D. (1995). The development of pride and shame in toddlers. In J. P. Tangney & K. W. Fischer (Eds.), *Self-conscious emotions: The psychology of shame, guilt, embarrassment, and pride.* New York: Guilford Press. pp. 237-252.

Stipek, D., & DeCotis, K. M. (1988). Children's understanding of the implications of causal attributions for emotional experiences. *Child Development,* **59**, 1601-1616.

高井弘弥　(2004). 道徳的違反と慣習的違反における罪悪感と恥の理解の分化過程　発達心理学研究, **15**, 2-12.

Tangney, J. P. (1995). Shame and guilt in interpersonal relationships. In J. P. Tangney & K. W. Fischer (Eds.), *Self-conscious emotions: The psychology of shame, guilt, embarrassment, and pride.* New York: Guilford Press. pp. 114-139.

Tangney, J. P., & Dearing, R. L. (2002). *Shame and guilt.* New York: Guilford Press.

Thompson, R. A. (1989). Causal attributions and children's emotional understanding. In C. Saarni & P. Harris (Eds.), *Children's understanding of emotion.* Cambridge: Cambridge University Press. pp. 117-150.

Tracy, J. L., Robins, R. W., & Lagattuta, K. H. (2005). Can children recognize the pride expression? *Emotion,* **5**, 251-257.

Zahn-Waxler, C., & Robinson, J. L. (1995). Empathy and guilt: Early origins of feelings of responsibility. In J. P. Tangney & K. W. Fischer (Eds.), *Self-conscious emotions: The psychology of shame, guilt, embarrassment, and pride.* New York: Guilford Press. pp. 143-173.

Zahn-Waxler, C., Robinson, J. L., & Emde, R. N. (1992). The development of empathy in twins. *Developmental Psychology,* **28**, 1038-1047.

Williams, C., & Bybee, J. (1994). What do children feel guilty about?: Developmental and gender differences. *Developmental Psychology,* **30**, 617-623.

（付）自己意識的感情の測定尺度

自己意識的感情についての英語版の尺度などの紹介は，

Robins, R. W., Noftle, B. E., & Tracy, J. E.（2007）. Assessing self-conscious emotions: A review of self-report and nonverbal measures. In J. L. Tracy, R. W. Robins, & J. P. Tangney（Eds.）, *The self-conscious emotions: Theory and research.* New York: The Guilford Press. pp. 443-467.

にある。そこには非言語的指標についての観察カテゴリーなども含まれているが，今回は言語的な尺度に限って，以下に紹介する。その際には，日本語で用いることができる尺度を取り上げるが，英語版から作成された日本語版も含めて紹介することとした。なお，文末の（　）内は執筆担当者である。

A　多面的尺度

1　自己意識的感情検査（Test Of Self-Conscious Affect：TOSCA）日本語版

TOSCA は，タンネイら（Tangney & Dearing, 2002）によって恥と罪悪感を中心に，自己意識的感情を測定するために開発されたシナリオ形式の尺度である。その成人版である TOSCA-3 は恥と罪悪感のほか無関心と責任逃れをも測定しようとしている。この尺度には 11 の否定的なシナリオと 5 つの肯定的なシナリオからなる版と，否定的シナリオだけの短縮版とがあり，いずれもこれらのシナリオごとに 4 つの感情について 5 件法で回答する。短縮版の日本語版（菊池 , 2003）の α 係数は .52－.70 で十分とはいえない。対人的反応性指標や向社会的行動尺度との関係では，この版の妥当性が示されている。

この尺度の青年版（TOSCA-A）は恥と罪悪感に加えて，誇り（自己と行動）・無関心・外在化（責任逃れ）を測定する 15 シナリオ（75 項目）で 5 件法の尺度である。その日本語版は水野（1998）と岡田（2003）とによって作成されている。後者の報告では，この版の α 係数は .49－.79 であり，Guilt Inventory 日本語版・YG 性格検査・

Big Five 性格検査などとの関連の検討では，この版の妥当性が示されている。

このほかにこの尺度には児童版（TOSCA-C）があるが，この版の日本語版は作られていない。いずれにしろこの尺度は，欧米で広く使われている恥と罪悪感の尺度といえる。

菊池章夫（2003）．TOSCA-3（短縮版）日本語版の検討　岩手県立大学社会福祉学部紀要，**5**，35-40.

水野修次郎　（1998）．日本人米国留学生における原因帰属，罪，恥と学習適応との関係　カウンセリング研究，**31**，259-269.

岡田顕宏　（2003）．日本人大学生の恥および罪悪感傾向の測定―TOSCA-A 日本語版作成の試み―　札幌国際大学紀要，**34**，31-42.

Tangney, J. P., & Dearing, L. （2002）. *Shame and Guilt*. The Guilford Press.

（有光・菊池）

2　自己意識的感情尺度（Kikuchi-Arimitsu: JiKoishikitekiKanjyou 尺度 12 場面版：KA-JiKoKan-12）

自己意識的感情尺度は，TOSCA を参考にして作成された，6 種類の自己意識的感情（対人的負債感・個人的苦痛・罪責感・恥・役割取得・共感的配慮）を，シナリオ形式で測定しようとする尺度である。罪責感や恥などを経験する 12 場面のシナリオごとに，上記の 6 つの感情経験を示す短文に 5 件法で回答を求める。6 尺度別の α 係数は .72－.82 であり，ある程度の内部一貫性があるといえる。また，2 週間間隔の再テスト信頼性係数は .68－.80 で，この尺度が安定性をもつことを示している。罪悪感喚起状況尺度・状況別羞恥感情質問紙・対人的反応性指標・心理的負債感尺度・向社会的行動尺度・Buss-Perry 攻撃性質問紙などを用いて，収束的妥当性・構成概念妥当性が確認されている。

菊池章夫・有光興記　（2006）．新しい自己意識的感情尺度の開発　パーソナリティ研究，**14**，137-148.

（有光・菊池）

3　屈辱感，羞恥感，罪悪感の状態尺度

社会的苦境場面で生じる屈辱感，羞恥感，罪悪感の 3 つの感情を測定する。薊（印刷中）は恥と罪悪感の表現用法の多様性を考慮し，類義語辞典から恥と罪悪感に類する用語を複数抜粋し，特定の場面において，それらをどの程度感じたかについて評定を求めている。そして，これらの感情について因子分析した結果，恥は屈辱感と羞恥感の 2 つに分かれ，それらに罪悪感を加えた 3 因子を見出した。具体的には，「屈辱感を感じる」「プライドが傷ついた」など屈辱感因子（7 項目，α = .91），「恥をかく」「恥ずかしい」など羞恥感因子（7 項目，α = .92），「罪悪感を感じる」「申し訳ない」など罪悪感因子（9 項目，α = .91）であった。

薊理津子　(印刷中). 屈辱感・羞恥感・罪悪感の状態尺度と, 恥, 罪悪感の特性尺度との関連性の検討　聖心女子大学大学院論集

（薊）

B　恥関連尺度

1　状況別羞恥感情質問紙（Situational Shyness Questionnaire: SSQ）

恥が発生する状況はさまざまである。成田ら（1990）は, 恥が発生するさまざまな状況を網羅的に収集し, それぞれの状況の類型における恥の感じやすさを測定する尺度を作成した。「みっともない髪形や服装をしている時」といった項目からなる「かっこ悪さ」因子,「好意を持っている人に話しかけられた時」といった項目からなる「照れ・はにかみ」因子, 「初対面など知らない人と話をする時」といった項目からなる「対人緊張」因子, 「自分にできるはずのことができなかった時」といった項目からなる「自己不全感」因子, 「セックスについて話をする時」といった項目からなる「性」因子の合計5下位尺度12項目から構成されている。成田（1993）によって因子的妥当性が検討･確認されている。信頼性係数αは, .83－.90と十分な値が得られており（有光, 2001), パーソナリティ特性, 自己意識, 共感性, 精神的健康との関連から, 妥当性が確認されている。

有光興記（2001). 罪悪感, 羞恥心と性格特性の関係　性格心理学研究, **9**, 71-85.
成田健一・寺崎正治・新浜邦夫（1990). 羞恥感情を引き起こす状況の構造―多変量解析を用いて―　関西学院大学人文論究, **40**, 73-92.
成田健一（1993). 共分散構造分析による羞恥感情を引き起こす状況の構造　東京学芸大学紀要1部門, **44**, 191-204.

（樋口）

2　状態羞恥感情測定尺度

恥は感情の内容もさまざまであるが, そのさまざまな感情状態を測定するための尺度としては, 菅原（1992), 樋口（2000）がある。菅原（1992）は, 対人不安が「恥の意識」と「コミュニケーション不安」に大別できることを示し, 恥の意識は「ハジ」（体裁が悪い, きまりわるい等9項目）と「テレ」（照れる, 気恥ずかしい）に, コミュニケーション不安は「対人緊張」（緊張する, 気後れする等5項目）と「対人困惑」（気まずい, 気づまり）に分けられることを示している。これらの感情表現はそれぞれの類型を測定する尺度として用いられている。

また樋口（2000）は菅原（1992）の尺度では測定しきれない私的な恥をも測定できるように尺度を構成した。樋口（2000）は, 恥を表現するさまざまな感情表現語（気まずさ, 照れ, 恥ずかしさ等）を網羅的に収集し, そこから計23項目6下位尺度か

らなる状態羞恥感情測定尺度を作成している。樋口 (2000) では尺度の内容的妥当性，因子ごとの再検査信頼性 (.37－.79)，クロンバックの α 係数 (.40－.79) が算出されている。また，状況との関連の検討を通じて，構成概念妥当性の検討もなされている。

樋口匡貴 (2000). 恥の構造に関する研究　社会心理学研究, **16**, 103-113.
菅原健介 (1992). 対人不安の類型に関する研究　社会心理学研究, **7**, 29-28.

(樋口)

3　羞恥感情発生因測定尺度

7章にもあるように恥の認知的な発生因は大きく4種類に整理できる。この発生因を測定尺度化したものが樋口 (2001) による羞恥感情発生因測定尺度である。この尺度は「社会的評価懸念」「自己イメージ不一致」「相互作用混乱」「自尊心低減」の4下位尺度からなる。この尺度の内容的妥当性については，典型的といわれる恥の発生状況においてのみならず，非典型的な状況においても確認されている (Higuchi & Fukada, 2008)。またもとの尺度は17項目4下位尺度であるが，各下位尺度につき3項目ずつを使用した短縮版についても，十分な内的整合性 (短縮前：α =.80－93, 短縮後：α =.85－91) が確認されている (樋口, 2002; 樋口・中村, 2009)。

樋口匡貴 (2001). 公恥系状況および私恥系状況における恥の発生メカニズム―恥を構成する情緒群とその原因要素からのアプローチ―　感情心理学研究, **7**, 61-73.
樋口匡貴 (2002). 公恥状況および私恥状況における恥の発生メカニズム―恥の下位情緒別の発生プロセスの検討―　感情心理学研究, **9**, 112-120.
Higuchi, M., & Fukada, H. (2008). Comparison of four factors related to embarrassment in nontypical situations. *Psychological Reports*, **102**, 328-334.
樋口匡貴・中村菜々子 (2009). コンドーム購入行動に及ぼす羞恥感情およびその発生因の影響　社会心理学研究, **25**, 61-69.

(樋口)

4　日本版恥意識尺度 (Japanese Shame-Consciousness Scale: JSCS)

永房 (2004) によって，「他者の目」を気にした恥，「自分自身がどう思うか」という恥の2側面に注目して作成された尺度である。自己内省，同調不全，社会規律違反，視線感知という4つの下位尺度から構成されている。17項目からなり，全項目の α 係数は.80，下位尺度は.59－.80という内的整合性が得られている。小学生，中学生，高校生，大学生を対象に調査が行われており，恥意識が高いと自己意識，道徳意識が高く，犯罪行為や虞犯行為が抑制されるという理論的予測と整合する結果が得られている (永房, 2008)。

永房典之 (2004). 恥意識尺度 (Shame-Consciousness Scale) 作成の試み 東洋大学大学院社会学研究科紀要, **40**, 42-47.
永房典之 (2008). なぜ人は心にブレーキをかけるのか？　永房典之 (編著) なぜ人は他者が気になるのか？―人間関係の心理―　金子書房　pp.16-29.

(有光)

C　罪悪感関連尺度

1　罪悪感喚起状況尺度（Situational Guilt Inventory: SGI）

「他人に迷惑をかけたとき」「高価な物を買ってもらったとき」「お年寄りに席を譲れなかったとき」「ミスをしたとき」といった罪悪感が喚起される状況に対して，罪悪感をどの程度感じるかを回答してもらう尺度である。37項目からなり，他傷，他者への配慮不足，利己的行為，負債感の4因子構造である。16歳以上に適応可能であり，信頼性係数 α は.91，再検査信頼性（27週間）は.81であった。構成概念妥当性としては，自己意識，共感性，攻撃性，問題行動との関連が認められている。

有光興記（2002）．日本人青年の罪悪感喚起状況の構造　心理学研究，**73**, 148-156.

（有光）

2　モーシャー強制選択式罪悪感目録（Mosher Forced Choice Guilt Inventory: MFCGI）日本語版

モーシャー（Mosher, 1966）による強制選択式の罪悪感傾向を測定する尺度である。79の状況において，2つの選択肢のどちらを選ぶかを回答するもので，sex guilt, hostility guilt，morality-conscience guiltの3因子構造である。たとえば，「もし将来，不貞を働いたとすれば…」という状況において，A「自分が徹底的に罰せられることを望むだろう」かB「それを楽しめたらいいなと思う」のどちらかの選択肢を選ばせる。日本語版は，益谷と松山（1984）が作成しているが，詳しい信頼性，妥当性は報告されていない。罪悪感に関する初期の研究の多くは，MFCGIを使用しており，罪悪感傾向が窃盗，薬物摂取，性行動，言語的攻撃，暴力といった行動と関連があることがわかっている（Mosher, 1979）。現在でも，性的な事柄に関する罪悪感を測定する尺度は，MFCGIの他には存在しない。

益谷　真・松山義則（1984）．モーシャーギルトインベントリーの指標展開―文章完成法を用いて―　日本心理学会第48回大会発表論文集, 304.
Mosher, D. L.（1966）．The development and multitrait－multimethod matrix analysis of three measures of guilt. *Journal of Consulting Psychology*, **30**. 25-29.
Mosher, D. L.（1979）．The meaning and measurement of guilt. In C. E. Izard（Ed.）, *Emotions in personality and psychopathology*. New York: Plenum Press. pp.105-129.

（有光）

3　罪悪感目録（Guilt Inventory: GI）日本語版

クグラーとジョーンズ（Kugler & Jones, 1992）が開発し，わが国では佐藤と三宅（1999）や石川と内山（Ishikawa & Uchiyama, 2000）によって翻訳されている。この質問紙は45項目で構成されており，3つの下位尺度からなる。3つの下位尺度とは「Trait Guilt（特性罪悪感）」（20 項目），「State Guilt（状態罪悪感）」（10 項目），および「Moral Standard（道徳規範）」（15 項目）である。青年期を対象とした佐藤ら（2004）によって，各下位尺度の α 係数（.49－.84），再検査信頼性（.57－.78）が確認されている。また，同じく青年期を対象とした石川と内山（2000）では，Trait Guilt と State Guilt が共感性と，Moral Standard が社会的責任感と正の相関が認められている。

Ishikawa, T., & Uchiyama, I. (2000). Relations of empathy and social responsibility to guilt feelings among undergraduate students. *Perceptual and Motor Skills*, **91**, 1127-1133.
Kugler, K., & Jones, W. H. (1992). On conceptualizing and assessing guilt. *Journal of Personality and Social Psychology*, **62**, 318-327.
佐藤美恵子・三宅和夫（1999）．日本人の恥と罪の自己意識の特徴　日本心理学会第 63 回大会発表論文集，706.
佐藤美恵子・岡田顕宏・高橋憲男（2004）．青年期の罪悪感を測定する（1）―Guilt Inventory 日本語版作成の試み―　日本心理学会第 68 回大会発表論文集，895.

（石川）

4　特性罪悪感尺度（Trait Guilt Scale: TGS）

大西（2008）によって作成されたもので，26 項目 4 下位尺度から構成されている。4 つの下位尺度とは，「利得過剰の罪悪感」（7 項目），「屈折的甘えによる罪悪感」（6 項目），「精神内的罪悪感」（7 項目），「関係維持のための罪悪感」（6 項目）である。信頼性については，α 係数によりすべての下位尺度において .80 以上が確認されている。また，妥当性については，有光（2002）が開発した罪悪感喚起状況尺度（SGI）との正の相関が認められ，弁別的妥当性が確認されている。

有光興記（2002）．日本人青年の罪悪感喚起状況の構造　心理学研究，**73**, 148-156.
大西将史（2008）．青年期における特性罪悪感の構造―罪悪感の概念整理と精神分析理論に依拠した新たな特性罪悪感尺度の作成―　パーソナリティ研究，**16**, 171-184.

（石川）

5　青年用罪悪感質問紙

石川と内山（2002）が作成したもので，罪悪感が喚起される出来事から罪悪感を感じる程度を測定できる。質問紙の内容は対人，規則という 2 つの場面が設定されており，両場面の質問項目は 21 項目から構成されている。対人場面の 11 項目には「1．友達をだましてしまいました」などがあり，規則場面の 10 項目には「1．授業中に授業と関係のないことをしてしまいました」などがある。両場面の信頼性（α 係数）は対人場面が .89，規則場面が .86 と確認されている。なお，同様の対人，規則という場面設定によって，児童用罪悪感質問紙（石川・内山, 2005）も作成されている。

石川隆行・内山伊知郎（2002）．青年期の罪悪感と共感性および役割取得能力の関連　発達心理学研究，**13**, 12-19.
石川隆行・内山伊知郎（2005）．小学校 3，4 年生の罪悪感と共感性および役割取得能力の関連

道徳性発達研究，**1**, 22-26.

（石川）

6　対象別罪悪感尺度

本尺度は，同じ場面で異なる対象についての罪悪感を測定するために稲葉（2007）によって作成されたものであり，39 項目（13 場面×友人・他人・家族の 3 対象）に対して，非常に感じるから全く感じないまでの 6 段階で評定を求めている。項目例としては，「困っている（　　）を見て見ぬふりしたとき」という場面について，（　　）内に友人が挿入され，回答を求める。とくに信頼性については報告されていないが，稲葉（2007）では，5 項目において一般高校生と比べると非行少年の罪悪感が低いことが報告されている。

稲葉小由紀（2007）．青年期中期における罪悪感の様相―非行少年と一般少年の比較―　日本発達心理学会第 18 回大会発表論文集，657.

（有光）

7　集合罪悪感尺度（Collective Guilt Scale: CGS）

ドージエら（Doosje et al., 1998）が自国の戦争犯罪に対する集合罪悪感測定で用いた項目を参考にして，企業場面の不祥事に対する罪悪感に即した項目に変更し作成した。

最終的に，12 項目で構成され，因子分析の結果，社会に対する謝罪・申し訳なさ（項目番号 1 － 4，α = .88），集団としての償い・責務（項目番号 5 － 8，α = .86），不正行為の戒め（項目番号 9 － 12，α = .76）の 3 つの下位尺度から構成されている。妥当性としては，ブランスコームら（Branscombe　et al., 2004）の白人集合体としての黒人に対する集合罪悪感の下位構造では，不当行為の認識，申し訳なさ，責務などで，集合体が異なっても，同様な概念でまとめられ，また小山田（2006）とも同様の下位尺度となった。また信頼性も α 係数から適切と思われる。測定では，1（全くそう思わない）から 7（非常にそう思う）の 7 段階評定である。しかしここでの集合体は企業組織と限定され，実際の使用では，集合体によって変化させる必要があろう。

Branscombe, N. R., Slugoski, B., & Kappen, D. M.（2004）. The measure of collective guilt. In N. R. Branscombe & B. Doosje（Eds.）, *Collective guilt : International perspectives.* Cambridge: Cambridge University Press.

Doosje, B., Branscombe, N. R., Spears, R., & Manstead, S. R.（1998）. Guilty by Association: When One's Group Has a Negative History. *Journal of Personality and Social Psychology,* **75**, 872-886.

本間道子（編著）（2007）．組織性逸脱行為過程―社会心理学的視点から―　多賀出版

小山田恵美（2006）．組織性逸脱行為の発生メカニズム―集合罪悪感による検討―　日本女子大学人間社会研究科紀要，**12**, 173-193.

（本間）

D　妬み，嫉妬関連尺度

1　妬み傾向尺度（Dispositional Envy Scale: DES）

妬みやすさ(妬みの個人差)を測定する尺度として，スミスら(Smith et al., 1999)のDispositional Envy Scale（DES）がある。妬みの統制可能性，頻度，一貫した強さなどを測定する8項目から構成された単因子構造の尺度である。日本語版には，原著者の許可を得て邦訳された児童・生徒用妬み傾向尺度（澤田・新井，2002）がある。原尺度を邦訳した項目への回答を小中学生に対して求めたもので，十分な信頼性（α =.80），攻撃性や劣等感との高い相関，小中学生別の平均値などが得られている。こうした情報や項目内容については，堀（2007）で紹介されている。

堀　洋道（監修）櫻井茂男・松井　豊（編）（2007）．心理測定尺度集Ⅳ　サイエンス社
澤田匡人・新井邦二郎（2002）．妬みの対処方略選択に及ぼす，妬み傾向，領域重要度，および獲得可能性の影響　教育心理学研究，**50**，246-256.
Smith, R. H., Parrott, W. G., Diener, E. F., Hoyle. R. H., & Kim, S. H.（1999）．Dispositional envy. *Personality and Social Psychology Bulletin*, **25**, 1007-1020.

（澤田）

2　妬み測定尺度

ベルク（Belk, 1985）やゴールド（Gold, 1996）によって作成された妬みを測定する尺度の項目を参考にして，澤田と新井（2002）が新たに構成した18項目の尺度。妬みの感情にとどまらず，認知や行動的な側面も含んだ個人差について測定できる点が特徴的である。対象者は小中学生であるが，成人にも対応した項目内容となっており，一部のひらがなを漢字に直すことで，大学生に対する調査でも利用可能であることが確認されている（たとえば，斎藤・今野，2009）。

他者嫉視（12項目）と自己蔑視（6項目）の2下位尺度からなり，各尺度の信頼性（α係数）は，他者嫉視で.88，自己蔑視で.72となっている。妥当性については，敵意，いらだち，劣等感との高い正の相関が確認されている。また，小学生の自己評定（妬み測定尺度への回答）と担任の教師による行動評定（教師から見た各児童のひきこもり，攻撃的行動などの頻度）を検討した調査では，とくに男子において，自己評定と教師評定との間に正の相関が示されている（澤田，2006）。

Belk, R. W.（1985）．Materialism: Trait aspects of living in the material world. *Journal of Consumer Research*, **12**, 265-280.
Gold, B. T.（1996）．Enviousness and its relationship to maladjustment and psychology. *Personality and Individual Differences*, **21**, 311-321.
齋藤路子・今野裕之（2009）．ネガティブな反すうと自己意識的感情および自己志向的完全主義との関連の検討　パーソナリティ研究，**18**, 64-66.
澤田匡人（2006）．子どもの妬み感情とその対処　新曜社
澤田匡人・新井邦二郎（2002）．児童・生徒用妬み測定尺度の作成　筑波大学心理学研究，**24**,

219-226.

（澤田）

3　妬み感情とシャーデンフロイデの指標

スミスら（Smith et al., 1996）やヴァン・ダイクら（Van Dijk et al., 2006）が実験に用いた刺激を参考にして，澤田（2008）によって作成されたものである。状態としての妬み感情とシャーデンフロイデを測定することが意図されたこのシナリオは，前半（人物の情報）と後半（後日談）とに分けられており，架空の人物（大学生）が1名登場する。前半はターゲット人物の成績や恋人などについての情報が，後半では，当該人物が自分の不注意から不幸に見舞われる内容が記載されている（飲酒運転で警察に捕まったことが原因で，内定が取り消され，恋人にも振られてしまう）。なお，妬み感情とシャーデンフロイデを効果的に測定する場合には，ターゲット人物の情報（前半のシナリオ）が，さまざまな面で恵まれているほうが望ましい。

前半のシナリオを読んだ後に，澤田（2006）や金山と山本（2003）を参考に作成された妬み感情尺度5項目への回答，後半では澤田（2003）に基づく13項目（充填項目として，同情を測定する尺度（6項目）を含む）への回答が求められる。信頼性（α係数）については，妬み感情尺度で.85，シャーデンフロイデ（7項目）で.93，同情で.85となっている。なお，標準化はされていないが，男女別の平均値が明記されている。

金山富貴子・山本眞理子（2003）．嫌悪対象者に対する感情の構造　筑波大学心理学研究，**26**，121-131.

澤田匡人（2003）．他者の不幸に対する感情喚起における妬み感情と相応度の役割日本発達心理学会第14回大会発表論文集，56.

澤田匡人（2006）．子どもの妬み感情とその対処　新曜社

澤田匡人（2008）．シャーデンフロイデの喚起に及ぼす妬み感情と特性要因の影響　感情心理学研究，**16**，36-48.

Smith, R. H., Turner, T. J., Garonzik, R., Leach, C. W., Urch-Druskat, V., & Weston, C. M. (1996). Envy and Schadenfreude. *Personality and Social Psychology Bulletin*, **22**, 158-168.

Van Dijk, W. W., Ouwerkerk, J. W., Goslinga, S., Nieweg, M., & Gallucci, M. (2006). When people fall from grace: Reconsidering th the role of envy and Schadenfreude. *Emotion*, **6**, 156-160.

（澤田）

4　嫉妬感情尺度

サロヴェイとロディン（Salovey & Rodin, 1986, 1988）などを参考にして坪田（2002）が作成したものである。20の状況文（項目）についての嫉妬の強さを6段階で問う形式が用いられており，状態としての嫉妬の測定に適している。因子分析の結果，社会的比較によって生じる嫉妬（いわゆる「妬み」に相当）を測定する11項目と，恋愛関係における嫉妬を測定する9項目（ただし，その後の分析では，因子負荷量が.45に満たない2項目が除外されている）に分けられた。信頼性については，いずれの下

位尺度も α 係数が .85 であり（恋愛関係における嫉妬は 7 項目），約 2 か月の間隔を空けた再検査法で得られた相関係数は，社会的比較によって生じる嫉妬は r =.61，恋愛関係における嫉妬は r = .67 であった。

Salovey, P., & Rodin, J. (1986). The differentiation of social-comparison jealousy and romantic jealousy. *Journal of Personality and Social Psychology,* **50,** 1100-1112.
Salovey, P., & Rodin, J. (1988). Coping envy and jealousy. *Journal of Social and Clinical Psychology,* **7,** 15-33.
坪田雄二 (2002). 自尊感情と嫉妬の関連性　広島県立大学論集，**6,** 1-10.

（澤田）

5　嫉妬傾向尺度

大学生の嫉妬経験の記述から作成された，社会的関係（恋愛）に関する 10 状況，社会的比較に関する 10 状況を表す 20 項目からなる嫉妬傾向を測定する尺度である。社会的関係に関する嫉妬（例：自分の好きな人（または恋人）が自分以外の異性と楽しそうに話していたとき），社会的比較に関する嫉妬（例：自分ができなかったことを人にされてしまったとき）の 2 因子からなる。α 係数は，それぞれ .85，.79 であった。自己愛傾向を説明変数とした重回帰分析が行われており，注目・賞賛欲求と社会的関係，注目・賞賛欲求，自己主張と社会的比較に有意な関係が認められており，構成概念妥当性が認められている。

堤　雅雄 (2006). 嫉妬と自己愛—自己愛欲求が嫉妬感情を喚起させるのか—　島根大学教育学部紀要，**39,** 39-43.

（有光）

E　共感関連尺度

英語版の共感関連の尺度の主なものは，デイヴィス, M. H. の『共感の社会心理学』（菊池章夫訳，1999，川島書店）の 3 章（共感の個人差の評定）に紹介されている。

1　情動的共感性尺度

メーラビアンとエプスタイン（Mehrabian & Epstein, 1972）の 33 項目の尺度をもとに，加藤と高木（1980）が新たに因子分析的に構成した 25 項目の尺度。感情的暖かさ（10 項目）・感情的冷たさ（10 項目）・感情的被影響性（ 5 項目）の 3 下位尺度からなる。信頼性（α 係数など）は下位尺度ごとに .52 から .80 まで。妥当性のデータは，対人的反応性指標の日本語版との関係を検討した桜井（1988）などがある。標準化はされていないが，中学・高校・大学生についての男女別の平均値などが計算されている。こうした情報を含めて，堀（2001）に紹介がある。

堀　洋道（監修）（2001）．心理測定尺度集Ⅱ　サイエンス社
加藤隆勝・高木秀明（1980）．青年期における情動的共感の特質　筑波大学心理学研究，**2**, 33-42.
Mehrabian, A., & Epstein, N. (1972). A measure of emotional empathy. *Journal of Personality*. **40**, 525-543.
桜井茂男（1988）．大学生における共感と援助行動の関係―多次元的共感尺度を用いて―　奈良教育大学紀要（人文・社会），**37**, 149-154.

（菊池）

2　対人的反応性指標（Interpersonal Reactivity Index: IRI）

デイヴィス（Davis, 1983）が作成した共感を多次元的にとらえる尺度。想像性・共感的配慮・視点取得・個人的苦痛の4下位尺度，28項目から構成されている。日本語版には桜井（1988；堀，2001に項目所収。Davis, 1994とは一部の項目が違っている）・明田（1999）・菊池（1999；訳文のみ）がある。桜井（1988）では情動的共感尺度との関連で妥当性が示されている。明田（1999）の因子分析的検討では，原版とほぼ同じ因子が見出されているが，2項目で因子的に適切さを欠く結果となり，この項目を除外して利用することが勧められている。

この尺度の日本語版は広く使われ始めているが，その信頼性や妥当性が十分に検討されているわけではないので注意が必要である。なお，この尺度の4つの下位尺度のなかでは「想像性」尺度は問題が多く（演劇や小説などに項目が偏っている），その使用頻度も他の下位尺度に比べて少ない（Davis, 1994）。この点を含めて，登張（2000）ではこの尺度をめぐって多くの問題が検討されている。

明田芳久（1999）．共感の枠組みと測度―Davisの共感組織モデルと多次元的共感尺度（IRI-J）の予備的考察―　上智大学心理学年報，**23**, 19-31.
Davis, M. H. (1983). Measuring individual differences in empathy: Evidence for a multidimensional approach. *Journal of Personality and Social Psychology*, **51**, 167-184.
Davis, M. H. (1994). *Empathy: A social psychological approach*. Boulder, Colorado: Westview Press. 菊池章夫（訳）（1999）．共感の社会心理学　川島書店
堀　洋道（監修）（2001）．心理測定尺度集Ⅱ　サイエンス社
桜井茂男（1988）．大学生における共感と援助行動の関係―多次元的共感尺度を用いて―　奈良教育大学紀要（人文・社会），**37**, 149-154.
登張真稲（2000）．多次元的視点に基づく共感性研究の展望　性格心理学研究，**9**, 36-51.

（菊池）

3　児童用共感測定尺度

ブライアント（Bryant, 1982）の児童・生徒用共感測定尺度や加藤と高木（1980）の青年期用の情動的共感尺度を参考に収集した23項目について因子分析した結果，この尺度が単次元構造であることが示された。この結果によって残された20項目（さらには社会的望ましさなどを統制して残された9項目の版もある）でこの尺度が構成された（桜井，1986）。20項目版でのα係数は.85，2週間間隔での再検査信頼性係数は.87である。仲間評定による向社会的行動質問紙（PBI）との関係では，この質

問紙の下位尺度（心配・協力・援助・世話）や全体得点との間に有意の相関関係があり，妥当性が示された。

Bryant, B. K. (1982). An index of empathy for children and adolescents. *Child Development*, **53**, 413-425.
加藤隆勝・高木秀明（1980）．青年期における情動的共感性の特質　筑波心理学研究，**2**, 33-42.
桜井茂男（1986）．児童における共感と向社会的行動の関係　教育心理学研究，**34**, 342-346.

（菊池）

4　共感経験尺度改訂版（Empathic Experience Scale Revised: EESR）

クライエントとの相互作用のなかでカウンセラーが抱く感情の共有体験について，因子分析の結果採用されたそれぞれ10項目の共有経験尺度と共有経験不全尺度の2つの下位尺度から構成された質問紙である。この質問紙が問題にしているのは共感経験ではなく共有経験であり，この経験が不十分な場合が共有不全である。2つの下位尺度（各10項目）の中央値を手がかりに，両向型・共有経験優位型・両貧型・共有不全経験型の4つを区別することができる。折半法での信頼性係数は共有経験尺度で.87，共有経験不全尺度で.82であった。孤独感尺度（LSO）や父性・母性尺度，自己愛尺度との関係を検討することで，妥当性が確かめられている。これらのことを含めて，堀（2001）に紹介がある。

角田　豊（1998）．共感体験とカウンセリング　福村出版
堀　洋道（監修）（2001）．心理測定尺度集Ⅱ　サイエンス社

（菊池）

5　青年期用多次元的共感性尺度

対人的反応性指標（IRI）などの既存の多くの共感性尺度の項目に新たな項目を加えて構成された，中学生以上の青年期向けの尺度である。収集された63項目に因子分析的な検討を加えた結果，最終的に共感的関心（13項目）・個人的苦痛（6項目）・ファンタジー（6項目）・気持ちの想像（5項目）の30項目で4下位尺度が構成された。この下位尺度別のα係数は.68から.84までであった。また，対人的反応性指標・情動的共感尺度（感情的暖かさ）・向社会的行動尺度などを用いて妥当性が確認されている。中学生・高校生・大学生の平均値なども求められている。これらの結果を含めて，堀，(2007) に紹介がある。

登張真稲（2003）．青年期の共感性の発達―多次元的視点による検討―　発達心理学研究，**14**, 136-148.
堀　洋道（監修）（2007）．心理測定尺度集Ⅳ　サイエンス社

（菊池）

6　対人場面を特化した共感性尺度

既存の共感性尺度の項目のなかから，相手が具体的に述べられている項目（「自分より不幸な人」「意見の合わない人」など）を選んで作成した尺度である。因子分析の結果から，情動的共感性と認知的共感性との2尺度が構成されたが，前者について9項目と7項目，後者ではいずれも6項目の版（15項目版と最終版の13項目版）がある。α係数は15項目版の情動的共感性で.80，認知的共感性で.68，13項目版ではそれぞれ.77と.69とであった。妥当性は，15項目版では人間関係指向性尺度と，13項目版については社会的望ましさ尺度・援助規範尺度・他者意識尺度などとの関連が検討されている。

小池はるか（2003）．共感性尺度の再構成―場面想定法に特化した共感性尺度の作成―　名古屋大学大学院教育発達科学研究科紀要，**50**, 101-108.

（菊池）

7　共感性尺度（Four Dimension Empathy Scale: FDES）

角田（1998）などのいう共有経験と共有経験不全とについて，その際の対象となる感情が肯定的な場合（喜びや満足など）と否定的な場合（孤独や失望など）とを区別して，新しく構成した尺度である（橋本, 2005）。これまでの共感研究の多くは否定的感情を問題にしてきているので，この点で興味深い尺度といえる。感情共有体験で肯定的感情（8項目）・否定的感情（5項目）が，感情共有不全体験についてもこの2つの感情（7項目と6項目）が測定されるようになっている。この4つの体験が存在することは，確認的因子分析によって確かめられている。4つの下位尺度でのα係数は.82－.89，4週間間隔での再検査の信頼性係数は.40－.65であった。対人反応性指標やKiSS-18（社会的スキル尺度）との関係では，感情共有体験でプラス，感情共有不全体験でマイナスの有意の関係があり，この尺度の妥当性が示されている。このほか，870名の中高生・大学生の平均値などが計算されている。

角田　豊（1998）．共感体験とカウンセリング　福村出版
橋本秀美（2005）．肯定・否定感情に着目した共感性尺度の開発　心理臨床研究，**22**, 637-647.

（菊池）

8　多次元的対人感情尺度（Kon-MultiDimensional Interpersonal Affects: Ko-MulDIA）

担当する患者についての看護師の共感的感情が負担になり，仕事の妨げになることに注目して研究が始まった共感疲労（compassion fatigue）についての尺度である。「担当の子を亡くした看護師」のシナリオを用いて，共感疲労に合わせて，共感的苦痛・共感の過剰喚起・個人的苦痛をも測定する各5項目（合計20項目）を因子分析の結果採用した。α係数は下位尺度ごとに.74から.87まで，2週間間隔での再テスト信

頼性係数は.58から.75までである。妥当性は，対人的反応性指標・自己意識的感情尺度・向社会的行動尺度などを用いて検討されている（今・菊池，2006）。また，下位尺度間の相関関係が女子大学生と看護師の間で違うことが指摘されている（菊池・今，2009）。本書の11章（共感関連感情群）も参照のこと。

今　洋子・菊池章夫（2007）．共感疲労関連尺度の作成　岩手県立大学社会福祉学部紀要，**9**，23-29.
菊池章夫・今　洋子（2009）．自己意識的感情の移行についてのノート　尚絅学院大学紀要，**57**，171-179.

（菊池）

9　多次元的共感性尺度（Multidimensional Empathy Scale: MES）

これまでの共感性尺度では十分に取り上げられなかった指向性（他者指向・自己指向）を組み込んだ尺度である。鈴木ら（2000）で収集された300項目を整理した24項目についての因子分析の結果，被影響性・共感的配慮・想像性・視点取得・個人的苦痛の5尺度（個人的苦痛は4項目，ほかは5項目）が構成された（鈴木・木野，2008）。これらのなかで，他者指向的な視点取得と自己指向的な想像性とは共感性の認知的側面を，それ以外はその情動的側面を問題にしている。そして，情動的側面のなかで，他者指向的な共感的配慮と自己指向的な個人的苦痛は応答的反応として，指向性と関係のない被影響性は並行的所産として位置づけられている。α係数は5つの尺度別に.60－.78，6か月間隔での再検査信頼性係数は.68－.74である。妥当性の検討は，対人的反応性指標・情動的共感性尺度・自意識尺度・没入尺度・個人志向性／社会志向性PN尺度・愛他行動尺度・Buss-Perry攻撃性質問紙・KiSS-18・5因子性格検査・社会的望ましさ尺度などを用いて，多面的に検討されている。

鈴木有美・木野和代・出口智子・遠山孝司・出口拓彦・伊藤勝憲・大谷福子・田口ゆき・野田勝子（2000）．多次元的共感性尺度作成の試み　名古屋大学教育発達研究科紀要（心理発達科学），**47**，269-279.
鈴木有美・木野和代（2008）．多次元的共感性尺度（MES）の作成―自己指向・他者指向の弁別に焦点を当てて―　教育心理学研究，487-497.

（菊池）

10　共感プロセス尺度

共感性を，「他者感情への敏感性」「視点取得」「感情の共有」「他者指向的反応」の4つの水準を順にたどるプロセスとして考えた尺度である。既存の多くの尺度から，この観点に見合う64項目を最終的に採用した。それぞれに領域ごとに主成分分析によって，「他者感情への敏感性」「視点取得」では各5項目，「感情の共有」「他者指向的反応」では肯定的・否定的感情別に5項目ずつの10項目，合計30項目で尺度が構成された。α係数はそれぞれの尺度ごとに.83から.91まで，約1か月間隔での再検査信頼性係数は.75から.89である。また，妥当性の検討には新性格検査の共感性得点とKiSS-18とが用いられ，いずれも妥当な結果といえる。ここで問題とした4つの水準間の関係をパス解析によって分析した結果では，共感性が先に仮定したプロセスをたどることが明らかであった。

葉山大地・植村みゆき・萩原俊介・大内晶子・及川千都子・鈴木高志・倉住友恵・桜井茂男（2008）．共感性プロセス尺度作成の試み　筑波大学心理学研究，**36**, 39-48.

（菊池）

11　児童用多次元共感性尺度

対人的反応性指標（IRI）に即して構成した児童用の尺度である。同じ趣旨で構成された英語版の児童用尺度や既存の日本語版の成人用尺度を参考にして視点取得（9項目）・共感的関心・個人的苦痛・ファンタジー（それぞれ7項目）の4下位尺度を構成した。共感性がこの4次元からなることは，確認的因子分析によって確かめられている。この尺度のα係数は下位尺度別に.69－.80，1年間間隔での再検査信頼係数は.43－.55であった。妥当性の検討には向社会的行動尺度と社会的望ましさ尺度とを用い，妥当な結果を得ている。

長谷川真理・堀内由樹子・鈴木佳苗・佐藤真紀子・坂元　章（2009）．児童用多次元共感性尺度の信頼性・妥当性の検討　パーソナリティ研究，**17**, 307-310.

（菊池）

F　その他の尺度

1　特性誇り尺度（Trait Pride Scale: TPS）

有光と井上（2008）は，誇りに関する感情語や誇りの経験的定義，欧米の先行研究から80語の誇り関連語を抽出し，特性誇り尺度を作成した。80項目の感情語に関して，普段どの程度感じるかについて回答を求めた結果，先行研究（Tracy & Robins, 2007）と同様に2因子構造であることが示された。最終的に，因子負荷量が.60以上の項目が残され，「輝かしい」「達成した」「成功した」「誇らしい」などの20項目からなる「真正な誇り因子」（α =.93）と「うぬぼれの強い」「自意識過剰の」「傲慢な」「思い上がった」などの13項目からなる「思い上がり因子」と名づけられた（α =.89）。構成概念妥当性の検討として，パーソナリティ特性や感情特性との関連が調べられており，真正な誇りは，自尊心，自己愛の3因子，外向性，誠実性と正の相関を示し，思い上がりは，自己愛の3因子，恥，対人緊張，情緒不安定性，開放性と正の相関を示すことが報告されている。

有光興記・井上美沙（2008）．特性誇り尺度の作成—真正な誇りと思い上がり，自尊心，自己愛の関係—　日本心理学会第72回大会発表論文集，1046.

Tracy, J. L., & Robins, R.W.（2007）. The psychological structure of pride: A tale of two facets. *Journal of Personality and Social Psychology*, **92**, 506–525.

（有光）

2　心理的負債感尺度（Indebtedness Scale: IS-18）

グリーンバーグとウェストコット（Greenberg & Westcott, 1983），アイゼンバーガーら（Eisenberger et al., 1987），およびマースタインら（Murstein et al., 1987）の尺度をもとに相川と吉森（1995）によって作成された，心理的負債への感受性の個人差を測定する尺度。18項目，6件法（「全くあてはまらない」から「非常によくあてはまる」）の尺度である。主因子解による一次元の尺度であり，①他者から好意や援助を受けたことをどの程度，心理的負債と感じるか（心理的負債の感じやすさ），②すでに自らの内に存在する心理的負債にどの程度，耐えられるか（心理的負債への耐性），③心理的負債を低減したいとどの程度，強く感じるか（心理的負債の低減欲求）という心理的負債の個人差が現れる諸側面に対する感受性に関する項目で成り立っている。日本人の大学生や社会人を対象に標準化されており，信頼性と妥当性のデータが相川と吉森（1995）に報告されている。

Eisenberger, R., Cotterell, N.,　& Marvel, J.（1987）. Reciprocation ideology. *Joumal of Personality and Social Psychology*, **53**. 743-750.

Greenberg, M. S., & Westcott, D. R.（1983）. Indebtedness as a mediator of reactions to aid. In J. D. Fischer, A. Nadler, & B. M. DePaulo（Eds.）, *New directions in helping, 1*. New York: Acadcmic Press. pp.85-112.

Murstein, B. I., Wadlin, R,　& Bond, Jr., C. F.（1987）. The revised exchange-orientatio scale. *Small Group Behavior*. **18**, 212-223.

相川　充・吉森　護（1995）．心理的負債感尺度作成の試み　社会心理学研究，**11**, 63-72.

（一言）

3　役割遂行尺度（Self-improvement Motivation Scale: SMS）

一言と松見（Hitokoto & Tanaka-Matsumi, 2007）が作成した，普段の内集団で役割規範を守ろうとする個人特性を測定する11項目，5段階（「まったく当てはまらない」から「とてもよく当てはまる」）の尺度。東（1994）の「受容的勤勉性」と北山（1998）の「義理」に関する理論的考察を土台にしており，相互協調的な自己のあり方が優勢な文化における自己改善動機（Heine et al., 1999）の中核概念である。標準化はされていないが，日本人学生を対象に検証した信頼性と妥当性について，項目と合わせ6章に掲載している。

東　洋（1994）．日本人のしつけと教育　東京大学出版会

Heine, S., Lehman, D. R., Markus, H. R., & Kitayama, S.（1999）. Is there a universal need for positive self-regard? *Psychological Review*, **106**, 4, 766-794.

Hitokoto, H., & Tanaka-Matsumi, J.（2007）. Construction of the Japanese self-improvement

motivation scale. Poster presentation in the International Congress of Asia's Educational Miracle. 28-29 Oct 2007, Incheon, Korea.
北山　忍（1998）. 自己と感情　共立出版

（一言）

4　許し尺度（Forgiveness of Others Scale: FOS）

許し（forgiveness）とは，「自分の感情を害することを知覚し，それに向けられた否定的な感情，認知，動機づけあるいは行動が，中性的あるいは肯定的に変化する個体内のプロセス」（加藤・谷口，2009）のことである。いくつかの既存の許し尺度をもとに項目を作成して因子分析にかけた結果，恨み（12 項目）と寛容さ（10 項目）の 2 下位尺度からなる許し尺度が構成された。この 2 下位尺度間の相関は－.46，それぞれの α 係数は .87 と .79 であった。妥当性は，日本版 Buss-Perry 攻撃性質問紙・STAXI などの怒り尺度・共感性尺度・Big Five などを用いて検討され，いずれも妥当な結果を得ている。また，スタンフォード監獄実験（ジンバルド実験）の映像とその解説とを見せて，それについての反応を被験者役群と看守役群とで比較した結果でも，この尺度の妥当なことが示されている。

加藤　司・谷口弘一（2009）．許し尺度作成の試み　教育心理学研究，**57**, 158-167.

（菊池）

人名索引

事項索引

あとがき―解説を兼ねて

B：A さんと初めてお会いしたのは，たしか熊本でしたよね。

A：そうです。性格心理学会，当時はそういっていましたが，今のパーソナリティ心理学会の大会の折で，あれは 2002 年ですから，7 年前で…。

B：もうそんなになりますか。ぼくはその年に TOSCA-3 の日本語版を作ったばかりで，これは恥や罪悪感を測る尺度ですが，この学会でもこのデータのポスター発表をしました。

A：あの時は，熊本で会いたいという手紙が突然来たんで，ちょっとびっくりしました。

B：おそらく，A さんが罪悪感の専門家なことをどこかで見つけたんじゃないでしょうか。それで，会いたいと…。

A：そこから始まって，「はじめに」に書いたように，学会でワークショップやったり，2 人で新しい尺度（自己意識的感情尺度）を作ったりするようになって，今度は本を作るというわけですよね。

B：そうなんですが，お会いするのはだいたい 1 年にいっぺんだけで，学会のときですよね。あとはほとんどメールで連絡し合っているわけですね。A さんの世代にとっては，こういうのがあたりまえなんでしょうが，ぼくはまったく初めてで，便利といえば便利なんですが，かなりせわしない感じでやってきましたね。

A：ところで，どうして自己意識的感情に興味をもつようになったんですか。

B：いや，これはだれでもそうでしょうが，自己意識的感情が問題ではなくて，ぼくでいえば思いやり行動の動機なんですね。たまたまそこに，恥とか罪悪感，ぼくは罪責感といってますが，それがからんでいるわけです。そのために TOSCA-3 をいじることになった。

A：ぼくは，「あがり」と罪悪感とが博士論文で，そこから罪悪感や恥が自己意識的感情だという話になって，というわけです。ぼくらのワークショップに参加してくださった人たちも，それぞれは恥や罪悪感，嫉妬や負債感に関心があるのであって，自己意識的なんてあまり考えていないんじゃないでしょうか…。

B：ですからね，ワークショップで指定討論役になって，そちらのほうへ話題をもっていこうとしても，なかなかうまくいかない。だからこの本を作ろうとしたともいえますね。

A：その点では，この本のI部に入っている論文，とくに遠藤さんや永房さんの論文は力作で，これからの自己意識的感情研究を方向づける性格のものだと思います。

B：ぼくもそう思いますね。たとえば，自己意識的感情という際の自己については，研究仲間でなんとなく了解しているところがありますが，実はよく突き詰めて考えてはいない。遠藤さんのお書きになったものを読んでみると，そのことがよくわかりますね。

A：そのことは，この種の研究での文化論と進化論とについてもあるわけで，この2つの方向をどちらも発展させなくてはいけないというのは，言われてみればそうなのですが，なかなか気がつかない。本として通して読むと気づかされる。それに，このセクションで展開されている議論は，自己意識的感情についての社会・文化間での共通性を認める一方で，それぞれの社会・文化の影響の大きさも考えに入れて述べられています。恥の問題なんかも，こうした比較的な視点から取り上げられていて，興味深い議論ですよね。

B：このセクションに含めようと計画してうまくいかなかったテーマに，神経心理や脳科学のことがあります。これまであまりなかった研究で，それがこのごろさかんになってさていて，恥や罪悪感，共感などと結びついた大脳の部位が明らかになってきていますよね。[注1)]

A：そうですね。この分野は，fMRI（機能的磁気共鳴像）が使えるようになってから，いろいろとおもしろいことがわかってきているようです。いってみれば，思いやりや罪悪感などの脳科学です。

B：そういえば日本でも，『ソーシャルブレインズ』というおもしろい本[注2)]も出ましたよね。ぼくの世代はブレイン・ミソロジー（脳神話）なんていって，この問題を避けていたんですが，そうもいかないどころか，おもしろいことになってきてますね。

A：感情といえば，扁桃体でしたが，罪悪感，共感，シャーデンフロイデなどは，それぞれ前頭葉も関与するということで，基本的感情との違いが浮き彫りになったという点で，それだけでもすごい証拠ですね。

B：Aさんが苦心して書いた病理の章は，どうですか。

A：古くから理論は述べられているのですが，なかなか実証しようという流れにはならなかったようです。現在では認知行動療法の研究がさかんで，そのなかで提唱されているモデルは，実証が見込めそうだと思っています。病理法っていうんでしょうか，病理を扱うことで裏側からそうでない方面もわかってくるということがあるかもしれません。

B：この感情を具体的に扱ったⅡ部は，ぼくらのワークショップに出てくださった人たちにお願いして書いていただいたんですが，この分野の研究者が増えてきていますよね。ぼくらのワークショップには，毎年40人くらいの参加者がありますから，それくらいは興味をもっている人たちがいると…。

A：罪悪感や恥，恥との関連では屈辱感とか共感的羞恥，対人的負債感など，研究が細かくやられるようになっています。妬みと嫉妬などを含めて，ここらを書いていただいたのはいまそのテーマに熱中している人たちで，ご自身のデータを持ち出して論じているので，そのおもしろさが直に伝わってくるような感じです。

B：そういえば，集合罪悪感のこともありますね。こういう研究があることは知っていたのですが，日本でそれをやっている本間さんのような方がおられるのは去年初めて知ったようなわけで，これもインターネットでの検索結果です。こうした社会心理学的な広がりはこれからもでてくるはずでして，現に集合的恥の研究があるようですし，集合的共感なんていうのもですね…。

A：この本のもう1つの特色は，これまではあまり自己意識的感情としては考えられてこなかった誇りとか共感などのポジティブな感情を，そこに含めたことです。共感の章では，うまく仕掛けをして説明されていますね。誇りの表出なんかは，ほとんどの人に「日本人はしないでしょ」と言われるのですが，誇りが文化普遍的だといったデータもでてきています…。

B：共感では，看護師さんなどの対人的援助職の人たちの感じる共感疲労は社会問題にもなっています。ところでⅢ部は，パーソナリティや社会，臨床や発達といった心理学のいろいろな分野で，どんな研究がされているのか，これからどういう研究が期待されるのかといったことですね。別の見方をすると，この感情に関心をもっている人はいろいろなところにいて，発達の専門家であったり，社会心理領域の人だったり，パーソナリティや臨床の研究者だったりするわけですよね。そのことがお書きになった原稿に表れていますよね。

A：この感情についての尺度中心の議論があるかと思うと，社会心理的な自己理論が展開されてもいます。認知行動療法の立場からのこの感情についての議論，恥や罪悪感，誇りなどの幼児からの発達的検討が内容です。ぼくなんかは，こういう見方があるんだと感心することが多かったんですが，Ⅲ部でも，そういうことがいっぱいありました。

B：おしまいに自己意識的感情についての尺度を付けたんですがね。やってみて，意外にこの種の尺度が多いことに気づかされました。実はもっと範囲を広げて質問紙形式以外のものも載せたり，学会発表なども丁寧に探したりしてみたいとは思ったんですが，なかなかそうはいきませんでした。しかし，これだけでも利用価値は高いリストだと思いますから，おおいに利用してもらいたいと思っています。

A：この本を作る話が出てから2年くらいになります。おかげさまで思ったよりも早くここまでこぎつけたと思いますが，あとはみんなに喜んでもらえることと，売れ行きがよいことを祈るようにしましょう。あ，それから執筆者の皆さんと出版社に，心からのお礼を…。

有光興記（A）・菊池章夫（B）

注1）Beer, J. S. (2007). Neural systems for self-conscious emotions and their underlying appraisals. In J. L. Tracy, R. W. Robins & J. P. Tangney (Eds.), *The self-conscious emotions: Theory and research.* New York: The Guilford Press. pp.53-67.

注2）開 一夫・長谷川寿一（編）(2009). ソーシャルブレインズ―自己と他者を認知する脳― 東京大学出版会

執筆者紹介（執筆順　所属／専門／主著・論文）（＊は編者）

・遠藤利彦　1 章
東京大学大学院教育学研究科／発達心理学・感情心理学
『読む目・読まれる目：視線理解の進化と発達の心理学』（編著）2005
『発達心理学の新しいかたち』（編著）2005

・永房典之　2 章
淑徳大学短期大学部／社会心理学・犯罪非行心理学
『なぜ人は他者が気になるのか？』（編著）2008
『感情研究の新展開』（共著）2006

・有光興記＊　3 章・10 章・12 章
駒澤大学大学院／感情心理学・臨床社会心理学
『あがりとその対処法』2005
『感情心理学』（共著）2007

・稲葉小由紀　4 章
神戸学院大学人文学部／発達心理学
『ガイドライン　自分でできる心理学』（共著）2004

・本間道子　5 章
元日本女子大学人間科学部／社会心理学
『組織性逸脱過程』（編著）2007
『過密への挑戦』1981

・一言英文　6 章
京都大学こころの未来研究センター／比較文化心理学・文化心理学
『親密な関係のダークサイド』2008
「自己の利益と他者のコスト：心理的負債の日米間比較」2008

・樋口匡貴　7 章
上智大学総合人間科学部 ／社会心理学・感情心理学
『恥の発生－対処過程に関する社会心理学的研究』2004
「コンドーム購入行動に及ぼす羞恥感情およびその発生因の影響」2009

・薊　理津子　8 章 1 ～ 5 節
聖心女子大学大学院文学研究科／感情心理学・社会心理学
「恥と罪悪感の研究の動向」2008
「屈辱感・羞恥感・罪悪感の関連要因の検討」2007

・桑村幸恵　8 章 6 節
元愛知学院大学大学院総合政策研究科／感情心理学
「恥研究の展望」2005
「共感的羞恥と心理的距離」2009

・澤田匡人　9章
宇都宮大学教育学部／感情心理学・社会心理学・発達臨床心理学
『子どもの妬み感情とその対処』2006
『対人関係のダークサイド』（共著）2008

・菊池章夫＊　11章
フリー／社会心理学
『また／思いやりを科学する』1998
『社会的つながりの心理学』2008

・福島　治　13章
新潟大学人文学部／社会心理学
『自己心理学6』（共著）2008
『葛藤と紛争の社会心理学』（共著）2008

・伊藤義徳　14章
琉球大学教育学部／認知臨床心理学・認知行動療法
「禅的瞑想プログラムを用いた集団トレーニングが精神的健康に及ぼす効果―認知的変容を媒介変数として―」2009
『マインドフルネス＆アクセプタンス』（監訳）2005

・石川隆行　15章
宇都宮大学教育学部／発達心理学・教育心理学
『子どものこころを育む発達科学』（共著）2008
『心理学概論』（共著）2006

自己意識的感情の心理学

2009年10月20日　初版第1刷発行　定価はカバーに表示
2016年10月20日　初版第2刷発行　してあります。

編著者　有光興記
　　　　菊池章夫
発行所　（株）北大路書房
〒603-8303　京都市北区紫野十二坊町12-8
電　話　(075) 431-0361（代）
FAX　(075) 431-9393
振　替　01050-4-2083

印刷／製本　モリモト印刷㈱
検印省略　落丁・乱丁本はお取り替えいたします。
ISBN978-4-7628-2693-1　Printed in Japan